조선의 갈림길

조선의 갈림길
강화도조약부터 을사늑약까지, 망국의 서막을 새기다

초판 1쇄 발행 2025년 11월 17일

지은이	길윤형
펴낸이	이영선
책임편집	김종훈
편집	이일규 김선정 김문정 김종훈 이현정 조유진
디자인	김회량 위수연
독자본부	김일신 손미경 정혜영 김연수 김민수 박정래 김인환

펴낸곳 서해문집 | 출판등록 1989년 3월 16일 (제406-2005-000047호)
주소 경기도 파주시 광인사길 217(파주출판도시)
전화 (031)955-7470 | 팩스 (031)955-7469
홈페이지 www.booksea.co.kr | 이메일 shmj21@hanmail.net

ⓒ 길윤형, 2025
ISBN 979-11-94413-71-4 03910

조선의 갈림길

강화도조약부터 을사늑약까지
망국의 서막을
새기다

김윤형 지음

서해문집

차례

프롤로그 좌절의 밑바닥에서 • 008

경직된 국가

01 오경석의 서글픈 배신 • 034
02 조선, 근대 조약 질서 속으로 뛰어들다 • 046
03 청, 조선의 숨통을 바싹 틀어쥐다 • 059
04 임오군란: 청·일, 조선에서 살벌하게 맞서다 • 073
05 김옥균의 모험, 조선에 증오의 씨를 뿌리다 • 089
06 고종의 '러시아 접근', 조선을 누란의 위기에 빠뜨리다 • 109
07 야욕 드러낸 일본, "우리 '이익선' 초점은 조선" • 124

선택의 기로

08 동학, 청일전쟁에 불을 붙이다 • 144
09 일본, 개전을 밀어붙이다 • 157
10 일본과 '일본당', 결탁하다 • 169
11 고종과 민중, 갑오개혁에 저항하다 • 182
12 명성황후의 죽음, 고종과 개혁 세력 '불구대천' 원수가 되다 • 200
13 아관파천과 고종, '개혁'을 도륙 내다 • 220

14　고종의 두 번째 '러시아 접근' 실패하다 • 239
15　고종의 혼미, 일본의 뒤집기 • 254
16　독립협회의 몸부림, 일본이 만세를 부르다 • 271
17　독립협회의 정치 개혁, 끝내 좌절하다 • 284

망국의 길

18　의화단사건, 살얼음 같던 '러·일 균형'을 깨다 • 306
19　대한제국, '중립화'와 '일본 예속'의 갈림길에 서다 • 320
20　일본, 러시아의 '중립화 제안'을 걷어차다 • 339
21　'영일동맹', 대한제국을 옭아매다 • 357
22　러시아, '신노선'으로 맞서다 • 373
23　대한제국, '전시중립 선언'에 운명을 걸다 • 388
24　한일의정서, 대한제국의 멱통을 움켜쥐다 • 402
25　"한국을 우리 제국 판도의 일부분으로 간주하라" • 417
26　을사늑약 체결되다 • 432

에필로그 망국의 원인을 생각하다 • 448

감사의 말 • 466
주 • 469
참고문헌 • 511

일러두기

- 이 책은《한겨레》에 2024년 3월 6일부터 2025년 3월 19일까지 연재한 '길윤형의 조선의 갈림길'의 내용을 보강해서 쓴 것이다.
- 외국 인명과 지명 등은 국립국어원의 외래어 표기법과 용례를 따랐다. 단, 중국 인명은 독자들이 이해하기 쉽도록 한자음대로 표기했다. 예: 위안스카이 → 원세개.
- 본문에 나온 모든 내용은 명확한 문헌 근거를 갖고 기술했다. 각 사건 사이에서 명확한 진상을 알기 어려운 부분은 합당한 근거를 제시하며 추론했지만, 의도를 갖고 창작하거나 꾸며 낸 것은 없다.
- 본문의 모든 인용문은 원 출처의 내용을 그대로 옮겨 적거나 번역했다. 단, 의미의 손상이 가지 않는 선에서 내용을 압축해 정리하거나, 독자들이 읽기 편하도록 현대 어법에 맞게 윤문했다. 이미 번역본이 존재하는 인용문은 그 내용을 따르고 재인용한 자료의 출처를 명기했다. 인용문 안의 괄호는 저자가 독자들의 이해를 돕기 위해 덧붙인 것이다. 애초 원문 안에 있던 괄호에는 별도 표기를 했다.

프롤로그

좌절의 밑바닥에서

이 책을 쓰게 된 것은 실로 여러 '우연'이 겹친 탓이었다. 2021년 9월부터 2년 반 정도 맡아 온 《한겨레》 국제부장직을 내려놓기로 하고, 홀가분한 마음으로 점심을 먹으러 나가던 길이었다. 동행하던 박민희 선배(정치부 통일외교팀 선임기자)와 부장을 그만둔 뒤 뭘 하면 좋을지 얘기하다, 회사에서 새 연재를 맡을 사내 필자를 찾는다는 말을 듣게 됐다.
　사실 이 무렵 개인적으로 일종의 '지적인 궁지'에 몰려 있었다. 2019년 2월 28일 베트남 하노이에서 이뤄진 2차 북·미 정상회담이 '노 딜'(하노이 실패)로 끝나면서 남북 관계를 개선하고, 북미 관계를 중재해 지난 30여 년간 한반도를 짓눌러 왔던 '북핵 문제'를 해결하려던 문재인 정부의 '한반도 평화 프로세스'가 허무하게 중단되고 말았다. 그날그날 써야 할 기사를 허겁지겁 마무리하고 집에 가 잠이 들 때면, 무언가 헤어 나올 수 없는 수렁 속으로 온

몸이 빠져드는 것 같았다. 이 좌절감을 극복하기 위해 우리 민족에게는 천형과도 같은 고통인 남북 분단의 원인을 되짚어 보려는 《26일 동안의 광복》(2020)이라는 책을 썼고, 이듬해엔 '한반도 평화 프로세스'의 실패 원인을 한일 관계의 맥락에서 따져 보는《신냉전 한일전》(2021)을 내놓았다.

그러고 나니, 더 암담해질 뿐이었다. 김정은 북한 국무위원장은 '하노이 실패' 직후인 2019년 4월 최고인민회의 시정연설에서 "미국과 대치는 장기성을 띠게 되어 있으며 제재 또한 지속되게 될 것"이라며 1980년대 말 냉전 해체 이후 줄곧 추진해 오던 대미 정책을 근본적으로 재검토하기 시작했다. 미국과 핵 협상을 통해 관계를 정상화한 뒤 경제 개발을 추진해 체제 안정성을 확보한다는 전통적 대미 접근법을 사실상 폐기한 것이었다.

그러자 북·미를 잇는 '중재자' 역할을 자부해 오던 한국의 '외교적 역할'이 사실상 사라지게 된다. 대가는 가혹했다. 북은 2022년 9월 8일 '조선민주주의인민공화국 핵 무력 정책에 대하여'라는 입법 조처를 통해 남에 대한 '선제 핵 공격'을 허용하는 '핵 독트린'을 내놓았다. 그런 뒤 2023년 말부터 "통일을 지향하는 과정에서 잠정적으로 형성되는 특수한 관계"로 정의해 오던 남북 관계를 "적대적이고 교전 중인 두 국가"로 규정하기 시작했다. 그동안 금과옥조로 여겨 오던 민족과 통일이란 가치를 전면 부정하면서, 남과 북이 가족이나 친척이 아닌 남남, 그것도 '적대적'인 남남이 되어 버렸다고 선언한 것이다.[1]

불길한 변화의 움직임은 한국 내부에서도 진행되고 있었다. 2022년 5월 임기를 시작한 윤석열 전 대통령은 전임 문재인 정부가 추진하던 남북 대화 노선을 전면 폐기하고, 그해 8·15 경축사를 통해 북에 대한 사실상의 흡수 통일론인 '담대한 구상'을 내놓았다. 이어 2023년 3월 6일 한·일 갈등의 핵심 현안이었던 강제동원 피해자 배상 문제에 대해 일방적이고 굴욕적인 양보안인 '제3자 변제안'을 발표했다. 그 여세를 몰아 한·미·일 세 나라 정상은 같은 해 8월 18일 미국 대통령의 여름 별장인 캠프 데이비드에서 만났다. 조 바이든 미국 대통령은 회담을 마친 뒤 느린 발걸음으로 기자회견 연단에 올라 옅은 미소를 지으며 "우리는 역사적인 순간을 만들기 위해 역사적 장소에서 만났다"면서 "한·미·일 파트너십의 새 시대"가 시작됐다고 말했다.

그의 말대로 이날 한국은 1948년 8월 정부 수립 이후 처음으로 한반도를 35년 동안 식민 지배했던 일본과 '군사동맹'으로 가는 첫발을 내디뎠다. 세 나라는 "공동의 이익과 안보에 미치는 지역적 도전·도발·위협에 대한 정부의 대응을 조율하기 위해 3자 차원에서 서로 신속하게 협의할 것을 공약"했고, "우리의 조율된 역량과 협력을 증진하기 위하여 3자 훈련을 연 단위로 정례 실시"한다고 서약했다. 세 나라가 외부의 위협이 발생할 때 '신속히 협의'하고 매년 정기적으로 훈련까지 한다고 했으니, 머잖아 그렇게 길러 낸 세 나라의 연합 역량을 '공동의 적'을 상대로 행사하는 선택을 하게 될 터였다.

이에 대한 '반작용'은 채 한 달도 되지 않은 시점에 나왔다. 김정은 위원장은 2023년 9월 13일 블라디미르 푸틴 러시아 대통령과 극동의 아무르주 보스토치니 우주기지에서 얼굴을 마주했다. 한·미·일 세 나라가 북한의 위협과 중국의 부상을 견제하기 위해 본격적 군사동맹으로 가는 발걸음을 떼자, 냉전 해체 이후 데면데면하게 관계를 방치해 오던 북·러의 전략적 협력이 강화된 것이다. 이런 변화들로 인해 한국의 진보 세력이 냉전 이후 30여 년 동안 추진해 온 '햇볕 정책'이 사실상 길을 잃었고, 남북 분단이 영구화될지 모른다는 두려움이 커지게 됐다. 이런 암담한 상황을 글로써 어찌해 볼 순 없는 노릇이었다.

망국 과정에 주목하다

절망적으로 변해 가는 한반도 정세를 바라보면서, 문득 이 모든 비극의 출발점인 '망국의 과정'을 한번 자세히 들여다보면 어떨까 생각했다.

조선이 망국에 이르고 만 19세기 말~20세기 초는 세계 질서가 급격히 요동치던 '대격변'의 시대였다. '삼전도의 치욕'(1637) 이후 250여 년 동안 이어지던 청의 패권이 쇠퇴하고 일본과 러시아의 세력이 커져 가고 있었다. 한반도는 그때나 지금이나 미국·일본으로 상징되는 해양 세력과 중국·러시아 등 대륙 세력의 힘이 맞붙는 '결절점'에 위치해 있다. 그 때문에 우리 민족은 강한 하나의 패권국이 출현하면 그 영향력 아래서 장기 안정을 누리다가, 이 질서가 깨지면 큰 고통을 겪는 서글픈 역사를 반복해 왔다. 조선은 이때 청의 쇠퇴와 일본의 부상이라는 국제 질서의 새로운 변화에 제대로 대응하지 못해 식민지로 전락하고 말았다. 이 과정을 세밀하게 들여다본다면, 미국이 주도해 온 '일극 질서'가 붕괴해 가는 새 격변기에 적응하며 살아가야 하는 현대 한국인들에게 참고가 될 만한 교훈을 이끌어 낼 수도 있겠다는 생각이 들었다.

회사에 이런 취지를 전하자 '조선의 갈림길'이라는 이름 아래 2주에 한 번씩 지면을 내줄 수 있다는 회신이 왔다.

연재를 결정했지만, 조선이 근대적 조약 체계에 공식 편입되는 조일수호조규(1876, 강화도조약)부터 외교권을 잃고 일본의 보호국으로 전락하는 결정적 계기인 을사늑약(1905)까지 약 30년에 걸친 역사를 '일관된 시각'을 갖고 쭉 살펴본다는 것은 결코 쉬운 일이 아니었다. 조선의 망국을 정확히 이해하려면 조선·대한제국의 자료뿐 아니라 핵심 관련국인 일본·러시아·청 때로는 미국·영국·프랑스 등 서구 열강의 외교 자료를 광범위하게 훑어봐야 했다. 조선의 망국은 이토 히로부미伊藤博文(1841~1909)와 같은 일본의 침략자와 이완용(1858~1926)·송병준(1857~1925) 등 몇몇 친일 분자들의 망동에 의해 하룻밤에 이뤄진 단순한 '해프닝'이 아니었다. 한반도를 둘러싸고 조선 내부, 조선과 열강, 열강과 열강 사이에 수많은 사건이 벌어졌고, 이에 대응하는 과정에서 지금에 와서 정확한 의도를 파악하기도 힘든 여러 복잡한 결정이 내려졌다. 이 과정을 입체적으로 이해하기 위해선 한국어·영어 문헌은 물론, 이 시대 조선과 청이 문서 작성 때 사용하던 '한문', 메이지 시기(1868~1912) 일본에서 사용되던 '소로문候文'이라 불리는 옛 일본어, 나아가 러시아어 자료까지 어느 정도 섭렵해야 했다.

조선 쪽 움직임을 파악하는 기초 사료인 《조선왕조실록》은 전체 한글 번역이 끝나 국사편찬위원회가 누리집을 통해 전문을 공개하고 있었다. 하지만 실록을 통해서 얻을 수 있는 정보엔 한계가 너무 많았다. 나라의 운명을 좌우하게 되는 핵심적 판단이 내려지는 '과정'은 생략한 채 짧은 한두 문장으로 덩그러니 '결과'

만 전하거나, 꼭 언급되어야 하는 매우 중요한 사건인데도 아예 언급조차 없는 경우도 적지 않았다. 재위 44년 동안 사실상 국가의 모든 의사결정에 참여했던 고종의 실록 속 발언은 추상적이고 때론 모순적이어서, 진의를 짐작할 수 없는 경우가 대부분이었다. 이를 보충해 주는 조선 쪽 자료로는 당대 최고의 근대적 지식인이던 윤치호(1965~1945)의 영문 일기와 독립협회 간부이던 정교(1865~1925)가 남긴 《대한계년사》, 재야의 애국지사였던 황현(1855~1910)이 쓴 《오하기문》, 《매천야록》 등이 있었다. 《독립신문》, 《황성신문》, 《제국신문》 등 당대 조선에서 발행되던 신문 기사와 주요 사건에 참가했던 이들이 훗날 남긴 회고록·회고담 등도 적극 참고했다.

그래도 부족한 부분은 일본 쪽 기록의 도움을 받아야 했다. 일본 외무성은 "메이지유신 이후 일본 외교의 경위를 분명히 하고, 외교 교섭의 선례가 될 수 있는 기본적 자료를 제공한다"는 목적 아래 1936년부터 《일본외교문서》를 간행하기 시작했다. 다행스럽게도 이 문서 전문을 데이터베이스로 구축해 누리집에 공개해 두고 있었다.[2] 연재 준비를 위해 부푼 마음을 품고 처음 자료를 내려받아 펼쳐봤을 때 느낀 낭패감을 지금도 잊지 못한다. 메이지 시기 일본 외교관들이 외교 전문電文(cable)을 주고받을 때 사용한 일본어와 현대 일본어가 크게 달라 해독이 거의 불가능했기 때문이다. 이 1차 사료를 메이지 시대 일본사를 전공하지 않은 '비전문가'가 직접 읽어 내는 것은 정말로, 정말로 쉬운 일이 아니었다.

이 난감한 벽을 뛰어넘게 해 준 것이 국사편찬위원회가 펴낸 《주한일본공사관기록》(전 26권)과 《통감부문서》(전 10권)였다. 국사편찬위원회는 조선·대한제국에 주재해 있던 일본 공사관과 을사늑약 이후 새로 설치된 통감부가 1894년부터 1910년까지 일본 외무성과 주고받은 문서의 전문을 번역해 '한국사데이터베이스' 웹사이트를 통해 공개하고 있다. 자료를 다 내려받아 놓고도 어떻게 읽을 줄 몰라 난감했던 《일본외교문서》와 깔끔하게 한국어로 번역이 끝난 《주한일본공사관기록》은 사실상 같은 내용을 담은 '쌍둥이 문서'였다. 일본 외무성이 주한 일본 공사관에 전문을 보내면, 이는 외무성엔 '보낸 문서(往信)'가 되고, 주한 일본 공사관 쪽에선 '받는 문서(來信)'가 된다. 지금도 그렇지만 해외 공관 업무의 90퍼센트 이상은 주재국의 내밀한 사정을 본국에 알리는 '정보 보고'라 할 수 있다. 이 사료엔 주한 일본 공사관이 조선·대한제국의 주요 인사들과 접촉하는 과정에서 얻어 낸 수많은 정보와 그에 대한 너무나 솔직하고 예리한 분석·평가가 적나라하게 적혀 있었다. 물론, 이 사료를 정확히 읽어 내려면 120여 년 전 일본 외교관이 조선에 대해 품었던 민족적 편견이나 '불순한 의도'를 걸러 내려는 노력이 필요하다. 이런 점을 염두에 두면서 쌍둥이 문서를 6개월 정도 읽어 내다 보니, 연재 후반부에 이르러서는 《일본외교문서》의 원문 기록도 더듬더듬 읽을 수 있는 수준에 이르게 됐다.[3]

한문과 러시아어는 도무지 넘을 수 없는 벽이었다. 위기를 구해 준 것은 선학들이었다. 조선의 갈림길을 되짚어 올라갈 때 청이 의미를 갖는 시기는 딱 청일전쟁까지다. 식민지 시기 경성제국대학 교수로 일본 외교사와 한일 근대사 연구에서 많은 업적을 남긴 다보하시 기요시田保橋潔(1897~1945)가 청의 1차 사료를 섭

렴하며 집필한 《근대 일선관계의 연구近代日鮮関係の研究》는 정확히 이 시기인 고종 즉위부터 청일전쟁까지를 다루고 있다. 이 난해한 '벽돌책'이 한국어로 완역(일조각, 상권 2013, 하권 2016)돼 있어 너무 큰 도움을 받았다.[4] 현대 한국인의 눈으로 다보하시의 연구를 분석하자면 비판할 지점도 많겠지만, 조선·청·일본 3개국의 1차 외교 사료를 실증 분석해 가며 조선 개항에서 청일전쟁까지의 근대 동아시아 외교사를 꼼꼼하게 정리했다는 사실은 누구도 부인할 수 없는 훌륭한 업적이라 할 수 있다.[5] 그 밖에 동학농민혁명기념재단 등에서 번역한 《동학농민혁명 국역총서》, 《동학농민혁명 신국역총서》를 통해 청일전쟁 무렵 청의 의사결정 과정을 보여 주는 여러 기록을 원문 그대로 확인할 수 있었다.

러시아 쪽 자료 이해에 도움을 준 것은 존경하는 와다 하루키和田春樹 도쿄대 명예교수의 《러일전쟁》을 통해서였다. 와다 선생님과는 자주 만나 여러 번 인터뷰 기사를 쓰고, 그의 저서를 한 권(《북일 교섭 30년》, 2023) 번역하기도 했다. 내 인식 속에 와다 선생님은 '조선사의 와다'였지만, 이 책을 통해 러시아사와 관련한 그의 학문적 업적에 압도당할 수밖에 없었다. 나아가 동북아역사재단에서 운영하는 '동북아역사넷'의 '러시아 소장 근대한국문서' 등을 통해 조선·대한제국과 러시아의 관계를 보여 주는 여러 중요 외교문서의 전문 번역본을 확인할 수 있었다. 또 고려인 학자인 박 보리스 디미트리예비치의 《러시아와 한국》이라는 '벽돌책'이 동북아역사재단을 통해 번역·출판돼 있어 큰 도움을 받았다. 외교통상부가 2003년에 펴낸 《이범진의 생애와 항일 독립운동》이란 자료집에도 여러 중요 러시아 문건의 한국어 번역본이 수록

돼 있어 참고가 됐다.

수많은 목소리

이렇게 읽어 낸 다양한 자료 속에 담겨 있던 것은 자기 자신과 국가의 운명을 걸고 수많은 갈림길에서 힘겨운 판단을 내려야 했던 당대인들의 절박한 목소리였다. 여러 역사적 인물의 격한 감정이 케케묵은 120여 년 전 사료 속에서 여전히 날것 그대로 펄떡이고 있었다.

조선의 개국을 열망했던 개화파 역관 오경석(1831~1879)[6]은 강화도조약 체결을 위해 몰려든 일본인들에게 "강화에 도착하면 (군사력을 동원해) 가능한 한 위엄을 과시하라"라며 조국에 대한 '배신'이라 불러도 될 법한 말을 입에 담았고, 1882년 7월 24일 임오군란의 난리 통 속에서 명성황후와 헤어지게 된 고종은 영의정 홍순목을 보자마자 "중궁전中宮殿의 소재를 모르겠다"라며 걱정을 감추지 못했다. 명성황후에 대한 고종의 이 애끓는 마음을 제대로 이해하지 않은 채 조선의 망국사를 논하는 것은 불가능하다고 단언할 수 있다. 임오군란의 사후 처리를 위해 일본과 벌인 처절한 협상에서 조선 정부가 도무지 감당할 수 없는 액수의 배상금을 삼켜야 했던 김홍집(1842~1896)은 "부끄럽고 참담해 죽고 싶다"라며 울었다.

격한 반응을 남긴 것은 외국인들도 마찬가지였다. 이노우에 가오루井上馨(1837~1915) 일본 외무경은 1885년 6월 고종의 대러 접근을 확인한 뒤 "그 나이에 일 처리를 이따위로 한다면 현량한 인물을 보내 잘 타일러 권유한다 해도 진선거악進善去惡할 수 없을 것"이라는 막말을 입에 담았다. 10여 년 뒤 고종이 러시아 공사관으로 피신하는 모습을 지켜본 고무라 주타로小村寿太郎(1855~1911) 일본 공사 역시 "어찌 상상이나 했겠냐"라며 길고 긴 탄식을 남겼다. 이 낭패감은 고무라의 가슴에 그대로 남아 이후 을사늑약과 병합 조약을 적극 추진해 가게 하는 원동력이 된다. 1897년께부터 시작된 독립협회의 반러 캠페인에 화들짝 놀란 알렉세이 시페이에르Alexey Shpeyer(1854~1916) 러시아 공사는 당시 긴장 상태에 있던 일본 공사관까지 찾아가 "조선을 나눠 점령하자"라며 울분을 터뜨렸다. 각각의 인물들은 눈앞의 예상치 못한 사태 앞에서 당황했고, 망설였으며, 타협하려 애쓰다 결국 제 갈 길을 갔다. 이 다양한 인물의 복잡한 감정이 뒤섞여 이르게 된 최종 결론이 이른바 '조선의 망국'이었다.

이런 1차 사료들을 읽고 나니 우리 근현대사를 바라보는 명확한 관점을 갖게 됐다. "근대 국민국가로 환골탈태하기 위해 몸부림쳤던 대한제국이 사라지고, 한국 민족이 역사상 처음 다른 민족에게 직접 지배를 당하는 치욕을 맛보게 된"[7] 이 비극이 우리에게 닥친 것은 결코 '남 탓'이 아니라는 사실이었다. 우리는 일본의 침략 앞에 속수무책이었던 역사의 '객체'가 아니었다. 우리 앞에는 수많은 갈림길이 있었다. 그 순간순간 우리가 가진 역량을 총동원해 최선의 선택을 할 수 있었다면, 지금과는 전혀 다른 역사가 펼쳐질 수 있었다. 그런 의미에서 조선의 망국 과정에 대해 선구적 연구를 남긴 모리야마 시게노리森山茂徳의 언급에 귀 기울여 볼 필요가 있다.

조선의 개국에서 합병에 이르기까지 일본이 조선에 대한 통치를 확립해 가는 과정은 결코 평탄한 게 아니었다. 일본의 대한 정책은 ①구미 열국의 동향 ②조선 정부의 내외內外 정책 ③일본의 국력이라는 세 가지 요인에 의해 규정되었기 때문에 그 선택지는 다양했다. 게다가 이를 추진한 일본의 정치 지도자들도 결코 (같은 의견 아래 똘똘 뭉친) 하나의 덩어리가 아니었다. 나아가 조선의 지배층이 독립 유지를 위해 노력하지 않았던 것도 아니었다. 오히려 그들은 일본의 중압에 맞서 여러 독립 유지책을 모색했다. 그리고 그들 역시 불가분의 한 덩어리가 아니라 서로 대립하는 여러 정파의 집합이었다. 나아가 러시아를 포함한 구미 열국을 구성 요소로 하는 동아시아 국제 관계가 일한 관계를 크게 규정했다.[8]

모리야마의 설명대로 일본이 조선을 식민지로 만드는 과정은 ①구미 열국의 동향, ②조선 정부의 내외 정책, ③일본의 국력이라는 세 변수의 영향을 받았다. 이 기준에 따라 강화도조약부터 을사늑약까지를 크게 세 시기로 나눠 볼 수 있다.

1기는 쇠퇴해 가던 청의 패권이 간신히 유지되던 시기다. 강화도조약부터 동학농민혁명·청일전쟁까지(1876~1894)가 여기에 해당한다. 이 시기에 ①러시아 등 구미 열강은 조선에 큰 관심이 없었고, ③일본의 국력은 아직 청에 미치지 못하고 있었다. 그랬기 때문에 중요했던 것은 ②조선의 정책이었다. 하지만 조선은 개항 이후 자신이 '나아갈 길'을 분명히 정립하지 못해 헤매고 있었다. 그 결과 임오군란(1882)이 발생했다. 이는 조선이 개방의 물결에 적극 뛰어들 것인가, 다시 문을 닫고 틀어박힐 것인가를 둘러싼 싸움이었다.

2년 뒤 갑신정변(1884)은 '개방의 방법론'을 둘러싼 싸움이었다. 김옥균(1851~1894) 등 급진개화파(개화당)는 청의 간섭과 개입을 수용하면서 점진적 개방을 추진하던 온건개화파(사대당)를 꺾고 자주적 '개혁'을 추진하려 했다. 일본의 힘을 빌려 청의 세력을 몰아낸 뒤, 500년 동안 이어져 온 조선의 전제군주제를 뜯어고치려는 '혁명'을 꿈꾼 것이다. 하지만 이 시도는 청의 가차 없는 군사 개입으로 사흘 만에 허무하게 막을 내렸다. 일본의 국력은 아직 청에 미치지 못하고 있었다. 결국 두 나라는 조선에 대한 청의 우위를 암묵적으로 인정하는 톈진조약(1885)이라는 협조 체제를 통해 긴 휴전에 돌입하게 된다.

조선은 이후 동학농민혁명(1894)이 발생할 때까지 쇠퇴해 가는 청의 영향력 아래서 상대적 안정을 누렸다. 이 소중한 시기에 국가 생존을 위해 꼭 필요한 개혁을 추진하면 좋았겠지만, 집권 세력이던 고종과 민씨 척족에겐 그럴 의사와 능력이 없었다. 이제는 '뉴라이트'로 '흑화'된 이영훈 전 서울대 교수는 고종에 대한 평가를 둘러싸고 2000년대 중반 진행된 치열한 논쟁의 한복판에서 "일본이 다시 밀려들기 이전, 국체를 보전하고 강화함에 황금같이 소중했던 그 기간에 고종은 뭘 했냐"⁹라고 쏘아붙였다.

2기는 청의 패권이 무너진 뒤 일본과 러시아가 만주와 한반도를 놓고 아슬아슬한 대치를 이어 가던 시기다. 청일전쟁부터 의화단사건까지(1894~1900)가 이에 해당한다. ①러시아를 제외한 구미 열강은 조선에 여전히 큰 관심이 없었고, ③일본의 국력은 청을 앞질렀지만 러시아를 홀로 상대할 만큼은 아니었다. ②다행히도 조선에선 국가 개혁을 더 이상 미룰 수 없다는 이들이 미약하게나마 세력을 늘려 가고 있었다. 그래서 이 시기를 움직인 주요 동력은 ②와 ③의 결합이었다. 청을 몰아내고 조선을 자신들의 영향력 아래 두려는 일본의 야심과 외세와 협력해서라도 국가 개혁을 추진하려 했던 조선 개화파들의 '열망'이 '비릿하다'라는 말로밖에 설명할 수 없는 엄청난 화학작용을 일으키게 된다. 그 직접적 결과물이 갑오개혁이었다.

고종은 1894년 초 시작된 동학농민혁명을 제 손으로 진압할 수 없게 되자 청에 원병을 요청했다. 일본은 이 틈을 노려 한반도에 대군을 기습적으로 급파하며 청에 도전했다. 이렇게 한반도에 주둔하게 된 일본군과 이들의 힘을 빌려서라도 국가 개혁을 단행해야 한다고 믿었던 조선의 개혁 세력이 1894년 7월 23일 경복궁을 점거해 고종을 포로로 잡는 쿠데타를 일으켰다. 이후 이 두 세력은 대대적인 국가 개조 프로젝트인 갑오개혁에 나서게 된다.

갑오개혁 때 이뤄진 수많은 조처 가운데 '핵심'은 1895년 4월 도입된 내각관제였다. 이 무렵 조선이 반드시 해결해야 했던 '시대적 과제'는 전제군주인 고종의 자의적인 권력 행사를 막을 수 있는 합리적 국가 의사결정 시스템을 만드는 것이었다. 이를 위해 내각이 법률의 제·개정, 예산 수립, 조약 체결 등 국가의 중요 의사결정을 내리고, 고종의 재가를 받도록 했다. 내각이 국정 전반에 관한 실질적 권한을 쥐고, 고종을 이 결정을 추인하는 '상징적인 존재'로 만든 것이었다. 이 제도가 안착했다면 조선은 '봉건적인 전제군주국'에서 '근대적인 입헌군주국'으로 도약하는 데 성공하면서 망국을 면했을지 모른다. 물론 고종이 자신의 권력을 제한하는 이런 혁명적 변화를 수용할 리 없었다. 갑오개혁을 자신의 군주권을 위협하는 폭거로 받아들이고 강력한 저항에 나서게 된다.

개혁에 결정적 위기가 찾아온 것은 러시아가 주도한 삼국간섭(1895)으로, 일본의 세력이 주춤한 뒤였다. 국제 정세의 흐름을 예리하게 읽은 고종 부부는 러시아에 접근을 시도했다. 그러자 '패닉'에 빠지게 된 일본이 폭주하며 명성황후를 살해했다. 이 끔찍한 범죄를 일으킨 '주범'은 일본이었고, '공범'은 조선의 개혁 세력이었다. 분노한 고종은 아관파천(1896)이란 '친위 쿠데타'를 통해 개혁 세력을 도륙 냈다.

러·일 간의 아슬아슬한 균형이 유지되는 가운데 고종이 택한 길은 '황제권 강화'였다. 고종이 "무한한 군권"을 갖게 되면서 갑오개혁을 통해 그나마 틀을 잡아 가던 조선의 내정이 다시 문란해지기 시작했다. '시대적 과제'였던 정치 개혁에 실패하고 만 것이다. 그로 인해 조선이 어엿한 독립국으로 살아남을 가능성은 사실상 사라지게 된다.

3기는 의화단사건으로 러·일의 세력 균형이 무너진 뒤 일본이 한반도에 대한 지배권을 확립해 가는 시기다. 의화단사건부터 을사늑약까지(1900~1905)가 이에 해당한다. ①러시아가 의화단사건을 계기로 만주를 군사 점령하자 극동에 대한 영국 등 서양 열강들의 전략적 관심이 높아진다. ③일본의 국력은 여전히 러시아에 미치지 못했지만, 영국이 오랫동안 유지해 온 '영예로운 고립(Splendid isolation)' 정책을 버리고 영일동맹(1902)을 선택하자 셈법이 크게 달라졌다. 영국이란 '든든한 뒷배'가 생기면서, 러시아에 도전해 볼 수 있겠다는 자신감을 갖게 된 것이다.

②국가 개혁에 실패한 대한제국은 러·일 갈등에 휩쓸리지 않기 위해 '중립화'를 꾀했다. 만주를 손아귀에 쥔 러시아는 그 배후지인 한반도를 중립화하면, 일본과 충돌을 막을 수 있다고 판단해 이를 지지했다. 1901년 1월엔 이를 일본에 정식으로 제의하기도 했다. 이에 견줘 일본은 러시아가 만주를 군사 점령한 이상 한반도는 자신들의 몫이 되어야 한다는 '만한교환론'을 고집했다. 한반도 중립화 구상 따위를 받아들일 생각은 티끌만큼도 없었다.

일본은 1903년 8월 한반도와 만주 문제 해결을 위해 러시아와 협상을 시작했다. 개전을 위한 명분 쌓기용이었다. 예상대로 자신들의 뜻이 관철되지 않자, 1904년 2월 러시아를 상대로 전쟁에 돌입했다. 이 시기를 움직인 힘은 ①과 ③이었다. 개혁에 실패한 '3류 국가'인 조선의 의견 따위는 더 이상 중요하지 않았다. 전쟁이 시작된다면 대한제국의 운명은 암담해질 수밖에 없었다.

전쟁의 승부를 사실상 결정지은 싸움은 도고 헤이하치로東鄕平八郎(1848~1934) 제독이 이끄는 일본 연합함대가 러시아의 발트함대를 격파한 쓰시마해전(1905년 5월 27~28일)이었다. 러시아를 상대로 아슬아슬한 판정승을 거둔 일본은 9월 5일 조인된 포츠머스조약 2조를 통해 "일본이 한국에 대해 필요하다고 인정되는 지도·보호·감리 조치를 취하는 것을 방해하거나 간섭하지 않는다"라는 약속을 받아 냈다. 이어 11월 17일 대한제국을 압박해 외교권을 빼앗는 을사늑약을 강제했다. 이로써 나라가 사실상 망했다.

명확한 답을 찾아서

망국이라는 엄청난 비극을 맞아야 했던 당대인들은 각자 자신의 위치에서 '파편적 감상'을 남겼을 뿐, 왜 이런 일이 발생했는지에 대해 정리된 견해를 내놓지 못했다. 을사늑약이 체결된 해에 30살이던 백범 김구(1876~1949)는 《백범일지》에 전국 각지에서 의병이 일어났지만 "군사 지식이 없고 다만 충천하는 의분심만 가지고 일어났으니 여러 곳에서 실패하고 있었다"며 "아무리 급박해도 국가 흥망에 대한 절실한 각오가 적은 민중과 더불어서는 무슨 일이든 실효 있게 할 수가 없었다"라고 적었다.[10] 안중근(1879~1910) 역시 '침략의 원흉'인 이토 히로부미를 살해한 뒤 일본의 검찰관인 미조부치 다카오溝淵孝雄에게 자신이 생각하는 15개 죄목을 낱낱이 지적하면서도 "처음에 일본을 신뢰하고 있었는데 점점 이토로 인해 한국이 불행해져 내 마음이 변했"다고 말했을 뿐이다.[11]

고관대작들도 마찬가지였다. 대한제국의 외부협판을 지낸 윤치호는 1930년 1월 《동아일보》 인터뷰에서 "이제는 도저히 한두 사람의 힘으로 어쩔 수 없는 일이라 근본적으로 국가를 개조할 뜻을 둠이 오히려 낫다"라고 생각해 정치를 접고 교육 사업에 나서기로 마음먹는다. 을사늑약 체결 때 참정대신(총리대신)이던 한규설(1856~1930)도 "청천에 벽력이오. 나는 제정신을 잃고 앙천통곡을 하였다"라고 울분을 쏟아 낼 뿐 나라가 이 꼴이 된 이유를 명확히 분석하지 않았다.[12] 나라가 정말로 망하던 1910년 8월 22일 합병조약 체결 현장에 있던 김윤식(1835~1922) 중추원 의장도 비슷했다. 그는 일기 《속음청사》에 모든 신하는 "서로 얼굴을 마주했는데 표정이 굳어졌"고, 이완용 총리대신이 "상황상 어쩔 수 없

다"라고 말했다는 사실만을 기록했다.[13]

해방 후에도 사정은 비슷했다. 신생 대한민국이 일본과 국교를 정상화하는 협상 과정에서 집중한 문제는 '망국의 원인'이 아닌 지난 식민 지배의 '성격 규정'이었다. 한국은 대한제국의 국권을 침탈한 여러 조약과 협정이 처음부터 불법·무효였다고 주장했고, 일본은 처음엔 합법이었지만 앞으로 체결될 한일 협정에 따라 "무효가 된다"는 뜻을 고수했다. 두 나라는 결국 이 문제를 각자 편한 방식으로 이해하기로 하고 1965년 국교 정상화를 결단했다.

이후엔 '역사 인식'이 양국 관계를 뒤흔드는 쟁점이 됐다. 일본은 1998년 한·일 파트너십 선언 등을 통해 "일본이 과거 한때 식민지 지배로 인하여 한국 국민에게 다대한 손해와 고통을 안겨 주었다는 역사적 사실을 겸허히 받아들이면서 이에 대하여 통절한 반성과 마음으로부터 사죄"했다. 하지만 이 인식은 "우리 아이들과 손자 그리고 다음 세대의 아이들에게 계속 사죄의 숙명을 짊어지게 해선 안 된다"라는 아베 담화(2015)로 크게 후퇴했다. 그로 인해 한·일 관계는 크게 악화했다.

당대 조선인들과 달리 침략자 이토는 조선이 망국에 이르게 된 데 대해 비교적 명확한 견해를 내놓았다. 을사늑약 후 조선의 초대 통감으로 취임한 이토는 1907년 5월 31일 대한제국 내각 인사들을 불러 놓고 일장 연설을 쏟아 냈다. 이토가 지적한 망국의 원인은 크게 두 가지였다. 첫째 "일청전쟁에서 일러전쟁에 이르기까지 10년간 한국은 분연히 독립의 근저를 길러야 할 시기였음에도 불구하고 이를 돌보지 않았다"는 것이고, 둘째 "청일전쟁 후 얼마 안 되어 러시아의 손이 한국에 뻗치게" 되자, 일본이 아닌 "이들(러시아)을 따르"는 선택을 했다는 것이다. 이 말을 있는 그대로 바꿔 말하면, 조선은 개혁에 실패한 데다 외교를 잘못해 망국의 위기에 빠졌다는 얘기가 된다. 이토는 이어 일본은 "한국이 자립할 수 있도록 진력하고 있는 중인데, 한국인들은 일러전쟁 같은 대격전을 목격하였음에도 아직도 깨닫지 못한 것은 무엇 때문"이냐며 "한국을 멸망시키는 것은 일본인이 아니라 내외의 형세를 고찰하지 않고 무모하고 경솔한 행동을 일삼는 한국인"이라고 주장했다.[14]

이 말은 분명 조선인들의 저항을 꺾고 한반도에 대한 지배권을 확립한 일본이라는 '강자의 논리'라고 할 수 있다. 하지만 이토라는 화자를 지워 보면, 그가 쏟아 낸 이 꺼림직한 충고가 2025년을 살아가는 한국인들에게 여전히 유효하다고 할 수 있다.

도널드 트럼프 대통령은 2025년 1월, 두 번째 임기를 시작한 지 불과 몇 달 만에 전후 80년 동안 역대 미국 정부가 만들고 발전시켜 온 자유주의 국제 질서를 제 손으로 허물어 버렸다. 이제 세계는 "강대국들이 노골적인 방식으로 자신들의 국익을 거침없이 추구하며 타협과 거래를 병행하는 강대국 세력 균형 질서로 접어들고 있"다.[15] 트럼프 대통령이 '미국을 다시 위대하게'라는 이름을 내세워 쏟아 내고 있는 이기적이고 무지막지한 관세 정책 등이 이를 잘 드러내 보여 준다. '우아한 위선'의 시대는 가고 약육강식의 원칙이 지배하는 '정직한 야만'의 시대가 돌아오고 만 것이다.

국내를 둘러봐도 상황은 매우 심각하다. 윤석열 전 대통령이 저지른 12·3 내란으로 인해 대한민국은 하루아침에 공중분해될 뻔한 큰 위기를 겪어야 했다. 헌법재판소가 4월 4일 내린 현명한 판단으로 위기는 넘겼지만, 둘로 갈가리 찢긴 국론을 통합해야 하는 큰 과제가 남아 있다. 온 나라가 일치단결해 꼭 필요한 개혁을 단행하고 현명한 외교적 판단을 내리는 데 실패하게 된다면, 우리가 70여 년 동안 피땀 흘려 가꿔 온 대한민국 역시 큰 위기에 빠질 수밖에 없다.

　이토의 지적을 허심탄회하게 받아들여 왜 이 시기 조선이 중요한 역사적 갈림길에서 잘못된 선택을 거듭해 망국에 이르고 말았는지 따져 보려 한다. 이 과정에서 정직한 야만의 시대를 살아가야 하는 대한민국에 도움이 될 만한 교훈을 찾아낼 수 있기를 희망한다.

01 오경석의 서글픈 배신

02 조선, 근대 조약 질서
    속으로 뛰어들다

03 청, 조선의 숨통을
    바짝 틀어쥐다

04 임오군란: 청·일,
    조선에서 살벌하게
    맞서다

05 김옥균의 모험,
    조선에 증오의 씨를
    뿌리다

06 고종의 '러시아
    접근', 조선을 누란의
    위기에 빠뜨리다

07 야욕 드러낸 일본,
    "우리 '이익선'
    초점은 조선"

경직된 국가

1 일본 '함포 외교'의 상징인 운요호
2 조일수호조규(강화도조약) 서명식(1876년 2월 27일) 장면을 담은 상상도
3 고종(1907년 찍은 것으로 추정)
4 오경석

5 신헌
6 구로다 기요타카
7 김홍집
8 1883년 미국을 방문한 조선 보빙사 일행(앞줄 왼쪽부터 홍영식, 민영익, 서광범, 미국인 퍼시벌 로웰, 뒷줄 왼쪽부터 현흥택, 최경석, 유길준, 고영철, 변수)
9 하여장

10 흥선대원군
11 김옥균
12 하나부사 요시모토
13 박영효
14 마건충
15 이노우에 가오루
16 파울 게오르크 묄렌도르프

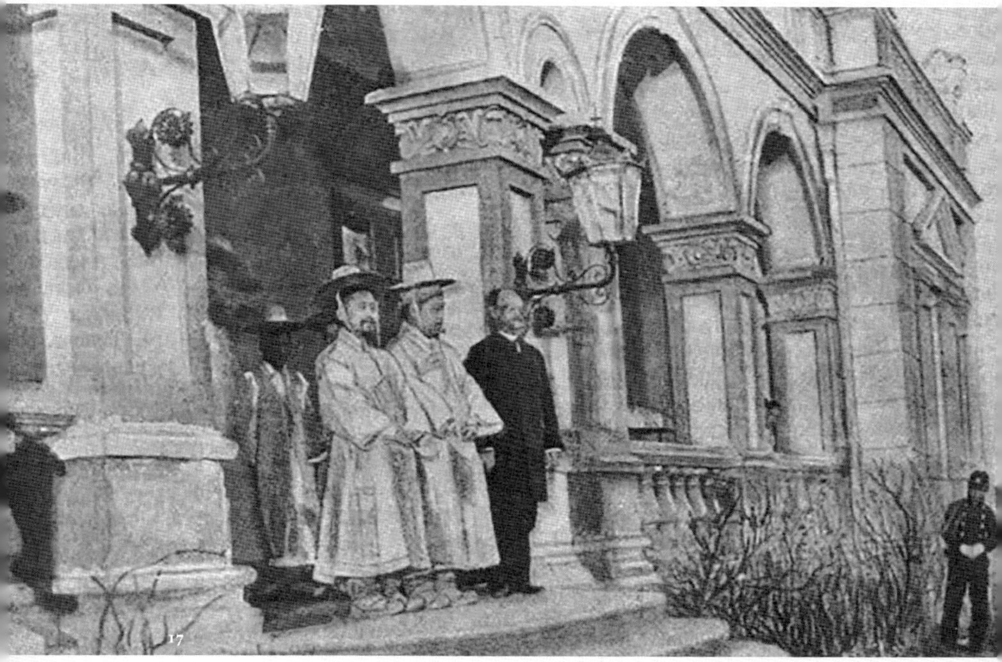

17

18

19

20

21

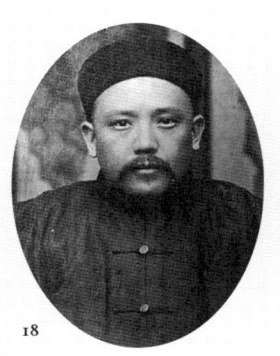

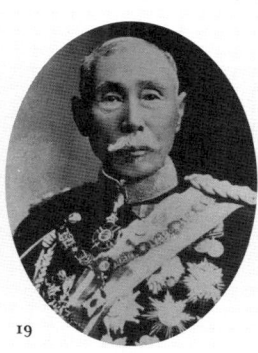

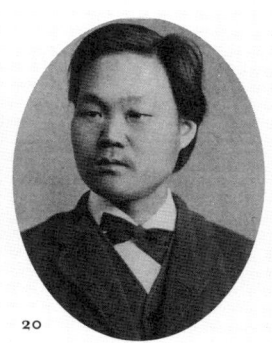

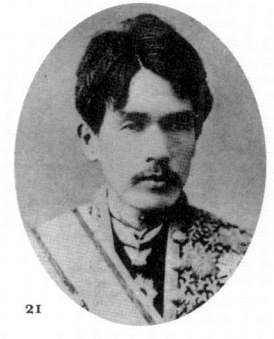

17 카를 베베르(앞줄 제일 오른쪽)
18 원세개
19 야마가타 아리토모
20 유길준
21 이노우에 고와시

01 오경석의
　　　서글픈
　　　배신

경직된 국가, 조선

　19세기는 말 그대로 '대격변의 시대'였다. 시민혁명과 산업혁명을 동시에 성공한 서양의 힘이 가차 없이 한반도가 속한 동아시아에 밀려들었다. 그로 인해 오랫동안 당연하게 여겼던 질서들이 하나둘씩 무너져 내렸고, 이 엄청난 변화 앞에서 모두 속수무책이었다.

　서구의 첫 목표는 동아시아 내의 독특한 국제 질서인 '중화체제'의 정점에 있던 중국이었다. 청은 1차 아편전쟁(1839~1842)에 패해 난징조약[1]을 받아들이며 서구식 근대적 조약 체계에 편입됐고, 뒤이은 2차 아편전쟁(1856~1860)의 결과 1858년 6월 톈진조약[2]이라 불리는 항복 조약을 받아들였다. 청이 이 굴욕적 조약에 비준을 거부하자 영국과 프랑스 연합군은 1860년 10월 베이징을 점령하고 도시의 서쪽 교외에 자리한 행궁인 원명원을 불태웠다.

청의 함풍제咸豊帝(재위 1850~1861)는 난을 피해 러허熱河로 몸을 피해야 했다.³

조선 '개화파의 시조'라고 불리는 역관 오경석은 조선인 가운데 중화 질서가 거대한 파열음을 내며 깨져 가는 정세 변화를 가장 예리하게 관찰할 수 있는 위치에 있었다. 그가 처음 베이징을 방문한 것은 23살이던 1853년 4월 진하 겸 사은사謝恩使(축하 사절) 강시영의 수행 역관으로 국경을 건넜을 때였다. 7년 뒤인 1860년 10월엔 동지사冬至使(매해 동짓달에 보내던 사절) 신석우의 통역관으로 다시 베이징에 가 영국·프랑스 연합군에 함락된 직후의 현장 상황을 직접 목격했다.⁴ 궁지에 빠진 청의 참상을 보고받은 철종(재위 1849~1863)은 1861년 1월 19일(음력 1860년 12월 9일) "대국(중국)이 저렇게 곤욕을 당하고 있는데 우리나라가 어찌 무사하겠느냐"라고 한탄했다.⁵

고종(재위 1863~1907)이 12살이란 어린 나이에 조선의 왕위에 오른 것은 급격한 국제 정세 변화에 당황한 철종이 깊은 한숨을 내쉰 지 불과 3년 뒤인 1864년 1월이었다.⁶ 어린 왕이 보위에 오르자 친부인 흥선대원군 이하응(1821~1897)이 대신해 실권을 쥐게 된다. 이후 강력한 정치적 카리스마를 자랑하며 조선 정치를 호령했던 대원군이 내놓은 해법은 '쇄국'이었다. 그는 병인양요(1866)와 신미양요(1871) 때 프랑스와 미국의 침공을 막아 냈고, 이 '상처뿐인 승리'에 도취해 서양과 접촉해선 안 된다는 신념을 좀처럼 바꾸려 하지 않았다.

오경석은 병인양요가 일어나기 직전인 1866년 5월 조선이 파견한 주청사奏請使(연락 사절) 일행으로 중국에 머물며 현지 정세를 본국에 알리는 역할을 맡고 있었다. 이 무렵 서양 열강의 침략을 직접 경험한 중국 정책가 12명과 만나 프랑스 동양함대의 움직임과 그들이 조선을 침략할 때 어떻게 대처해야 하는지에 대한 조언 등을 취재해 대원군에게 보고했다. 이런 경험을 통해 조선이 하루빨리 정책을 바꿔 개방의 길로 나아가지 않으면 머잖아 국가 전체가 큰 비극을 겪을 것이라고 확신하게 된 듯하다.[7] 훗날 그의 아들 오세창(1864~1853)은 1944년 고균(김옥균의 호)기념회가 펴낸 《김옥균전》에서 당시 상황을 다음과 같이 적었다.

> 나의 아버지 오경석은 한국의 역관으로서 중국에 파견되는 동지사 및 기타 사절의 통역으로 자주 중국을 왕래했다. 중국에 체재 중 세계 각국이 각축하는 상황을 보고 들으며 크게 느낀 바가 있었다. 이후 열국의 역사와 각국 흥망사를 연구하여 자국 정치의 부패와 세계의 대세에 실각失脚되고 있음을 깨닫고, 언젠가는 장래에 반드시 비극이 일어날 것이라고 느껴 크게 개탄하는 바가 있었다.[8]

오경석은 자신이 얻은 전략적 판단을 근거로 5년 뒤에 일어난 신미양요 때 대원군에게 미국과 외교 관계를 맺을 것을 조심스럽게 건의한 듯하다. 대원군의 반응은 차갑기 그지없었다. 그는 훗날, 강화도조약을 체결하러 온 일본 당국자에게 이런 사정을 털어놨다.

> 실로 우리나라에 대해선 몸 둘 바가 없는 말이니 절대 외부에 누설하지 말라. 신미년에 미국 함선이 내도했을 때 마침 대원군이 전권

을 잡고 있었다. 당시 나는 대원군에게 도저히 외교를 열지 않을 수 없는 이유를 설득했다. 그런데 미국 선박은 겨우 몇 차례 발포를 받더니 그대로 물러가 버렸다. 그 뒤로 나는 개항가開港家로 지목되어 무슨 일을 말하더라도 다시 채택되는 일이 없었다.[9]

"무슨 일을 말하더라도 다시 채택되는 일이 없"게 된 오경석이 이후 어떤 생각을 품게 됐는지 짐작해 보는 것은 어렵지 않다. 중인이란 신분적 제약을 안고 있던 오경석은 조선 내부의 정상적 의사결정 틀 속에선 문제를 해결할 수 없다고 판단했다. 조선이 세계의 대세를 깨닫고 적극적 개방 정책에 나서게 하려면, 우물 안 개구리들을 깜짝 놀라게 할 강력한 '죽비'가 필요했다. 그 죽비는 다름 아닌 '외세의 압력'이었다.

오경석의 기묘한 희망

이렇게 생각하게 된 오경석은 놀라운 행동에 나선다. 그의 변화를 엿볼 수 있는 귀중한 자료가 있다. 주청 영국 공사관의 윌리엄 메이어스William Mayers 서기관은 1874년 3월 5일 오경석이 포함된 조선의 연행사 일행이 베이징에 도착했다는 소식을 듣고 이튿날 회견을 청하는 명함을 보냈다. 그러자 7일 오경석과 그의 개화파 동지 강위(1820~1884)가 영국 공사관을 찾아왔다. 오경석은 자신을 "외부 사정을 조금이나마 알고 있으며 모든 외국 물건에 대한 뿌리 깊은 편견을 갖지 않는 극소수의 조선인 중 한 명"이라고 소개하며 충격적인 말을 건넨다.

조만간 조선은 중국이나 일본과 마찬가지로 틀림없이 다른 나라들과의 교제의 영역에 편입될 것이며, 자신으로선 그렇게 되는 것을 본다면 기쁠 것이다. 하지만 구체제로부터의 이탈에 대한 지배계급의 거부감이 대단히 크기 때문에 그러한 변화는 오직 힘에 의해서만 가능할 것으로 확신한다. 소수의 세도가들과 그 수많은 친족들이 염려하는 것은 어떤 변화라도 자신들의 특권의 감소를 수반할 것이라는 사실이다. 그들은 외부세계에 대해 아무것도 아는 것이 없을 뿐 아니라, 그들 자신과 그들이 통치하는 백성들에게 어떤 지식이 유입되는 것도 결연히 막고 있다.

(중략) 당신들이 정말로 (조선에) 오겠다면 반드시 충분한 병력과 문제를 매듭짓기 전까진 조선에 머물겠다는 결의가 있어야 한다. 만약 1871년에 미국인들이 꽁무니를 빼는 대신에 두 달만 더 머물렀다면, 섭정(대원군)은 자신감을 잃고 항복했을 것이다.

(중략) 당신은 내가 이렇게 말하는 것에 대해 놀랐을 것이다. 하지만 나는 나의 조국에 대해 슬픔과 우려를 동시에 느끼고 있으며, 현재 우리의 은둔이 지속될 수 없음을 알고 있다.[10]

오경석은 귀국 직전인 27일에도 "유럽 열강이 군대를 동원해서 조선 정부가 은둔 체제를 포기하도록 해 주기 바란다"라고 청했고, 이듬해인 1875년 2월 16일에도 다시 찾아가 "유럽 열강이 서울의 지배계급이 외교를 시작하도록 강제해 주기 바란다"라고 간청했다. 메이어스는 이런 사실을 본국에 보고하는 전문에서 오경석이 조선의 개방과 관련해 드러낸 광기 어린 정념을 '기묘한 희망(a singular hope)'이란 말로 표현했다. 오경석이 볼 때 조선은 무력을 앞세운 서양의 위협이 없다면 절대 바뀌지 않을 국가였다. 이 무렵 조선은 국제 정세의 변화를 인식하고, 이에 능동적으로 대응할 유연성과 탄력성을 갖추지 못하고 있었다. 이 점에서 이웃한 일본과 크게 달랐다. 그런 의미에서 조선은 매우 경직된 국가였다.[11]

오경석의 '기묘한 희망'은 2년 뒤 현실이 됐다. 실제로 조선에 개방을 압박해 온 세력이 등장한 것이다. 1868년 메이지유신으로 국가 개혁에 성공한 일본이었다.

조선과 오랫동안 교린 관계를 맺어 온 일본이 새삼스레 개항을 요구하게 된 데엔 그럴 만한 곡절이 있었다. 메이지 정부는 1868년 12월 조·일 외교를 중계하던 쓰시마 번주를 통해 천황이 이끄는 새 정부가 수립됐으니 조선과 새 외교 관계를 맺길 원한다는 서계(외교문서)를 보냈다. 이 문서엔 "황상皇上께서 등극하시어 강기綱紀를 경장更張하시고 만기萬機를 친재親裁하시며 인호隣好를 크게 닦고자 하셨습니다"라는 구절이 있었다. 나아가 쓰시마의 소宗 씨가 보낸 부서에는 '칙勅'이란 글자가 적혀 있었고, 조선에서 주조해서 보낸 도주도서島主圖書가 아닌 일본 정부가 하사한 새 도장이 찍혀 있었다. 이를 확인한 조선의 왜관 훈도[12] 안동준(1826~1875)은 '황실皇室', '봉칙奉勅' 등의 자구가 지극히 패만悖慢하며, 새 도장을 찍은 것도 격식에서 벗어난 해괴한 일이라 여기고 접수를 거부했다.[13] 이로 인해 도쿠가와막부 성립 이후 250년 넘게 이어지던 조선과 일본의 외교 관계가 끊기고 만다. 이를 '서계 문제'라고 부른다.

그러자 일본 안에선 괘씸한 조선을 손봐야 한다는 '정한론征

韓論'이 고개를 들기 시작했다. 이를 적극 주장한 사람이 메이지 3걸[14] 가운데 하나인 사이고 다카모리西鄕隆盛(1828~1877)였다. 하지만 '이와쿠라 사절단(1871년 12월~1873년 9월)'을 통해 1년 9개월에 걸쳐 세계 문물을 둘러보고 온 이와쿠라 도모미岩倉具視(1825~1883)와 오쿠보 도시미치大久保利通(1830~1878) 등이 조선 정벌은 시기상조라며 이 움직임에 제동을 건다. 정한론 논쟁에서 패한 사이고는 모든 관직에서 사퇴하고 고향인 가고시마로 돌아갔다. 자연스럽게 그를 따르던 많은 사무라이가 주변으로 몰려들었다.[15] 당장 조선을 손봐야 한다는 이들과 아직 때가 무르익지 않았다는 이들 사이의 대립으로 메이지 정부가 둘로 쪼개지게 된 것이다.

그러는 사이 조선에서도 커다란 정치 변동이 발생했다. 1873년 말 고종의 '친정 선언'으로 오랫동안 서양과 수교·통상을 거부해 오던 대원군 정권이 무너진 것이다. 그에 따라 대원군 시절의 '외교 적폐'라 할 수 있는 서계 문제를 풀기 위한 외교적 공간이 열리게 된다.

그와 동시에 조선의 국가 안보와 관련된 중대한 소식이 전해져 왔다. 청의 외교부였던 총리각국사무아문과 청의 관리 심보정沈葆禎(1820~1879) 등은 조선에 서한을 보내 일본이 지난 5월 대만에 출병해 원주민을 토벌했다는 사실을 알리면서 "출정 부대의 일부인 약 5000명 병력이 현재 나가사키에 주둔해 대만 사건이 해결되면 조선에 출병할 것"이라고 경고했다.[16] 조선은 8월 6일 청 예부에 '어떻게 대응해야 할지 알려 달라'고 도움을 청하는 한편, 외교문서의 격식 문제로 한동안 외교 관계가 끊겨 있던 일본과 관계 개선을 시도한다.

대일 정책 전환을 위해 조선 내부에서 어떤 논의가 이뤄졌는지는 닷새 뒤인 11일 《고종실록》에 자세히 기록돼 있다. 이날 경복궁 인정전에서 열린 회의에서 영의정 이유원(1814~1888)은 일본과 서계 문제를 언급하며 "갑자기 3년 동안 (일본과) 관계를 폐쇄하고 약조를 폐기한 것과 다름없이 됐다"라고 말했다. 그러자 김옥균·박영효(1861~1939) 등 훗날 조선 사회를 발칵 뒤집어 놓는 개화당의 스승인 우의정 박규수(1807~1877)가 말을 받았다.

> 게다가 변경에서 일어난 말썽을 가지고 말하면 일본 황제가 막부를 내쫓고 나라의 정사를 총괄한다는 것은 그가 과장한 말입니다. 대마도주가 '황제'요 '칙서'요 한 것은 바로 그들 자신이 높여서 부른 것이지 결코 우리나라에서 '황제'요 '칙서'요 하고 불러 달라는 요구는 아닙니다.
> 또한 대마도주의 작위爵位를 전과 달리 부르는 것은 그가 겸임으로 벼슬을 더 받을 수도 있는 만큼 괴이할 것은 없을 것입니다. 그런데 격식을 어겼다고 하여 대뜸 그의 편지를 거절한 지 이제는 여러 해가 되었으나 원인을 해명하지 않고 있습니다. 해외가 풍속이 다르나 어찌 나쁜 감정이 생기지 않겠습니까?[17]

일본이 자신을 스스로 황이라 부르는 것은 그 나라 내부 사정이고, 또 대마도주가 자기 작위를 바꿔 부르는 것도 쓰시마와 일본 관계에서 벌어진 일일 뿐 우리가 신경 쓸 문제가 아니라는 '현실론'이었다. 이 방침에 따라 1874년 9월 서계 문제를 해결하기 위한 교섭이 시작됐지만, 양국 간 이견은 쉽게 좁혀지지 않았다. 세계 문제는 사대하는 청을 황제라 부르고 교린하는 일본은 우리와 동등한 왕이라 생각하던 조선인들의 정체성과 관련된 예민한 문제였다.[18] 결국 일본의 교섭관인 모리야마 시게루森山茂(1842~1919)의 양복 착용 등 다른 문제가 불거지며 1875년 6월 대화는 중단된다.

"일본은 위엄을 과시하라"

이 교착 상태를 돌파하기 위해 일본이 취한 선택이 이른바 운요호[19]의 '함포 외교'였다. 조선에 물리적 위협을 가해 분쟁을 일으킨 뒤 이를 빌미 삼아 꽉 막힌 교섭의 문을 열려 한 것이다. 운요호는 1875년 9월 19일 서울과 이어지는 전략적 요충지인 강화도 부근 월미도에 닻을 내렸다. 이튿날 활동을 재개한 운요호는 오후 1시 40분께 보트를 내려서 강화도에 상륙을 시도했다. 갑작스럽게 접근하는 배에 놀란 강화도 초지진의 조선 수비대는 오후 4시 반께 대포를 쏘며 대응할 수밖에 없었다. 트집을 잡는 데 성공한 운요호는 21일 보복을 위해 조선 포대에 직접 포격을 가하고 22일엔 영종도에 상륙해 영종성을 공격했다. 이 전투에서 조선은 병사 35명이 사살되는 큰 피해를 입었지만, 일본 쪽 사망자는 동문 성벽을 넘다 다쳐서 함선으로 돌아온 뒤 숨진 수병 한 명뿐이었다.[20] 운요호사건은 조선을 상대로 시빗거리를 찾기 위해 일본이 계획한 '의도된 도발'이었다. 엉겁결에 당했기에 조선 쪽 피해가 훨씬 클 수밖에 없었다.

같은 해 12월 19일 일본은 구로다 기요타카黑田清隆(1840~1900)

를 특명전권변리대신으로 임명해 조선에 파견한다는 결정을 내린다. 서계 문제로 발생한 외교 경색을 풀고 운요호사건의 시시비비를 따진다는 명목이었다. 일본은 조선에 조금이라도 더 강력한 군사 압박을 가하기 위해 보유 중인 함선을 최대한 끌어모았다.

군함 닛신·모슌, 특무함 다카오마루, 기선 겐부마루·하코다테마루·교류마루 등으로 구성된 일본 함대는 1876년 1월 15일 쓰시마를 출발해 부산에 입항했다. 갑작스럽게 나타난 대규모 함대에 깜짝 놀란 조선의 임시 훈도 이준수 등이 한걸음에 왜관으로 달려갔다. 일본은 "구로다 대신과 이노우에 가오루 부대신이 대마도에서 강화도로 가서 귀국의 대신과 만나서 의논하려 한다. 나와서 접견하지 않으면 아마도 곧바로 서울로 올라갈 것"이라고 경고했다. 이 변고를 알리는 동래 부사 홍우창의 장계가 27일 서울에 도착했다.[21] 크게 긴장한 조선은 일본의 정확한 의도를 파악하기 위해 접촉을 시도했다.

1월 30일 오전 9시 반, 조선의 외교 당국자 둘이 대부도 앞바다에 정박 중이던 닛신에 올랐다. 2년 전 영국 공사관에 찾아갔던 사역원 당상 오경석과 동래 왜관에서 일본과 외교 실무를 담당해온 훈도 현석운(1837~?)이었다. 일본에선 미야모토 오카즈宮本小一(1836~1916)와 모리야마 시게루가 이들을 맞았다.

148년 전 이뤄진 이 대화는 《일본외교문서》 제9권에서 강화도조약의 체결 과정을 담은 '강화도 사건의 해결 및 일선수호조규(조일수호조규) 체결 1건' 자료 군의 6번 문서에 담겨 있다. 두 나라 실무 외교 당국자 간에 매우 속 깊은 얘기가 오간 탓에 대화록의 분량은 무려 13쪽에 이른다. 강화도로 가겠다며 막무가내로 북상하는 일본과 일종의 예비 회담에 나선 오경석은 놀랍게도 국가에 대한 '배신행위'라 해도 좋을 내용을 입에 담는다.

> 귀국과의 교제를 닦지 않을 수 없음을 논해도 마치 개구리 낯짝에 물을 끼얹은 것과 같아서, 금일에 이르러서도 예전에 미국 선박이 쉽게 물러간 것과 똑같은 일 정도로 상상한다. 그러므로 강화도로 가면 혹시 뜻밖의 작은 폭동 정도는 없으리라고 보장하기 어렵다. 또 유수관留守官도 지금까지 서양 선박을 물리치라는 명을 받았으니, 이번 일도 별도로 조정에서 제지하는 명을 내리지 않으면 반드시 항거할 것이다. 금일의 형세로 보면 대신(구로다 기요타카)이 그곳에 도착하는 대로 곧장 상륙해서 위엄을 보이는 것이 최선이다. 그렇지 않으면 다시 부산에서의 담판과 마찬가지로 천연遷延하고 지체하는 상황에 빠질 것이다. 이미 이 같은 형세이므로 오늘날 이런 상황에서 우리가 보고해도 믿는 사람이 없을 것이다. 이번 일은 한번 차질이 생기면 실로 만민이 도탄에 빠지는 고통을 야기할 것이다. 이를 두려워하기 때문에 이렇게까지 내부 사정을 폭로하는 것이다.
>
> (중략)
>
> 내가 지금 우리나라에 대해 이런 말들을 토로하는 것이 실로 어떤 이유이든지 간에 귀 대신은 강화에 도착하면 가능한 한 위엄을 과시하라. 내가 여러 차례 우리 대신에게 일을 말했지만, 대신은 다시 세계의 형세를 알지 못하고, 금일에 이르러서도 망연茫然히 예전과 같다. 강화에 가면 어쩌면 작은 폭동이 없으리라고 보장하기 어렵지만, 우리 조의朝意(정부의 의사)로써 항거하는 것은 전혀 불가능

하다. 최대한 국위를 펼쳐라. 그대들은 이 뜻을 잘 이해하라.[22]

조선의 내부 상황을 거리낌 없이 쏟아 내는 오경석에게 다소 당혹스러움을 느꼈는지 모리야마는 "알겠다. 하지만 대신의 뜻이 어떻게 될지 모른다"라고 대꾸했다. 오경석이 아랑곳하지 않고 "이 정도 말했다면, 우리나라의 사정을 대개 꿰뚫어 봤을 것"이라고 하자, 미야모토는 "그렇다. 매우 잘 알았다"라고 답한다. 조선이 다시 시간을 질질 끌며 개방을 거부할 수 있으니 군사적 압박을 가해서라도 일본의 뜻을 관철해야 한다고 부추긴 것이다.

한국 개화파의 시조로 불리는 '역관' 오경석은 조선이 오랜 잠에서 깨어나려면 한심한 집권 세력들의 간담을 서늘하게 하는 강력한 '외부 충격'이 필요하다고 생각했다. 오경석은 절박한 마음에서 쏟아 낸 말이었겠지만, 그가 호들갑을 떨지 않았어도 일본은 조선에 가혹한 군사적 압박을 가할 준비가 되어 있었다. 문제는 조선이 이 급격한 충격을 견뎌 낼 수 있느냐였다.

02 조선,
근대 조약 질서 속으로 뛰어들다

갑작스레 들이댄 조약문

이번에 귀국과 종전의 좋은 관계를 회복하는 것은 실로 다행한 일이다. 그런데 신의와 친목을 강구하는 데서 특별히 상의해서 결정할 한 가지 문제가 있다.[1]

1876년 2월 12일 강화 진무영 집사청에서 열린 2차 본회담에서 일본의 전권변리대신 구로다 기요타카가 불쑥 이 말을 꺼내 들었을 때 조선의 접견 대관인 판중추부사 신헌(1810~1884)은 그 뜻을 선뜻 알아채지 못했다. 일본이 "조선의 대관과 만나야 하겠다"라며 무작정 강화도로 함대를 들이밀며 내세웠던 두 의제인 '서계 문제'와 '운요호사건'에 대해선 전날 1차 회담과 이날 2차 회담의 초반부 논의를 통해 어느 정도 갈래가 타진 상태였다.

11일 오후 1시 강화 유수영 연무당에서 열린 1차 회담에서 구로다는 양국에서 각각 대신을 파견한 것은 "대사大事를 변리辨理하기 위한 것이며 또 구호舊好를 중수重修하기 위한 것"이라고 말했다. '대사를 변리한다(중요한 일을 처리한다)'는 것은 운요호사건을 추궁하겠다는 것이고, '구호를 중수한다(오랜 우호 관계를 다시 수복한다)'는 서계 문제를 처리하겠다는 의미였다. 구로다는 먼저 운요호사건을 꺼내 들었다. 조선의 수석대표인 신헌이 직접 기록한《심행일기》(심沁은 강화도를 뜻함)를 중심으로 이날 대화를 재구성하면 다음과 같다.

"우리 선박 운요함이 작년에 뉴장牛莊[2]으로 향하던 중에 귀국 경내를 통과하다가 귀국인의 포격을 받았으니 교린의 우의가 어디 있는가?"
"타국 경내에 들어올 때 금지하는 바를 묻는 것은 예경禮經에 적혀 있는 바이다. 그런데 지난가을에 온 선박은 애초에 어느 나라 배가 무슨 일 때문에 왔다는 사유를 먼저 통지하지 않고 곧장 방수防守하는 곳으로 진입했으니, 변방 수비병의 발포 또한 부득이한 일이었다."[3]

이어 서계 문제였다.

"사신을 접대하지도, 서계를 받지 않은 지도 7, 8년이나 되었다. 그것은 어째서인가. 이유를 듣고 싶다."
"거기에는 곡절이 있다. 지난 정묘년(1867)에 중국에서 신문지를 보내왔는데, 귀국인 야도 마사요시가 송고한 신문지[4]에 '조선 왕은 5년마다 반드시 에도에 와서 대군을 배알하고 공물을 바치는 게 오랜 관례였다. 그런데 조선 왕이 이 관례를 이행하지 않은 지 오래되었다. 그래서 군대를 일으켜서 그 죄를 문책하려는 것이다'라는 말이 있었다. 그 후 우리 나라와 조야에서 귀국이 우리 나라를 크게 무함했다고 생각하지 않는 사람이 없었다. (중략) 그것이 실로 서계를 단절한 일대 근본 이유였다. 그러나 이제 우호를 맺으려는 자리에서 지난 일을 거슬러서 끌어들일 필요는 없다."[5]

신헌은 운요호사건에 대해선 "(일본이) 사유를 먼저 통지하지 않고 수비하는 곳으로 진입"해 정당한 자위적 조처를 취한 것이라고 맞섰고, 서계 문제에 대해선 "이제 우호를 맺는 자리에서 지난 일을 거슬러 끌어들일 필요는 없다"며 타협적 자세를 보였다. 운요호사건에 관해선 '정당방위'라는 조선과 '사과하라'는 일본이 여전히 팽팽히 맞선 상황이었지만, 서계 문제에선 조선의 태도 변화로 해결의 실마리가 잡혀 가고 있었다.

12일 2차 회담에서 논의가 이어졌다. 《심행일기》와 《일본외교문서》 기록을 통해 전말을 확인할 수 있다. 일본 쪽 회견록 첫 줄에 신헌申櫶을 중헌中櫶으로 잘못 기록한 부분이 눈에 띈다. 구로다가 강력히 따져 물었다.

"지금 이 수호를 맺으려는 뜻은 이미 잘 알고 있을 것이다. 그런데 우리 나라에서 사신을 여러 번 보냈음에도 접견을 받지 못했기 때문에 우리 나라의 인심이 분노해서 그 곡절을 귀국에 묻고자 했다.

그러므로 이번 사명使命을 갖지 않을 수 없었던 것이다. 귀국에서 사신을 물리친 까닭에 우리 조정의 의론이 어지러워져서 대신 4명이 파직되고, 게다가 1명은 사형을 당했다(정한론 소동). 또 수륙 군민 수만 명이 히젠주 사가현 등지에 집결해서 기필코 귀국을 공격하려고 했으니(1874년 사가의 난) 이는 인심이 저절로 그렇게 된 바였다. 그것이 바로 재작년의 일이었다. (중략) 귀 대신은 단지 지난 일은 다시 논할 필요가 없다는 말만 하고 있는데 그렇다면 나의 사사使事에는 돌아가서 아뢸 말씀이 없다. 따라서 그 회오의 여부를 상세하게 질언質言해야 한다."
"귀국 사람들의 정서가 들끓었는데도 전쟁이 벌어지지 않게 했다는 것에는 지극히 감사한다. 그러나 귀 대신이 돌아가서 아뢸 말씀이라는 것이 실로 무슨 뜻인지 모르겠다. 우리는 단지 접견을 위해서 왔을 따름이니 어떻게 여기서 질언할 수 있겠는가?"[6]

구로다가 운요호사건에 대해 "그 회오悔悟의 여부를 상세하게 질언해야 한다"라고 말한 것은 조선 정부의 '공식 사죄'를 요구한 것이었다. 집요하게 요구하는 구로다에게 신헌은 당신을 맞이하러 나온 사람일 뿐인데 어떻게 사죄할 수 있느냐고 거부했음을 알 수 있다. 하지만 사죄 요구가 거듭되자 마침내 "다만 조정에 이를 뿐이다"라고 말하며 한발 물러난다. 일본의 뜻을 조정에 알려 조처가 이뤄지도록 하겠다는 의미였다. 이것으로 사죄 문제 역시 어느 정도 해결 가닥이 잡혔다고 생각했는지 구로다는 "특별히 상의해 결정"할 일이 있다며 느닷없이 조약 체결이라는 '제3의 의제'를 꺼내 든다.

"이제 귀국과 옛 우호를 중수하게 되었으니 실로 양국의 다행이다. 그러나 강신수목講信修睦(교린국 간에 신의를 돈독히 함)에는 별도로 상의해서 결정해야 하는 한 가지 일이 있다. 초록한 조약 13개 항목을 상세히 살펴보고, 귀 대신이 직접 조정에 나가서 임금께 아뢰어 품처稟處해 줄 것을 간절히 바란다."

"조약은 무슨 사안인가?"

"귀국 지방에 개관해서 함께 통상하는 것이다."

"300년 동안 통상하지 않은 적이 있었는가? 그런데 지금 갑자기 따로 요청하는 것을 실로 이해할 수 없다."

"지금 천하 각국에서 공통적으로 행해지는 일이며, 일본도 각국에 이미 공관을 많이 열었다."

(중략)

"이미 수백 년 동안 교역을 행해 왔던 동래 왜관에서 예전과 같이 계속하는 것만 같지 못하다."

"양국이 저간에 격조하게 된 것은 바로 조례가 불명확하기 때문이다. 따라서 조약을 강정해서 영구히 변치 않는 장정으로 삼지 않을 수 없다. 그렇게 하면 반드시 다시는 양국이 단절되는 사단이 생기지 않을 것이다. 그리고 이는 모두 시행하지 않을 수 없는 만국공법(국제법)이니 이로써 결정해 조처해야 한다."[7]

조선이 외국과 체결한 첫 근대적 조약이자 불평등조약인 강화도조약이 역사의 무대에 처음 등장하는 순간이었다. 이 조약을 체결하는 것이, 일본이 배 6척과 군사 800여 명을 이끌고 강화도로 밀고 들어온 진짜 이유였다.

갑작스러운 제안에 신헌이 당혹스러움을 감추지 못하자 구로다는 그에게 교섭 권한이 없다고 생각했는지 "귀 대신은 전권을 행사할 수 없으니 귀국의 집정 영의정이 와야 한다"라고 말했다. 이 말에 격분한 신헌은 "이미 대신과 접견하고 있으면서 어째서 영의정이 와서 접견할 것을 요청하느냐"라면서 "결코 들어줄 수 없으니 다시는 그런 말을 꺼내지 말라"며 선을 그었다. 수석대표 간의 논쟁이 격화되자 이노우에 가오루 부대신이 나서 "이 조약을 통해 귀국도 자주의 나라로 일본국과 동등한 권리를 갖게 된다"며 "의심의 마음을 지우고 (조약 체결을) 고려해 달라"고 당부했다.[8] 이런 갑작스러운 요구를 전하며 일본이 제시한 회답 기한은 고작 '열흘'에 불과했다.

조약 체결 문제를 놓고 격론이 이어진 탓에 오후 1시에 시작한 회담은 오후 5시 40분에야 끝났다. 구로다는 그러고도 안심이 안 됐는지 이튿날 다시 찾아와 "일이 뜻대로 되지 않으면 장차 수만 명의 군대가 상륙하는 폐해가 있을 것"이라는 협박도 잊지 않았다. 신헌은 "은연중에 공하恐嚇(힘으로 으르고 협박함)하는 말이 있었으니 지극히 분완憤惋(몹시 분함)했다"며 "저들의 습속이 이와 같다"라는 말로 분을 삼킬 수밖에 없었다.[9]

구로다가 이날 제시한 일본 원안의 1관엔 "조선은 '자주국'으로 일본과 평등한 주권을 갖는다", 2관엔 "조약 체결 후 15개월 후에 사신을 서울에 파견한다"라는 내용이 담겨 있었다. 서양 열강이 일본에 강요했던 대표적 불평등 조항인 '치외법권 조항'(10관)과 '최혜국 조항'(12관·한 나라에 어떤 특권을 허용하면 모든 나라에 허용하는 원칙. 조선의 요구로 삭제된다) 등도 확인할 수 있다. 하지만 이 조약의 핵심은 현대 한국인의 눈으로 볼 때 너무나 당연하게 느껴지는 1관에 있었다.

1관에 담긴 "조선은 자주국(自主之邦)"이라는 문장은 당시 조선의 '국제적 지위'를 규정하던 중국식 '중화 질서'를 서구식 '조약 질서'로 대체하는 매우 혁명적 함의를 담고 있었다. 전통적 중화 질서 속에서 조선은 청의 속국이면서, 내정과 외교에선 자율성을 보장받는 독립국이었다. 얼핏 보면 모순적으로 보이는 조선의 이 독특한 '국제적 지위'를 주권 국가들은 모두 평등한 권한을 갖는다는 근대 조약 질서 속에서 새로 자리매김해야 했다. 그런 의미에서 강화도조약은 조선을 서구가 만든 근대적 조약 체계 속으로 끌어들이는 결정적 갈림길이었다.

이 문제를 해결하기 위해 일본이 택한 방법은 조·청 간의 오랜 중화 질서를 정면으로 부정하는 '정공법'이었다. 청은 이를 병자호란 이후 유지돼 온 조·청 간 사대 관계를 해체하려는 공격적 시도로 받아들일 수밖에 없었다. 그런 의미에서 조선의 국제적 지위는 청·일 양국 모두에 사활적 이익이 걸린 '전략 현안'이라 할 만했다. 마찰을 최소화하려면 양국 간에 이견을 조정하기 위한 사전 교섭이 있어야 했다.

청·일의 거친 설전

이 민감한 임무를 안고 청에 파견된 이는 모리 아리노리森有礼(1847~1889) 특명전권공사였다. 모리는 구로다가 신헌에게 조약문을 제시하기 한 달 전인 1월 10일부터 청의 총리각국사무아문(총리아문)과 교섭을 시작했다. 이 협의에서 좀처럼 원하는 결론이 나오지 않자 모리는 이홍장李鴻章(1823~1901) 북양대신과 협의를 강력히 요청했다. 현대 외교 용어로 "매우 솔직한 의견 교환이 이뤄졌다"라고 평할 수밖에 없는 둘의 회견은 24~25일 이뤄졌다.[10]

이 만남이 이뤄지기 5년 전인 1871년 9월, 청·일은 서로의 관계를 서구의 근대적 조약 체제 속에 자리매김하는 청일수호조규를 체결했다. 조약의 가장 중요한 1조엔 "청과 일본은 앞으로 영원히 우호를 강화한다. 또 양국의 소속방토所屬邦土는 서로 예의를 가지고 존중하고, 침략하지 않으며, 영원히 안전을 보장한다"라는 내용을 담았다.

청이 만들고 유지해 온 동아시아의 현상 질서를 해체하려는 야심을 일본이 품고 있다는 사실을 누구보다 잘 알고 있던 이는 이 날 협상에 나선 '늙은 제국'의 외교 실권자 이홍장이었다. 그가 조규 1조에 굳이 '소속방토'라는 용어를 넣은 것은 이를 통해 일본의 야심을 조금이라도 억누를 수 있기를 기대했기 때문이다. 이홍장은 1870년 12월 총리아문에 올린 계문啓聞(황제에게 올리는 보고문)에서 "최근 일본이 다시 조선을 노리고 있다고 들었다. 그 야심을 키워서 조선을 병합하게 되면 우리의 펑톈·지린·헤이룽장은 그 방벽을 잃어버리게 되기 때문에 대책을 세워 둬야 한다"라고 적었다.

노회한 전략가답게 그가 택한 것은 정공법이 아닌 우회 전술이었다. 조약문에 직접 "조선을 지칭하는 것은 보기 안 좋으므로 개괄적으로 소속방토"라고 부른다는 '꼼수'를 쓴 것이다. 이홍장의 머릿속에서 중국에 소속된 나라(邦)는 조선이나 류큐琉球(지금의 일본 오키나와현)와 같은 속국, 중국에 속한 땅(土)은 청의 영토를 의미했다. '소속방토'라는 용어를 통해 일본이 청의 영토와 속국 모두에 "예의를 가지고 존중하고, 침략하지 않으며, 영원히 안전을 보장"해야 한다는 조약상의 의무를 지우려 한 것이다.

이런 안전장치를 뒀음에도 청이 품고 있던 우려는 곧 현실이 됐다. 가장 약한 고리는 역시 대만이었다. 사이고 쓰구미치西鄕從道(1843~1902)가 이끄는 일본군 3600명이 1874년 5월 대만 남부에 상륙해 원주민들을 정벌한 것이다. 메이지유신으로 근대국가로 거듭난 일본이 행한 최초의 해외 출병이었다.

일본이 이런 대담한 군사 행동에 나설 수 있었던 것은 1891년 11월 류큐의 부속 도서인 미야코지마宮古島 표류민이 대만에 상륙했다가 무려 54명이 원주민에게 살해된, 이른바 '대만 사건' 때문이었다. 이 무렵 류큐는 청·일 모두에 조공하는 특수한 위치에 있었다. 일본은 호시탐탐 노리던 류큐를 집어삼키려는 공작에 이 사건을 활용하기로 마음먹는다. "사망한 류큐 사람들은 일본 국민"이라고 주장하면서 대만 정벌을 감행한 것이다.

청은 일본의 대만 정벌은 자신들의 소속방토를 침범한 것이라고 주장했지만, 해군력이 약했던 탓에 적극 대응에 나설 수 없었다. 이 사건으로 큰 충격을 받은 청은 와신상담의 자세로 북양해군 육성에 나선다. 1장에서 언급했듯 청의 예부가 1874년 8월 조선에 '일본이 대만 사건이 해결되면 조선에 출병할 것'이라고 경고했던 것도 이런 배경 때문이었다.

이런 복잡한 사정으로 인해 이날의 핵심 의제는 조선의 국제적 지위였지만, 논쟁은 청일수호조규 1조에 관한 해석 문제로 확대될 수밖에 없었다. 모리가 이홍장에게 거세게 따지고 들었다.

"조선은 인도와 똑같이 아시아에 있는 나라이다. 중국의 속국이라고 볼 수 없다."

"조선은 청의 정삭正朔(역법. 조선은 청의 연호를 사용했다)을 따르고 있는데 어째서 속국이 아닌가?"

"각국은 모두 '조선은 조공하고 책봉을 받고 있을 뿐, 중국이 세금을 징수하지도 정치를 관할하지도 않기 때문에 속국이라 생각할 수 없다'고 말한다."

"조선이 수천 년 동안 중국에 속해 있다는 것을 모르는 사람은 없다. 청일수호조규의 '소속방토'라는 문구 중 '토'라는 글자는 중국의 각 성을 가리킨다. 이는 내지內地와 내속內屬을 말하며 세금을 징수하고 정치를 관할한다. '방'이라는 글자는 조선과 같은 나라들을 가리킨다. 이들은 외번外藩과 외속外屬이며 세금과 정치는 그 나라에 맡겨 왔다. 이는 청 때부터 시작된 것이 아니라 대대로 이렇게 해 왔다. 그런데 어째서 속국이라고 할 수 없다는 것인가?"

"조약에서 조선이 귀국의 속국이라고 명시한 조문을 보지 못했다. 이에 반해 우리 정부는 처음부터 조선을 독립 불패의 국가로 간주하였고, 실제로 독립국으로 대하고 있다. 무릇 그 어떤 열국은 물론이고, 귀 정부라 하더라도 조선을 속국으로 대하지 말아야 한다."

"당신의 말처럼 분명히 조선은 독립국이다. 하지만 그럼에도 조선의 국왕은 현 황제의 명에 따라 그 자리에 올랐다. 이 때문에 청의 속국이라 하는 것이다."

"그것은 단순히 귀방貴邦과 조선의 교의交誼와 관련된 예식禮式일 뿐이다."

"조선은 실제로 청의 속국이다. 이것은 예전이나 지금이나 모두 잘

알고 있는 바이다."¹¹

이홍장은 중국의 소속방토에 대만·류큐·조선이 포함된다는 논리를 들이댔지만, 욱일승천하는 기세로 국력을 신장해 가던 일본이 이를 받아들일 리 없었다. 회담은 서로의 이견을 확인하는 것으로 끝났다. 조선의 국제적 지위를 둘러싼 청·일 간 이견은 결국 20여 년 뒤 청일전쟁이라는 무력 충돌을 통해 해소된다.

청과 이견을 확인한 일본은 자신의 길을 갔다. 강화도조약의 자구 협의가 이뤄진 것은 신헌과 일본의 수행원인 미야모토 오카즈와 노무라 야스시野村靖(1842~1909)의 2월 19일 '비공식 회담'을 통해서였다. 일본 원안엔 조약의 체결 주체를 '대일본국 황제 폐하'와 '조선국 국왕 전하'로 표기했지만, 신헌의 요구에 따라 '대조선국'과 '대일본국'으로 고쳤다.[12] 조선이 서계 문제로 골머리를 앓은 것은 일본이 자신들을 황제국이라 칭하며 조선의 국격을 상대적으로 낮췄기 때문이다. 일본이 '일본 황제 폐하'와 '조선 국왕 전하'라는 표현을 빼는 데 동의하자 신헌은 "지극히 감사하는 마음을 비길 데 없다"라고 말했다. 똑같이 대조선국과 대일본국이라는 표현을 쓰게 되면서, 양국의 지위가 비로소 동등해졌기 때문이다. 그런 의미에서 조선과 일본이 7년 동안 다투었던 서계 문제에서 양보한 쪽은 일본이었다. 조선은 청·일이 영혼을 갈아 넣으며 싸운 '조선은 독립국'이라는 1관에 대해선 당연한 일이라고 생각했는지 특별한 언급을 하지 않았다.

체결 당시엔 잘 드러나지 않았지만, 이 조항이 조선인의 가슴에 던진 충격은 상상 이상이었다. 일본이 제시한 '조선은 자주국'

이라는 메시지는 김옥균과 같은 젊은 개화파들의 가슴에 불을 질렀다. 1880년대 조선 개화파 청년들에게 '자주 반청'은 1980년대 '자주 반미'만큼이나 매력적인 구호였다.

그와 동시에 한반도를 둘러싼 국제 정세는 점점 더 복잡하게 꼬여 갔다. 대만을 정벌(1874)하고, 조선의 개항(1876)을 이뤄 낸 일본은 '류큐 처분'(1879)을 통해 오키나와를 병합했다. 눈 뜨고 코가 베이는 치욕을 겪게 된 청은 '유일한 속방'으로 남은 조선을 강하게 움켜쥐기 위해 혈안이 될 수밖에 없었다. 중화 질서와 조약 질서가 정면으로 충돌하는 '살벌한 1880년대'의 문이 열리고 있었다.

그렇지만 일본이 순순히 물러가자, 조선은 일단 안심했다. 3월 1일 조약 체결 사실을 보고하러 온 신헌에게 고종이 말했다.

"저들의 배들이 모두 물러갔으니 실로 다행이로다."
"당초엔 과연 안위安危에 관계되는 바가 있었는데 이제 물러갔으니 참으로 국가의 홍복洪福이옵니다."[13]

안심한 고종과 달리 신헌의 마음속엔 큰 걱정거리가 남아 있었다. 조선의 허술한 군비를 확인한 구로다와 이노우에가 '귀국은 하루빨리 대응에 나서야 한다'는 조언을 남겼기 때문이다. 이 말을 고종에게 전해야 했다.

"저들이 이제 천하 각국이 군대를 쓰는 시대를 당하여 귀국의 험준한 산천으로는 싸워서 수비하기엔 충분하지만 병비는 매우 허술하다고 하면서 부국강병의 방법을 누누이 말했습니다."

"그 말은 아마도 교린의 성심에서 나온 듯하다. 우리나라의 군대는 수가 매우 부족하다."[14]

신헌은 "우려할 만한 일을 보고서도 사실대로 아뢰지 않는다면 신의 죄는 만 번 죽어 마땅하다"라며 병력 확충이 필요하다는 말을 길게 강조했지만, 고종은 "경의 말이 매우 타당하다"라고 답하는 데 그쳤다. 고종에게 조선의 부국강병을 위한 구체적인 해법이 있을 리 없었다. 둘의 대화는 그것으로 마무리 된다.《심행일기》의 기록 역시 이 대화를 끝으로 마무리된다.

03 청, 조선의 숨통을 바싹 틀어쥐다

조선, '관세 자주권'을 포기하다

일본과 강화도조약을 체결하면서 조선은 서구식 '조약 질서'에 첫발을 내딛는 동시에 살벌한 자본주의적 '통상 질서'에도 본격 편입되기 시작했다. 사실 평범한 조선인들의 삶에 더 큰 영향을 끼친 것은 조선의 국제적 지위를 둘러싼 추상적 논쟁보다 일본과 무역이 본격 시작됐다는 구체적 현실이었다.

두 나라는 조약 제11관을 통해 "양국이 이미 우호를 통했으니 모름지기 따로 통상 장정을 설정해 양국 상민에게 편리하게 해야 한다"면서 "6개월을 넘기지 않고 따로 위원을 파견"해 이 문제를 논의하기로 정했다. 이 조항에 따라 1876년 7월 말 미야모토 오카즈가 후속 논의를 진행하기 위해 서울에 도착했다. 그는 조선 쪽 협상 대표인 조인희와 8월 5일부터 열두 번에 걸친 협상 끝에 24일 총 11관으로 구성된 '조일무역규칙'에 합의했다.[1]

조일무역규칙에서 조선에 가장 뼈아팠던 것은 두 나라 간 상품 거래에 관세를 부과하지 않는 이른바 '무관세 원칙'이 확인된 점이었다. 이는 협정문 본문이 아닌 미야모토와 조인희가 주고받은 교환공문을 통해 합의됐다. 미야모토는 24일 조선에 "우리 인민이 귀국에 수송하는 각 물건에 대해 우리 해관은 수출세를 부과하지 않으며 귀국에서 우리 내지內地로 수입하는 물산도 수년간 우리 해관에서 수입세를 부과하지 않기로 우리 정부에서 논의해 결정했다"는 사실을 전했다.[2] 그러자 조인희도 "화물 출입에 특별히 수년간 관세를 면제한다는 내용" 등을 확인했다면서 "응당 이에 따라 시행해서 영원히 장정을 준수할 것"이라고 회신했다.[3] 근대 외교·통상 업무에 무지했던 조선이 일본이 제안한 '무관세 원칙'을 치밀한 검토 없이 받아들인 것이라 볼 수 있다. 이 회신문 하나로 조선은 하루아침에 대일 '관세 자주권'을 상실하는 낭패를 겪게 된다.

또 다른 문제는 조일무역규칙 6칙에 담긴 "이후 조선국 항구에 주류하는 일본 인민은 양미糧米와 잡곡을 수출입 할 수 있다"는 조항이었다. 조선은 개항장에 거류하는 일본인이 자기가 먹기 위해 사들이는 쌀 거래를 허용한다는 취지에서 이 조항을 받아들였다. 하지만 일본은 이를 조·일 간에 쌀 등 곡물 교역을 전면 허용한다는 의미로 확대해석했다.

서민 삶에 직결되는 필수 물자인 쌀을 '수출한다'는 것은 조선에선 예민하게 생각할 수밖에 없는 중요 문제였다. 그 때문에 조선은 강화도조약이 체결되던 지난 2월 일본이 제시한 초안에 대한 '수정 의견' 2조에서 "미곡은 교역할 수 없다. 미곡은 동래 왜

관에서도 일찍이 교역하지 않았던 것"이라며 분명한 반대 뜻을 밝혔었다.[4]

'쌀 교역은 안 된다'는 조선의 의사가 관철되지 못한 것은 일본의 '기만' 때문이었다. 조선은 조일무역규칙의 자구 협상 과정에서 미곡 매매와 관련한 6칙이 적용되는 주체를 개항장에 "주류하는 일본 인민(住留日本人民)"으로 한정하기 위해 이 여섯 글자를 넣을 것을 주장했다. 무슨 이유인지 한문본에는 이 문구가 포함됐지만, 일본어본에는 들어가지 않았다. 조선의 협상 대표인 조인희는 이 사실을 알고서도 일본 쪽에 즉각 바로잡도록 추궁하지 않았다. 디테일이 극히 중요한 통상 협상을 해 본 적이 없는 조선의 전통 관료가 엄청난 실수를 저지른 셈이었다. 일본 대표인 미야모토는 이후 사에지마 나오노부鮫島尚信(1845~1880) 외무대보(외무차관)에게 보고한 '교섭 전말 보고서'에서 이 6칙의 의미를 "각 항에 거류하는 일본 인민의 식량을 위해 미곡류를 매입함을 면허하는 뜻"이라고 인정하면서도 "문장에 의거해 논한다면 미곡의 수출을 허가하는 것과 다름없다"고 보고했다.[5] 애초 합의한 의도를 잘 알고 있으면서도, 한문본과 일본어본의 차이를 내세우며 조선을 기만하겠다는 속셈을 감추지 않은 것이다. 이를 통해 일본 상인들이 조선의 쌀을 대량으로 수입해 갈 수 있는 길이 열리게 된다.

'조일무역규칙'이 제정되며 일본과 교역이 본격 시작되자, 쌀·콩 등이 해외로 급속히 빠져나가고 싸고 품질 좋은 서양의 면포가 무더기로 쏟아져 들어오기 시작했다. 그런데도 조선 정부는 발만 동동 구를 뿐 효과적으로 대응할 수 없었다. 경제 혼란을 최소화하려면 관세를 올리고 내리면서 수출입을 통제해야 했지만, 관세 자주권을 상실한 탓에 손발이 묶여 버렸기 때문이었다. 게다가 개항 초기 부산으로 몰려든 일본 상인들 중엔 질 낮은 '무뢰배'가 많아 근대적 통상 질서에 익숙지 못한 조선인들을 상대로 기만적 무역을 시도하기 일쑤였다. 조선 내 반일 감정은 급속히 커져 갔다.

조선 정부는 고심 끝에 1878년 9월 부산 두모진에 세관을 만들어 수출입 무역에 종사하는 '조선 상인'에게만 세금을 물리기로 했다. 이에 따라 수출품인 쇠가죽엔 15퍼센트, 수입품인 면화엔 25퍼센트의 세금을 부과했다. 그러자 교역량이 줄어 손해를 입게 된 일본 상인들이 거세게 저항했다. 이를 뒷받침한 것은 일본의 군사력이었다. 일본의 육전대(해병대)가 12월 두모진에 상륙해 무력시위를 했고, 군함 히에는 부산 앞바다에서 포 연습을 했다. 일본의 군사적 압박에 눌린 조선 정부는 12월 26일 이 조처를 철회하며 물러났다.[6] 결국 관세 문제를 근본적으로 해결하려면 일본과 무관세 원칙 폐지를 위한 외교 교섭에 나설 수밖에 없었다.

김홍집의 고민

이 중차대한 임무를 떠안고 일본으로 향한 이는 당대 조선이 자랑하던 최고의 에이스 관료였던 예조참의 김홍집(1842~1896)이었다. 서른아홉의 김홍집이 2차 수신사로 도쿄에 도착한 것은 1880년 8월 11일이었다. 김홍집은 일본과 관세 문제 해결을 위한 교섭을 시도한다. 그렇지만 일본은 김홍집이 협상 권한을 위임받았음을 증명하는 '신임장'을 소지하지 않았다는 이유로 대화 자체를 거부했다. 일본의 쌀쌀한 대응에 김홍집은 크게 낙담했을 것임이 틀림없다.

위기에 빠진 김홍집에게 구원의 손을 내민 것은 종주국 청이었다. 19세기 후반 살벌한 제국주의 질서 속에 내동댕이쳐진 조선에 조·청 관계가 갖는 의미는 현재의 한미동맹만큼 절대적이었다. 김홍집은 8월 20일부터 일본을 떠나는 9월 7일까지 하여장何如璋(1838~1891) 주일 청국 공사 등과 무려 여섯 차례에 걸친 필담을 나눴다. 이 박진감 넘치는 대화 기록이 김홍집이 쓴《수신사일기》속 '대청흠사필담'[7]이라는 이름으로 남아 전한다.

김홍집의 1차 관심사는 관세 문제 등 조·일 간 무역 현안의 해법을 찾는 일이었다. 청은 이 난제 해결을 위해 골머리를 앓는 김홍집에게 매력적인 힌트를 던지며 넌지시 접근해 온다. 8월 23일(음력 7월 18일) 세 번째 만남에서 하여장이 김홍집에게 말했다.

"종전에 귀국과 일본이 교환한 조규와 이번에 보낸 통상과 관계되는 안건의 초고鈔稿(베껴 쓴 글)가 있으신지요. 만약 찾아서 있으면 한번 빌려 볼 수 있게 해 주시기를 바랍니다."
"내일 꼭 보내 드리겠습니다."
"요즘 일본이 바야흐로 서양의 여러 나라와 조약의 개정을 의논하고 있습니다. 그 문서가 지극히 상세하고 또한 공평합니다. 만약 각국 통상을 고루 본다면 이번 행차가 반드시 손해될 일은 없을 것입니다."
"만약 일찍 뵙고 가르침을 얻었다면 좋았겠지만, 방해로 거리낌이 있어 일을 먼저 하고 여쭙지를 못한 것이 한탄스럽습니다."
"(일본이 자신이 맺은 불평등조약을 개정하기 위해) 의논한 문서를 보시면 저절로 아실 것입니다."

"잘 알겠습니다. 통상에 관한 일의 이익과 해로움을 전혀 알지 못하니 참 답답합니다."

"(일본이) 의논해 개정한 원고를 취하여 자세히 살펴보면 문득 중용이라고 할 만한 것을 알게 되겠지요. 상대의 마음을 가지고 상대방을 다스리는 것도 하나의 방법입니다."

"개정을 의논하는 조약 문서[8]를 한번 볼 수 있을까요. 만약 구해서 볼 수 있게 해 주신다면 더욱 다행이겠습니다"

"구해 보겠습니다만, 이 일은 반드시 비밀로 해야 합니다."[9]

하여장은 실의에 빠진 김홍집에게 일본 역시 서구 열강과 맺은 '불평등조약'을 개정하기 위해 애쓰고 있다는 사실을 알렸다. 만약 일본이 자신들의 관세 자주권 회복을 위해 서양에 제시한 논리를 조선이 있는 그대로 받아들여 되돌려 준다면 이후 협상을 유리하게 이끌어 갈 수 있을 터였다. 하여장은 이 귀중한 사실을 가르쳐 주는 동시에 일본이 서구 열강에 제시한 "개정을 의논하는 조약 문서"까지 자신들이 비밀리에 구해 줄 수 있다고까지 말했다. 김홍집에겐 천군만마를 얻는 것처럼 고마운 조언이었을 것임이 틀림없다.

물론 이 모든 것이 조선의 딱한 형편을 동정해 한 행동일 리 없었다. 김홍집이 "극진한 가르침을 듣고 어찌 감히 따르지 않을 수 있겠냐"라며 감격하자, 하여장은 화제를 돌려 뜻밖의 말을 꺼낸다. 두만강을 사이에 둔 조·러의 국경 상황을 물으면서, 조선이 러시아의 위협에 대응하려면 종주국인 청은 물론 서양 여러 나라와 손잡아야 한다는 '세력균형론'을 설파한 것이다.

조선은 1860년 연해주를 차지한 러시아와 국경을 접하게 됐지만, 그때까지 공식 외교 관계를 수립하지 않고 있었다. 하여장이 물었다.

"근래 러시아 사람들이 귀국 북쪽 경계의 두만강 일대에서 경영하고 포치布置(넓게 늘어놓음)한다는데 대관절 형편이 어떠합니까?"
"러시아 땅이 비록 경계에 닿았지만 지금까지 아직 통하지 않았습니다(수교하지 않았다는 의미)."
"요즈음 서양 각국에는 균세均勢(세력균형)라는 말이 있습니다. 만약 한 나라가 강국과 이웃하였는데 후환이 있을까 두렵다면 다른 나라와 연합하여 도장圖章(조약을 체결한다는 의미로 보임)으로서 견제합니다."
"'균세'라는 두 글자는 근래에 비로소 공법公法 가운데서 보았습니다. 우리 나라에서는 옛 규약을 꿋꿋하게 지키며 외국을 홍수나 맹수 보듯 합니다. 오래전부터 이교異敎를 배척하고 심하게 한 것이 이 때문입니다."[10]

이 무렵 청은 현재 신장웨이우얼자치구 서부 '이리伊犁 지역'에서 발생한 러시아와 영토 갈등으로 곤욕을 치르고 있었다. 그러자 러시아는 스테판 레숍스키Stepan Lessovski(1817~1884) 제독이 이끄는 전함 23척으로 구성된 대규모 함대를 극동에 배치해 청을 압박하기 시작했다. 이렇게 집결한 러시아군이 연해주를 통해 군사행동에 나선다면, 다시 한번 수도 베이징이 위태로워질 수도 있었다. 하여장이 친절을 베푼 것은 조·청 관계를 강화해 자신들의

'유일한 속방'으로 남은 조선에 대한 영향력을 키우고, 이를 통해 중국에 큰 안보 위협으로 떠오른 러시아를 견제하려 했기 때문이었다. 외교에 '공짜'가 있을 리 없었다.[11]

돌이켜 보면, 청이 조선에 일본과 러시아의 위협을 경고한 것은 이번이 처음이 아니었다. 일본이 1879년 4월 류큐를 병합하자, 청은 이대로 사태를 방치하면 마지막 속방인 조선마저 뜯겨 나갈 수 있다고 우려했다. 청이 볼 때 조선은 혼자 힘으로 자신을 지켜 낼 수 있는 단단한 국가가 아니었다. 국가 생존을 위해선 서둘러 서양 열강과 연대해 '균세'를 확보해야 했다. 이홍장은 류큐 병합이 이뤄진 지 넉 달 만인 8월 27일(음력 7월 9일) 영의정 이유원(1814~1888)에게 서한을 보내 하루빨리 서양과 국교를 맺을 것을 권고했다.

> (일본은) 그 강토가 서로 바라보이는 곳이 북쪽으로는 귀국이고 남쪽으로는 중국의 대만이니 더욱 주의해야 할 것입니다. 류큐도 역시 수백 년의 오랜 나라이고 모두 일본에 죄를 지었다고 들어본 적이 없는데도 올봄에 갑자기 병선兵船을 출동시켜 그 나라 임금을 폐위하고 강토를 병탄하였습니다. 중국과 귀국에 대해서도 장차 틈을 엿보아 제멋대로 행동하지 않으리라고 담보하기 어렵습니다. (중략) 일본이 사기와 폭력을 믿고 고래처럼 들이키고 잠식할 것만 생각하고 있다는 것은 류큐를 멸망시킨 한 가지의 사실에서 단서를 드러내놓은 것입니다. 귀국에서도 어떻게 진실로 방비책을 세우지 않을 수 없는데, 일본이 겁을 내고 있는 것이 서양입니다. 조선의 힘만으로 일본을 제압하기에는 부족하겠지만 서양과 통상하

면서 일본을 견제한다면 충분하고도 남음이 있을 것입니다. (중략) 러시아가 차지하고 있는 고엽도庫葉島(사할린), 수분하綏芬河(수이펀허),[12] 도문강圖們江(두만강) 일대는 다 귀국의 접경이어서 형세가 서로 부딪치게 되어 있습니다. 만약 귀국에서 먼저 영국·독일·프랑스·미국과 관계를 가진다면 비단 일본만 견제될 뿐만 아니라 러시아인들이 엿보는 것까지 아울러 막아낼 수 있습니다. 러시아도 반드시 뒤따라서 강화를 하고 통상을 할 것입니다.[13]

이유원은 서양과 통상을 맺어 일본·러시아의 위협에 대응하라는 이홍장의 충고에 "참으로 황송하고 감사하다"면서도 "우리나라는 한쪽 모퉁이에 외따로 있어 외교 할 겨를이 없다"라고 대꾸했다. 조선은 사대하는 청의 조언마저 받아들이지 않을 정도로 경직된 나라였다.

"조선은 청의 왼팔이자 울타리"

하여장은 균세의 원리에 따라 "다른 나라와 연합"해 러시아를 견제해야 한다는 자신의 조언에 말을 돌리는 김홍집 때문에 몸이 달았다. 사흘 뒤인 26일 만남에선 좀 더 분명한 입장을 밝힌다. 김홍집을 향해 "한 가지 상의할 것이 있다"라고 운을 뗀 뒤 "러시아가 제멋대로 난폭하기가 마치 전국시대의 호랑이 같은 진나라와 다르지 않다"며 "근년에 도문강 어구 일대를 정성 들여 경영하고 올해엔 동해에 해군을 증설하였다고 한 일은 크게 우려할 만하다"라고 했다. 이어 "우리 조정과 귀국은 친밀하기가 손발과 같고 또 한 집안과도 같으니 도저히 그대로 둘 수 없다"면서 러시아의 위협에 맞서기 위해 미국과 힘을 합칠 것을 요구했다. 청이 볼 때 미국은 여러 서구 열강 가운데 가장 신뢰할 수 있는 국가였다.

제 생각에, 러시아의 일이 자못 급합니다. 현재 온 세계 각국 중에 오직 미국이 백성의 주권을 높이는 나라이며 또 국가의 힘이 풍부하고 넉넉합니다. 여러 나라와 더불어 통호하면서 오히려 신의를 쌓고, 편의만을 도모하며 독차지하려고 하지 않습니다. 이러한 때에 그들이 와서 좋은 뜻으로 통상을 요구하는 것입니다. 만약 요즈음 개정을 의논하던 조약의 문서를 본떠서 조약을 체결하자고 하여도 그들은 반드시 기꺼이 그렇게 할 것입니다. 이와 같이 하면 다른 나라에서 통상하러 오는 경우에도 또한 반드시 미국과 조약을 참조하여 마음대로 팔지는 못할 것이니 모든 통상의 권리를 내 마음대로 조종할 수 있습니다.[14]

하여장은 미국은 일본과 달리 '불평등조약'을 강조하지 않는다면서, 이후 다른 나라들과 조약을 맺을 때도 미국과의 선례를 내세우면 평등한 조약을 체결할 수 있다고 강조했다. 조선이 가장 아쉬워하는 부분을 정확히 긁어내는 노련한 화술이었다. 실제로 미국은 2년 전인 1878년 7월 25일 일본과 미일관세개정약서美日關稅改定約書를 체결하며 일본이 관세 등 무역에 관한 여러 규정을 자주적으로 만들 수 있는 권리를 보장한 바 있었다.[15]

이 얘기를 들은 김홍집은 비로소 "알려 주신 내용이 정성스럽기 그지없다"면서도 "세칙 문제를 일본인과 개정하는 일이 아직 끝나지 않아 급히 정할 수 없다"라고 말했다. 꼭 세칙 문제가 아니더라도 조선이 청이나 일본이 아닌 서양 나라인 미국과 국교를 맺는다는 것은 김홍집 한 사람이 섣불리 결정할 수 없는 엄청난 일이었다. 그러자 하여장은 부하인 황준헌黃遵憲(1848~1905)에게 조선이 살아남으려면 미국과 협력해야 한다는 내용이 담긴 외교 지침서인 《조선책략》을 쓰게 해 9월 6일 전달했다. 황준헌은 이 글에서 조선이 "러시아의 병탄"을 막고 살아남으려면 친중국·결일본·연미국(중국과 친하고 일본과 이어지고 미국과 연대)해야 한다고 거듭 주장했다.

하여장은 온화한 필담으로 김홍집에게 미국과 수교해야 할 필요성을 강조했지만, 이는 조선의 내정·외교에 직접 간섭하지 않는다는 오랜 방침이 극적으로 변하고 있음을 보여 주는 심상찮은 신호였다. 조선은 짐작조차 못하고 있었지만, 이 무렵 청 내부에서 오간 논의는 거칠기 그지없었다. 김홍집과 필담을 나누기 불과 석 달 전인 5월 초 총리아문에 보낸 보고서에서 하여장은 청이 취해야 할 대조선 정책으로 세 가지(상·중·하)를 제시했다. 상책은 조선을 흡수해 청의 군현으로 만드는 것, 중책은 대신을 파견해 내정·외교에 직접 영향력을 행사하는 것, 그게 안 된다면 하책으로 영국·미국·독일·프랑스 등과 통상하게 하며 조약문에 "대청국의 명을 받들어" 조약을 체결했다는 사실을 써넣게 해 지배권을 인정받자는 것이었다. 이어 일본과 전쟁에서 패할 때까지 약 15년 동안 청이 시행한 대조선 외교의 근간이 되는 〈주지조선외교의主持朝鮮外交議〉라는라는 문서를 제출(11월 18일 접수)한다.

조선은 아시아의 요충에 위치하고 그 서북은 지린·펑톈과 접해 있어서 중국의 왼팔(左臂)이라고 할 수 있습니다. 조선이 있으면 밖으로 대양을 막고 안으로 황해를 끌어안아 성산成山과 부산 사이에 서로 군사 지원이 이어질 수 있고 톈진과 상하이 수천 리가 바닷길로 바로 연결됩니다. 이리하여 베이징의 문호가 더욱 튼튼해지고, 북양 일대가 옷이 얇아 추위를 느끼는 것처럼 고립되거나 일이 막힐 염려가 없어집니다. 조선이 망하면 우리의 왼팔이 잘리고 울타리(藩籬)가 모두 없어지니 후환을 더 이상 말할 필요도 없습니다.

(중략)

조선 국왕에게 지시를 내려 다른 나라와 조약을 맺고, 조약 앞부분에 "지금 조선은 중국 정부의 지시를 받들어 모모 국가와 조약을 체결하기를 원한다"고 밝히게 한다면, 대의가 분명해지고 변경의 울타리도 저절로 굳건해질 것입니다.[16]

이 문서에서 하여장은 조선은 중국의 안보에 핵심적으로 중요한 "왼팔"이자 "울타리"이기 때문에 중국의 속국임을 분명히 하기 위해 "조선을 대신해 (서양 각국과) 외교를 주지主持(책임지고 집행)하고 조약을 체결"해야 한다고 주장했다. 서양 국가들이 인정하는 서구적 조약 질서 내에서 조선이 자신들의 속국임을 명확히 인정받으려 한 것이다.

김홍집이 가져온 《조선책략》은 조선 내부에서도 큰 파문을 일으켰다. 1880년대 초 집권 세력이던 고종과 명성황후 등 민씨 척족은 조선이 더 이상 문을 닫은 채 웅크리고 있을 순 없다고 생각하던 개방론자들이었다. 대원군이 대표하고 있는 위정척사파의 극렬한 저항 탓에 이를 시행하지 못하고 있을 뿐이었다. 《조선책략》은 이 교착을 뚫을 수 있는 중요한 명분이 됐다. 조선은 미국과 수교하겠다는 방침을 청에 전달하는 한편, 1881년 1월 개화 정책을 통괄하는 기구로 통리기무아문을 설치한다. 또 일본엔 신문물을 배워 오기 위한 '조사시찰단', 청엔 무기 제조 기술을 배우기 위한 '영선사領選使'를 파견했다.[17] '개혁 군주'라는 고종의 긍정적 이미지는 주로 집권 초였던 이 시기에 생겨난 것이다.

보수 세력들은 강력히 반발했다. 경상도 유생 이만손 등은 1881년 3월, 이른바 '영남만인소'에서 "조정에서 무엇 때문에 백해무익한 일을 굳이 해서 병란을 초래하여 오랑캐를 불러들이게 하느냐"라고 물었다. 이들은 권좌에서 밀려난 대원군 세력과 연합해 그해 10월엔 고종을 폐위하고 배다른 형인 이재선(1841~1881)을 왕위에 추대한다는 쿠데타 계획까지 세웠다가 발각됐다.

한 차례 반란을 진압한 고종은 머뭇거리지 않고 개방을 향해 나아갔다. 조미수호통상조약을 체결하기 위한 교섭은 1882년 3~4월 톈진에서 조선과 미국이 아닌 청과 미국 사이에서 이뤄졌다. 미국의 전권대표인 로버트 슈펠트Robert Shufeldt(1822~1895) 제독과 협의에 나선 이는 청의 이홍장이었다. 조선은 톈진에 파견된 영선사 김윤식을 통해 자신들의 뜻을 전달하는 데 머물렀다. 하지만 조약문에 조선이 자신들의 속방이라는 사실을 명시하려는 청의 주장은 미국의 반대로 관철되지 못했다. 하여장이 〈주지조선외교의〉에서 강력히 주장한 방침이 절반 정도만 실현된 셈이었다.

조약은 5월 22일 제물포 화도진에서 조인되었다. 이 협상에 전권대표로 나선 이는 6년 전 강화도조약 때 수석대표였던 신헌이었지만, 실무를 도맡은 이는 2년 전 일본에서 낭패를 겪었던 김홍집이었다. 청이 대신 협상을 진행한 탓에 조선의 주권은 심각하게 훼손됐지만, 강화도조약 때와 달리 10~30퍼센트의 관세 자주권을 확보할 수 있었다. 미국이 관대한 조건으로 통상조약을 체결할 것이라는 하여장의 설득은 사실이었다.

 조선의 주권이 훼손된 대가로 유리한 협상 결과를 손에 넣었다는 이 '묘한' 결과를 두고 조선의 의견은 둘로 나뉘었다. 김홍집·김윤식 등 실무 관료들은 지금처럼 '종주국인 청의 도움을 받으면서 실리를 추구하는 점진적 변화를 시도해야 한다'(온건개화파)고 생각했다. 일본의 선진문물을 둘러보고 온 뒤 끓어오르던 피를 감당하지 못했던 김옥균·박영효 등 젊은 혁명가들은 '청을 배제하고 자주를 추구해야 한다'(급진개화파)고 맞섰다. 이들 외에 '개방 자체가 잘못'(위정척사파)이라는 유생들의 의견 역시 만만치 않았다. 쇄국을 고집하는 대원군과 개방을 추진하던 고종과 명성황후 사이의 '권력 대립', 개방의 방법과 속도를 둘러싼 조선 엘리트 관료 사이의 '정책 대립', 청·일 등 외세의 '패권 대립' 등 다양한 차원의 힘겨루기가 동시다발적으로 이어지고 있었다. 이 가운데 어느 한 군데에서라도 사달이 난다면, 자칫 나라를 거덜 낼 수 있는 거대한 싸움으로 확대될 수 있었다.

 파국은 안타깝게도 일찍 찾아왔다. 조미수호통상조약이 체결된 지 불과 두 달 만인 1882년 7월, 월급을 못 받은 구식 군인들이 폭동을 일으킨 것이다. 동아시아 전체를 한바탕 뒤집어 놓게 될 임오군란이라는 피바람이 불어오기 시작했다.

04 | 임오군란:
청·일, 조선에서 살벌하게 맞서다

가물었던 1882년 초여름

1882년은 가문 해였다. 아무리 기다려도 비가 내리지 않았다. 5월 미국과 수호통상조약을 맺으며 본격적으로 대외 개방의 길을 택한 고종의 속은 타들어 갔다. 6월 2일 "농사를 생각하면 몹시 걱정스럽다"라며 기우제를 명했다. 이틀 뒤인 4일 서울의 삼각산·목멱산·한강, 7일엔 용산강 저자도에서 비를 빌었다. 그런데도 원하는 소식은 좀처럼 들려오지 않았다.

지독한 가뭄으로 민심이 흉흉해진 가운데 조선 사회는 지금껏 겪어 본 적 없는 큰 충격으로 비틀거리고 있었다. 1876년 2월 강화도조약과 그해 8월 조일무역규칙이 체결되며 일본과 쌀을 포함한 '무관세 무역'이 시작됐다. '일본제국통계연감'을 분석한 김경태의 선구적 연구를 보면, 일본으로 흘러 나가는 쌀은 개항 이듬해인 1877년 474석에서, 1878년 1만 3173석, 1879년 7만 630석,

1880년 9만 3288석으로 늘었다. 쌀 수출이 무관세로 이뤄졌기 때문에 통관 절차가 필요하지 않았다는 점을 생각하면, 실제 유출량은 이보다 훨씬 더 많았을 것으로 추정된다.

일본으로 쌀이 빠져나가자, 쌀값이 폭등했다. 일본에 팔린 한 석의 가격이 1877년 3원 96전, 1879년에는 5원 8전, 1800년 후반에는 8원 50전으로 올랐다.[1] 이에 더해 1882년 봄부터 여름까지 가뭄이 이어졌으니, 서민들이 감당해야 하는 고통은 커질 수밖에 없었다. 게다가 1876년 12월 부산, 1880년 5월 원산에 이어 1882년 9월엔 서울의 관문인 인천의 개항까지 예정돼 있었다. 인천 개항을 결사반대하던 유생들은 처음엔 쌀 수출을 문제 삼았고, 이곳을 통한 쌀 수출을 허용하지 않기로 하자, 국방의 위험성으로 논점을 바꿔 저항을 이어 갔다. 그럴수록 일본에 대한 민심은 점점 더 흉흉해졌다.[2]

이런 우울한 사회 분위기 속에서 1년 넘게 월급을 못 받던 구식 병사들이 소동을 일으켰다는 '급보'가 전해져 왔다. 《고종실록》(1882년 7월 19일)에서 관련 기록을 확인할 수 있다. 영의정 홍순목(1816~1884)은 고종에게 훈련도감 군졸들이 전날 "13개월 동안 급료를 주지 않다가 지금 겨우 한 달분을 분급分給한 것이 바로 이와 같은가?"라고 불만을 터뜨리며 "고지기를 구타해 현재 생사를 분간"하기 어렵다고 보고했다. 고종은 "13개월이나 급료를 내주지 못한 것도 이미 민망스러운 일인데 섬이 차지 않은 것은 또한 무슨 까닭"이냐고 물었다. 홍순목이 답했다.

도봉소都捧所에서 획송劃送하면 중간에서 축나는 일이 없을 수 없다고 합니다. 비록 그러하나 이는 크게 기율에 관계되는 일이므로 즉시 무위영 대장에게 말을 전하여 엄하게 조사한 다음 법률을 적용하게 하였습니다. 그러나 이것은 아마 군사들의 가슴속에 억울함이 쌓인 데에 연유한 듯합니다.

신이 궁중宮中과 부중府中이 함께 일체라는 뜻으로 지난날에 진술을 올린 바가 있습니다. 그런데 무위소의 군사가 받는 것은 완전하고 훈련도감의 군사가 받는 것은 이처럼 완전하지 않았으니, 어찌 천장을 쳐다보면서 한탄하는 일이 없겠습니까? (군사란 것은) 10년을 양성하여 하루 동안에 쓰는 것은 마찬가지인데 만약 그 사이에 후함과 박함의 차이가 없지 않아 평일에 원망이 쌓였다면 어찌 우려할 바가 없겠습니까?[3]

조선의 국고가 거덜 나 병사들에게 급료를 제대로 지급하지 못하게 된 것은 19세기 들어 이어진 '삼정의 문란'[4]이라는 구조적 문제에 더해 왕실의 사치와 민씨 척족들의 부패가 이어졌기 때문이었다. 황현은 《매천야록》에서 "양전兩殿(고종과 명성황후)이 하루에 천금을 소모"하여 "호조와 선혜청의 공금을 공공연히 가져다 써 1년도 안 돼 대원군이 10년 동안 쌓아 둔 저축미가 다 동났다"라고 적었다. 부족한 재정을 메꾸는 과정에서 생겨난 문제가 "매관매직의 폐단"이었다.[5] 이에 대한 불만이 치솟는 가운데 고종이 자신을 호위하기 위해 만든 친위부대인 무위소武衛所만을 우대하자, 다른 병사들은 소외감을 느낄 수밖에 없었다. 홍순목이 "궁중(왕실)과 부중(정부)이 함께 일체"라고 한 것은 고종 부부의 이런 문제점을 에둘러 지적한 것이었다.

민씨 척족의 우두머리인 선혜청 당상 민겸호(1838~1882)는 불만을 쏟아 내는 훈련도감 병사들을 다독이는 대신 가혹한 대응에 나섰다. 창고지기를 때린 훈련도감 포수 김춘영·유복만·정의길·강명준 등을 잡아넣고 사형시키려 한 것이다. 놀란 군졸들은 무위대장 이경하(1811~1891)에게 달려가 억울함을 호소했다. 하지만 상대는 당대 최고의 권력자인 민겸호였다. 사람 잘 죽이기로 명성이 높던 이경하에게도 뾰족한 수가 없었다.[6] 여론에 호소할 수밖에 없다고 판단한 이들은 곳곳에 통문을 돌리며 부당함을 호소했다.

성난 병사들에 빈민들까지 가세한 거대한 무리는 23일 민겸호의 안국동 자택으로 몰려갔다. 이들의 분노에 하늘도 공감했는지 몇 달 동안 내리지 않던 비가 쏟아졌다. 흥분한 병사들은 난동을 피우며 집을 때려 부수기 시작했다.[7] 민겸호의 둘째 아들 민영찬(1873~1948)은 이 일이 있고 무려 48년 후인 1930년 1월 16일 《동아일보》 인터뷰에서 당시 상황을 회상했다.

임오군란이 발발하던 해는 열 살 때이오. 그러니 무엇을 잘 알겠소. (잠시 침묵) 내가 열 살 때 즉 임오군란이 일어났소. 내 아버지가 그때 돌아가신 겸자 호자이오. 그때야 무엇을 알았겠소만은 태황제 19년 6월 9일(양력 7월 23일)에 난군이 우리 집을 둘러싸고 폭행함으로 아버지께서는 대궐로 들어가시고 나는 가족들과 같이 억수로 퍼붓는 비를 무릅쓰고 문밖으로 몸을 피하여 어느 정자에서 피난하였소. 아직 생각이 선하지만, 나는 이 말은 다시 하고 싶지 않소.

홧김에 저지른 일이지만, 최고 권력자의 집을 엉망으로 만들었으니 모두 죽은 목숨이었다. 눈앞이 캄캄해진 이들은 민씨 척족에 맞설 유일한 정치적 실체인 흥선대원군에게 도움을 구하기 위해 운현궁으로 몰려갔다.

대원군은 성난 민중들을 달래며 미지급된 봉급을 주겠다고 약속했다. 그런 뒤 유춘만·김장손 등 이번 난리를 일으킨 주동자들을 따로 불러냈다.[8] 대원군이 이들에게 정확히 무슨 말을 했는지 이제 와 확인할 도리는 없지만, 이후 병사들이 보인 행동을 통해 어느 정도 추정해 볼 순 있다.

병사들은 곧바로 훈련도감의 본영인 동별영東別營으로 달려가 군기고를 부수고 무기를 탈취한 뒤 포도청을 습격해 잡혀 있던 동료를 구출했다. 이어 뜻밖의 움직임에 나선다. 고종 정권을 떠받치고 있던 민씨 척족들의 집을 차례로 습격한 뒤 서대문 밖 청수관에 있던 일본 공사관으로 몰려간 것이다.[9] 대원군과 도시 빈민들을 잇는 '정치적 고리'는 부패하고 무능한 민씨 척족을 제거하고 개항 이후 조선 경제를 나락으로 빠뜨리고 있는 일본 세력을 말소하는 것이었다. 조선을 다시 나라다운 나라로 만들려면, 대원군과 조선의 민중이 힘을 합쳐 이 두 세력을 가차 없이 제거해야 했다.

24일이 되자 난은 더 커져 버렸다. 이날 《고종실록》은 "난병亂兵들이 범궐犯闕하였다"라는 살벌한 문장으로 시작한다.[10] 성난 병사들은 대원군의 친형이지만 그와 정적 관계에 있던 이최응(1815~1882)의 집을 습격해 그를 죽였다. 이어 고종이 머물던 창덕궁에 난입해 민씨 척족의 핵심이자 이 모든 고통의 '진정한 원인'인 명성황후를 찾아내 없애려 했다.

고종 부부가 머물던 창덕궁 중희당을 포위한 병사들은 이곳에서 전날 놓쳐 버린 민겸호를 발견하고 잡아 죽였다. 이 와중에 급하게 몸을 피하려던 명성황후가 탄 가마가 병사들에게 둘러싸였다. 절체절명의 순간 무예별감 홍계훈(1842~1895)이 기지를 발휘했다. 궁궐로 쳐들어온 병사들이 명성황후의 용모를 알 리 없었다. 홍계훈은 "그 사람은 상궁인 내 누이"라고 외치며 가마에 탄 명성황후를 둘러업고 창덕궁을 빠져나갔다.[11] 상황이 어느 정도 정리된 뒤 고종은 자신을 찾아온 홍순목 등을 둘러보며 "중궁전中宮殿의 소재를 모르겠다"면서 긴 한숨을 내쉬었다.[12]

상황을 더 이상 통제할 수 없게 된 고종은 25일 대원군에게 정권을 이양할 수밖에 없었다. 대원군은 며느리가 얼마나 싫었던지 사흘 뒤인 28일 주검도 확인하지 않은 채 왕비가 죽었다며 국장을 선포했다. 봉급을 못 받은 병사들이 홧김에 일으킨 폭동이 1873년 말부터 이어져 온 고종의 친정 체제를 무너뜨리는 거대한 쿠데타로 발전한 것이었다.

동아시아를 뒤흔드는 대참사로 커지다

일이 여기서 끝났다면, 임오군란은 조선의 정권이 고종에게서 다시 대원군으로 넘어가는 국내적 사변으로 마무리됐을 수 있다. 불행하게도 역사는 그렇게 전개되지 않았다.

임오군란이 발생한 23일은 일요일이었다. 일본 공사관의 일부 직원들이 휴일을 맞아 서울 성안을 구경하고 있었다. 경복궁 앞에 많은 군졸이 모여 있는 모습이 눈에 띄었다. 평소와는 다른 음험한 공기가 도성 안을 가득 메우고 있었다. 무슨 일이 벌어지고 있는 게 분명했다.

하나부사 요시모토花房義質(1842~1917) 주한 일본 공사가 큰 변란이 발생했다는 사실을 알게 된 것은 이날 오후 3시께였다. 윤치호의 아버지이자 별기군의 영병관領兵官이던 윤웅렬(1840~1911)이 급하게 연락을 해 왔다. 별기군은 1881년 "군사들을 뽑아 훈련을 시키는 것이 오늘의 급선무"라는 하나부사의 조언을 받아들여 고종이 만든 신식 군대였다. 호리모토 레조堀本礼造(1848~1882) 육군 소위를 교관으로 초빙해 조선 청년들에게 일본식 군사훈련을 시키고 있었다.[13] 편지에 적힌 윤웅렬의 메시지는 긴박하기 그지없었다.

> 바쁘고 황망해서 길게 적지 못합니다. 난류배가 작당해서 병대와 지금 싸우고 있습니다. 아마도 일본 제공諸公을 범할 우려가 있으니, 양촉諒燭(헤아려 살핌)해서 우선 스스로 방비하십시오. 만약 곧장 침범해서 패악을 부리는 지경이 된다면, 총을 쏘고 검을 사용하는 한이 있어도 환난을 피할 방도를 도모하는 것이 좋겠습니다.[14]

이 경고대로 머잖아 성난 무리가 공사관 주변으로 몰려들었다. 오후 5시 반께 이뤄진 1차 공격은 막아 냈지만, 공사관에 불이 나 더 이상의 방어가 불가능했다. 하나부사는 24일 0시께 기밀 문서를 모두 소각한 뒤 탈출을 시도했다. 생각보다 저항이 세지 않아 28명이 정문으로 돌진해 어렵지 않게 포위망을 뚫었다. 처음엔 남대문으로 가 서울 입성을 시도했지만, 안쪽에서 문을 열어 주지 않았다. 어쩔 수 없이 양화진을 거쳐 거세게 내리는 비를 맞으며 오후 3시께 인천에 도착했다.

그곳에서 다시 대원군의 지시를 받은 인천부 병사들의 공격을 격퇴한 뒤 가까스로 제물포로 빠져나올 수 있었다. 이 과정에서 6명이 즉사하고 5명이 다쳤다. 엉망이 된 하나부사 일행은 배를 빌려 타고 제물포에서 탈출해 월미도를 거쳐 26일 인근 해역을 항해하던 영국 측량함 플라잉 피시호에 구조됐다. 하나부사는 29일 나가사키에 도착한 뒤에야 서울의 일본 공사관이 습격당했다는 급보를 도쿄에 타전할 수 있었다.[15]

이 충격적인 급전이 도쿄 외무성에 도착한 것은 30일 새벽 0시 30분이었다. 이노우에 가오루 외무경은 이튿날 긴급 각의를 소집해 조선에 대한 요구 사항을 결정했다. 140여 년이 지난 지금 살펴봐도 눈이 아플 만큼 가혹한 내용으로 구성된 이 요구를 《일본외교문서》(15권 226~229쪽)에서 확인할 수 있다.

일본은 조선에 공식 사죄, 피해·유족에 대한 배·보상, 주동자 체포·처벌, 피해·소모 군비 배상, 조선 정부의 책임이 클 경우 거제도 또는 송도松島(울릉도)의 할양까지 요구한다는 방침을 정했다. 나아가 조선이 성의를 보이지 않으면, 병력을 동원해 인천을 점령하기로 했다. 이를 위해 구마모토에 배치된 1개 대대 병력을 곤고·히에·세키·닛신 등 4척의 군함과 3척의 운송선에 실어 조선으로 파견했다. 또 필요할 땐 언제라도 출병할 수 있도록 전시 혼성여단을 편성한 뒤 후쿠오카에 대기하게 했다. 부패에 맞선 조선 군인들의 자연발생적 폭동이 대원군의 권력욕과 화학적으로 결합하면서 울릉도를 빼앗길 수도 있는 참혹한 국난이 되어 조선의 발등을 찍으려 하고 있었다.

다행히도 위기에 빠진 조선에 구원의 손길을 내민 이들이 있었다. 종주국 청이었다. 도쿄에서 상황을 파악한 여서창黎庶昌(1837~1897) 주일 청국 공사는 8월 1일 서울에서 변란이 일어났다는 급보를 본국에 전했다. 2일엔 일본이 조선에 출병하기로 했다는 사실을 알렸다. 류큐가 일본에 합병된 게 불과 3년 전 일이었다. 이홍장 북양대신 겸 직예총독이 모친상으로 자리를 비운 상태였기 때문에 장수성張樹聲(1824~1884) 서리가 이 급변 사태에 대한 대응을 떠맡아야 했다.

때마침 중국 톈진에는 조선의 영선사 김윤식과 훗날 조선을 대표하는 재무 관료로 이름을 떨치게 되는 문의관問議官 어윤중(1848~1896)이 머무르고 있었다. 이들은 조선이 더 이상 문을 닫고 웅크리고 있어선 안 된다는 점에선 고종·명성황후 부부와 의견을 함께했던 '온건개화파'들이었다. 대원군이 다시 권력을 틀어쥐고 국가의 문을 틀어 잠그게 할 순 없는 법이었다.

이 사태의 배후에 대원군이 있다고 직감한 둘은 "중국은 속히 군함 몇 척을 파견해 육군 1000명을 싣고 밤을 새워서라도 동으로 가야 한다"라고 말했다. 장수성은 노련한 외교 전문가 마건충馬建忠(1845~1900)과 통령북양수사 정여창丁汝昌(1836~1895) 등에게 어윤중을 딸려 보내면서 조선에서 대체 무슨 일이 발생했는지 파악하게 했다. 이들을 실은 청의 군함 위원·초용·양위가 10일 밤 10시께 월미도 부근에 닻을 내렸다. 이미 섬 주변엔 "일본의 '곤고'란 큰 함선이 먼저 도착"해 있었다. 청·일의 병력이 동시에 조선에 발을 들여놓게 됐으니 자칫하다간 양국이 직접 충돌하

는 최악의 사태로 확대될 수 있었다.[16]

사태의 심각성을 직감한 마건충은 함께 귀국한 어윤중을 불렀다. 그와 필담을 통해 이번 사태가 대원군이 기획한 쿠데타가 분명하다는 사실을 깨닫게 된다. 어윤중은 청이 직접 나서 "시급히 (이 문제를) 조정해 처리하지 않으면 일본인들이 반드시 크게 보복을 해 백성들이 도탄에 빠지고 종묘사직이 뒤엎어질 것"이라고 호소했다. 이는 조선의 쿠데타를 신속히 진압하는 동시에 이미 군사행동을 시작한 일본을 효율적으로 제지해야 하는 매우 까다로운 일이었다. 마건충은 지금까지 확인한 내용을 장수성에게 전하며 병력 증파를 요청했다.

이 일을 매우 시급하게 해야 하는 까닭의 하나는 난당이 날이 갈수록 끊임없이 널리 퍼져서 박멸하기가 어려워지는 것이고 또 하나는 일본의 하나부사 요시미치와 이노우에 가오루 등이 머지않아 군함을 모두 거느리고 한강에 크게 모일 것이기 때문입니다. 만약 그때 중국이 아무런 거동도 하지 않으면 저들은 반드시 무거운 병력으로 먼저 한성에 가서 스스로 조사와 조처를 행할 것이니, 그렇게 되면 조선이 반드시 그 모진 해독을 입게 될 것입니다. 그 뒤에 일본이 난을 평정하는 데 공이 있게 되면, (조선은) 장차 강력한 이웃 나라의 불빛에 더욱 의지하게 됩니다. 또 중국의 도움이 미쳐지지 못해 혹시 속국의 마음이 갑자기 차가워질 수도 있어 번복藩服(중국에서 멀리 떨어진 나라. 즉 조선)이 장차 이로 인해 더욱 쇠약해지고 국가의 위엄도 이로 인해 조금 손상될 것이니 일의 기회를 잃으면 매우 애석해질 수 있습니다.[17]

보고를 받은 장수성은 빠르게 결단을 내렸다. 광동수사제독 오장경吳長慶(1834~1884)이 지휘하는 대규모 병력이 20일 남양부 마산포(지금의 경기도 화성시 송산면·서신면·마도면 일대)에 도착했다. 제물포에 자리한 일본군과 마산포에 도착한 청의 대군이 서로를 노려보며 대치하게 된 것이다.

강경한 요구안을 품에 안고 인천에 도착한 하나부사는 16일 호위병을 이끌고 서울로 밀고 들어왔다. 나흘 뒤인 20일 창덕궁 중희당에서 고종과 만나 일본 공사관이 습격당한 "지난 변은 실로 고금 미증유의 것"이었다고 강하게 항의했다. 이어 영의정 홍순목과 만나 책임자 처벌, 유족·부상자에게 위로금(5만 엔) 지급, 일본의 손해 및 출병 준비 비용 배상 등 요구 사항을 담은 요구 책자를 전달했다. 그러면서 제시한 회답 기한은 불과 '사흘' 뒤인 23일 정오였다. 당황한 조선이 이튿날 회담 연기를 요청하자 하나부사는 바로 '협상 결렬'을 선언하며 서울을 떠났다. 청의 대군이 신속히 도착하지 않았다면, 일본군은 곧바로 인천을 점령한 뒤 울릉도나 거제도의 할양을 요구했을지 모른다.

하나부사의 강경 방침에 경악한 대원군은 바로 그날 마건충에게 편지를 보내 일본이 '최후통첩'을 해 왔으니 서둘러 갈등을 조정해 달라고 요청했다. 일본의 군사행동을 멈추려면 조선의 8월 뙤약볕을 견뎌 가면서 서둘러 움직여야 했다.[18] 남양에서 서한을 접수한 마건충은 눈썹이 휘날리는 속도로 수원까지 달려가 하룻밤을 잔 뒤 23일 서울에 도착했다. 하나부사는 이미 인천으로 떠난 뒤였다. 파국을 피하려면 그를 따라잡아야 했다. 이튿날 대원군이 제공한 가마를 타고 제물포로 향하면서 얼마나 더웠는

지 "찌는 듯한 더위가 몹시 심해 마치 훈롱熏籠(화로)을 타고 가는 것" 같았다는 기록을 남겼다.[19]

조선의 운명을 건 청·일 간의 '비공식 회담'은 24일 오후 6시 반께 인천에서 진행됐다. 이 회담 내용은 마건충이 기록한 《동행삼록》에 자세히 기록돼 있다. 하나부사가 먼저 말했다.

"7일(양력 8월 20일) 고종과 만나 일곱 조목의 상주문을 올리면서 관원을 파견해 서로 의논하게 해 주고 사흘 안에 회답을 달라고 했다. 그런데 8일 홍순목 재상이 편지를 보내 협상을 늦춰야 한다고 말했다. 이는 명백히 우리 나라의 일을 경시하는 것이다."

"조선 국왕과 그 신하들은 일본 공사와 상의(협상)를 희망하고 있다. 하지만 지금 정권을 잡은 것은 국왕이 아니라 집정(대원군)일 뿐이다. 이 때문에 일본 공사와 회담을 열 수 없는 것이다. 따라서 금일의 급무는 국왕이 정권을 장악하게 하는 것이다. (중략) 부디 양찰하길 바란다."[20]

"금일의 급무는 국왕이 정권을 장악하게 하는 것"이라는 말은 청이 직접 이번 사태의 원인인 대원군을 제거하겠다는 의미였다. 말귀를 알아들은 하나부사는 이튿날 마건충을 찾아가 "오늘내일 중에 (조선의) 전권대신을 인천에 파견하면 협상 재개도 굳이 사절하지 않겠다"라며 누그러진 태도를 보였다.

일본의 완화된 입장을 확인한 마건충은 그날 바로 서울로 돌아왔다. 일이 되게 만들려면 결심한 바를 빠르게 행동으로 옮겨야 했다. 마건충은 26일 정오께 오장경, 정여창 등과 함께 호위병을 거느리고 대원군이 머무르고 있던 운현궁을 방문했다. 대원군이 예의를 갖추기 위해 답방해 온 것은 종일 내리던 가랑비가 서서히 그쳐 가던 그날 오후 4시께였다. 둘은 이날 신시부터 유시까지(오후 3~4시부터 오후 5~7시까지) 무려 24장의 종이를 사용해 가며 길고 긴 필담을 나눴다.

"그대는 조선 국왕이 황제의 책봉을 받았음을 아는가?"
"안다."
"왕이 황제의 책봉을 받았으면 일체의 정책과 법령이 응당 왕에게서 나와야 하는데 그대는 6월 9일(양력 7월 23일) 변란을 통해 제멋대로 대권을 훔쳐 자기와 생각이 다른 사람을 주살하고, 사사로운 관계에 있는 사람을 끌어다 썼으며 황제의 책봉을 받은 왕은 물러나 왕부王府를 지키게 했다(하잘것없는 일을 하게 했다). 왕을 무시한 것은 실로 황제를 경시한 것이니 그 죄는 용서받을 수 없는 것이다."[21]

"부끄럽고 원통해 죽고 싶다"

마건충이 대원군에게 제시한 죄목은 청의 황제가 책봉한 고종의 권력을 함부로 빼앗았다는 것이었다. 추궁을 마친 뒤 "신속히 가마에 올라 군함을 타고 톈진에 가서 (청) 조정의 처치를 받기 청한다"라고 말했다. 화들짝 놀라서 버티는 대원군을 태운 가마는 건장한 청의 병사 100명에게 둘러싸인 채 성 밖으로 나갔다. 대원군은 이후 청이 귀국을 허락하는 1885년 가을까지 허베이성 바오

딩保定으로 압송돼 연금 상태에 놓이게 된다.

청의 개입으로 대원군이 제거되자, 일본 공사관이 입은 피해 보상 문제를 논의하기 위한 조·일 협상이 시작됐다. 영의정을 지낸 이유원을 전권대신, 호조참판 김홍집을 부대신으로 하는 조선 대표단은 서둘러 제물포로 이동했다. 이들은 28일 밤 10시에 일본 군함 히에에 올라탈 수 있었다.

사흘 동안 이어진 협상 끝에 30일 제물포조약이 체결됐다. 조선은 대군을 싣고 몰려온 일본의 강경한 요구 앞에 속수무책이었다. 피해자와 유족들을 위해 5만 엔을 지급(3관)하고, 1년에 10만 엔씩 5년 동안 총 50만 엔에 달하는 손해금을 지급(4관)하며, 공사관 경비를 위한 '약간의 군사를 주둔'(5관)시킨다는 요구를 받아들였다. 마건충이 예상한 손해금은 10만 엔 정도였지만, 그보다 무려 다섯 배나 많은 금액을 받아들여야 했다. 조선이 매년 지급하기로 한 10만 엔은 이 무렵 1년 세입의 7퍼센트에 달하는 어마어마한 돈이었다.[22] 하나부사는 9월 2일 이노우에에게 전한 보고서에서 조선을 상대로 "담판을 열어 마침내 30일 대만족할 만한 조약을 체결했다"라고 전했다.

김홍집은 좌절할 수밖에 없었다. 협상을 마친 뒤 마건충에게 쓴 편지에서 "마지못해 조약을 강요당한 것이 부끄럽고 원통해 죽고 싶다(慚恨欲死)"라고 적었다.[23] 마건충은 김홍집에 대해 "조선에서 시무에 관해 이야기하는 자들 가운데 가장 걸출한 인물(翹楚·잡목 숲에 우뚝 솟은 가시나무)"이라는 평가를 내리고 있었다.[24] 그런 유능한 관리도 군사력을 앞세운 일본의 무도한 요구 앞에 뾰족한 수를 낼 수 없었던 것이다. 그가 할 수 있던 것은 "배상한다"라는 표현을 "전보塡補(부족함을 메움)한다"로 바꾸는 문구 수정 정도였다. 마건충은 이후 얼굴을 마주한 김홍집에게 물었다.

"군사비용 50만 엔은 어떻게 계산한 것인가?"
"그(하나부사)가 스스로 50만 엔이라고 단언한 것은 실로 생각하지 못했던 것이었다. '우리의 국고가 텅 비어서 갚을 힘이 없다'고 말했다. 그도 '그러하다는 것을 이미 알고 있다. 나중에 광산을 개발하면 이를 모두 갚을 수 있다. 만약 기한에 갚을 수 없으면 일본이 광산을 스스로 채굴해서 그 액수를 보충하여 채운 다음에 응당 돌려줄 것'이라고 했다. 매우 이치 없는 말이었다. (중략) 그(하나부사)는 '이 일은 이익을 탐해서 하는 게 아니라 귀 정부가 백성들을 잘 일러 타이르지 못해서 이 같은 변란에 이른 것이기 때문에 이번 것을 벌관罰款(징벌적 조항)이라고 말했다. 그 말의 무례함이 여기에 이르러 분함을 참을 수 없었다."[25]

김홍집은 일본의 강경한 태도에 피를 토할 것 같은 고통을 느꼈지만, 이 정도 선에서 사태가 수습된 것은 천만다행이었다. 임오군란은 이제 막 본격 개방의 길에 나선 조선에서 청과 일본이 직접 충돌할 뻔한 엄청난 사건이었다. 이 사건은 민씨 척족의 부패 때문에 발생했고, 대원군의 권력욕 탓에 나라를 거덜 낼 뻔한 위기로 커졌다. 만약 청이 적극적으로 중재에 나서지 않았다면, 서울과 인천 일대를 일본에 점령당한 뒤 소중한 영토를 상실할 뻔했다.

그래도 조선이 감수해야 할 대가는 혹독할 수밖에 없었다. 청은 조선에 원세개袁世凱(1859~1916)가 지휘하는 군대를 상주시키고 11월 27일(음력 10월 17일)엔 조선에 대한 청의 종주권을 분명히 못박은 '조청상민수륙무역장정'을 체결했다. 청은 이 장정의 서문에 이번에 새로 문서를 만든 것은 "중국이 속방을 우대하는 뜻"이라고 적었다. 청은 이를 통해 조·청 관계는 근대적 조약 질서 밖에 있는 '특수 관계'라는 사실을 전 세계에 알릴 수 있었다. 일본에 울릉도를 빼앗기는 최악의 사태는 피했지만, 청의 내정간섭이 노골화되는 고통을 겪게 된다.

이런 사태 전개에 가장 큰 괴로움을 느끼게 된 이는 청의 간섭으로 군주권을 마음대로 휘두를 수 없게 된 고종이었다. 청은 원나라가 고려 충숙왕·충혜왕을 중국에 유배 보낸 적이 있다는 전례[26]를 들어 대원군을 '압송'해 가는 폭력적 조처를 했다. 이 논리대로라면 청은 언제든 적당한 이유만 있다면 고종까지도 마음대로 폐위할 수 있었다.

고종의 불안에 적극 공감한 이들이 '자주 조선'이란 구호를 내세운 김옥균·박영효 등 '급진개화파' 즉 개화당이었다. 이들은 청의 간섭을 배제하려면 또 다른 외세인 일본의 도움을 받을 수밖에 없다고 생각했다. 급진개화파들은 '반청 자주'라는 명분을 내세우면서 노골적으로 일본 쪽으로 기울어 가고 있었다. 이 틈바구니 속에서 조선을 뒤흔든 또 하나의 변란인 갑신정변의 싹이 움트기 시작한다.

05 김옥균의 모험, 조선에 증오의 씨를 뿌리다

달이 빛나던 잔인한 밤

그날 밤 날씨는 맑았고, 달빛은 대낮같이 밝았다. 조선에 거주하던 미국인 의료 선교사 호러스 알렌Horace Allen(1858~1932)은 일기에 "인적이 드문 거리는 조용하고, 달빛에 비친 거리 모습이 너무 아름다워 산책하러 대문 밖으로 나갔다"라고 적었다.[1] 조용한 듯 보였지만 결코 그렇지 않았던, 1884년 12월 4일 밤이었다. 외출을 마치고 밤 10시 반께 돌아와 잠자리에 들자마자 미국 공사관 직원이 요란하게 대문을 두드리는 소리가 났다. 그는 알렌을 일으켜 세운 뒤 세인들이 '목 대감'이라 부르던 파울 게오르게 묄렌도르프Paul George von Möllendorf(1848~1901)의 집으로 안내했다. 뭔가 큰 변고가 발생했음이 틀림없었.

1882년 5~6월 미국을 시작으로 서구 열강들과 잇따라 국교[2]를 맺은 조선은 폭증하는 외교·통상 업무를 처리하는 데 골머리를 앓아야 했다. 1880년대 조선 역사를 논할 때 반드시 언급해야 하는 인물인 묄렌도르프는 이 새로운 업무에 문외한이었던 조선을 위해 청의 북양대신 이홍장이 '헤드헌팅'한 인재(전 주톈진 독일영사관 부영사)였다. 임오군란 이후 청에 사은사로 간 민씨 정권의 핵심 일원인 조영하(1845~1884)[3]와 함께 1882년 12월 10일 제물포에 상륙해 그달 26일 고종과 만났다. 그의 아내 로잘리가 1930년 편집해 내놓은《묄렌도르프 자전》을 보면, 이 자리에서 "Sini Guikuke wa pollo posini(신이 귀국에 와 불러 보시니)" 감사하다며 우리말로 인사했다. 고종은 묄렌도르프를 만나고 30분 만에 외교 전담 부서인 통리아문을 만들라는 전교를 내렸다.[4] 장관인 판리엔 조영하, 차관인 협판엔 김홍집, 국장급인 참의엔 묄렌도르프가 임명됐다.[5]

알렌이 서둘러 도착해 보니 오른쪽 귀에서 눈두덩까지 칼로 벤 상처를 입고 죽어 가는 이가 있었다. 명성황후의 양오빠 민승호(1830~1874)의 양아들로 고종 내외의 신임을 독차지하던 '청년 세도' 민영익(1860~1914)이었다. 민영익과 사사건건 대립을 이어 오던 김옥균의 개화당이 결국 유혈 쿠데타를 일으킨 것이었다. 3일 만에 허무하게 끝난 갑신정변의 시작이었다.

이날 참사에서 무려 46년이 흐른 1930년, 민영익을 해치우는 행동대 일원이었던 예순아홉의 이규완(1862~1946)은《동아일보》기자에게 당시의 긴박한 상황을 담담히 털어놨다.

> 박영효·김옥균 일파의 세력은 실로 미약하여 도저히 수구파의 대적이 아니었소. (중략) 음력 10월 17일(양력 12월 4일) 밤이외다. 명

령을 받아 안동별궁[6]에 불을 지르기로 되어 장사 윤경순과 같이 높은 뒷담을 훌쩍 뛰어 들어가 광속에 불을 대어 문짝에다 붙였더니 오죽이나 잘 붙겠습니까(잘 안 붙는다는 의미). (중략) 다시 명령을 받고자 우정국으로 달려갔더니 비서 격으로 바깥과 연락을 하는 유혁로(1851~1945)가 나와서 첫 계교는 실패했으니 다시 어쨌으면 좋겠느냐고 묻습니다. 나는 그에게 일부러 안동별궁까지 불러내 다 죽인다는 것은 일이 번거로우니 죽일 바에야 연회석으로 뛰어 들어가서 노리는 것이 첩경이 아니냐고 건의하였소이다. 이윽고 유혁로가 다시 나와서 김옥균의 명을 받아 하는 말이 연회석엔 외국 사람이 많으니 그러면 우정국 뒤에다 불을 지르면 달려 나올 터이니 나오는 것을 한 놈씩 잡음이 어떤가 하였지오. 유혁로가 다시 들어갔다가 나오더니 그것이 좋다고 함으로 장사 최은동과 같이 우정국 뒤에다 불을 질러 화광이 충천하자 사람들이 불이야, 불이야 야단을 하매, 민영익이 맨 앞에서 나오다가 칼에 맞아 왼편 귀가 떨어졌습니다. 지금 시계로 하면 (밤) 열 시나 되었을까요.[7]

김옥균이 이끄는 개화당이 이날 밤 느닷없는 살육전에 나선 명분은 "민영익 이하 사대당의 거두를 제거해 청국의 간섭을 끊고 독립국의 체면을 세운다"[8]는 것이었다. 하지만 불과 얼마 전까지만 해도 이 두 세력은 조선이 살아남기 위해선 개방이 필요하다고 생각하던 사상적 '동지'였다. 당대 권력자이던 민영익은 개화당 인사들의 든든한 후원자였고, 김옥균은 그의 집에 자주 출입하는 이른바 '8학사(여덟 선비)'의 일원이었다. 친밀하던 이들의 관계가 불과 몇 년 사이에 같은 하늘을 이고 살아갈 수 없을 정도로 망가진 셈이었다.

개화당과 사대당 사이에 알력이 시작된 것은 2년 전 임오군란을 통해서였다. 변란이 터졌다는 소식을 듣고 서둘러 제물포로 향한 마건충 일행 속에 어윤중이 있었다면, 공사관 습격에 대한 보복을 벼르며 조선에 돌아온 하나부사 요시토모 일본 공사의 일행 중엔 일본 방문을 마치고 귀국하던 김옥균이 있었다. 두 인물이 만나는 장면을 《후쿠자와 유키치전》은 다음과 같이 묘사했다.

> 그해 7월, (김옥균은) 일단 귀국하려고 하던 차에 대원군 변란의 소식을 듣고 크게 놀라서 급히 바칸馬関(시모노세키)으로 갔다. 마침 하나부사 공사가 군함을 이끌고 조선으로 출발하려고 했으므로 그 군함에 편승하여 인천으로 향했는데, 인천에 도착했을 때는 이미 지나(청) 군함이 인천항에 정박하고 있었다. 그때 김옥균은 예전에 텐진으로 갔던 어윤중이 반드시 지나의 군함에 있을 것으로 짐작하고 은밀히 그를 불러서 일을 논의했다. 그런데 어윤중은 지나의 세력을 빌려서 대원군을 체포해서 텐진에 호송하려고 한다고 말했으므로, 김옥균은 그런 일은 한때의 위급을 구제하기 위해 국권을 지나에 팔아먹는 것이라고 극력 반대했다. (중략) 대원군이 지나의 병영에 구금되었다는 소식을 듣고, 김옥균은 일신상으로는 원수 사이였음에도 불구하고, 조선의 자주권은 이미 사라졌다고 하면서 비분을 금치 못하고, 목숨을 걸고 자국의 자주권을 회복하려고 결심했다고 한다.[9]

김옥균의 우려대로 임오군란 이후 청이 난폭하게 내정에 개입하면서 조선의 지배층 내에 심각한 분열이 발생했다. 조선의 외교 실무를 담당하던 김홍집·김윤식·어윤중 등 '온건개화파'들은 천성적으로 보수적일 수밖에 없는 엘리트 관료였다. 이들은 갑작스러운 개방과 군란으로 거덜 난 나라를 일으켜 세우려면 종주국인 청에 의지해 점진적으로 국가를 발전시켜 나갈 수밖에 없다고 생각했다. 이런 생각을 체계적으로 개념화한 인물이 김윤식이었다. 그는 자신의 일기 《음청사》 1882년 10월 23일(음력 9월 1일)에 조선은 "청국에 대해서는 속국이지만 각국에 대해선 자주라고 하는 것이 명분이 바르고 순리에 맞아 실제와 이치 양쪽 모두 편리(兩便)하다"라고 적었다.[10] 이는 조선의 국익을 극대화하기 위해 서로 모순을 일으키며 충돌하는 '중화 질서'적 세계관과 '조약 질서'적 세계관을 동시에 받아들일 수 있다는 실용적 사고 방식이었다. 이들은 청엔 사대의 예의를 갖춰 최대한의 도움을 끌어내고, 서양여러 나라에 대해선 독립국으로 당당히 임하면 그뿐이라고 생각했다.

반대로 김옥균·박영효·서광범·홍영식 등 '급진개화파'들은 청의 내정간섭에 비분을 금치 못했다. 임오군란 직후인 1882년 9월 말 박영효가 이끄는 수신사 일행으로 일본에 간 김옥균은 이노우에 가오루 외무경과 만남에서 "참으로 조선에서 자국의 독립을 기도하는 정신을 충분히 가진 자는 오직 국왕, 박영효, 김옥균 3명뿐이며 나머지[11]는 대체로 청에 기대 안전을 꾀하려는 자들"이라고 말했다.[12]

이런 노선 대립에 기름을 부은 것은 권력자인 '민영익의 변심'이었다. 개방에 긍정적 태도를 보이던 그의 생각은 1883년 7월부터 이듬해 5월 말까지 보빙사報聘使로 미국을 둘러보고 온 뒤 180도 달라졌다. 민영익은 귀국 후인 1884년 6월 3일 루셔스 푸트Lucius Foote(1826~1913) 미국 공사와 만나 "나는 암흑세계에서 태어나 광명세계로 들어갔다가 이제 또다시 암흑세계로 되돌아왔다. 나는 아직 내 진로를 분명히 취할 수 없는데 앞으로 나의 거취를 밝히게 된 것으로 희망한다"라는 우울한 말을 남겼다.[13]

이 말이 암시하는 대로 '암흑세계'의 인간인 민영익은 '광명세계'에 눈을 감기로 한다. 광명세계로 단숨에 뛰쳐나가 자신이 속한 암흑세계가 무너져 내리면 자신이 가진 기득권도 한순간에 연기처럼 사라질 수 있었기 때문이다. 미국의 압도적 선진문물을 둘러본 뒤 '조선의 힘으로는 도무지 서구를 따라잡을 수 없다'는 현실을 깨닫고 마음이 크게 꺾였음을 알 수 있다. 김옥균은 민영익의 심경 변화를 예리하게 감지해 냈다. 갑신정변 이듬해인 1885년 쓴 회고록 《갑신일록》에 "민영익이 사신으로 미국에 갔다가 구주를 두루 유람하고 귀국하여 그 뜻이 자못 방자해졌다"면서 "마침내 민은 나를 반대하는 뜻을 품었다"라고 적었다.[14]

당오전이냐, 외채 조달이냐

이렇게 분명한 노선 차이가 생겨났다고 해서 꼭 상대를 물리적으로 제거하는 쿠데타를 일으켜야 하는 것은 아니었다. 김옥균이 극단적 수단을 택하게 된 것은, 이대로 가면 자신에게 '정치적 미래가 없을 것'이라는 공포에 빠졌기 때문이었다. 그렇게 생각하게 된 결정적 계기는 조선의 만성적 재정난을 풀기 위한 '방법론'을 둘러싼 대립이었다.

이 무렵 조선의 재정 상황은 나라가 거덜 난 수준이라고 말해도 과언이 아니었다. 안 그래도 어렵던 재정 상황이 결정적으로 악화된 것은 고종이 추진하던 개방 정책 때문이었다. 국가가 벌어들이는 수입은 그대로인데 외국사절 접대, 수신사·조사시찰단·유학생 등 파견, 부산·원산·인천 등 개항, 국방력 확충에 필요한 무기 구매, 신식 군대 훈련 등 돈 들어갈 곳은 크게 늘고 말았다. 게다가 임오군란으로 일본에 천문학적 배상금까지 물어 줘야 했다. 마건충으로부터 조선의 처참한 상황을 보고받은 이홍장은 1882년 9월 총리아문에 보내는 보고서에서 "조선의 빈곤함은 심상치 않은 수준인데 이번 변란(임오군란)을 거치면서 나라에 1개월 치 비축분도 없어졌다"라고 적었다.[15]

나라 곳간이 거덜 났으니, 방책을 마련해야 했다. 민씨 척족들과 함께 일해 온 묄렌도르프가 내세운 해법은 화폐 발행이었다. 그는 "우선 시급한 경비를 위해 당오전·당십전 내지 당백전을 주조해 목전의 급함을 해결하는 게 마땅"하다고 주장했다. 인플레이션을 유발해 서민들에게 큰 손해를 끼치게 되는 악화惡貨를 찍어서라도 일단 급한 불을 끄자는 고육책이었다. 김옥균은 악화 발행은 "나라의 해독이 된다. 이를 모르는 것은 무학 무식한 일"이라며 강하게 맞섰다.[16] 그가 제시한 대안은 외국에서 차관 300만 엔을 얻어 오는 것이었다. 차관을 얻어 올 수 있는 '외국'이란 곧 일본을 뜻하는 것이었다.

개화당과 사대당의 의견이 크게 달랐던 것은 청의 간섭에 대한 감수성만이 아니었다. 그보다 더 크고 본질적인 대립은 조선이 대등한 '교린 상대'로 여겨 온 일본과 어떤 관계를 구축할 것인지를 둘러싸고 발생했다. 온건개화파들은 강화도조약 이후 관세 자주권을 회복하려는 조선의 절박한 노력에 냉담한 태도를 보이고, 임오군란 때 조선이 도무지 감당할 수 없는 가혹한 배상금을 고집한 일본의 태도에 분노하고 있었다.

개화당은 전혀 다르게 생각했다. 이들은 변화된 일본의 발전상에서 조선의 미래를 찾으려 했다. 개화당의 핵심 인사인 박영효의 얘기를 들어보자.

임오년 사건(임오군란)의 사죄 사신으로 (1882년 9월) 내가 대사 김옥균·김만식 등은 부사가 되어 일본으로 건너가 보니 일본의 문물이 조선과 비교하여 천양지차가 있음을 발견하고 우리나라가 강하게 되자면 우선 일본을 본받아야겠다는 결심을 굳게 가지게 되었소. 서양 문물 제도를 본받은 일본의 유신에 우리 일행의 안목은 활연히 열리었지오.[17]

이때 일본은 명치유신 후의 대개혁을 단행하던 때라. 상하가 결속하여 내치·외교에 국운은 날로 융성하여 가는 판이었다. 두류삼삭 逗留三朔(석 달을 머무름)에 이 성황을 본 우리 일행은 선망羨望천만이라. '우리나라는 언제'나 하는 초급한 마음이 일어나는 동시에 개혁의 웅심雄心(웅대한 생각)을 참으려 하여도 참을 수가 없었다. 나의 일평생을 지배하는 기본 관념은 정히 이때에 받은 격동에서 나온 것이니. (하략)[18]

하루가 다르게 발전해 가는 이웃의 모습에 감동한 개화당은 언젠가 조선을 일본과 어깨를 나란히 하는 어엿한 독립국으로 키우겠다는 꿈을 품게 된다. 갑신정변의 주역 가운데 하나인 서재필(1864~1951)의 회고에 따르면, 김옥균은 "일본이 동방에 영국 노릇을 하려 하니 우리는 우리나라를 아세아의 프랑스로 만들어야 한다"라는 말을 입에 달고 살았다고 한다.[19] 청의 간섭을 끊고, 조선을 빠르게 일으켜 세우려면 이웃 일본의 도움이 절실했다.

큰 기대를 품은 김옥균은 300만 엔이란 거액의 차관을 빌리기 위해 일본으로 향했다.[20] 1883년 6월 28일 도쿄에 도착해 나흘 뒤인 7월 2일 이노우에와 만났다. 김옥균은 《갑신일록》에 이때 만난 "이노우에의 언사와 기색이 지난날과는 아주 달라지고 나에 대한 의심과 기피가 함께 나타났다"라고 적었다.[21] 청의 간섭을 떨쳐 내려는 자신을 물심양면으로 도울 것이라 기대했던 일본이 예상과 달리 매우 쌀쌀한 태도를 보인 것이다.

두 사람이 이날 나눈 대화 내용은 일본 외무성 기록 《한국차관관계잡찬》 문서철의 '이노우에 외무경 김옥균과 담화필기적요'에서 확인할 수 있다.[22] 짧게 안부 인사를 나눈 뒤 김옥균이 먼저 조·청 관계를 화제에 올렸다. '조선이 자주국'임을 주장해 온 일본으로부터 지원을 끌어내려는 의도였을 것이다.

"조선이 지금 독립국인지 속국인지 모르겠다."
"왜 귀국 자신의 일을 귀하가 모르는가?"
"귀국(일본)이나 미국과 대등한 조약을 체결해 독립을 승인받았지만 지나는 (서울에) 병력을 파견해 두면서 속국 취급하기 때문이다."

"(청과) 지난 300년의 관계도 있기 때문에 지금 하루아침에 단호히 순수한 독립의 형태를 갖추려 하면 불가피하게 간과干戈로 다투게 된다. 모든 일을 급격하게 하려 하지 마라. 서서히 경향을 이어 가 각국이 조금씩 독립을 원조하는 것을 이용해 순수 무결한 독립을 도모해야 한다."

이노우에는 김옥균의 기대와 달리 성급한 변화를 추구하는 것은 옳지 않다고 타이르는 태도를 보였다. 대화는 애초 방문 목적인 차관 문제로 넘어갔다.

"무엇보다 국고가 고갈돼 외채를 얻는 쪽으로 내부 의견이 결정돼 귀국에 왔다."
"돈은 어디에 쓰려는 것인가?"
"현재 우리나라는 은화와 더불어 상평통보 한 잎 기준으로 5문에 해당하는 것(당오전)을 주조하고 있지만, 이 정도로는 아무래도 쓰기에 부족하다. 외채를 얻어 병비·광산 등에 종사하라는 내명(고종의 밀명)을 받아 왔다."

이에 대한 이노우에의 답변은 차갑기 그지없었다. 모험적이며 허풍이 많은 김옥균을 혐오했던 것 같다.

지난번(1882년 12월) (요코하마 정금은행에서 대출한) 17만 엔 가운데 아직 남은 돈이 있음을 안다. 또 (그 일부를) 사기당한 것[23]도 알고 있다. 귀하는 '허술한 사람(不始末ノ人)'이다. 그리고 실제로 조선을

위해 도모하려는 사람(묄렌도르프)은 깊이 의심하고 또 모처럼 정부 요로의 지위를 차지했다고 생각하면 바로 사직해 버려서 아침저녁으로 바뀌는 것이 실로 귀 정부의 전권을 누가 갖고 있는지 알 수 없으니 참으로 신용하기 어렵다. 이 300만 엔에 내가 증인이 되어 모집(에 협력)하긴 어렵다.

김옥균은 "귀국이 할 수 없는 것을 미국과 영국이 해 주겠느냐"라며 재고를 요청했지만, 이노우에의 태도는 달라지지 않았다. 자신과 개화당의 정치적 생명을 건 차관 교섭에서 보기 좋게 실패한 것이다. 이대로 귀국했다간 개화당 전체가 고립무원의 처지에 놓일 수 있었다. 결국 김옥균은 현재의 갑갑한 상황을 단번에 뒤엎으려면 쿠데타라는 '비상 수단'에 기댈 수밖에 없다는 생각에 휩쓸려 가게 된다.

고토 쇼지로의 황당한 요구

절박해진 김옥균을 후원하겠다고 나선 이들이 있었다. 일본 재야에서 상당한 영향력을 행사하던 계몽사상가 후쿠자와 유키치 福澤諭吉(1835~1901)와 자유당계 거물 정치인 고토 쇼지로 後藤象二郞(1838~1897)였다. 고토는 메이지유신 때 큰 공을 세워 정부에 참여했지만 1873년 정한론 소동 때 하야한 뒤 자유민권운동에 뛰어든 인물이었다. 호방하고 영민한 김옥균에게 큰 기대를 품었던 후쿠자와가 두 야심가를 연결해 조선에 '개혁 바람'을 일으키려 한 것이었다.

김옥균과 고토의 첫 만남은 1882년 가을, 두 번째 만남은 차관 교섭이 사실상 실패로 끝난 1883년 10월 이뤄졌다. 고토는 실의에 빠진 김옥균에게 "청·한 간에 만약 일이 생기면 내 소시壯士(무뢰배)들을 그곳에 보내 울분을 풀게 할 것"이라며 "귀하는 걱정하지 말라"고 말했다. 그 대가로 요구한 것은 "조선 개혁의 한 가지 일을 이 고토에게 위임한다"라는 "조선 국왕의 신한宸翰(임금이 직접 쓴 편지)"이었다. 자신이 "100만 엔의 자금과 동지들을 데리고 귀국으로 건너가 일거에 잡배들을 일소한 뒤 팔도의 인민을 편안하게 하고, 귀국을 태산泰山처럼 안정시킬 것"이니 조선 개혁을 위한 전권을 달라고 요구한 것이다.[24] 김옥균은 《김옥균전집》에 실린 '조선내정개혁의견서'라는 글에서 이 황당무계한 요구를 넙죽 받아들이고 만다.

조선책략을 고안하여 고토 선생 각하께 드려서 증명하오니, 부디 가르침을 내려주시길 바랍니다.
(중략) 예로부터 청국은 우리를 속국으로 여겨 왔으니, 참으로 만세의 치욕이 또한 여기에 기인하며, 나라는 진작振作(떨쳐 일어남)의 가망이 없습니다. 따라서 가장 먼저 굴레를 벗어던지고 특립特立하여 독전자주지국獨全自主之國(완전히 독립한 자주국)이 되어야 합니다. 그런데 독립하고자 한다면 정치·외교를 자수자강自修自强하지 않을 수 없는데, 이 일은 지금 정부의 인물로는 결코 할 수 없으니, 군권을 위태롭게 하고 권세를 탐하여 고식姑息하는 무리를 한번 싹 쓸어버리지 않을 수 없습니다.
그 소제하는 데는 두 가지 방책이 있습니다. 하나는 군주의 밀칙을 받아서 평화롭게 행하는 것이요, 다른 하나는 밀의에 기대서 무력으로 행하는 것입니다. 또 만약 (이 일을) 평화롭게 한다면 조선인을 모두 그 일에 쓸 수 있지만, 무력을 쓴다면 형편상 일본인을 고용하지 않을 수 없습니다.

(중략) 이제 각하와 철맹을 맺어 서로 변치 않기로 맹세했습니다. 그러나 우리 두 사람이 말한 것은 사적인 것입니다. 따라서 저는 장차 우리 대군주께서 각하에게 내리시는 밀칙을 받겠습니다.[25]

김옥균은 1884년 5월 2일 일단 빈손으로 귀국했다. 국제 정세는 조용히 때를 기다리는 김옥균에게 유리하게 움직이고 있는 듯 보였다. 청은 임오군란 이후 조선에 오장경 휘하 회군淮軍 6영營 약 3000명을 배치해 두고 있었다. 하지만 프랑스와 갈등을 빚고 있는 베트남 쪽 정세가 나빠지자 1884년 5월 전체 병력의 절반인 3영을 중국 본토로 회수해 간다. 이로써 조선에는 통령기명제독 오조유吳兆有 휘하의 3영(약 1500명)만이 남게 된다.[26] 청은 결국 한 달 뒤인 6월 프랑스와 베트남의 종주권을 건 청불전쟁에 돌입한다. 윤치호의 일기(9월 21일)[27]에 따르면 김옥균은 청불전쟁에 관한 얘기가 나오자 "우리나라의 독립할 기미가 어찌 이때에 있다 하지 않겠는가"라고 소리 높여 외쳤다고 한다.

이어 10월엔 한동안 조선을 떠나 있던 다케조에 신이치로竹添進一郎(1842~1917) 일본 공사가 복귀했다. 개화당은 이를 혁명의 기운이 무르익고 있다는 신호로 받아들였다. 박영효는 이때 상황을 1926년 6월 발행된 잡지 《신민》 14호에 다음과 같이 적었다.

때는 천지도 유의할 듯한 갑오년! 여름에 김옥균이 귀국하고, 가을에 일본 공사 다케조에 신이치로가 내임하니 오인吾人(우리)의 개혁운동은 대개의 모의가 성립되었었다. 그러나 단소탄자但所憚者(단지 꺼려지는 것)는 청병인지라 이를 제거하는 데는 불가불 일병의 힘을 차借치 않지 못하겠는고로 여러 번 주저하다가 다케조에 공사의 확답을 듣고 운동에 착수하였다. 그 당시 계획은

1. 비상 수단으로서 민영익 이하 사대당의 거두를 제거하여 청국의 간섭을 절絶하고 독립국의 체면을 바로 잡을 것
2. 궁중의 요얼妖孼(요사스럽고 천한 것)을 소탕하여 민비의 정사 관여를 금단할 것
3. 주상을 요청하려 견확堅確한(견고하고 확실한) 책임내각을 조직케 할 것

대체 이렇게 목표를 세우고 보니 당시는 여론이 없고, 정당이 없고, 병력이 없는지라. 개혁을 도圖하는(꾀하는) 방법은 오직 난신을 주살하고 군왕의 신변을 옹호하야 정령의 남발을 방防하는(막는) 외에 타도他途(다른 길)가 없었다. 그러함으로 오인은 희생을 불원하고 비상 수단을 용用하기로(쓰기로) 결심한 것이었다.

김옥균과 박영효는 일본이 적극적으로 돕는다면 쿠데타가 반드시 성공할 것이라고 확신했던 듯하다. 하지만 이 무렵 일본 정부 내에선 대조선 정책을 둘러싸고 세 견해가 대립하고 있었다. 첫째는 청과 협력해야 한다는 이노우에의 '소극론', 둘째는 대결을 각오하더라도 조선을 원조해야 한다는 야마가타 아리토모山縣

有朋(1838~1922) 육군경의 '적극론', 셋째는 둘 사이의 '절충론'이었다. 김옥균이 진심으로 일본의 힘을 빌려 혁명하려 했다면 재야의 후쿠자와나 고토가 아닌 일본 정부 내에서 책임 있는 위치에 있던 이노우에나 이토 히로부미를 설득해야 했다. 하지만 차관 요청에도 냉담한 자세를 보이던 이 신중하고 노련한 인물들이 "허술한 사람"인 김옥균의 모험적 계획에 찬성하고 지원할 리 없었다. 일본이 개화당의 쿠데타를 돕는다는 것은 청과 '전면전'을 각오하지 않으면 안 되는 그야말로 전략적인 결정이었다. 일본은 아직 청과 전쟁을 벌일 준비가 되어 있지 않았다.

조선으로 복귀한 다케조에는 11월 12일 김옥균 등의 정변 계획에 어찌 대응하면 좋을지 몰라 본국에 훈령을 요청했다. 그가 제시한 갑안은 "지나와 일전"을 각오하고 "일본당(개화파)을 선동해 조선의 내란을 일으키는 것", 을안은 청과 갈등을 피하는 것이었다.[28] 당시 도쿄 외무성과 서울의 일본 공사관 사이 문서 왕복은 도쿄에서 나가사키까지는 전신, 나가사키에서 부산 또는 인천까지는 정기선을 활용했다. 문서가 오가려면 최소 2주가 걸렸다.

김옥균은 거사 사흘 전인 12월 1일 밤 일본 공사관에 찾아갔다. 다케조에가 자리에 없어 차석인 시마무라 히사시島村久(1850~1918) 서기관과 얼굴을 마주했다. 그에게 갑신정변의 계획을 전하고 일을 벌이는 디데이가 "10월 20일(양력 12월 7일. 실제는 4일이었다)"로 정해졌다고 알렸다. "왜 이렇게 늦냐?"라는 물음에 "20일 이전은 달이 밝은 게 흠"이라며 "귀국의 우선(연락선) 지토세마루千歲丸가 인천 항구에 도착하기 전에 일을 일으키려 한다"라고 말했다. 시마무라가 "무슨 뜻으로 그렇게 말하나?"라고 묻자 놀라운 말을 입에 담는다. "귀국 정부 묘의의 변화를 헤아릴 수 없으므로 만일 조금이라도 변동이 있으면 다케조에 공사의 오늘 결정한 뜻이 또 변동될까 염려되오. 그러므로 지토세마루가 도착하기 전에 착수하려는 것이오." 일본 정부가 거사를 막을 수도 있다고 보고 일단 일을 저지르기로 한 것이다.[29]

갑신정변에 참여해도 좋은지를 묻는 다케조에의 급보를 접수한 이는 이토 참의 겸 궁내경과 요시다 기요나리吉田清成(1845~1891) 외무소보(외교차관보)였다. 외무경인 이노우에가 야마구치현에 출장을 나가 있는 상황이었기에 이들이 방침을 정해 회신해야 했다. 11월 18일 작성된 회신 내용은 "갑안의 취의는 온당하지 않아서 을안을 재가한다"였다.[30] 김옥균의 모험에 동참하지 말고 저지하라고 지시한 것이다. 지토세마루를 기다리지 않겠다고 한 김옥균의 판단은 정확했다. 이 전문이 조선에 도착한 때는 이미 물이 엎질러진 뒤인 12월 6일께로 추정된다.[31] 김옥균은 나라를 개혁하려는 웅대한 뜻을 품었을지는 모르지만, 실제 일을 추진하는 데 있어선 그저 철없는 애송이에 불과했다.

김옥균의 모험이 남긴 것들

4일 밤 우정국에서 민영익을 베며 거사에 돌입한 김옥균은 곧바로 창덕궁으로 가 고종 부부의 신병을 확보했다. 이튿날엔 개혁을 위한 여러 정령을 발표했다. 《갑신일록》을 보면, 대원군을 불일 내 모셔올 것, 문벌을 폐지하고 인민이 평등한 권리를 갖는 제도를 만들 것, 국내 재정에 관한 것은 모두 호조가 관할할 것, 대신과 참찬은 매일 의정소에서 회의하여 완전히 결정한 뒤 정령을 반포·시행할 것 등의 개혁안을 확인할 수 있다.

갑신정변은 조선 사회가 나아가야 할 방향을 제시한 의미 있는 시도였지만, 사흘 만에 허무하게 막을 내렸다. 6일 오조유가 이끄는 청국군이 창덕궁으로 처들어오자, 일본군이 방어를 포기하고 퇴각했기 때문이다. 만약 창덕궁에서 청군의 공격을 버텨 냈다고 해도 개혁이 성공했을 가능성은 높지 않다. 고종은 10년 뒤 갑오개혁 때 비로소 확인되는 것처럼 자신의 군주권을 제한하려는 모든 시도를 철저히 거부하면서 김옥균과 처절하게 대립했을 것임이 틀림없다.

청 역시 '마지막 속방'을 순순히 놔줄 리 없었다. 신속히 대군을 투입해 2차 진압에 나섰을 가능성이 높다. 일본이 이때 청과 전면전을 피한다면 개혁은 실패하게 되고, 맞서 싸운다면 10년 뒤 청일전쟁 같은 큰 변란을 각오해야 했다. 이 전쟁에서 청이 이기면 개혁은 다시 무너지고, 일본이 이긴다면 이후 우리 역사가 보여 주듯 국가의 운명 자체가 위태로워질 수 있었다.

개화당과 가깝던 동시대인 윤웅렬도 비슷하게 생각했다. 6일 아들 윤치호에게 김옥균의 모험이 실패한 원인을 다음과 같이 설명했다.

임금을 위협한 것은 이치를 따른 것이 아니라 거스른 것이니 실패할 첫째 이유이다. 외세를 믿고 의지하였으니 반드시 오래가지 못할 것이 실패할 둘째 이유이다. 인심이 불복하여 변란이 안으로부터 일어날 것이니 실패할 셋째 이유이다. 청군이 곁에 앉아 있는데, 처음에는 비록 연유를 알지 못하여 가만히 있으나 한번 그 근본 연유를 알게 되면 반드시 병대를 몰아 들어갈 것이다. 적은 것으로 많은 것을 대적할 수 없는 것이니, 적은 일본병이 어찌 많은 청병을 대적할 수 있겠는가? 실패할 넷째 이유이다. 가령 김옥균·박영효 등 여러 사람이 능히 순조롭게 그 뜻을 이룬다 해도, 이미 여러 민씨와 주상께서 친애하는 신하들을 죽였으니 이는 주상과 곤전의 의향에 위배되는 것이다. 임금과 왕비의 뜻을 거스르고서 능히 그 위세를 지킬 수 있겠는가? 실패할 다섯째 이유이다. 만약 김·박 여러 사람의 당인黨人이 조정을 채울 수 있을 만큼 많다면 혹 할 수 있는 길이 있다고 하겠다. 그러나 두서너 사람이 위로는 임금의 사랑을 잃고 아래로 민심을 잃고 있으며, 곁에는 청인이 있고 안으로 임금과 왕비의 미움을 받고 밖으로 당붕黨朋의 도움이 없으니, 능히 그 일이 순조롭게 이루어짐을 꾀할 수 있겠는가? 일이 반드시 실패할 터인데 도리어 스스로 깨닫지 못하고 있으니 어리석고 한스럽다.[32]

갑신정변은 불과 사흘 동안 벌어진 일이었지만, 이 사건이 한반도와 동아시아 전체 정세에 끼친 여파는 상상할 수 없을 만큼 컸다.

조선에 끼친 가장 큰 해악은 공동체 내의 '상호 증오'가 회복할 수 없을 정도로 커졌다는 점이다. 정변이 벌어진 사흘 동안 한규직·윤태준·이조연·민영목·민태호·조영하 등 민씨 정권을 떠받치던 핵심 인사 6명이 살해됐다. 개화당에선 홍영식·박영교 등 많은 이들이 숨졌고, 김옥균·박영효·서광범·서재필 등은 일본으로 도망쳐야 했다. 화들짝 놀란 고종은 나라가 망할 때까지 자신에게 도전했던 쿠데타 세력을 처단하는 데 병적으로 집착했다. 개화당 역시 호시탐탐 자신들의 목숨을 노리는 고종과 민씨 정권에 깊은 증오를 품게 됐다. 서로를 향한 이 적대적 감정은 11년 뒤 발생하는 을미사변(1895)이라는 또 다른 비극의 먼 원인이 된다.

민중들의 마음엔 개화와 개혁에 대한 염증이 피어났다. 특히 김옥균 등이 일본이란 '외세'와 결탁해 나라에 큰 화를 불러왔다는 점을 질색했다. 조선 민중들이 품은 이 자연스러운 '반일 감정'은 10년 뒤 동학농민군의 2차 기포로 이어진다. 윤치호는 1885년 2월 14일(음력 1884년 12월 30일) 일기에 다음과 같이 적었다.

> 전에는 인민이 비록 외교 하는 것을 좋아하지는 않았으나 오히려 시비를 가리려 하지는 않았다. 개화당을 꾸짖는 자도 많이 있었으나 개화가 이롭다는 것을 말하면 듣는 사람들도 감히 크게 꺾으려 들지는 않았다. 그런데 변을 겪은 뒤부터 조야朝野에서 모두 말하기를 "소위 개화당이라고 하는 것은 충의를 모르고 외인과 연결하여 나라를 팔고 겨레를 배반하였다"라고 하고 있다. 어찌 개화에 주목한 사람 가운데 마음속에 이와 같은 의사를 품은 사람이 있었겠는가? 그러나 패격悖激하여(격하게 거슬러) 일을 그르친 4~5인이 곧 전날의 개화당 인물인 까닭에 세인들은 다 외교 하는 사람을 '나라를 팔아먹은 역적(賣國之賊)'이라 부르고 있는 것이다.

이 사건은 청·일 관계에도 본질적 변화를 불러왔다. 두 나라는 조선 문제를 이렇게 방치했다간 머잖아 양국 간에 전면전이 발생할 수 있음을 직감하게 된다. 갑신정변에 가담한 일본군과 이를 진압하려던 청군은 고종이 몸을 피하고 있던 창덕궁 후원에서 소규모 충돌을 벌여야 했다. 불과 2년 전 있었던 임오군란에 이어 다시 아슬아슬하게 위기를 넘긴 것이다.

결국 두 나라는 '타협'할 수밖에 없었다. 일본의 특파전권대사로 임명된 이는 이토, 청의 대표로 나선 이는 이홍장이었다. 두 동양의 '걸물'은 여섯 차례에 걸친 치열한 협상 끝에 1885년 4월 18일 톈진조약에 합의했다. 이 조약은 크게 두 구절로 짜였다. 먼저 청·일 모두 4개월 이내에 조선 땅에서 철군하기로 합의하면서 우발적 충돌 위험을 없앴다. 그다음으로 "장래 조선국에 중대 변란이 생겨 청·일 양국 혹은 한 나라에서 병사 파견이 요구될 때에는 마땅히 먼저 상대에게 행문지조行文知照(문서로 알림) 해야 한다"라고 약속했다. 조선에서 일단 군대를 빼 충돌의 원인을 원천 제거하고, 훗날 출병을 해야 할 필요가 있을 땐 상대에게 미리 통보하기로 한 것이다.

이 합의는 당장 눈앞의 위기를 모면하기 위한 미봉책에 불과했다. 일본의 전략적 셈법 속에 조선은 엄연한 '자주국'이었지만, 청엔 자신을 중심으로 한 전통적 중화 질서 속의 '속국'에 불과했다. 이 근본 문제를 그대로 둔 채 당분간 충돌이 일어나지 않도록 안전장치를 만든 것이 이른바 '톈진 체제'의 본질이었다. 이 살얼음판 같은 합의는 9년 뒤 조선에서 동학농민혁명이 발생하자 힘없이 무너져 내리게 된다.

06 고종의 '러시아 접근', 조선을 누란의 위기에 빠뜨리다

고종, '외교적 모험'에 나서다

앞으로 만백성들과 약속하노니, 나는 감히 스스로 총명하다고 여기지 않을 것이며 감히 여러 가지 사무에 간섭하지 않을 것이다. 간사한 사람들과 접촉하지 않고 개인 재산을 모으지 않으며 오직 공적인 것만 들을 것이다.[1]

임오군란(1882)과 갑신정변(1884)이라는 두 변란을 겪은 뒤 고종의 권위는 땅에 떨어졌다. 임오군란이 발생한 직접적 원인은 고종 내외의 사치와 민씨 척족의 부패였고, 갑신정변이 벌어진 것은 고종이 청에 맞서 '조선의 자주'를 내세운 김옥균 등 급진개화파들과 부화뇌동했기 때문이었다. 고종이 이 치욕적 반성문을 내놓은 것은 한성조약을 통해 일본에 공식 사죄하고 배상금 11만 엔을 지급하기로 약속한 직후인 1885년 1월 15일이었다.

　이는 물론 고종의 본심이 아니었다. 글을 쓴 이는 당대에 문장가로 이름이 높던 병조판서 김윤식이었다. 다보하시 기요시는 김윤식에 대해 "학식은 조선 관리들 중에서 단연 발군이었고, 또 성품이 공정해서 여러 사람들로부터 존경을 받았다"라고 평했다.[2] 결국 이 반성문은 고종을 오랫동안 지켜봐 온 신료들이 희망하는 국정 개선 방향을 드러낸 것에 불과했다. 김윤식이 볼 때 조선이 두 차례나 외세가 개입하는 큰 위기에 빠지게 된 것은 고종이 김옥균처럼 모험적 정책을 펴는 "간사한 사람들과 접촉"해 국사를 그르쳤기 때문(갑신정변)이었고, "개인 재산을 모으"면서 사치에 빠져 국가 재정을 거덜 낸 결과(임오군란)였다. 이런 철통같은 반성의 뜻을 밝힌 뒤에도 고종은 달라지지 않았다. 그는 식언食言하는 사람이었다.

　고종은 신하들의 애끓는 간언을 받아들이는 대신 이후 조선의 운명에 매우 복잡한 영향을 끼치게 될 거대한 '외교적 도박'에 나선다. 조선을 억누르고 있는 두 외세, 청·일을 동시에 견제하기 위해 '제3의 세력'인 러시아의 힘을 빌려 오려 한 것이다.

　이 결단에 결정적 영향을 끼친 이는 이 무렵 조선의 외교 업무를 전담하던 독일인 묄렌도르프 협판교섭통상사무(외교차관)였다. 그가 볼 때 일본은 "300년 전부터 조선의 숙적"이었고, 종주국인 청은 "자신의 예속국(조선)이 위급한 상황에 놓였을 때 과연 일본으로부터 보호해 줄 수 있을지 매우 회의적"인 상태에 빠져 있었다. 이런 상황에서 만약 "조선이 청국 이외의 어떤 다른 힘에 의지해야 한다"면 그 대안은 국경을 맞댄 또 다른 대국인 "러시아임에 틀림"없었다.³ 러시아는 청·일 사이에 끼인 조선이 자신의 입지를 강화하려는 처절한 고민 끝에 도달하게 된 하나의 '외교적 선택지'라 할 수 있었다. 이에 견줘 조선에 대한 러시아의 관심은 높지 않았다. 일본·미국·영국·독일이 잇따라 조선과 외교 관계를 맺는데도 정작 국경을 맞댄 러시아는 두만강을 넘어 연해주로 몰려든 조선인들을 잘 정착시켜 극동지역 개발에 촉진제가 되게 하는 것에 만족하고 있었다.⁴

러시아를 통해 외교적 돌파구를 찾으려던 고종이 첫 번째 밀사를 보낸 것은 갑신정변 이전인 1884년 5월이었다. 고종은 김관순이란 관리를 남우수리(우수리강 남쪽) 지방 국경위원인 니콜라이 마튜닌Nikolai Matiunine(1850~1907)에게 보내 "러시아와 조약 체결은 조선이 청국의 의존에서 벗어날 수 있는 결정적 계기가 될 것"이라는 뜻을 전했다.⁵ 와다 하루키 도쿄대 명예교수에 따르면, 이 접촉이 고종의 친러 의식이 드러난 최초의 사례였다.⁶

고종의 제의를 받은 러시아가 비로소 움직이기 시작했다. 니콜라이 기르스Nikolay Girs(1820~1895) 외무대신은 이후 고종과 깊은 관계를 맺게 되는 카를 베베르Karl Veber(1841~1910) 주텐진 영사에게 "조선과 조약 체결을 서둘러야 한다"는 훈령을 내린다. 이 지시를 받은 베베르는 6월 20일 지부芝罘(지금의 중국 산둥성 옌타이)를 출발해 인천에 도착했다. 통리교섭통상사무아문의 협판 김옥균이 그를 맞았다. 조선과 러시아는 1884년 6월 29일 회담을 시작해 7월 7일 조러수호통상조약을 체결했다.⁷

고종이 러시아에 의지하겠다는 마음을 품게 된 결정적 계기는 그해 12월 초에 발생한 갑신정변이었을 것임이 틀림없다. 고종은 자신이 머무르던 창덕궁에서 청·일 양국 군이 충돌하는 광경을 무기력하게 지켜봐야 했다. 청군이 정변 진압을 명분으로 궁을 침탈하자 일본군은 자신을 버려둔 채 물러나기에 바빴다. 청·일 양국 모두를 믿을 수 없게 됐으니 이들을 견제할 수 있는 '제3의 세력'을 찾아야 했다.

하지만 그런 고민을 해 보는 것과 실제 행동에 나서는 것 사이엔 심연과 같은 차이가 있었다. 러시아를 끌어들여 청·일 모두를 견제한다는 구상은 일견 매력적으로 보이지만 실현하기 쉽지 않은 매우 위험한 발상이었다. 조선의 종주국을 자임하는 청, 그 옆에서 호시탐탐 기회를 노리던 일본, 러시아의 남하를 막기 위해 전 세계에서 '그레이트 게임'을 벌이던 영국 등 거의 모든 이해 관계국들을 자극할 게 뻔했다. 나아가 '러시아에 의지하고 싶다'는 것은 조선의 희망 사항일 뿐, 러시아가 이를 받아들일지, 나아가 어떤 대가를 요구할지 전혀 알 수 없었다. 어찌 됐든 고종이 그렇게 판단했다면, 대신들과 숙고해 명확한 결단을 내린 뒤 흔들림 없는 자세로 실행해야 했다.

조선엔 아직 러시아 외교관이 상주하지 않았기 때문에 결심을 행동에 옮기려면 일본을 통해야 했다. 묄렌도르프가 처음 접촉한 인물은 알렉산드르 다비도프Alexander Davydov 주일 러시아 공사였다. 12월 14일 나가사키에 주재하고 있는 러시아 영사를 통해 다비도프에게 '조선을 러시아의 보호국으로 삼고, 고종을 보호하기 위해 200명의 해군으로 구성된 함대를 인천에 보내 달라'는 전보를 타전했다.[8] 외교장관인 김윤식 독판교섭통상사무에겐 일언반구 알리지 않은 채였다.

조선의 이례적 요구를 전해 들은 기르스는 심각한 고민에 빠질 수밖에 없었다. 먼저 이 전문이 실제 조선의 요구인지 파악부터 해야 했다. 이 무렵 도쿄의 러시아 공사관은 다비도프 공사와 알렉세이 시페이에르 일등서기관 체제로 구성돼 있었다. 기르스가 조선으로 가는 시페이에르에게 보낸 전문을 보면, 살벌한 제국주의 외교의 최전선에 서 있던 인물의 신중함을 읽을 수 있다.

> 조선이 러시아 정부에 원하는 바가 무엇이며, 이에 대해 조선이 무엇을 제안할지를 알아야 한다. 그리고 현재 조선이 외국 열강과 모종의 거래를 하는 것이 얼마나 위험한지, 다른 국가와 조약을 체결하여 지켜 온 조선의 입지가 얼마나 허약한지 묄렌도르프가 잘 이해하도록 하라.[9]

청·일이 시퍼렇게 눈을 뜨고 있는 상황에서 러시아에 접근하는 것은 전쟁을 부를 수 있는 극히 민감한 외교 행위였다. 군함 라즈보이니크호를 타고 1884년 12월 28일 인천에 도착한 시페이에르는 30일 서울에 입성했다. 묄렌도르프는 시페이에르에게 "조선 정부는 러시아가 자국을 보호국으로 하여 불가리아 후국侯國과 같은 상황이 될 때 비로소 편히 숨을 쉬고 자국의 미래에 관해 안심할 수 있다. 이것이 불가능하다면 조선을 중립화해 아시아의 벨기에로 만드는 국제조약의 체결을 추구할 것이다"라고 쓴 문서를 제시했다. 그 대가로 제시한 것은 한반도 남부의 부동항인 운콥스키만(현재의 경북 포항 영일만)이었다.[10] 바다 건너 한반도를 노려보는 일본을 자극할 게 분명한 아슬아슬한 제안이었다. 신중한 기르스는 이 제안을 묻지 않았다. 이듬해 1월 20일 조선을 보호국으로 삼으면 "청 또는 일본과 충돌이 일어나 러시아가 얻을 수 있는 이익보다 더 큰 희생을 치를 것"이라는 보고서를 써 알렉산드르 3세(재위 1881~1894)의 재가를 받았다.

청과 일본을 동시에 자극하다

조선도 쉽게 물러서지 않았다. 고종은 갑신정변 직후인 1884년 12월 14일 서상우 예조참판을 전권대신, 묄렌도르프를 부대신으로 임명해 일본에 파견하기로 정해 두고 있었다.[11] 서상우 일행이 도쿄에 도착한 것은 1885년 2월 16일이었다.[12]

묄렌도르프는 이 일본 방문이라는 기회를 러시아와 협상을 벌이는 데 적극 활용했다. 일전에 전보로 접촉했던 도쿄의 다비도프와 직접 만나 '조선을 보호해 달라'는 내용이 담긴 독일어 구상서를 전달했다. 문서엔 청·일의 군대가 모두 철수한 뒤에 조선 병사 2000명을 양성하는 데 필요한 장교 4명과 하사관 16명으로 구성된 군사교관을 보내 달라는 내용이 적혀 있었다. 나아가 구두로 러시아가 조선을 보호하는 대가로 거문도의 해밀턴항을 점령하면 어떻겠느냐고 제안했다.[13]

이 제안이 이뤄진 직후 영국과 러시아가 전 세계를 무대로 벌이던 '그레이트 게임'의 풍랑이 한반도까지 밀려오는 놀라운 사건이 발생한다. 영국이 4월 26일 거문도를 전격 점령한 것이다. 아프가니스탄에서 러시아와 격렬히 대립하던 영국은 톈진조약으로 청·일이 한반도에서 동시에 철군하기로 하자, 그로 인해 발생할 수 있는 힘의 공백[14]을 우려했다. 러시아가 이 틈을 타고 조선으로 남하를 시도할 수 있다고 본 것이다. 영국의 거문도 점령 소식에 화들짝 놀란 러시아는 이에 맞서기 위해 묄렌도르프가 제의한 군사교관 파견 요청을 받아들이기로 한다.[15]

두 번째 조선행에 나선 시페이에르는 6월 9일 서울에 도착했다. 시페이에르가 고종의 '외교 비선'인 묄렌도르프가 아닌 '외교장관' 김윤식과 만난 것은 그로부터 다시 열흘이 지난 20일이었다. 고종과 묄렌도르프가 자신도 모르는 사이에 러시아에 접근해 군사교관을 요청했음을 알게 된 김윤식은 경악했다. 그는 조선 정부는 보호 요청에 대해 아는 바 없고, 묄렌도르프는 군사교관을 초빙할 권한을 위임받지 않았으며, 이미 미국에 초빙 요청을 했기 때문에 이를 취소하는 것은 불가능하다는 확고한 태도를 취했다.[16] 김윤식은 러시아를 저지해야 한다는 목적 아래 똘똘 뭉친 영국, 청, 일본의 강력한 지원을 등에 업고 있었다. 두 차례(6월 24일, 7월 2일) 더 만남이 이뤄졌지만, 러시아의 제의를 받아들일 수 없다면서 끝까지 버텼다.

만약 고종이 러시아에 의지해 청·일의 간섭을 떨쳐 내려 했다면, 김윤식의 반대를 꺾고 자기 뜻을 관철해야 했다. 하지만 그런 배짱이 있을 리 없었다. 분노한 청을 달래기 위해 7월 10일 남정철 이조참판을 톈진으로 급히 보내 이 모든 게 '묄렌도르프의 월권' 탓이라 변명하고 그의 파면과 소환(묄렌도르프는 이홍장의 추천으로 조선에 부임했다)을 요구했다. 버림받은 묄렌도르프는 8월 말 면직돼 11월이 되어서야 조선을 떠난다. 이 과정을 지켜본 베베르는 "고종은 자신의 목숨까지는 아니더라도 왕좌가 흔들릴 수도 있는 중요한 사안에 대해 과감한 결정을 내릴 수 없었고 러시아

가 실제로 도움과 지원을 해 줄 수 있는가에 대해 확신하지 못했다"라는 평을 남겼다.[17]

조선이 러시아에 접근했다는 소식이 일본에 전해진 것은 5월 30일 곤도 마스키近藤眞鋤(1840~1892) 주조선 대리공사의 전문을 통해서였다. 화가 머리끝까지 오른 이노우에 가오루 외무경은 6월 5일 서승조徐承祖(1842~1908) 주일 청국 공사와 회담했다. 청·일이 톈진조약을 맺어 철군한 틈을 타 러시아를 끌어들이려 한 고종의 괘씸한 시도에 두 나라는 함께 분통을 터뜨렸다. 이 회담 내용은 《일본외교문서》(메이지연간추보 제1책 352~365쪽)에 남아 있다. 이노우에는 깊은 분노를 애써 감추지 않았다.

"조선 국왕, 군신 간 관계, 정치의 체體(정치체제) 등은 거의 어린아이와 같아서 깊이 우려하고 있었다. (이런 상황을) 한시도 버려둘 수 없으니 양국이 협력해 방조의 방법을 도모하지 않으면 이 나라 외교의 졸렬함으로 인해 귀국과 우리나라 양국에 화를 초래할 것이다."
"경직유위鯁直有爲(강직하고 재능이 있음)한 인물을 선발해 스스로 개량하게 하면 어떤가."
"조선 왕의 임정을 약간 구속하고 외교상의 망동을 하지 않도록 할 필요가 있다."
"구속한다고 하는 것은 매우 성가신 일이 될 것이다."
"졸자 예전에 조선에서 왕과 만났을 때 가까이서 그 풍채를 보니 올해 대략 34~35살로 보였다. 그 나이에 일처리를 이따위로 한다면 현량한 인물을 보내 잘 타일러 권유한다 해도 진선거악進善去惡

할 수 없을 것이다."

 이노우에가 떠올린 대책은 청·일 양국이 공동으로 조선의 내정에 간섭해 개혁을 단행하는 안이었다. 이노우에는 에노모토 다케아키榎本武揚(1836~1908) 주청 일본 공사에게 "조선에 대한 정책은 모두 극비의 절차를 거쳐 항상 이홍장 및 본관과 협의한 뒤 이홍장이 이를 시행할 것" 등으로 구성된 8개 조의 내정 개혁안을 제시하도록 했다. 일본은 나름 상대를 배려해 내놓은 제안이었지만, 청 입장에선 속국인 조선의 내정 개혁을 일본과 상의해 가며 추진해야 할 이유가 없었다. 청이 반대하자 일본도 깔끔히 제안을 철회하고 만다.
 사실 고종의 대러 접근에 더 분노한 쪽은 청이었다. 이홍장은 엉뚱한 수작을 부린 고종을 견제하기 위해 임오군란 이후 3년이나 붙잡아 두고 있던 대원군을 돌려보내는 강수를 빼 들었다. 이홍장은 대원군을 귀국시키기 전에 따로 불러 조선 정세를 안정시키기 위한 비책을 물었다. 그는 명성황후의 폭주를 억누르려면 유능한 대신 한 명을 조선에 특파해 크고 작은 일을 처리하게 해야 한다는 의견을 제시했다.

 제 생각에 좋은 방법이 있습니다. 왕비가 국정에 간여하면 소방이 비록 중조에서 곡진히 비호해 주는 은혜를 받더라도 몇 년이 지나지 않아 반드시 보전키 어려워질 것입니다. 엄지嚴旨를 내려서 왕비가 국정에 간섭하지 못하게 하고, 대신 한 명을 특파해서 왕경에 주재시키면서 대소 사무를 처리하게 하신다면, 국제를 지탱할 수

있고 민심 또한 안정시킬 수 있을 것입니다.[18]

오랜 연금 생활을 마친 대원군이 인천에 상륙한 것은 10월 3일이었다. 도착 날짜가 미리 전해졌는데도 맞이하러 나온 조선 관리는 없었다.[19] 대신 조선 정부는 대원군이 일으켰던 임오군란 잔당들에 대한 철저한 수색에 나섰다. 이 과정에서 지난 3년간 도피 중이던 무위영 포수 김춘영과 훈련도감 나팔수 이영식이 체포됐다. 이들은 대원군이 서울로 들어오던 5일 당일 잔인하게 능지처참당했다. 이들의 피 냄새가 이제 막 대원군이 돌아온 서울 성안을 가득 채웠다. 명성황후의 노골적인 경고에 대원군은 공포를 느낄 수밖에 없었다.

대원군의 귀국을 계기로 청의 대조선 정책은 강압적으로 변해갔다. 다보하시는 "이홍장은 이전에는 정교자주政教自主의 전통적 방침을 폐기하지 않고 (간섭을 해도) 지도·원조와 함께 그 독립성을 크게 훼손시키지 않는 정도"에서 그쳤지만, 이후엔 "내정간섭은 노골적인 것이 되었고 조선은 독립국으로서 실체를 거의 잃는 지경에 이르렀다"라고 지적했다.[20] 대원군과 함께 조선에 온 27살의 젊은이 원세개는 11월 17일 청 정부로부터 주차조선통리교섭통상사의駐紮朝鮮總理交涉通商事宜라는 긴 이름의 관직에 임명됐다. 그는 이후 청일전쟁이 터지기 직전인 1894년 7월 19일까지 조선에 머무르며 식민지 총독처럼 가혹하고 노골적인 내정간섭에 나서게 된다.[21]

대러 접근의 결과

고종의 대러 접근으로 한바탕 폭풍이 지난 뒤인 10월 6일, 이후 10여 년 동안 러시아의 친조선 정책을 주도하게 되는 베베르가 조선에 공사로 부임해 왔다. 이듬해인 1886년 8월 5일 비밀리에 찾아온 이가 있었다. 명성황후의 조카이자, 갑신정변 때 구사일생으로 목숨을 건진 민영익이었다. 이날 둘의 대화는 무려 네 시간이나 이어졌다.

민영익에 따르면 고종은 "거문도 사건에서 보듯 조선이 다른 나라와 심각한 어려움에 처할 경우 청이 보호해 줄 처지가 못 된다"고 생각하고 있고, "조선의 번영이 청의 이해에 부합하지 않기 때문에 대표(원세개)를 통해 모든 개혁과 혁신을 가로막고 있다고 확신"하고 있었다. 조선에 도움도 안 되면서 간섭만 하는 청의 존재는 거추장스러운 위협일 뿐이었다. 민영익은 고종이 "러시아와 긴밀한 우호 관계를 맺는 게 (한반도에서) 평화와 안정을 정착시키고 국가를 발전시킬 유일한 수단"으로 여기고 있다며, 러시아 황제에게 전하는 친서를 접수해 달라고 요청했다.[22] 베베르가 마지못해 받아들이자, 나흘 뒤인 9일엔 고종의 밀서가 전달됐다. 이 비밀 서한엔 국새가 찍히고 고종과 영의정 심순택(1824~1906)의 서명이 담겨 있었다.[23] 다음과 같은 내용이었다.

국가는 다른 나라의 영향에 굴하였고, 한편으로 치우치고 말았다. 한 사람의 독립된 군주가 있지만, 다른 강대국에 복종하는 것을 피할 수 없다. 짐은 왕으로서 부끄럽기도 하고, 이러한 일이 슬프다. 현재 짐은 힘을 기르고 향상하여 지금의 사태를 전적으로 고쳐 나가서, 이제부터는 결코 타국에 복속되지 않도록 하며, 이와 관련한 불안이나 증오를 두려워하지 않기 위해서 전력을 다하고자 한다. (중략) 귀관이 귀국 정부에 보고해 러시아 정부가 짐을 비호하고, 결코 짐을 버리는 일이 없도록 비밀을 지키면서 전력을 다해 줄 것을. 짐이 왕으로서, 존재하는 군주들과 나란히 동등한 권리와 지위를 누릴 수 있도록. 만에 하나 다른 나라와 불화가 생긴다면, 귀국이 짐의 안전을 일시적으로 보장하기 위해 군함을 파견해 주기를 기대하노라.[24]

고종을 나락으로 떨어뜨릴 수 있는 이 '극비 서한'은 놀랍게도 청에 통째로 유출된다. 이 어처구니없는 배신행위를 저지른 이는 애초 베베르를 찾아왔던 민영익이었다. 청·일에 맞서 자주권을 추구하던 고종과 달리 민씨 척족들은 도를 넘는 '배청인아背淸引俄 정책'에 불안감을 느끼고 있었음을 알 수 있다. 청을 배신하려는 시도를 멈추지 않는 고종의 속내를 파악한 원세개는 분노에 몸을 떨었다. 8월 6일 이홍장에게 보낸 전문에서 이 사건 경과를 자세히 보고하면서 고종을 폐위하자는 극언을 입에 담는다.

제 관견管見으로는, 한韓이 비록 러시아에 글을 보냈으나 러시아 군대는 신속히 올 수 없으니, 그 러시아를 끌어들이려는 형적이 크게 드러나기를 기다렸다가 중국이 먼저 수군을 파견하고, 육군을 조금 태워서 칙지를 받아 신속하게 보낸 다음에 이 혼군昏君을 폐위하고 이씨 중에 현명한 자를 따로 옹립하는 것만 못합니다. 그러고 나서 수천 명의 병사가 그 뒤를 따른다면, 러시아는 중국 군대가

먼저 들어온 것과 한이 새 군주로 바뀐 것을 보고 손을 뗄 것입니다.[25]

원세개는 14일엔 민영익 이하 조선 관리들을 집합시킨 뒤 "문죄를 위해 진저우 72영(약 3만 6000명)이 오늘 정오 화륜선에 올라 고려 왕경으로 간다"라는 가짜 전보를 제시했다. 경악한 고종은 원세개에게 영의정 심순택, 우의정 김홍집을 보내 이 사건은 어느 간신이 옥새와 도장을 훔쳐 내 일으킨 일로, 자신은 물론 대신들도 알지 못하는 일이라고 잡아뗐다. 이어 평소 러시아 공사관에 자주 출입하던 조돈주·김가진(1846~1922)·김학우(1862~1894)·김양묵 등을 18일 책임자로 지목해 붙잡아 들인 뒤 23일 유배형에 처했다. 원세개는 거듭 이홍장에게 고종의 폐위를 주장했지만, 이홍장은 28일 "너는 진정하고 소요를 일으키지 말라"고 꾸짖으며 받아들이지 않았다.[26]

이 사태는 고종의 '외교 폭주'를 막을 수 있는 대책이 마련된 뒤에야 간신히 수습되었다. 김윤식은 9월 4일 각국 공사관에 공문을 보내 앞으로 조선 정부가 발급하는 문서에 옥새가 찍혀 있더라도 통리교섭통상사무아문의 인장이 없으면 무효로 간주하라고 알렸다. 현재에 비유하자면, 대통령의 친서라도 외교부 장관의 직인이 없으면 효력이 없는 가짜문서라고 선언한 것이나 다름없었다. 청이 서슬 퍼런 위협을 가해 고종의 외교권을 사실상 제한한 것이었다.[27]

이 사태를 깔끔하게 마무리 지으려면, 청과 러시아의 직접 교섭이 필요했다. 고종이 벌인 '서커스 외교'의 뒷수습을 위해 이홍장과 라디젠스키Ladygensky 주청 러시아 대리공사가 9월부터 톈진에서 협상을 시작했다. 러시아는 "우리는 조선에 대한 영토적 야욕이 없다"는 뜻을 밝히며 "청도 지금의 질서를 유지"해 주길 바란다는 뜻을 전했다. 러시아가 한반도까지 남하할 뜻이 없음을 밝힌 셈이었다. 청은 그것으로 만족할 수 있었다.

두 나라는 이 약속을 공식 문서로 만들어 교환하려 했다. 하지만 청이 문서에 "조선은 청의 속방"이라고 적어야 한다는 주장을 굽히지 않으면서 얘기가 틀어졌다. 결국, 문서를 만들지 않는 대신 라디젠스키가 10월 24일 이홍장에게 청이 조선 영토를 현재 상태로 유지하는 것을 전제로 자신들도 한반도로 남하하지 않겠다고 '구두 약속'하는 선에서 타협이 이뤄졌다.[28]

러시아로부터 '남하하지 않겠다'는 약속을 받아 낸 청은 영국에 이 소식을 전했다. 러시아를 견제하기 위해 거문도에 버티고 있던 영국도 더 이상 섬을 점령하고 있을 이유가 없어졌다. 영국은 1887년 2월 27일 거문도를 떠나게 된다.

청·일·영 모두 러시아의 남하를 막으려 혈안이 된 상황에서 조선이 추진한 대러 접근은 국제 정세의 흐름을 오독한 처절한 실패작이었다. 이런 실수에도 조선이 큰 피해를 보지 않았던 것은 고종의 기대와 달리 러시아가 한반도에 큰 관심이 없었기 때문이다. 러시아가 실제 조선에 손을 뻗쳤다면, 영국과 러시아가 한반도에서 직접 충돌하는 큰 비극이 발생했을지 모른다.

조선의 접근을 허용했다가 두 차례나 곤욕을 치른 러시아는 다시 '신중 모드'로 전환했다. 러시아 정부는 1888년 5월 8일 조선 문제에 대해 새로운 방침을 정했다. 앞으로 조선이 보호 요청을 하더라도 철저히 거리를 두겠다는 내용이었다.

　우리에게 아무런 이익도 되지 않는데 우리가 오로지 조선의 이해에만 전념하고 보호하는 것은 우리를 곤란한 상황으로 몰아넣을 수 있다. 조선 정부가 대외 관계에서 지지를 요청해 온다면 (러시아 한 나라가 아닌) 서울의 모든 외교사절에게 원조를 요청하도록 조언할 것이다. 조선 내정에 대한 우리의 간섭은 극도로 신중해야 하며, 국내의 곤란과 내란에 대처하는 경우로만 엄격히 한정해야 한다.[29]

07 야욕 드러낸 일본,
"우리 '이익선' 초점은 조선"

조선 중립화론의 등장

조선·대한제국이 망국으로 향해 가는 마지막 30여 년을 복기할 때 필연적으로 마주하게 되는 질문은, 일본이 언제부터 한반도를 집어삼키겠다는 '야심'을 품게 됐는가다. 이에 대해선 실로 여러 견해가 있겠지만, 1876년 2월 강화도조약을 체결한 직후 일본의 위정자들이 처음 느낀 감정은 조선을 어떻게 해보겠다는 '야심'이라기보다 저 나라 때문에 큰 화를 입을 수도 있겠다는 '근심'이었다.

일본이 근심에 빠지게 된 첫 계기는 1882년 여름에 터진 임오군란이었다. 메이지 시대 일본이 낳은 천재 중 한 명인 참사원 의관 이노우에 고와시井上毅(1844~1895)는 임오군란 직후인 9월 17일에 쓴 〈조선정략〉이라는 글에서 "조선의 일은 장래 동양 교제정략交際政略의 일대 문제가 되어 2~3개 대국 간에 어쩌면 이 나라 때문에 전쟁이 일어날 수도 있다"고 전망했다. 이 우려는 2년 뒤 갑신정변을 통해 거듭 확인된다. 일본은 청과 정면충돌을 피하기 위해 일단 톈진조약을 맺으며 조선에서 물러난다. 그런 의미에서 조선은 메이지유신에 성공한 근대 일본이 본격적으로 마주하게 된 심각한 '안보상의 난제'였다.

일본 위정자들이 조선 문제로 골머리를 앓은 근본 이유는 자신들의 군사력이 '경쟁국'인 청이나 러시아에 견줘 약했기 때문이었다. 오타니 다다시大谷正 센슈대학 교수의 저서 《청일전쟁》(2014)에 따르면, 일본이 '국민 징용제'를 도입해 근대적 군대를 조직하기 시작한 것은 1873년부터였다. 그로부터 10년이 지났지만, 임오군란이 터지던 해인 1882년 일본 육군의 동원 가능 병력은 상비병 1만 8600명과 예비역 2만 7600명을 더한 4만 5000명에 불과했다. 해군 역시 24척(총 배수량 2만 7000톤)의 배를 보유했을 뿐이었다.

이에 견줘 청은 1880년 이홍장 북양대신이 이끌던 회군(중국 안후이성 허페이의 군) 병력만 약 10만 명이었다. 해군 상황은 더 심각했다. 청은 1879년 일본의 류큐 병합을 눈 뜨고 지켜볼 수밖에 없던 쓰라린 경험을 한 뒤 북양해군 육성에 전력을 기울이고 있었다. 독일제 7000톤급 전함인 정원·진원(1885년 배치)을 갖춘 북양해군의 위용은 일본의 간담을 서늘하게 하기에 충분했다. 유럽의 대국인 러시아는 굳이 언급할 필요도 없었다.

이런 불리한 군사적 현실을 무시하고 청이나 러시아와 일전을 벌일 순 없는 노릇이었다. 이노우에 가오루 외무경은 1882년 10~12월께 "동양 평화라는 대국적 관점에서 당분간 (조선에 대해)

소극 정책을 취하"겠다는 결단을 내린다. '대결'이 아닌 '협조'라는 틀 안에서 자신들의 주요한 외교 목표인 '조선의 자주독립' 즉 청과의 종속 관계 단절을 달성해 나가기로 마음먹은 것이다. 5장에서 설명했듯 이노우에가 1883년 7월 차관 교섭을 위해 일본에 온 김옥균을 매몰차게 대한 것도 이런 전략적 판단 때문이었다. 1968년에 출판된 이노우에의 전기는 당시 결정을 다음과 같이 설명하고 있다.

> (임오군란 사태가 일단락된 뒤) 이후 대한 정책을 어떻게 해 갈 것인지가 묘당 내의 하나의 문제가 되었다. 곧바로 이 나라 정부가 안으로는 실력을 양성할 수 있도록 엄밀하게 보조輔助하고 밖으로는 외국이 그 자주독립을 인정하도록 적극책을 취해야 할 것인가, 또한 장차 '이와 같이 보전을 행하지 않고, 청 정부를 겸제箝制(말에 재갈을 물리듯 견제)하지도 않고, 한동안 그 하는 대로 맡겨 일·청국 및 동양의 평화를 보지保持하는 소극적 정책을 펴야 할 것인가라는 문제였다. 원래 공이 취해 왔던 정략을 통해 보면, 앞의 적극 정책을 추진하는 게 당연했다. 하지만, 조선 정부 내의 현재 상황이나 청·한의 관계에 대해 숙지熟知하고 있던 공은 동양 평화라는 대국적인 관점에서 잠시 동안 앞의 소극 정책을 취하는 쪽이 만전萬全한 것이 아니냐는 생각을 갖지 않을 수 없었다.[1]

하지만 청과 협조하면서 조선의 자주독립을 실현한다는 '이노우에 구상'은 동시에 달성하는 게 사실상 불가능한 모순적 목표였다. 조선을 자주독립시키려면 청과 충돌하게 되고, 청·일 관계를 원만히 유지하자면 조선을 방치해야 했다. 이 난제를 극복하기 위해 '천재' 이노우에 고와시가 제시한 묘안이 조선의 '중립국화'였다. 청·일이 미국·영국·독일 세 나라와 협력해 조선을 '영구 중립국'으로 만들면, 양국 관계를 우호적으로 유지하면서 조선을 자주국으로 만들 수 있다는 구상이었다.

> 애석합니다. 조선의 실황을 목격하니 도저히 동맹합력同盟合力할 수 있는 나라가 아닙니다. 또 지나도 더불어 모의하기 부족합니다. (중략) 그렇지만 여기에 다른 일책一策이 있으니 다음과 같습니다. 먼저 일본·청·미국·영국·독일 다섯 나라가 서로 회동해 조선의 일을 의논하여 조선을 하나의 중립국으로 만듦. 즉 벨기에와 스위스의 전례에 의거해 타국을 침범하지 않고, 또 타국으로부터 침범당하지 않는 나라를 만들고 다른 나라가 함께 이를 보호함. (중략) 이 경우 청국은 조선에 대해 상국上國이며 조선은 청에 대해 공국貢國이긴 하나 속국의 관계에 있는 것은 아니니 조선이 하나의 독립국이 되는 것을 방해해선 안 됨. 그러므로 청국은 다른 네 나라와 함께 (조선에 대한 공동) 보호국이므로 네 나라와 협의 없이 홀로 조선의 내정에 간섭할 수 없음.[2]

조선을 중립화해 이노우에 가오루가 이루려 한 궁극 목표는 일본의 안보를 위협하는 큰 위협으로 떠오른 러시아를 견제하는 것이었다. 그는 "유럽의 일국이 조선을 점거해서 베트남 또는 인도의 전례에 따른다면, 우리 나라는 머리 위에 칼이 매달려 있는 것과 마찬가지가 될 것"이고, "만약 불행하게도 러시아가 조선을 빼앗는다면 동양의 대세는 완전히 어찌할 수도 없게 될 것"이라고 우려했다. 일본의 힘만으로 러시아의 위협에서 조선을 지켜 내기는 쉽지 않으니, 청은 물론 미·영·독을 끌어들여 조선을 중립국으로 만든 뒤 공동 대처하자는 생각이었다. 청·일·미·영·독 다섯 나라가 협력해 조선의 중립을 보장하면 러시아의 남침을 견제할 수 있어 "동양의 정략에 있어 조금 안전한 방도를 얻을 것"이라고 본 것이다.

조선을 중립국으로 만든다는 생각은 이노우에만 한 것이 아니었다. 당시 조선 내에서 외국어·국제법 등 서양 사정에 가장 정통했던 《서유견문》의 저자 유길준(1856~1914)도 같은 생각이었다. 그는 서구의 새로운 지식을 빨리 습득하는 게 더 중요하다고 생각해 열아홉의 나이에 관료로 출세하기 위한 등용문인 과거 시험을 포기한 '시대의 이단아'였다.[3] 1885년 내놓은 '중립론'이라는 글에서 우리나라는 "지리적으로 보자면 아시아의 인후咽喉에 위치해서 유럽의 벨기에와 같다"면서 조선이 "아시아의 중립국이 되는 것은 실로 러시아를 막는 관건(大機)이자 아시아의 대국이 서로 보전할 수 있는 정략이 될 수 있다"라고 주장했다. 이노우에 고와시와 유길준이라는, 한·일을 대표하는 두 지식인이 조선을 중립국으로 만들어야 러시아의 남하를 막을 수 있고, 그에 따라 '동양 평화'를 지켜 낼 수 있다는 같은 결론에 이른 셈이다.

처참한 조선의 내정

이 구상이 실현되려면 두 개의 큰 장애물을 넘어야 했다. 먼저, 조선이 중립국이 될 만한 '실력'을 갖춰야 했다. 조선 중립론이 나오던 때는 텐진조약을 통해 청·일의 타협이 이뤄지며 한반도 정세가 비교적 안정된 기간(1885~1894)이었다. 조선이 제힘으로 개혁을 시도할 수 있던 사실상 '마지막 기회'였다. 이영훈 전 서울대 교수가 "일본이 다시 밀려들기 이전, 국체를 보전하고 강화함에 황금같이 소중했던 그 기간에 고종은 뭘 했냐"[4]라고 쏘아붙였던 바로 그때였다.

이헌창 고려대 경제학과 명예교수의 연구를 보면, 1900년대 일본의 국내총생산은 조선의 5배, 재정 규모는 50배였다. 한 나라의 재정 규모는 곧 그 나라의 '국가 능력'으로 바꿔 이해해도 큰 무리가 없다. 조선의 전체적인 경제력은 일본의 5분의 1 수준이었지만, 국가 능력은 일본의 50분의 1에 불과했던 것이다. 조선은 일본의 약 2퍼센트 정도 능력밖에 갖추지 못한 한심한 국가였다.

결국 국가가 세금을 잘 거두고 집행하는 능력을 키울 수 있도록 화폐·세제·재정·금융 등 여러 분야의 개혁을 동시다발적으로 추진해 이 차이를 메워야 했다.[5] 물론 이는 나라를 전면적으로 뜯어고치는 대규모 개혁을 추진해 본 경험과 지식이 없던 조선엔 쉽지 않은 도전이었을 것이다.

경험이나 지식 부족보다 더 본질 문제는 '정치적 의지'였다. 임오군란·갑신정변 이후 청·일이 텐진조약을 통해 잠정적 협조 체제를 구축하자 소란하던 한반도 정세는 비로소 안정을 찾는다. 고종과 명성황후가 간절히 원했던 바로 그 평화였다. 이들은 "황금같이 소중했던 그 기간"을 국가를 개혁하는 데 활용하는 대신 악화(당오전)를 찍어 내고, 파렴치한 매관매직을 일삼는 등 본인들의 배를 불리는 데 허비했다. 나라는 큰 위기에 맞닥뜨려 휘청이고 있는데 '기득권'이 보장되는 현실에 안주하면서 국가 발전을 위한 개혁을 시도조차 하지 않은 것이다. 이런 암담한 현실을 이끈 이가 민씨 척족의 우두머리 격인 민영준(1852~1935, 훗날 민영휘로 개명)이었다. 이 광경을 지켜보던 당대인 황현은 《오하기문》에서 피를 토했다.

기축(1889)·경인년(1890) 사이에 민영준은 평양 감사에서 선혜당상이 되어 돌아오면서 평안도 일대의 재물을 모조리 긁어모아 금으로 송아지를 만들어 바쳤다. 임금은 그를 충성스럽다고 여겨 국정을 맡겼다. 이리하여 거두어들이는 일에 관계된 것은 모두 영준이 주도하게 되었다. (중략) 개화한 이래 각 나라를 영접하고 대접하여 전권공사를 파견하였는데 그 비용이 1년에 억만 냥이나 되었고, 세자궁의 기도와 상으로 내리는 것은 늘어만 갈 뿐 줄어들지는 않았으며 천하의 진귀한 보배가 창고에 넘쳐났다. 또 임오·갑신년의 변란을 겪자 어두운 밤만 되면 항상 재난이 일어날까 두려워 중궁(명성황후)은 매일 밤 전기등 수십 개를 아침까지 켜 놓았다. 전기등 하나는 엽전 3천 꾸러미나 되었으니 그 나머지 자질구레한 낭비는 이루 다 적을 수조차 없다. 국가의 재정은 이미 바닥이 나 절절히 조치할 수 없었으므로 관직을 팔아 충당하는 것도 부족하여 또 크고 작은 과거까지 팔았으며 여기에 더하여 물 좋은 아전들의 자리까지 팔았다. 한편으로는 광산을 열어 석탄을 캐고 생선과 소금 구리와 무쇠까지 독점하였다. 무릇 시장에 유통되는 것은 세금을 받지 않는 것이 없었다. (중략) 감사와 유수는 매년 한 번씩 교체하였고, 매달 대여섯 차례씩 전형관을 불러 인사행정을 열었는데 미리 전국에서 부자를 뽑아 억지로 참봉·도사都事(관리의 감찰 규탄을 맡아보던 관직)·감역監役(건축에 관한 사무를 보던 말단 관직) 등 초년 벼슬을 주었다. 처음엔 관직을 사고 싶어 하는 사람들에게 팔았으나 나중에는 이 또한 억지로 떠안겼다. (중략) 여러 피폐한 정치는 모두 10년 이내에 늘어난 것으로 (당대의 세도인) 영준이 국정을 좌우함에 이르러 더 극심해졌다.[6]

이 무렵 고종과 명성황후의 사치가 얼마나 심각했는지 보여 주는 실증적 연구가 있다. 이영훈은 2011년 논문 〈대한제국기 황실 재정의 기초와 성격〉에서 궁중에 식재료를 공급하는 역할을 맡고 있던 명례궁의 수입·지출 기록(1792~1906년의 예산 기록이 존재)을 분석했다. 이영훈에 따르면, 황현이 비판하는 시기에 해당하는 1892~1893년 물가 상승률을 반영한 명례궁의 '실질 수입'은 40여 년 전(1853~1854년)보다 3.8배 증가했다. 이 수입 증가분의 대부분(88.2퍼센트)은 돈(錢)으로 지급된 왕실의 내하內下(전입금)로부터 나왔다. 왕실이 예전보다 명례궁에 네 배 가까이 많은 예산을 내려보냈다는 뜻이다. 이렇게 풍족해진 예산으로 고종과 명성황후는 마음껏 먹고 마실 수 있었다.

그렇다면 이 돈은 어디서 나왔을까. 흥미롭게도 왕실이 명례궁에 돈(錢)을 쏟아붓기 시작한 1882년은 악화인 당오전이 발행되기 시작한 해와 겹친다. 왕실의 내하는 다름 아닌 이 당오전으로 지급됐다고 단정할 수 있다. 1882년 3만 8100냥이던 내하는 1887~1888년 연간 50만 냥을 넘었고, 1891년 다시 급증해 1894년에는 270만 냥 이상의 거액이 됐다. 결국, 물가 상승을 유발해 서민의 고혈을 빠는 악화를 마구 찍어 명례궁으로 내려보내고, 그 돈으로 왕실이 흥청거린 것이다.

그렇다면 뭘 하며 먹고 마셨을까. 여러 기록을 보면, 명성황후는 궁에 신당을 짓고 무당과 중을 불러들여 자주 고사를 지냈다. 동학농민혁명이 발생하기 전해인 1893년 한 해에만 무려 29번의 고사와 다례가 행해졌다. 연회를 베푼 것도 무려 37번이나 됐다. 연회가 끝나면 손님들에게 일본에서 수입한 쟁반에 음식을 가득 담아 보에 싸서 지게꾼에 지워 보냈다. 이해 명례궁의 총지출 가운데 79.6퍼센트가 식료비였다.[7] 말 그대로 먹고 마신 것이다. 국정 최고 책임자인 왕과 왕비가 이렇게 타락해 있는데 제 살을 깎는 독한 각오를 해야 성공할 수 있는 개혁이 가능할 리 없었다.

조선의 중립국화를 가로막는 두 번째 장애물은 청의 반대였다. 고종이 러시아에 접근하자, 격분한 원세개는 이홍장에게 고종의 폐위를 건의할 정도였다. 청은 '마지막 속방'인 조선을 포기할 생각이 전혀 없었다. 이를 잘 알았던 '현실주의자' 유길준은 중립론의 뒷부분에서 중국을 설득하기 위한 논리를 길고 자세하게 적었다.

오직 중립 한 가지만이 진실로 우리나라를 지키는 방책이다. 그러나 이를 우리가 먼저 제창할 수 없으니 중국에 요청하여 처리하도록 해야 한다. 만일 중국이 혹 일을 핑계 삼아 즉시 들어주지 않으면 오늘 청하고 내일도 청해서 중국이 맹주가 되어 영국·프랑스·일본·러시아 등 아시아 지역과 관계 있는 여러 나라와 회동하고 이 자리에 우리나라를 보내어 공동으로 맹약을 체결하기를 구해야 한다. 이것은 우리나라의 입장만 위한 것이 아니고 중국에도 이익이 되며 여러 나라가 서로 보존하는 계책이기도 한 것인데, 어찌 근심만 하면서 이를 행하지 않는가.[8]

이익선과 탈아론

결국, 이 시기 조선의 중립화론이란 '무능한 조선'과 '강경한 청'이란 구조적 제약에 둘러싸인 지식인들이 쥐어 짜낸 '고양이 목에 방울 달기' 수준의 아이디어에 불과했다. 현실에 안주하던 고종은 스스로 노력하지 않았고, 청 역시 이 '담대한 구상'을 받아들일 뜻이 전혀 없었다.

만약 조선의 중립국화가 현실적이지 않다면, 일본에 남은 선택지는 청을 꺾을 만큼 충분한 힘을 기르는 '군비 확장'이 될 수밖에 없었다. 이노우에의 〈조선정략〉이 나오기 한 달 전인 1882년 8월 15일 야마가타 아리토모 참의(참모본부장 겸임)는 '육해군확정에 관한 재정상신'이란 문서를 각의에 제출했다. 그는 이 문서에서 일본의 전력이 청에 뒤처져 있다며 군함은 48척, 육군 상비병은 4만 명으로 늘려야 한다고 주장했다.[9]

이에 맞춰 오야마 이와오大山巖(1842~1916) 육군경과 가와무라 스미요시川村純義(1836~1904) 해군경은 1883년부터 1890년까지 8년간 추진해 나갈 군비 확장 계획을 제출했다. 이후 일본은 주조세·연초세 증세를 통해 군사력을 맹렬히 키워 갔다. 그 결과 청일전쟁이 발발하기 직전 해군 전력(총 배수량 5만 9100톤)은 청의 북양함대(8만 5000톤)를 상당 부분 따라잡았고, 육군도 7개 사단(1893년 개정된 전시편제에 따라 1개 사단의 평시 정원은 9199명, 전시 정원

은 1만 8000명)을 기축으로 한 강군으로 거듭났다.[10]

달라진 일본의 모습은 8년 전 군비 확장을 주장한 야마가타의 1890년 12월 6일 시정방침 연설에서 극적으로 드러났다. 이날 그는, 이후 일본인의 전략관과 안보 정책에 심대한 영향을 끼치게 되는 '이익선'이라는 개념을 제시한다. "국가 독립과 자위의 방법에는 두 가지가 있다. 첫째는 주권선을 지키는 것, 둘째는 이익선을 보호하는 것이다. 주권선은 국가의 영토를 말하는 것이고 이익선은 주권선의 안위에 밀접한 관계를 갖고 있는 지역을 말한다. 열국들 사이에서 국가 독립을 유지하기 위해서는 주권선만 방어해서는 충분하지 못하고 반드시 이익선을 보호해야 한다."

야마가타는 이날 일본의 이익선이 어디인지 딱 잘라 말하지 않았지만, 같은 해 3월 내놓은 '외교정략론'에선 "우리 나라 이익선의 초점은 실로 조선에 있다"는 점을 분명히 밝혔다.

> 국가의 독립과 자위의 길은 다음 두 가지에 있다. 그 첫째는 주권선을 수어守禦(수호)하여 타국의 침해를 용인하지 않는 것이다. 두 번째는 이익선을 방호防護(방어)하여 자국의 지형적 유리함을 잃지 않는 것이다. 무엇을 주권선이라고 하는가. 이는 강토疆土(영토)를 말한다. 무엇을 이익선이라고 하는가. 이는 주변국과 접촉하는 지세로서 우리 주권선의 안위와 서로 밀접한 관계를 갖는 구역을 말한다. 무릇 국가라는 것은 주권선을 갖지 않을 수 없으며 또 마찬가지로 이익선을 갖지 않을 수 없다. (중략) 우리 나라 이익선의 초점은 실로 조선에 있다. 시베리아철도는 이미 중앙아시아로 나아가 앞으로 수년 안에 준공될 것이고, 러시아의 수도(페테르부르크)를 출

발하여 십수 일이 지나면 말에게 헤이룽강(흑룡강·아무르강) 물을 먹일 수 있다. 우리는 시베리아철도가 완성되는 날이 곧 조선에 많은 일이 일어나는 때가 될 것임을 잊어서는 안 될 것이다. 조선에 많은 일이 일어나는 때는 곧 동양 일대 변동이 발생하는 때가 될 것임을 잊어선 안 된다. 그러나 조선의 독립을 유지할 수 있는 그 어떠한 보장이 있는가. 이를 어찌 우리 이익선에 대한 무엇보다 위극危極(극한 위험)으로 느끼지 않을 수 있을 것인가.[11]

야마가타는 일본이 이익선을 방어하려면, 때로는 "강력強力(군사력)을 사용하여 우리 나라의 의지를 관철"할 수밖에 없다고 생각하면서도, 현재 일본의 국력을 생각할 때 일단 "무엇보다 필요하고 긴박한 것은 조선국의 중립"이라는 현실론에 머물렀다. 하지만 "조선이 독립을 유지하지 못하고 좌절되어 베트남·버마의 전철을 밟게 된다면" 일본의 운명은 "머리 위에 칼을 겨누는 듯한 형세"에 놓이게 될 터였다. 이런 끔찍한 상황을 피하고 청·일이 함께 러시아에 맞서려면, 조선에서 두 나라가 동시에 철군하기로 한 톈진조약을 폐기해야 한다는 식의 논지를 전개해 나간다.

현실 정치인이었던 야마가타는 '조선 독립'이라는 명분과 '청과 협력'으로 얻을 수 있는 실리 모두를 부정하지 않았지만, 김옥균에게 큰 기대를 걸며 지원을 아끼지 않은 후쿠자와 유키치의 생각은 달랐다. 갑신정변이 삼일천하로 허무하게 실패하는 광경을 목격한 그의 대조선관은 차갑게 식어 갔다. 그는 1885년 3월 16일 《지지신보》에 실은 '탈아론'이란 무기명 사설에서 일본의 옆에 청과 조선이 있다는 사실을 "불행"이라 평하면서 "이웃의 개명開明을 기다리고 함께 아시아를 발전시킬 여유가 없다"라는 식으로, 매정하기 짝이 없는 절교 선언을 한다.

> 우리 일본의 국토는 아시아의 동쪽 끝에 위치해 있지만, 국민의 정신은 이미 아시아의 구습에서 벗어나 서양의 운명으로 옮겨 가고 있다. 그러나 여기서 불행한 사실은 이웃 나라가 있다는 사실이다. 그 하나를 지나라 하고 다른 하나를 조선이라 한다. 이 나라의 인민도 오래 아시아식의 정치·종교·풍속 아래 커 왔다는 것은 우리 일본 국민과 다름이 없다. 하지만 인종의 유래가 특별한 것일까 또는 같은 정치·종교·풍속 안에 있으면서도 남기고 전해지는 교육이 다르기 때문인가, 일·지·조 3국을 늘어놓으면, 일본에 비해 지나와 조선은 훨씬 더 닮았다. (중략)
> 이 두 나라를 보면, 지금의 문명 동진의 정세 안에서 너무도 독립을 유지할 길이 없다. 다행히도 국가 안에 지사가 나타나 국가의 개명 진보를 위해 우리의 메이지유신과 같은 대개혁을 시도해 정치를 바꾸는 동시에 인심人心을 일신하려는 활동이 있다면 또 다른 상황이 될 것이다. 만약 그렇지 않은 경우라면 지금으로부터 몇 년 지나지 않아 망국에 이르고, 그 국토는 세계의 문명 제국에 의해 분할될 것이라는 점은 한 점의 의심의 여지도 없다. 왜냐하면 마진麻疹(홍역)과 같은 문명개화의 유행을 겪으면서 지나·조선이란 두 나라는 전염의 자연법칙을 피해 억지로 이를 피하려 집 안에 틀어박혀, 공기의 유통을 차단하면서 질식해 가고 있기 때문이다. (중략)
> 서양 문명인의 눈으로 보면 3국이 지리적으로 근접해 있어 때에 따라 3국을 동일시하며, 지나·조선에 대한 평가로 우리 일본을 판단

하는 것도 있을 수 있는 일이다. 예를 들어 지나·조선의 정부가 옛날과 같은 전제專制이고, 법률을 신뢰할 수 없다면 서양 사람들은 일본 역시 무법률의 국가일 것이라고 의심할 것이다. (중략) 그렇다고 한다면 현재의 전략을 생각할 때 우리는 이웃의 개명을 기다려 함께 아시아를 발전시켜 갈 여유가 없는 것이다. 오히려 그 이웃의 오伍(줄)에서 탈출해 서양의 문명국과 진퇴를 함께하고 지나·조선을 접하는 방법도 이웃이라는 이유로 특별한 배려를 할 것 없이 실제 서양인이 이를 접해 처분하는 것처럼 대해야 한다. 나쁜 친구랑 친하게 교류하면 (일본) 역시 악명을 피할 수 없게 된다. 내 마음속에서 동아시아의 나쁜 친구를 사절하려 한다.

주변국에 대한 이런 멸시의 정서가 사회 내에 뿌리내렸다면, 조선에 변고가 생길 때 일본은 '강력'으로 청을 제압한 뒤 '조선 독립'이라는 허명을 내세워 한반도를 집어삼키게 될 터였다. 일본이 그렇게 생각을 굳혀 갈 무렵, 1894년 초 전라도 고부에서 농민반란이 벌어졌다는 소식이 전해진다. 청일전쟁이 막 시작되려 하고 있었다.

08 동학, 청일전쟁에
    불을 붙이다

09 일본, 개전을
    밀어붙이다

10 일본과 '일본당',
    결탁하다

11 고종과 민중,
    갑오개혁에 저항하다

12 명성황후의 죽음,
    고종과 개혁 세력
    '불구대천' 원수가
    되다

13 아관파천과 고종,
    '개혁'을 도륙내다

14 고종의 두 번째
    '러시아 접근'
    실패하다

15 고종의 혼미, 일본의
    뒤집기

16 독립협회의 몸부림,
    일본이 만세를 부르다

17 독립협회 정치 개혁
    끝내 좌절하다

선택의 기로

1 민영준
2 스기무라 후카시
3 가와카미 소로쿠
4 무쓰 무네미쓰
5 풍도해전(1894년 7월 25일)의 모습을 담은 그림

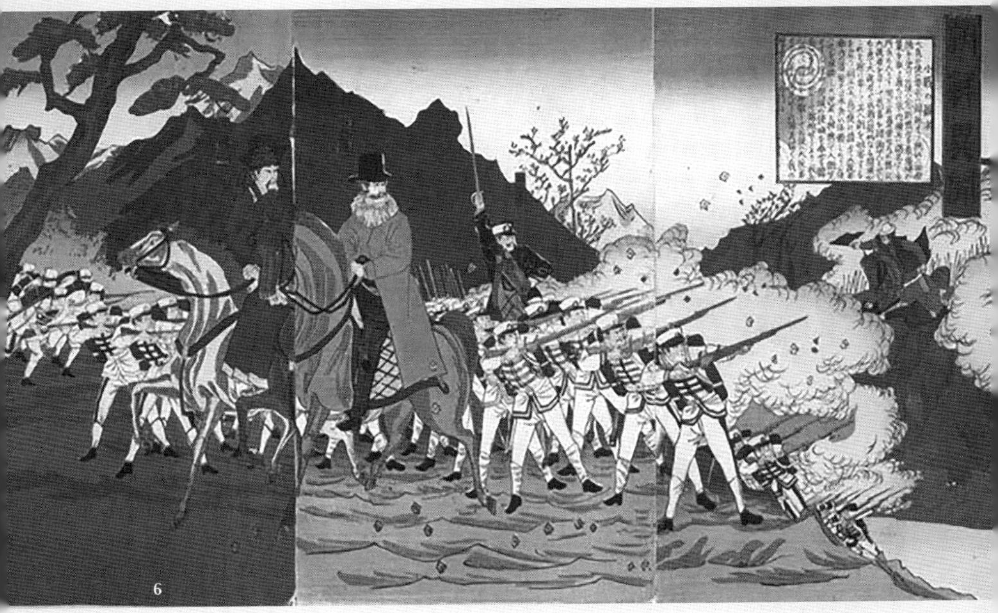

6

7

8

9

6 경복궁을 공격하는 일본군 모습(1894년 7월 23일)을 담은 그림

7 왕봉조

8 오토리 게이스케

9 안경수

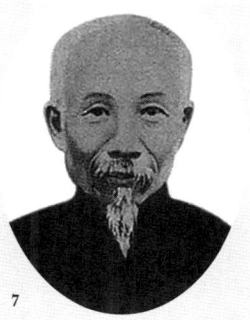

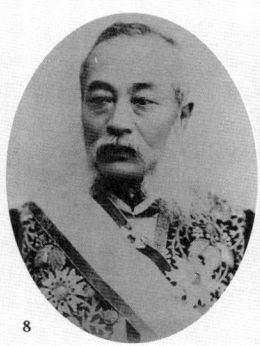

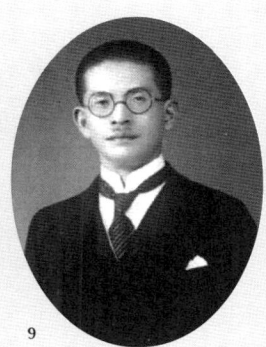

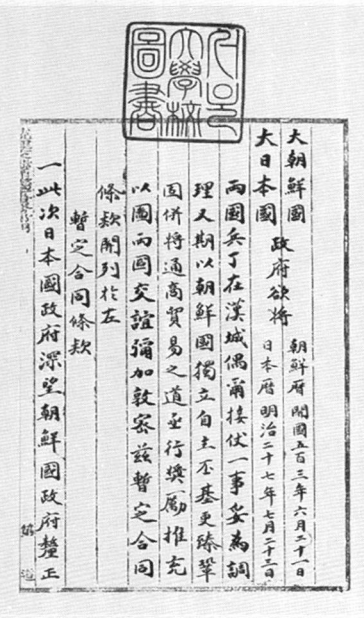

10 청일전쟁 개전 직후 조·일이 체결한 '잠정합동조관'
 (1894년 8월 20일)
11 미우라 고로
12 조병식
13 청일전쟁의 최대 승부처였던 평양전투의 모습을 담은 그림

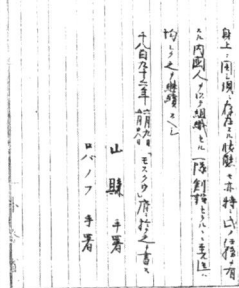
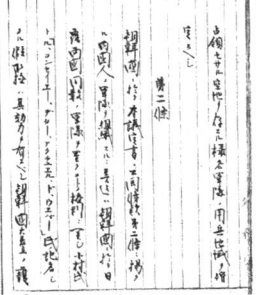

14 우치다 사다쓰치
15 고무라 주타로
16 민영환
17 니시 도쿠지로
18 알렉세이 로바노프-로스톱스키
19 드미트리 푸차타
20 로바노프-야마가타 의정서
   (1896년 6월 9일) 사본
21 이완용
22 윤치호
23 가토 마쓰오

08 동학, 청일전쟁에 불을 붙이다

비극의 수레바퀴를 돌리다

그날 모인 이들 가운데 자신의 행동이 조선을 망국의 구렁텅이로 몰아넣는 '거대한 수레바퀴'를 돌리는 일이 될 것이라고 예견한 이는 단 한 명도 없었을 것이다. '탐관오리' 조병갑(1844~1912)의 학정에 시름하던 민초들이 전라도 고부군 서부면 신중리 대뫼(竹山) 마을 송두호의 집에 모여 '고부성을 격파하고 조병갑을 효수한다'고 결의한 것은 계사년 11월(1893년 12월 초~1894년 1월 초)이었다. 회의를 끝낸 이들은 이날 결정 내용을, 여러 이름을 사발처럼 원 모양으로 돌려 써 주모자를 알 수 없게 한 '사발통문'에 옮겨 적었다. 1968년 12월 고부면 주민 송준섭의 집 마루 밑에서 70년 동안 잠들어 있던 족보에서 발견된 이 문서에 서명한 이는 모두 20명이었다. 그 안에서 '녹두장군' 전봉준(1855~1895)의 이름도 확인할 수 있다.[1]

농민들은 이날 결의대로 1894년 2월 14일 봉기를 일으킨 뒤 이튿날 오전 고부 관아를 습격했다. 모든 일의 '원흉'인 조병갑을 찾았으나, 이미 전주로 내뺀 뒤였다. 후임 군수 박원명이 부임해 와 선처를 베풀자, 농민들의 분노도 사그라지기 시작했다.

사태가 다시 험악하게 돌아가게 된 것은 '안핵사按覈使(지방에서 일이 발생했을 때 처리를 위해 파견하는 임시직)로 임명된 장흥 부사 이용태(1854~1922)가 등장하면서부터였다. 그가 동학을 적시하며 민란에 참여한 이들을 잡아 죽이려 하자, 농민들은 4월 25일 무장(현재 전북 고창)에서 '보국안민'을 내걸고 다시 봉기했다. 세가 점점 늘어난 동학농민군은 5월 1~3일 백산(부안) 대회를 열어 전봉준을 총대장, 손화중·김개남을 총관령으로 뽑았다. 이들은 격문을 내어 "우리가 의를 내걸고 여기에 이르게 됨은 (중략) 국가를 반석 위에 두고자 함"이라고 외쳤다.

매우 놀란 조선 정부는 5월 6일 민씨 척족이 가장 신뢰하는 무장 홍계훈[2]을 양호초토사兩湖招討使(양호는 호남과 호서, 초토사는 변란을 평정하기 위하여 중앙에서 내려보낸 임시직)로 임명하고, 서울을 지키던 최정예 부대인 경군京軍 800명을 줘 동학농민군을 진압하게 했다. 하지만 조정 내엔 농민들을 동정하는 의견도 만만치 않았다. 좌의정 조병세(1827~1905)는 "오늘 백성들의 실정은 극히 불쌍"하다면서 "네 칸짜리 초가집이 있는 사람은 1년에 100여 냥의 돈을 바치고 대여섯 마지기 땅을 가진 사람은 네 석이 넘는 조세를 바치니 입에 풀칠도 할 수 없게 되어 궁색하기 짝이 없"다고 말했다.[3]

기세가 오른 동학농민군은 파죽지세로 남도 일대를 헤집기 시작했다. 부안(8일)을 습격한 뒤 10~11일 황토현(정읍)에서 관군인 전라 감영군(지방군)을 격파했다. 관군은 크게 동요했다. 최고 수준의 병사들을 모았다는 홍계훈의 경군 내에서도 탈출자가 속출해 애초 800명이던 병력이 470명으로 줄고 말았다.[4] 홍계훈은 병사들의 사기가 떨어진 불리한 상황에서 동학농민군과 정면 대결을 벌이기가 부담스러웠는지 5월 23일 "지금 사세가, 우리는 수가 적고 저들은 많아서 군대를 나눠서 추격하기 어렵"다며 "외국 군대를 빌려"야 한다고 장계를 올렸다.[5]

이 무렵 주조선 일본 공사관에선 휴가로 자리를 비운 오토리 게이스케大鳥圭介(1833~1911) 공사를 대신해 차석인 스기무라 후카시杉村濬(1848~1906)[6] 일등서기관이 대리공사를 맡고 있었다. 스기무라는 1880~1890년대 조·일 관계사를 논할 때 절대 빠뜨릴 수 없는 '문제적 인물'로, 1880년부터 동학농민혁명이 발생한 1894년까지 2년을 빼고 줄곧 조선에서만 근무한 일본 외무성 내 최고의 한반도 전문가였다. 이 파란만장한 시기에 줄곧 외교 현장을 지킨 만큼 조선의 속사정을 속속들이 꿰뚫고 있었다. 그는 22일 무쓰 무네미쓰陸奧宗光(1844~1897) 외무대신 앞으로 보낸 기밀문서 '전라·충청 양도의 민란에 대한 비견鄙見(천한 의견) 상신의 건'(28일 외무성 도착)에서 "관군이 계속 패하고 민군이 승리한 기세를 몰아 북상하게 되면 이 정부(조선)가 어떻게 처치할지 미리 연구할 필요가 있다"면서 다음과 같이 예측했다. 130년 전 일본 외교관이 내놓은 정세 분석의 정확함에 혀를 내두르게 된다.

제1책, 재빨리 내정 개혁을 시행해 국민이 가장 싫어하는 폐해를 제거하고 이를 통해 난당亂黨을 회유한다. 제2책, 병사를 지나에서 빌려 이를 통해 난당과 시비를 가린다. 제1책은 여러 대신 중 2~3명이 이런 뜻이 있지만, 공공연히 말하기를 꺼리고, 제2책은 (당대 최고 세도가인) 민영준이 주로 주장하고 있다. (중략) 제1책은 목하 권세가 왕성한 민씨에게 불이익이 되기 때문에 국왕이 영단을 내린다 해도 이를 실행하려면, 민씨를 떨쳐 내고 정부 밖으로 축출하지 않는 한 그 목적을 달성하기 어렵다. (중략) 결국 제2책의 고식 수단을 취하게 될 것이다.[7]

스기무라는 고종이 청에 파병을 요청해 "지나의 군사가 입한入韓한다면, 우리 관민 보호를 위해 또 일·청 양국의 권형權衡(힘의 균형)을 지키기 위해 민란이 진정돼 청병이 물러날 때까지 (일본도) 출병해야 한다"라고 주장했다. 만약 조선이 청에 병사를 요청하게 된다면 일본이 곧바로 개입하면서 1885년 4월 톈진조약 이후 아슬아슬하게 이어져 온 청·일의 협조 체제가 위태로워질 수 있었다. 고부 군수 조병갑의 학정에서 시작된 농민들의 봉기가 10년 동안 이어져 온 동아시아의 세력 균형을 뒤흔드는 대변란으로 커지고 있었다. 그로 인해 발생하는 끔찍한 사태를 피하려면 조선 스스로 이 위기를 극복해 내야 했다.

원세개, 조선의 팔을 꺾다

조선이 맞닥뜨리게 된 엄혹한 현실을 가장 잘 이해하고 있던 이들은 사실 당대의 위정자들이었다. 스기무라는 23일 외무성에 보낸 또 다른 전문에서 《고종실록》 등에선 확인할 수 없는 조선 조정 내 '격론'을 생생하게 소개하고 있다.[8] 스기무라의 예측대로 민영준은 13일(양력 5월 17일)[9] "적의 세력이 갈수록 더 확대되어 그들을 초멸하거나 체포할 수 없으므로 이 사실을 전보로 연락하여 (청에) 원조병을 요청하는 게 사리에 맞을 것 같습니다"라는 의견을 제시했다. 외국 군대의 도움이 필요하다는 홍계훈의 장계가 올라오기 전이었다.

청의 도움을 받아 동학을 진압하자는 의견은 이날 민영준이 처음 제기한 게 아니었다. 고종은 한 해 전인 1893년 5월 10일(음력 3월 25일) 동학도들이 보은 장내리에서 대규모 집회를 열자 "다른 나라의 군사를 빌려 쓰는 것은 역시 각 나라마다 전례가 있는데, 어찌 (청에서) 군사를 빌려다 쓰지 않는가?"라고 말한 적이 있다. 그러자 심순택(영의정)·조병세(좌의정)·정범조(우의정, 1833~1898) 등 삼정승이 일제히 나서 이 뜻을 꺾었다.[10] 고종은 그때 생각이 났는지 농민들이 난을 일으킨 것은 "전적으로 탐욕스럽고 포악한 정사를 견뎌 내지 못하여 그런 것"이라며 "원조병을 요청하는 안건에 대해선 함부로 거론할 것이 못 되므로 대신들과 잘 상의하여 처결"하라고 말했다.

그러자 민영준이 뜻밖의 얘기를 입에 담는다. "이미 원세개와 밀약密約을 하였으므로 번거롭게 비밀 자리를 마련하지 마시고 대신을 불러 물어보는 것이 어떻겠냐?"라고 되물은 것이다. 민영준이 언급한 '밀약'이란 말이 눈길을 끈다. 민영준이 청에 원병을 요청하자고 고종에게 공식 제안하기 앞서 원세개와 미리 만나 '밀약'이라고 부를 만한 의사소통을 했을 것이라고 추정해 볼 수 있다. 만약 그렇다면 문제가 매우 복잡하게 꼬일 수 있었다. 조선이 '청의 도움을 받지 말자'고 결론 내도 원세개가 '사전 약속'을 들먹이며 이 뜻을 꺾을 수 있기 때문이었다.

고종의 명대로 이튿날인 18일 새벽 대신들이 한자리에 모였다. 예상대로 강력한 반대 목소리가 쏟아졌다.[11]

당초부터 초토사를 내려보낸 것이 온당치 못한 일인데 지금 또 갑자기 원병을 청하는 것은 매우 옳지 못한 일입니다. 그리고 내란을 진정시키는 데는 그 일을 주관할 수 있는 역량 있는 한 사람만 보내도 넉넉할 텐데 어찌 요란스럽게 외국의 원병을 불러들일 필요가 있습니까? 안으로 영단英斷을 내려 먼저 큰 폐정을 저지른 자를 제거하고 불량한 수령과 방백들에게 중한 형법을 가하여 저들의 마음을 안정시키면 난민들이 귀화할 것이며 국내가 태평해질 것입니다.

이들은 외국 군대를 불러들일 수 없는 세 가지 이유를 대며 강하게 반대했다.

외국 군대를 요구함에 있어서 극히 어려운 점이 세 가지가 있는데, 그것은 국가는 백성을 근본으로 하므로 몇만 명의 생령을 죽이는 것이 첫째 어려운 일이며, 외국군이 국내로 한 번 들어오면 경향京鄕(서울과 지방, 즉 방방곡곡)에 그 폐단이 미치지 않을 곳이 없으므로 인심이 흔들릴 것이니 이것이 둘째 어려운 일이며, 외국군이 국내로 들어오면 각국 공사들도 반드시 군대를 출동하려 제각기 공관을 수호하게 되어 알력이 생기기 쉬울 것이니 이것이 셋째 어려운 일입니다. 이 점을 굽어 살펴보시기 바랍니다.

대신들의 조리 있는 반대 의견에 고종도 "원병을 청하는 일은 그만두고 다시 거론하지 않는 것이 옳을 것 같다"라고 결론 낸다. 이 무렵 조선에도 국가가 해야 할 일과 해선 안 될 일을 구별하는 '최소한의 상식'은 살아 있던 셈이다. 일본도 이 결론을 적극 지지했다. 스기무라는 회고록《재한고심록》에 이 무렵 조병직 독판교섭통상사무 등과 만나 "내란의 진압을 위해 외국의 지원을 받는 것이 옳지 않다"라고 설득했다고 적었다. 민씨 척족들을 제외하고 이 의견에 토를 다는 이들은 거의 없었다.[12]
　이 지당한 결론이 뒤집힌 것은 동학군이 27일 황룡촌(장성)에서 홍계훈이 이끄는 조선의 정예군을 격파하고, 31일엔 전라도의 핵심 도시 전주를 점령했다는 급보가 전해진 뒤였다. 고종이나 훗날 '식민지 조선'의 최고 갑부 '민영휘'로 변신하게 되는 민영준은 한 나라를 이끌어 갈 역량이 없는 이들이었다. 공황에 빠진 민영준은 그날 바로 원세개를 만나 '군대를 보내 달라'고 요청했다. 조선에 대한 영향력 확대를 꾀하던 원세개가 '사전 밀약'에 근거해 민영준에게 이를 강하게 요구했다는 견해도 있다.[13] 어찌 됐든 조선이 이날 청에 원조 요청을 했다는 사실은 북양대신 이홍장이 이튿날 유시(오후 5~7시)에 총리아문에 보낸 문서를 통해서도 확인할 수 있다.

　원세개가 여러 차례 전보를 보내와 아뢰기를, "조선 관군이 패하여 무기를 빼앗겼고, 조선의 각 부대는 모두 두려워하여 간담이 서늘해져 있습니다. 어제와 오늘 상의하여 한성과 평양의 병사 2000명을 파견하여 길을 나누어 가서 토벌하도록 하였습니다. 국왕은 병사가 적은데 추가로 보낼 수도 없고 또 그 병사들을 믿을 수도 없다는 것을 이유로 삼아, 논의를 거쳐 중국에 군대를 보내어 대신 토벌해 줄 것을 청하였습니다. 조선이 중국의 보호에 귀의한 것은 그 내란을 스스로 처리할 수 없기 때문입니다. 중국에 대신 토벌해 줄 것을 요구했는데 상국上國의 체면을 고려할 때 그 요구를 물리치는 것은 좋지 못합니다.[14]

일본, 대군을 때려 넣다

조선이 청에 원병을 요청했다는 사실을 확인한 스기무라는 6월 1일 무쓰 앞으로 긴급 전보를 타전했다. 영어와 한자를 섞어 쓴 이 전문[全州 fell into hands off rebels yesterday. 袁世凱 said Corean government asked Chinese reinforcement(전주가 어제 반군의 손에 떨어졌다. 원세개는 조선 정부가 중국에게 원군을 요청했다고 말했다)]이 도쿄에 도착한 것은 2일이었다. 무쓰는 내용을 확인한 뒤 이날 예정된 각의에 참석했다. 급하게 서둘렀는지 본인이 문서를 확인했는지 여부를 체크해야 하는 서식의 '대신'란 아래에 도장을 찍지 않았다.[15]

각의에 출석한 무쓰는 전문 내용을 전하며 청을 견제하려면 일본도 서둘러 파병을 결단해야 한다고 주장했다. 그는 회고록인 《건건록》에 "만일 청국이 어떤 명의를 대서라도 조선에 군대를 출병한다고 할 때엔 우리 나라도 그들의 군대에 상응하는 군대를 조선에 파견하여 예측할 수 없는 변란에 대비하여야 한다. 조선에 대한 일·청 양국의 평형을 유지해야 한다"라고 적었다.

청의 움직임을 확인한 일본이 대응 조처를 취하기 위해 제시한 명분은 크게 두 가지였다. 스기무라가 앞선 전문(5월 22일)에서 언급했듯, 첫 번째는 "관민 보호"였다. 청의 병사가 조선에 파병되니 일본도 조선에 사는 자국민 보호를 위해 적당한 규모의 병력을 보내는 것은 당시 국제 기준에서 보자면 당연한 권리였다. 두 번째는 "일·청 양국의 권형 유지"였다. 이는 일본도 파병을 단행해 한반도 내 힘의 균형이 청 쪽으로 기울어지지 않도록 견제한다는 의미였다. 첫 번째 이유 때문이라면 병력 규모는 수백 명이면 충분했지만, 두 번째 이유라면 청을 압도할 만큼 대규모 병력을 때려 박아야 했다.

훗날 제2차세계대전의 A급 전범으로 처형된 도조 히데키東條英機(1884~1948)의 부친인 히데노리英教(1855~1913)는 이 무렵 일본 참모본부에 근무하고 있었다. 그는 1897년에 쓴 《정청용병격벽청담征淸用兵隔璧聽談》이란 책에 이 시기 일본 육군이 파병을 결단하고 실행하는 과정을 비교적 객관적으로 기술해 두었다. 이 내용을 보면, 일본 육군은 당시 청이 민란 진압을 명분으로 대규모 병력을 한반도에 파견해 조선을 아예 합병할 수 있다고 우려하고 있었다. 이에 앞선 3월 28일엔 갑신정변의 주인공이자 대표적 '친일 인사'였던 김옥균이 상하이에서 살해당하는 큰 사건이 발생했다. 일본은 이 일련의 사건이 발생한 배경에 청의 야심이 있다고 의심했다.

처음 김옥균이 상하이에서 살해당했을 당시 '청국이 조선에 내란을 조성해 이를 진압한다는 구실로 출병해, 실체적으로 조선을 속국으로 만든다는 야심을 품고 있다'는 소문이 오갔다. 그런데 얼마 지나지 않아 동학당의 난이 발생했다. 사변의 소식을 접한 뒤 우리 참모본부는 서둘러 사태의 중대함을 깨닫고 바로 국원 이치지[이치지 고스케伊地知幸介(1854~1917) 소좌(소령), 참모본부 제2국 국장대리]를 조선에 파견해 은밀히 사정을 조사하게 했다. 소좌가 5월 15일 도쿄에서 출발해 그쪽 땅에 도착해 실정을 상세히 조사한 결과, 앞선 유언이 결코 틀린 게 아니라는 사실을 알고, 같은 달 25일 도쿄에 돌아와 참모차장[가와카미 소로쿠川上操六(1848~1899) 중장]의 저택으로 가 복명했다. 동석한 이는 가와카미 중장을 중심으로 제1국장 데라우치 마사타케寺内正毅(1852~1919)[16] 대좌, 부관 오미 사다타카大生定孝(1846~1919) 중좌였다. 여기서 세 명이 마주 보고 앉아 이치지 소좌의 보고를 듣고, 이렇게 됐으니 우리 나라도 조선에 출병할 수밖에 없다고 뜻을 모았다.

다음 날 가와카미 중장은 문서를 갖고 참모총장에게 구신具申(상관에게 자세히 보고함)한 뒤 출병에 대한 인가를 얻었다. 31일 중장은 이치지 소좌를 데리고 이토 총리대신의 관저를 방문해 대신에게 출병의 의의를 말했다.[17]

가와카미는 이토에게 "조선 정부가 독력으로 내란을 진압할 능력이 없다는 것은 분명한 일"이라며 "청국과 같은 규모의 세력을 반도에 보지保持해야 한다"라고 강력히 주장했다. 신중한 이토는 이 요청을 단숨에 물지 않았다. "한정(조선 정부)이 청국에 원군을 요청한다고 하지만 아직 억측의 영역을 벗어나지 않는다"면서, 먼저 "사실을 확인해야 한다"라고 말했다. 이런 가운데 2일 무쓰의 각의 보고를 통해 조선이 정말 청에 원병을 요청했다는 소식이 확인된다. 이토도 더 이상 버틸 수 없었다.

일본 정부는 이날 각의에서 파병을 결정했다. 파병 목적은 애초 스기무라가 원세개에게 언급한 '관민 보호'가 아닌 '일·청 양국의 권형 유지' 쪽으로 기울었다. 이에 따라 출병 규모 역시 100~200명 정도의 소규모가 아닌 1개 혼성여단 8000명이라는 대규모가 될 수밖에 없었다.

본국에서 파병이 결정되는 사이 스기무라는 청의 정확한 속내를 파악하기 위해 원세개와 접촉을 이어 가고 있었다. 3일 아침엔 일찍 청국 공사관을 찾아가 무려 세 시간이나 격렬한 대화를 나눴다. 원세개는 "(조선) 정부의 힘으로는 난을 진압할 수 없을 뿐 아니라 오히려 동학도에 의하여 정부가 전복될 수 있다"면서 "조선 정부가 어떤 방침을 정하든 관계없이 난을 진압하려 한다"라고 말했다. 이 얘기를 들은 스기무라는 조선에서 발생한 청병 소동은 "일본이 조선에 대해 소극 정책을 취하는 것을 알고 은근히 일본을 업신"여기려는 것일 뿐 아니라 "원병을 보내 조선과 청국의 종속 관계를 분명하게 하고 (원세개) 자신의 지위를 보다 강화"하려는 무책임한 모험극이라는 판단을 내렸다. 이런 결론에 도달한 이상 일본 역시 파병할 수밖에 없다고 소리를 높여야 했다. 스기무라가 말했다.

"귀국이 출병을 한다면 우리 나라도 역시 출병하지 않을 수 없을 것이다."
"무엇 때문에 출병하려고 하는가?"
"우리 공사관과 국민을 보호하기 위해서이다."
"우리 나라에서 원병을 보내어 난을 진압하고 외국인에게는 조금도 해를 미치지 않도록 할 것이므로 귀국은 출병할 필요가 없다."

"우리가 우리 군대를 불러들여 스스로를 보호하는 것은 당연하다."[18]

고종과 민영준이 "원병을 청하는 일은 그만두고 다시 거론하지 않는"다는 애초 결정을 뒤집었다는 사실을 알게 된 다른 대신들은 대경실색했다. 조선 후기 최고 명문이었던 안동 김씨 출신이면서 청렴하고 강직한 인품으로 두루 큰 신망을 얻고 있던 원로대신 김병시(1832~1898)는 "비도匪徒(동학의 무리)의 죄가 비록 용서할 수 없는 죄(罔赦)에 해당한다고는 하나, 모두 우리 백성인데 어찌 우리 군대로 초멸하지 않소? 만약 다른 나라 병사를 빌려 토벌한다면 우리 백성들의 마음이 어떻겠소? 민심이 쉽게 흩어질 것이니 이 문제는 과연 신중하게 생각해야 하오"라고 말했다.[19] 스기무라도 6일 무쓰에게 보낸 전문에서 "청국군을 빌려 오는 일에 대해서는 여러 대신이 모두 찬성치 않았을 뿐만 아니라, 대신들의 결의를 거친 것도 아니"라며 "여러 대신들도 몹시 놀라 어리둥절하고 있"다는 사실을 전했다.[20]

어리둥절하는 정도를 넘어 나라가 망할지도 모른다는 공포에 휩싸인 이들도 있었다. 조선 내 대표적 '지일파'였던 김가진과 유길준이었다. 이들은 6일 찾아온 스기무라에게 이번 사태는 "매관매직이 원인"이라며 민영준과 민씨 척족들에 대한 불만을 가감 없이 쏟아 냈다.

청국군을 빌려 오자는 주장이 있는 것을 어렴풋이 알고는 동지 6명과 함께 군대를 빌려 오는 것은 잘못이며 국가 장래를 위하여 바람직한 일이 아니라는 것에 대한 요점을 들어 각 유력자들을 방문해서 정지설을 주장했다. 그러나 민씨 일족은 마치 귀머거리처럼 그 이해관계를 깨닫지 못하는 것 같았으며 또 실제로 그중에는 군대를 빌려 오면 큰 해가 된다는 것을 알고 있어도 일부러 모른 체할 뿐이었다. 왜냐하면 전라 지방민이 폭동을 일으켜 그 지경에 이르게 된 것은 본래 지방 관리들의 탐욕과 학정에 기인한 것이며, 그 지방관을 잘못 선택한 책임은 민씨 일족에게 돌아가기 때문이다. 즉 소위 매관매직이 원인이 된 것이므로 민란이 더욱더 창궐해서 위세를 떨치게 되면 그 결과는 민씨 일족의 지위에 위험을 주는 것이다.[21]

훗날 조선의 대관 가운데 유일하게 대한민국 임시정부에 합류하게 되는 김가진은 의미심장한 한마디를 보탰다. "일이 이 지경이 되어, 어쩌면 조선의 망조가 이것에 의해 연유하지 않을까 한다." 그는 몰려온 청의 병사들로 인해 조선이 망할 수 있다고 우려한 것이겠지만, 정작 한반도에 '검은 야심'을 품고 있던 세력은 이 말을 태연히 듣고 본국에 보고까지 한 일본이었다.

09 일본, 개전을 밀어붙이다

전주화약과 오토리의 당혹감

　청의 파병 움직임이 확인된 이상 이에 효과적으로 대처하려면 일본 역시 신속히 움직여야 했다. 스기무라 후카시 일등서기관은 1894년 6월 4일 무쓰 무네미쓰 외무대신에게 조선이 전날 밤 청에 원병을 요청하는 정식 '공문'을 보냈다는 사실을 전하며 빠른 대응을 촉구했다.

　원세개가 서기관을 본관에게 보내어 '전날 밤 조선 정부가 원병을 청하는 공문을 보내 왔다'고 했습니다. 저는 원세개에 '청국 정부가 '톈진조약에 따라 지당한 조처(일본 정부에 문서를 통해 알리는 것)를 취하는 게 당연하다'는 사실을 알렸습니다. 지난밤 원세개가 본관에게 전한 사실에 근거해 상상해 보면, 지나병은 대개 1500명으로 바로 (산둥성) 웨이하이웨이威海衞에서 출발할 것 같습니다. 일본도

부디 지급至急히 병사를 보내야 합니다.¹

이 전문을 받은 무쓰는 바로 당일, 가나가와현 오이소大磯에서 휴가를 보내고 있던 오토리 게이스케 공사에게 서둘러 귀임할 것을 명했다. 청의 기선을 제압하려면 빠르고 단호하게 행동해야 했다. 무쓰는 오토리를 재촉하고, 또 재촉했다.

오토리는 이튿날인 5일 오후 4시 45분 외무성 참사관인 모토노 이치로本野一郎(1862~1918) 등과 함께 요코스카에서 순양함 야에야마에 올라 인천으로 향했다. 야에야마는 당시 일본 해군이 자랑하는 최고의 쾌속함(계획 속력 21노트)이었다.² 1개 혼성여단 8000명이라는 대병력이 움직이려면 적잖은 시간이 필요해, 우선 급한 대로 배에 해군의 육전대를 꾹꾹 눌러 태웠다. 청의 산둥반도에서 빠른 증기선을 타면 인천까지 12~13시간이면 닿을 수 있지만, 히로시마 우지나에서 제물포까지는 40시간이 걸리는 먼 뱃길이었다. 야에야마는 평균 16노트의 빠른 속도로 항해해 6일 밤 고베를 거쳐 9일 오후 3시 인천에 닿았다.

오토리가 이끌고 온 육전대 420명이 서울을 향해 출발한 것은 10일 새벽 4시였다. 전날 큰비가 내려 인천에서 서울로 이어지는 육로는 엉망이 되어 있었다. 오토리는 "평소 먼 길을 걷는 데 익숙지 않은 해군 병사들이라 해가 져서 남대문이 닫히기 전까지 입경할 수 있을지 걱정"했지만, 오후 7시께 무사히 성안으로 진입하는 데 성공했다.

조선 정부는 일본군의 빠른 움직임에 크게 당황했다. 오토리는 11일 무쓰에게 "조선 정부는 본관이 군대를 대동하고 경성으로 진군한다는 것을 듣고 심한 공포심을 일으키며 전심전력 이를 막으려 노력했다"라고 전했다. 통리교섭통상사무아문의 참의(국장) 민상호(1870~1933)가 오토리를 만나러 인천에 왔으나 길이 엇갈렸고, 영등포에선 협판(차관) 이용직이 일본군의 입경을 저지하려 했지만 뜻을 이루지 못했다.[3]

청 역시 기민하게 움직였다. 이홍장은 4일 총리아문에 "(북양함대를 이끄는) 정여창에게 제원·양위 두 척의 군함으로 인천·한성에 가서 화상華商을 보호하게 했고, 직례제독 섭지초葉志超(1838~1901)에게 태원진총병 섭사성聶士成(1836-1900)을 거느리고 회군 정예병 1500명을 뽑아" 출발하도록 지시했다고 보고했다. 왕봉조汪鳳藻(1851-1918) 주일본 청국 공사는 7일 무쓰에게 "속방을 보호하는 전례(保護屬邦舊例)"에 따라 조선에 출병한다는 사실을 알렸다. 톈진조약의 규정에 따라 상대에게 출병 사실을 알리는 절차를 밟은 것이었다. 무쓰는 즉각 회신을 보내 "제국 정부는 조선이 귀국의 속방임을 인정한 적이 없다"고 날카롭게 반응했다. 섭지초는 9일 새벽, 섭사성은 11일 아산에 상륙했다.[4]

눈썹을 휘날리며 조선에 상륙한 오토리의 눈앞에 펼쳐진 것은 뜻밖에도 '평온한'(!) 서울 풍경이었다. 그럴 만한 이유가 있었다. 엄청난 위세를 떨치며 연전연승하던 동학농민군의 기세가 5월 31일(음력 4월 27일) 전주성을 점령한 뒤 크게 꺾였기 때문이다. 이들을 뒤쫓던 홍계훈의 경군이 전주에 이른 것은 6월 1일 진시(오전 7시께)였다. 정부군은 인근에 자리한 완산에 진을 치고 성을 빠져나온 동학농민군을 공격하기 시작했다. 황현은 《오하기문》에 첫날 전투에 관한 기록을 남겼다. 관군의 신식 무기인 총이 위력을 발휘하기 시작했음을 알 수 있다.

28일(양력 6월 1일) 아침 계훈은 완산에 진을 쳤다. 오전 무렵에 적 수백 명이 남문을 나와 빙 둘러서 투구봉으로 향하다가 경병에게 패하여 죽은 자가 수십 명이요, 도망한 자가 수백 명이었다. 이때 바퀴가 달린 대나무 장태(총알을 막아 내기 위한 방어구)를 빼앗았다. 오후에 경병이 서문 밖의 민가 800~900채를 불태웠다.[5]

6월 2일과 3일에도 전투가 이어졌다. 진압 작전 초기에 사기 저하로 위기를 겪던 관군은 태세 정비를 마친 뒤 제 실력을 발휘하기 시작했다. 6일엔 가장 큰 싸움이 벌어졌다. 홍계훈이 쓴 《양호초토등록》에 관련 기술이 나온다.

이번 초삼일 신시께 적의 무리 수천 명이 북문에서 나와 용머리 고개 서쪽 봉우리를 향해 달려왔으므로 우리 진영에서 일제히 화포를 쏘아 한바탕 사살하고 동학군의 대장기를 빼앗았다. 거물급인 김순명과 동장사 이복용을 사로잡아 참하였고, 적군 500명을 사살했으며 총검 등 500여 자루를 노획했다.[6]

관군과 정면 대결에서 힘의 열세를 느낀 전봉준은 대화 노선으로 선회할 수밖에 없었다. 홍계훈의 생각도 같았다. 빨리 사태를 수습해야 청·일 양국 군의 출병 명분을 없애고 군대를 신속히 물리게 할 수 있었다. 양쪽은 9일부터 본격 논의를 시작했다. 동학 농민군은 10일 동학도의 신원, 부패의 원인인 민씨 척족의 퇴진,

대원군 정권 수립, 가렴주구를 막기 위한 조세제도 개혁, 탐관오리의 축출 등을 담은 27개 조의 폐정개혁안을 고종에게 전해 달라고 요구했다. 홍계훈이 이를 받아들이자, 농민군은 순순히 전주성을 비웠다. 이 '전주화약'이 성립된 당일 오토리가 서울에 입성한 것이었다. 고종과 민영준이 열흘만 더 참았더라면, 청일전쟁이 한반도를 할퀴는 일은 없었을 것이다. 고종 역시 일본 군함이 인천에 도착한 사실을 확인한 뒤 민영준에게 "청국 군대가 나옴으로써 일·청 조약(텐진조약)은 자연히 깨졌다. 앞으로는 외국 군대가 어려움 없이 한성에 들어오게 됐으니 어떻게 조처하겠는가?"라며 한탄했다. 대신 모두 얼굴만 마주보며 말이 없었다.[7]

그래도 오토리는 지극히 상식적인 사람이었다. 애초 파병의 명분이 된 농민 반란이 수습된 이상 일본이 병력을 추가로 보낼 이유가 없다고 판단했다. 11일 오전 11시 55분 도쿄의 무쓰에게 보낸 짤막한 영문 전문을 통해 그의 생각을 파악할 수 있다.

> 京城 is quiet. Do not dispatch the remaining battallions until further telegram(경성은 조용하다. 다음 전문이 있을 때까지 대대의 남은 병력을 파견하지 마라).[8]

이 전문을 받아 든 무쓰는 조선 파병의 '전략적 의도'를 꿰뚫지 못한 오토리의 순진무구함에 분노했을 것임에 틀림없다. 이번 사태는 일본이 임오군란 때부터 시름해 온 '조선 문제'라는 안보 현안을 일거에 해결할 수 있는 절호의 기회였다. 찔러도 피 한 방울 나오지 않을 것 같은 냉정한 태도로 '면도날'이라는 별명이 있던 무쓰는 회고록《건건록》에 "파병은 이미 엎질러진 물과 같은 형상이 돼 중도에 병력의 수를 변경할 수 없었다"며 "만약 (청과) 위기일발의 상황에 다다르게 되면 그때의 성패는 병력의 우열에 있음을 생각"해야 한다고 적었다.[9]

오토리 역시 진심이긴 마찬가지였다. 그는 '많은 병력이 필요없다'는 자신의 의견에 귀 기울이지 않는 무쓰에게 17일 다시 전문을 보내 "한성 근방은 현재 아주 조용하고 평온한 상태이니 사실상 많은 호위병이 필요하지 않다"라고 강조했다. 이어 청국 공사관에서도 "아산에 있는 청국군을 철수시킬 테니, 우리 나라 군대도 동시에 철수시켜 줄 것을 희망한다"는 뜻을 전해 왔다면서 청·일의 동시 철군을 위한 협의에 응해도 좋을지 물었다.[10]

'온건파'인 이토 히로부미 총리의 생각도 비슷했다. 그 역시 이번 일로 청과 전면 전쟁을 벌여야 한다고 생각하지 않았다. 13일 오전 임시 각의를 열어 청·일이 협력해 "신속히 반란을 진압"하고, 이후 "양국이 약간 명의 상설위원을 둬" 공동으로 조선의 내정 개혁을 추진하는 안을 제출했다. 청의 '압도적 우위'가 이어져 온 조선 내 힘의 균형을 일단 50 대 50으로 맞추겠다는 구상이었다. 청이 이 제안을 받아들였다면, 두 나라는 전쟁을 벌이는 대신 함께 손잡고 조선의 내정 개혁을 시도했을지 모른다.

청·일, 정면 대결로 치닫다

13일 열린 각의에서 '청·일이 각각 몇 명의 상설위원을 파견해 공동으로 조선의 내정 개혁을 추진한다'는 이토의 안에 "각료들은 모두 찬성"한다는 의견을 밝혔다.[11] 이토는 바로 그날 왕봉조와 접촉했다. 이날 둘 사이에 어떤 합의가 이뤄졌는지는 왕봉조가 이홍장에게 보낸 전문을 통해 확인할 수 있다.

> 전훈에 따라 이토와 교섭했습니다. 이토는 조선의 날이 절박해질 때엔 먼 일본에서 이에 대응하는 게 어렵기 때문에 이번엔 살짝 많은 파병을 했지만, 군수軍需는 10척에 그쳤다고 했습니다. 그 외에 병력을 남겨 두고 선후책(향후 대책)을 논의하자는 뜻을 말했습니다. 제가 이를 막기 위해 애를 썼더니, 이토는 난이 수습되면 철병한 뒤 협의하기로 양해하고 그 뜻을 (이홍장에게) 전해 주길 당부했습니다.[12]

이토가 처음엔 "병력을 남겨 두자"는 뜻을 밝혔다가, 왕봉조의 강력한 주장을 받아들여 "난이 수습되면 철병한 뒤 협의"하자며 한발 물러났음을 알 수 있다. 이 말은 "사건이 진정되면 곧 철수한다"는 텐진조약의 틀 안에서 사태를 수습하는 쪽으로 합의가 이뤄졌다는 의미로 해석할 수 있다. 외교를 통해 문제를 해결하려는 합리적 타협안이었다.

한반도의 운명을 가르는 이 중차대한 '역사의 갈림길'에서 '면도날' 무쓰가 개입했다. 무쓰는 15일 다시 열린 각의에서 이토가 제시한 청·일 공동 개혁안에 "청과 협의를 시작해 그 결국을 볼 때까지 목하 조선 땅(韓地)에 파견된 군대는 철수시키지 않는다", "청이 우리 의견에 찬동하지 않을 때는 제국 정부가 혼자 힘으로 조선이 정치 개혁을 하도록 노력한다"라는 내용을 추가할 것을 주장해 관철시켰다.[13] 이토와 왕봉조의 앞선 합의에 따른다면 전주화약으로 동학농민군이 사실상 진압됐으니 두 나라는 협의를 거쳐 군대를 빼야 했다. 이에 견줘 무쓰의 안을 받아들이게 되면, 청·일이 협의를 진행해 조선의 내정 개혁 등에 대해 일본이 만족할 만한 결과가 나올 때까지 철군을 해선 안 됐다.

그뿐만이 아니었다. 상대가 이 제안을 거절한다면, 일본은 "최후의 결심"을 하고 무력을 써서라도 청을 배제한 채 혼자 힘으로 조선 개혁을 추진해야 했다. 청을 몰아낸 뒤 자신들의 맘대로 조선을 뜯어고치겠다는, 무도하기 이를 데 없는 주장이었다. 이튿날 오후 8시 무쓰와 왕봉조의 회담이 열렸다. 날을 넘겨 17일 새벽 1시까지 마라톤 회담을 이어 갔지만 의견은 끝내 모아지지 않았다. 먼저, 왕봉조가 말했다.

"우리는 조선의 의뢰를 받아 출병했다. 다시 귀국의 군대와 함께 초적草敵(동학군)을 평정하려고 하는 것은 닭 잡는 데 소 잡는 칼을 쓰는 것 같다."

"설사 이번 소란이 진정되어 양국 군대를 철수했다고 한들 후일에 다시 소란이 일어나지 않는다고 보장하기 어렵다. 어쨌든 (동학농민군이) 진정된 후라 할지라도 우리 정부엔 안심할 수 없는 사정이 많다. 지금 상의하고 싶은 것은 조선 내란을 평정한 뒤 양국 정부에서 가령 3명의 상설위원을 선출해 친히 그 정부의 내정을 조사시키고 개혁을 시행하는 것이다."

"우리 정부도 조선 내란이 평정되고 난 다음 선후책을 강구할 때엔 귀국과 협의할 수밖에 없다고 생각한다. 조선 내란이 진정되면 양국이 함께 철병한 뒤 서서히 강구해야 한다."

"우리는 평화를 회복했다는 조선 정부의 말만으로 철병하긴 어렵다. 귀 정부와 협의해 위원을 파견하거나 혹은 귀 정부가 따로 제안해 오는 안에 찬성하거나 어쨌든 절대로 후환이 없을 것이라고 충분히 안심할 수 있는 상황에 이르지 못한 상태에서 군대를 쉽게 철수하기는 곤란하다."[14]

지금 상태에서 철병할 순 없다고 버티는 무쓰의 강경한 주장을 꺾지 못하고 회담은 결렬됐다. 무쓰는 나흘 뒤인 21일 오토리에게 보낸 전문에서 "현시점에 이르러 도저히 양국의 충돌은 피할 수 없는 것으로 믿어진다. 따라서 충돌이 생길 경우에는 이미 전신으로 말씀드린 대로 꼭 조선 국왕 및 그 정부를 계속 우리 쪽으로 붙들어 두는 게 필요하다. 이것을 성공시키기 위해 혹은 감언이설로 그들을 유인하고 혹은 엄히 담판 지어 위협하는 등 모든 것(수단)을 각하의 뜻에 맡"긴다고 알렸다.[15]

16일 무쓰의 제안에 대한 청의 공식 거절 회신이 도착한 것은 22일이었다. 왕봉조는 이 회담문에서 조선의 변란은 이미 평정됐으니 양국이 공동으로 초멸할 필요가 없고, 일본은 조선을 자주독립국으로 인정하고 있으니 내정에 관여할 권리가 없으며, 1885년 조약(텐진조약)에 따라 변란이 진정되면 군대를 철수해야 한다고 밝혔다.[16]

이 지극히 상식적 답변에 대한 무쓰의 반박문은 바로 당일 작성돼 이튿날인 23일 송부됐다. 무쓰는 이 문서에서 "조선국에 대한 제국의 이해는 심히 긴요중대해 그 나라의 참정비황慘情悲況(참담하고 비참한 상황)을 수수방관할 수 없다"며 "정세가 이렇게 되어 가는데 제국 정부가 이를 돌아보지 않으면 조선에 대한 교의의 우정에 어긋날 뿐 아니라 우리 나라의 자위의 길에도 위배된다는 책망을 면할 수 없다"라고 주장했다.[17] 조선의 내정 개혁은 자신들 '자위의 길', 즉 안전보장과 관련된 문제이기 때문에 일본이 적극 개입할 수밖에 없다는 '기적의 논리'가 탄생하는 순간이었다. 이 한 문장으로 무쓰는 "사건이 진정되면 곧 철수하여 다시 주둔하지 않는다"는 톈진조약의 질서를 단숨에 무너뜨리게 된다. 이홍장은 "조선이 비록 우둔하고 나약하지만 어찌 일본이 개혁을 시도하려 하는지 정말 가증스럽다"라고 분노를 터뜨렸다.[18]

청을 제치고 홀로 조선의 내정 개혁을 추진해야겠다고 결심한 일본은 빠르게 움직였다. 오토리는 26일 스기무라를 대동하고 고종과 만나 조선의 내정 개혁을 위해 조사위원을 지명해 일본 공사와 협의하게 할 것을 요구했다.[19] 오토리는 7월 3일엔 독판교섭통상사무 조병직에게 정부제도 개정, 재정 정리, 법률 정돈, 국내 민란 진정, 교육제도 확립 등의 내용을 담은 '내정개혁안강목內政改革案綱目' 5개조를 전달했다. 이 문서에서 "기일을 정해 시행을 재촉할" 사업을 3일을 기한으로 10일 이내에 착수할 것, 6개월 이내에 결행할 것, 2년 이내에 결행할 것 등으로 삼등분해 압박을 강화했다. '철도 부설' 같은 엄청난 사업을 요구하며 "기공의 결의"를 하는 데 제시한 기한은 '열흘'(!)에 불과했다.[20]

일본의 요구 사항을 확인한 조선은 크게 당황했다. 분노한 김병시는 7월 11일 고종 앞에서 일본이 "갑자기 군대를 이끌고 와서 정치 개혁에 대한 몇 개 조항을 기록해 가지고 오는 지경에 이르렀으니 이것은 무슨 까닭"이냐며 한탄했다.

"협잡의 부류와 간세奸細의 무리가 중간에서 농간을 부린 일이 없었습니까?"

"모르겠다."

"어찌 이런 이치가 있습니까? 천자를 끼고 제후에게 명하는 것은 옛날에 간혹 있었습니다. 이웃 나라를 꾀어 끼고 한 나라의 임금을 협박했다는 말은 들어보지 못했습니다. 일본과 조회照會(공문)가 오갈 때마다 매번 교린우의交隣友誼(이웃 간의 우의)와 붕우책선朋友責善(친구이기에 착한 길을 권함)의 마음이 진실로 있다고 하는데, (일본이) 권장해도 (조선이) 따르지 않으면 그만두는 것이 옳습니다. 그런데 군대를 앞세워 위협하는 것이 과연 우의입니까? (중략) 금일 전하께는 신하도 없고 백성도 없는 것입니다. 조정에 만일 사람이 있다면 저들이 어찌 감히 이렇게까지 기탄없을 수 있단 말입니까? 만약 우리나라가 무단으로 군대를 거느리고 일본의 도성에 갑자기 들어가면 저들도 한마디 말이 없겠습니까? 그러므로 신하가 없다고 말하는 것입니다. 호남의 백성을 살육한 것(동학 농민군 진압) 때문에 본도의 백성뿐만 아니라 팔도의 백성이 모두 마음이 떠났습니다. 임금께서 이미 적자赤子로 대하지 않았으니, 백성들이 부모를 섬기는 것과 같은 성심誠心이 있겠습니까? 그러므로 백성이 없다고 말한 것입니다. 신하가 없고 백성이 없는데 전하가 홀로 어떻게 나라를 운영하겠습니까?"**21**

김병시는 "(개혁안이 담긴) 책자를 받아 온 것은 이미 국체를 잃은 것이고 그 조목들은 모두 그들의 말대로 따라야 합니까? 만약 따르지 않으면 또 군대의 힘으로 위협할 것입니까?"라고 물었다.

김병시는 '설마 그렇게까지 하겠냐'는 마음으로 내뱉은 말인지 모르겠지만, 일본은 며칠 뒤 기어코 그의 상상을 뛰어넘는 만행을 저지르고 만다.

10 일본과 '일본당', 결탁하다

일본과 '일본당'의 동상이몽

일본군이 조선 정부의 필사적 몸부림을 뚫고 서울에 입성한 지 열흘이 지난 1894년 6월 20일, 한 남자가 남산 기슭에 자리한 일본 공사관의 문을 두드렸다. 당대 최고 권력자 민영준이 잠시 초대 주일 공사를 지낼 때 일본어 번역관을 맡았던 '지일파' 안경수(1853~1900)[1]였다.

이 무렵 조선 정부는 느닷없이 서울에 들어와 눌러앉은 일본군 때문에 크게 고심하고 있었다. 이들이 요구한 것은 크게 두 가지였다. 첫 번째는 김병시를 거의 졸도 지경에 이르게 한 무도한 '내정 개혁 요구'였고, 다음은 강화도조약 1관에 따라 조선이 자주국이라는 원칙을 지켜 "청에 칭신稱臣하는 것"을 그만두라는 '독립 요구'였다. 갑작스럽게 내정 개혁을 하라는 것도 황당했지만, 청군이 이미 아산에 상륙해 있는 상황에서 일방적으로 '사대 관계'

를 끊으라는 것 역시 난폭하기 그지없는 요구였다. 이 문제를 둘러싼 "묘당廟堂의 의논은 매우 분분"해 "황황한 나머지 피눈물을 흘리는 사람까지 있"을 정도였다.[2]

놀랍게도 이 고통스러운 상황을 '기회'로 받아들이는 이들이 있었다. 민씨 척족의 부정부패와 청의 사대 요구에 반발하며 국가 개혁의 기회를 엿보던, '일본당'이라 불리던 일부 개화파들이었다. 이 '미약한 세력'을 대표하는 안경수는 오토리 게이스케 일본 공사에게 소름 끼치는 얘기를 쏟아 낸다.

> 정부 밖에 뜻있는 사람은 물론 현직에 있는 관리도 일본군의 대거 입한入韓이 우리나라 개혁의 시기를 촉진시켰다고 좋아하고 있다. (중략) 개혁을 희망하는 사람들은 삼삼오오 모여 상의를 하지만 그것을 발설할 용기가 없고 또 그들을 이끌 통령統領도 없어 고심하고 있다. (중략) 아무쪼록 이런 형편으로는 외병外兵(외국 군대)의 여위餘威(남는 위력)를 빌려 내부의 개혁을 행하는 것 외에는 수단이 없다. (중략) 먼저 민씨를 물리치고 대원군을 총리로 추대하여 정사를 근본에서부터 개혁할 계획이다. 일본병이 하루라도 더 오래 체진滯陳하기 바란다.[3]

대청 강경론을 주장하며 청일전쟁의 문을 열어젖힌 무쓰 무네미쓰 외무대신은 애초 조선의 내정 개혁을 위해 "우리(일본)의 이익이 희생될 필요는 없다"는 현실주의적 견해를 갖고 있었다.[4] 하지만 철군을 요구하는 청에 "그 나라의 참정비황을 수수방관할 수 없다"는 명분을 제시한 이상 좋든 싫든 조선의 개혁을 강력히 추진해야 했다. 일본이 조선의 내부 사정을 속속들이 잘 알고 있을 리 없으니, 개혁 성공을 위해선 내부자의 협력이 필요했다. 이런 중요한 순간에 일본에서 근무하거나 공부한 경험이 있는 지일파 인사들이 '대원군을 내세워 쿠데타를 일으킨 뒤 개혁을 함께 추진해 나가자'고 제안해 온 것이었다.

다만, 10년 전 김옥균이 앞장섰던 갑신정변 때와 달리, 갑오개혁으로 이어지는 이 쿠데타의 주도 세력은 조선의 개혁 세력이 아닌 일본이 될 수밖에 없었다. 갑신정변 실패 이후 민씨 척족의 일당 독주가 10년쯤 이어지면서 조선에서 개혁을 주체적으로 이끌어 갈 수 있는 세력의 씨가 말랐기 때문이다. 오토리는 28일 무쓰에게 "소위 일본당이라고 불리어 음으로 양으로 움직이는 자는 당장 세력이 없는 김가진·유길준·조희연(1856~1915)·안경수 등 10여 명에 불과"하다면서 "안으로 개혁파를 교사敎唆하고(부추기고) 우리는 밖으로부터 밀어붙이려" 계획했지만 "그들이 과연 능히 내응內應의 공을 이룰 것인지 아닌지 심히 마음이 놓이지 않"는다고 보고했다.[5] 상황이 그렇다면, 다소의 위험을 무릅쓰더라도 일본이 직접 나서 일을 해치우는 수밖에 없었다.

하지만 이는 개혁의 성패 자체를 가를 수 있는 매우 중대한 문제였다. 지난 갑신정변 과정에서도 확인할 수 있듯 조선인들은 일본이라는 '외세'가 끼어드는 개혁에 큰 저항감을 느끼고 있었다. 개혁이란 거대한 사회적 실험이 성공하려면 구성원 대다수를 포괄하면서도 단단한 '사회적 합의'가 필요했다. 그러려면 개혁의 '목적'뿐 아니라 '수단'도 중요할 수밖에 없었다. 평범한 조선인들이 일본이 총칼을 휘두르며 고종을 윽박지르는 방식의 개혁에 찬성할 리 없었다. 그런 의미에서 '외세'인 일본이 주도하는 개혁은 처음부터 성공하기 매우 힘든 '구조적 한계'를 안고 있었다. 개항 이후 벌써 18년이라는 세월이 흐르고 있었다. 그런데도 조선은 여전히 자기 스스로 개혁에 나설 힘은 없는데, 남의 힘을 빌려 오기도 쉽지 않은 까다롭고 경직된 나라로 남아 있었다.

개전의 명분

이 무렵 조선이 풀어야 할 시대적 과제가 내정 개혁이었다면, 일본이 해결하려 했던 중요 문제는 열도 위에 "칼처럼 매달려 있는" 조선 문제를 근본적으로 해결하는 것이었다. 이미 8000명이나 되는 대병력을 파견해 버린 이상 조·청 간의 사대 관계를 해체하고 한반도에 대한 지배권을 확립해야 했다. 그렇다고 무작정 칼을 빼 들고 청을 향해 달려들 순 없는 법이었다. 그럴듯한 개전의 명분을 만들어 내야 했다.

일본이 볼 때 전쟁을 시작하는 가장 좋은 방법은 조선 정부로부터 '청의 군대를 대신 쫓아내 달라'고 공식 요청을 받는 것이었다. 다만, 조선이 자발적으로 그런 요구를 할 리 없으니, 생트집을 잡아서라도 팔을 꺾어야 했다. 이를 위해 일본은 6월 말께부터 매우 촉박한 시간을 제시하며 광범위한 개혁을 요구하거나, '당신들은 독립국인가, 청의 속국인가?' 하는 난처한 질문을 던져 대며 시비를 걸고 있었다. 조선이 끝내 원하는 답을 내놓지 않는다면 "공갈·협박의 수단"을 동원해 뜻을 관철할 터였다.

내정 개혁과 관련해서는 9장에서 언급한 '내정개혁안강목' 5개조가 있었다. 고종은 7월 7일 내무독판 신정희(1833~1895), 내무협판 김종한(1844~1932)·조인승(1842~1896), 세 명을 대표로 임명해 일본과 실무 협상을 벌이게 했다.[6]

독립 문제에 대해선 조선도 반대할 이유가 없었다. 청과 사대 관계를 끊고 완전한 자주국으로 거듭나기를 누구보다 원한 이는 고종 자신이었다. 하지만 함부로 이를 요구했다간 청의 보복으로 나라가 무너질 수 있었다. 독립 문제를 놓고 본격적으로 논의가 이뤄진 것은 6월 28일 밤이었다. 고종이 대신들을 불러 의견을 물었다.[7]

김병시와 조병세 등 중신들은 "지금 청나라를 배반하여 자주 국가를 주장한다면 중원이 그 죄를 물으러 올 때 무슨 말로 대응할 것이며 그 군대를 어떻게 당해 낼 것"이냐며 "이 일은 의리에서 벗어난 일이므로 비록 나라가 망하고 가정이 파괴된다 해도 그 여론에 응할 필요가 없다"는 입장을 밝혔다. 심순택도 "외국의 권력을 빌려 자주를 한 것이므로 일본이 자기 공을 내세워 국권을 앗아 간다면 오히려 청나라보다 못할 것"이라면서 일본군이 떠난 뒤 "청나라 군대가 갑자기 몰려와 죄를 물을" 수도 있다고 우려했다. 청에 대한 의리와 훗날 당할 수 있는 보복 등을 두루 고려해 신중히 대응하자는 주장이었다.

국제 정세에 해박한 김홍집은 좀 더 현실적 대안을 내놨다. "자주독립권을 얻어서 앞으로 덕정德政을 닦는다면, 참으로 두 번 만나기 어려운 좋은 기회"이지만, "반드시 청나라가 원한을 품을 것"이라고 말했다. 여기까진 김병시·조병세·심순택의 의견과 크게 다르지 않았다. 김홍집은 한발 더 나아가 청의 보복을 무력화하기 위해 "각국 공사들을 모이게 해 그들이 입증하도록 하고, 일본이 맹약을 체결해 러시아와 함께 협력하면 청나라는 반드시 꼼짝 못 할 것"이라고 말했다. 이후 함께 갑오개혁을 추진하게 되는 유길준이 '중립론'(1885)에서 밝힌 것처럼 열강의 공동 보장을 통해 청을 설득해 독립을 쟁취하자는 의견이었다. 하지만 이 역시 청이 동의해 줄 가능성은 극히 낮았다.

청·일이 동시에 한반도에 대군을 투입하며 충돌 조짐을 보이자 영국과 러시아는 갈등 해소를 위한 중재에 나서게 된다. 하지만 두 열강도 조선에서 "병력을 뺄 수 없다"는 일본의 의지를 꺾지 못했다. 이들이 더 이상 개입할 의사가 없다는 뜻을 확인한 무쓰는 7월 12일 청에 "귀국 정부는 여전히 철병만을 주장할 뿐 우리 의견을 받아들이려는 빛이 없다"면서 "장래 이로 인해 발생하는 사태에 대해 제국 정부가 책임질 수 없다"는 '최후통첩'을 날리게 했다.[8] 두 나라 간에 무력 충돌이 발생한다 해도 우리 책임이 아니라는 사실상의 선전포고였다. 같은 날 오토리에게도 조선 정부를 향해 "개혁에 대한 우리의 요구를 밀어붙여라(you push forward our demands for reformes)"라는 영문 전문을 보냈다.[9]

조선이 일본의 내정 개혁 요구에 최종 답변을 전해 온 것은 이 전문이 전해지고 나흘 뒤인 16일이었다. 조병직은 "먼저 군대를 철수해 신의와 화목을 표명하신다면, 우리 정부는 스스로 마음을 다해 조처를 취할 것"이라고 답했다. 일본이 철병한 뒤 조선이 스스로 개혁을 시행하겠다는, 사실상의 거절 회신이었다.[10]

답변을 받은 무쓰는 결단을 내렸다. 19일 오토리에게 조선이 일본의 개혁안을 거부했으니 "각하는 스스로 정당하다고 인정되는 수단을 취하되 다른 외국과 분규가 생기지 않도록 충분히 주의하라"고 지시했다.[11] 오토리는 앞선 10일 조선에 대한 압력을 강화하기 위해 "우리 호위 군대를 파견해, 서울의 각 대문을 경비하고 또 왕궁의 모든 출입문을 지켜, 그들이 승복할 때까지 다그치는 담판을 해야 한다"라는 안을 제시했었다.[12] 무쓰는 이 방책은 너무 과격하다고 생각했는지, "우리 병사가 왕궁 및 한성을 포위하는 것은 득책이 아니니 결행하지 않기 바란다"라고 덧붙였다. 목적 달성을 위해 모든 수단을 다 동원하되, 직접 병력을 동원해 왕궁을 포위하는 것 같은 난폭한 행동은 하지 말라는 얘기였다. 하지만 이 전문이 오토리에게 도착했을 때는 이미 물이 엎질러진 뒤였다.[13]

일본군, 고종을 포로로 잡다

본국의 결연한 의지를 확인한 오토리는 20일 조선을 향해 '최후통첩'을 제시했다. 개혁 요구는 조선이 이미 거부했으니 독립 문제를 거론할 수밖에 없었다. 오토리는 조선이 청의 속국이 아니라면 22일까지 청의 군대를 국경 밖으로 쫓아내고, 청과 종속 관계를 전제로 맺은 여러 조약도 파기할 것을 요구했다. 이어 문서의 말미엔 "만일 귀 정부의 회답이 지연될 경우 본 공사는 스스로 결의하는 바가 있을 것"이라는 위협을 잊지 않았다.[14] 이 통첩이 나오기 하루 전인 19일 오후 4시, 지난 10년 가까이 조선의 정치를 좌지우지했던 원세개가 서울을 몰래 빠져나와 군함 양위를 타고 본국으로 돌아갔다. 이 상황을 지켜본 "청국인들의 놀라움은 이만저만"이 아니었다. 서울의 청국 상인 대부분이 철수했고, 청국 공사관·영사관의 고용인들도 도망칠 수밖에 없었다.[15]

일본이 조선을 상대로 이처럼 무도한 협박을 할 수 있던 것은 군사적 자신감 때문이었다. 조선 파병이 결정된 일본의 제9혼성여단 병력 8000명이 모두 도착해 서울 주변에 자리를 잡은 것은 6월 말이었다. 이치노헤 효에一戶兵衛(1855~1931) 소좌가 이끄는 '선발대'인 제11연대 제1대대 병력 1000명은 서울 성내, 나머지는 성 밖인 용산 만리창 등에서 출격 명령을 기다리고 있었다. 오토리는 20일 오시마 요시마사大島義昌(1850~1926) 여단장을 찾아가 "1개 대대의 병력으로 왕궁을 둘러싸게 하고 조선이 굴복하지 않으면 전력을 다해 위협해야 한다"라고 말했다. 오시마는 이 요구를 받아들였다.

마침내 "계획대로 실행하라"는 오토리의 전보가 도착한 것은 23일 오전 0시 30분께였다. 오시마는 1개 대대로는 작전 수행이 어렵다는 판단을 내리고 전 여단 병력을 왕궁 포위 작전에 투입하기로 했다.[16] 이어 서울~의주, 서울~인천 간 전신을 끊고, 참모들을 이끌고 일본 공사관으로 지휘부를 옮겼다.

이날 거사를 위해 조선의 개혁 세력과 교섭을 이어 왔던 공사관의 '넘버 2' 스기무라 후카시 일등서기관은 새벽 2시께 안경수·김가진에게 사람을 보내 오늘이 '디데이'임을 알리고 협력을 요청했다.[17] 일본군이 경복궁을 점거하는 과정에서 양국 군 사이에 벌어질 수 있는 불상사를 막기 위해서였다.

스기무라의 회고록 《재한고심록》에 따르면, 애초 계획은 새벽 3시께 성문이 열리면 혼성여단 1개 중대가 서문(서대문)으로 들어가 궁성 앞까지 행군한 뒤, 대원군을 앞세워 입궐하는 것이었다. 다케다 히데노부武田秀山(1854~1902) 중좌가 이끄는 제21연대 제

2대대가 경복궁 서쪽 대문인 영추문에 도착한 것은 애초 계획보다 한참 늦은 새벽 4시께였다. 여름이었기 때문에 동쪽 하늘에선 날이 밝아 오고, 개 짖는 소리가 새벽의 적막을 깨우기 시작했다. 처음엔 폭약을 써 궁궐 문을 부술 계획이었지만 듣지 않았다. 어쩔 수 없이 가와치 노부히코河內信彦 5중대장과 와타나베 우사쿠渡邊卯作 통역이 벽에 장대를 걸어 담을 넘었다. 안에서 문을 열자 2대대 제5·7중대원들이 함성을 지르며 궁으로 쏟아져 들어갔다.[18]

군대를 동원해 타국의 왕궁을 침탈하는 어마어마한 일을 벌이려면, 그에 걸맞은 명분이 있어야 했다. 일본이 준비한 카드는 대원군이었다. "대원군을 총리로 추대하여 정사를 근본에서부터 개혁"한다는 것은 애초 안경수 등 일본당의 아이디어이기도 했다. 정부를 개혁하려는 대원군의 뜻을 받들어 일본이 나설 수밖에 없었다는 모양새를 만들려 한 것이다.

대원군 설득이라는 중차대한 임무를 떠맡은 이는 1년 뒤 을미사변에도 깊숙이 관여하게 되는 '대륙 낭인' 오카모토 류노스케岡本柳之助(1852~1912)였다. 그가 대원군이 머물던 마포 아소정을 처음 찾은 것은 7월 5일이었다. 대원군은 좀처럼 오카모토의 의견에 귀를 기울이지 않으려 했다. 거사 전날인 22일 다시 대원군을 찾아갔지만, 상황은 마찬가지였다. 그러는 사이 이미 거사가 시작된 경복궁에선 급습을 당한 조선 병사들이 응전하기 시작했다. 양쪽에서 총소리와 고함이 들려오고 사상자가 속출했다. 더 이상의 충돌을 막으려면 어서 빨리 대원군이 나타나 상황을 정리해야 했다.[19]

조선군의 저항이 격해지는 가운데 뜻밖의 일이 발생했다. 스기무라가 사람을 보내 도움을 청했던 두 '일본당'이 등장해 싸움을 막은 것이다. 안경수는 궁의 동쪽 문인 건춘문으로 진입해 반격을 시도하던 기영(평양) 병사들을 향해 손을 흔들어 발포를 멈추게 했다.[20] 황현은 《매천야록》에 "오토리가 대궐을 침범할 때 평양병 500명이 대궐을 호위"하고 있다가 총을 쏘았지만, "고종을 협박해 함부로 요동하는 자는 참한다는 교지를 내리게 하자 병사들은 모두 통곡하면서 총통銃筒와 군복을 마구 찢고 부순 뒤 도주하였다"라고 적었다.[21] 김가진은 고종이 붙들린 함화당 밖 옹화문에서 야마구치 게이조山口圭蔵(1861~1932) 2대대장과 교섭을 시도하며 더 큰 충돌을 막았다.[22]

"한 치 땅도 뺏지 않겠다고 약속하라"

더 이상의 유혈 충돌을 막으려면 대원군을 빨리 끌어 내야 했다. 몸이 단 오카모토는 "당신이 나서지 않는다면 나는 할복해 공사관에 사죄해야 한다"라며 애걸했다. 대원군은 여전히 꿈쩍하지 않았다. 보다 못한 공사관의 오기와라 히데지로荻原秀二郎 경부가 스기무라를 찾아와 "대원군이 고집을 부리며 우리 권고를 따르지 않는다"면서 "무리해서라도 대원군을 대동하고 입궐해야 할지 명령을 기다리고 있다"라고 말했다. 스기무라는 그를 제지한 뒤 서둘러 아소정으로 향했다. 일본인 무사들도 섞여 있어 집 안은 대단히 혼잡했다. 대원군과 얼굴을 마주한 스기무라가 말했다.

오늘 아침 일에 대해선 많은 말을 필요로 하지 않는다. 우리 정부는 오로지 동양의 평화를 위하려는 생각에서 귀국에 내정 개혁을 권고했지만, 민씨 정부는 조금도 개혁을 실행할 뜻을 보이지 않을 뿐 아니라 사실상 이를 거절해 오늘의 상황에 이르게 됐다. 지금 내외의 모든 사람들이 저하 한 몸에 기대를 걸고 있다. 우리 나라는 저하가 나서서 이 막중한 임무를 맡음으로써 조선을 중흥시키고 동양의 평화를 유지하기를 희망하고 있다. 저하가 이 막중한 대임을 거절한다면 조선 종묘사직의 안위 여하도 어떻게 될지 알 수 없으며 우리도 다른 방법을 강구할 수밖에 없다.[23]

일본의 뜻을 따르지 않으면 "조선 종묘사직의 안위"도 보장할 수 없다는 노골적 협박을 들은 대원군은 크게 동요했다. 그제야 얼굴색을 바꾸며 "귀국이 일으킨 이 사건이 참다운 의거라면 귀하는 귀국 천황을 대신하여 일을 성사시킨 후 조선국의 땅을 한 치도 빼앗지 않겠다(斷不割朝鮮國地寸也)고 약속할 수 있나?"라고 물었다. 스기무라는 "나는 서기관의 신분에 불과해 천황을 대신해선 어떤 약속도 할 수 없다"면서도 "오토리 공사를 대신한다는 범위에선 약속할 수 있다"라고 말했다. 대원군은 '조선의 땅을 뺏지 않겠다'는 스기무라의 서면 약속을 받아 낸 뒤에야 이 꺼림직한 거사에 참여하기로 결심을 굳혔다. 다만, "나는 신하의 신분이므로 왕명 없이는 입궐할 수 없다"며 "궁중에서 칙사가 오도록 했으면 좋겠다"라고 말했다. 고종이 먼저 요구해 자신이 나설 수밖에 없었다는 명분과 격식을 갖추려 한 것이다.

대원군의 입궐을 청하는 고종의 칙서를 받기 위해 '일본당'인 조희연·안경수·유길준이 "대궐과 대원군 저택 사이를 바쁘게"

돌아다녔다. 그 결과 오전 10시께 고종의 칙사가 찾아왔다. 대원군은 그보다 한 시간이 더 지나 경복궁 영추문을 통해 입궐했다. 대원군이 마침내 정전인 근정전 앞에 이르자 고종이 계단 아래까지 내려와 그를 맞았다. 오랜 권력 투쟁 속에서도 부자의 정은 아직 남았는지, 대원군이 실정을 나무라자 고종은 사죄했다. 부자는 손을 잡고 안으로 들어갔다.[24]

일본과 조선의 개혁 세력이 대원군을 전면에 내세운 쿠데타에 성공하며 20여 년간 조선을 좌지우지했던 민씨 척족 정권이 무너졌다. 이 모든 소동을 계획하고 실행한 오토리는 이튿날인 24일 고종과 만나 "이제부터 개화하면 두 나라의 교린 관계가 전날에 비하여 더욱 돈독해지고 좋아질 것"이라고 말했다. 이미 포로 신세가 된 고종은 "지금의 모든 서무庶務는 긴중한 문제가 생기면 먼저 대원군 앞에 나아가 질정을 받으라"고 지시했다. 이어 민영준·민형식·민응식·민치헌 등 민씨 척족들을 먼 곳으로 유배 보냈다.[25]

일본이 마침내 청과 개전을 위한 명분을 손에 쥐게 된 것은 25일이었다. 오토리는 이날 오전 11시 대원군을 앞에 두고 조병직으로부터 '청의 군대를 대신 쫓아내 달라'는 의뢰를 받아 냈다.[26] 한 달 뒤인 8월 26일엔 일본은 "청국병을 조선국의 국경 밖으로 철퇴시켜 조선국의 자주독립을 공고히" 하고, 조선은 "일본 군대의 진퇴와 그 양식 준비 등의 사항을 위하여 반드시 협조하여 편의를 제공한다"는 내용을 담은 조일양국맹약을 맺었다. 맹약의 유효기간은 청·일이 화약을 맺는 날까지로 정해졌다.[27]

일본에 가담해 고종을 포로로 잡아들이는 이 끔찍한 일을 저지른 '일본당'의 속내를 엿볼 수 있는 자료는 많지 않다. 다만, 유길준이 석 달 뒤인 10월 말 보빙사의 일원으로 도쿄를 방문해 무쓰와 마주 앉았을 때 쏟아 낸 말이 눈길을 끈다. "조선인에겐 세 가지 부끄러움이 있소. 스스로 개혁하지 못해 귀국의 권박勸迫을 받으니 본국 인민에게 부끄러운 것이 하나이고, 세계 만국에 부끄러운 것이 둘이고, 천하 후세에 부끄러운 것이 셋이오." 며칠 뒤 이토 히로부미 총리와 만남에선 할 말이 있다고 청한 뒤 일어나 큰 소리로 '조선 독립 만세'를 외쳤다.[28]

외세에 붙어서라도 개혁을 추진하려 했던 유길준의 절박한 마음을 2025년을 살아가는 한국인이 온전히 이해하긴 쉽지 않은 일이다. 어찌 됐든 주사위는 던져졌고, 조선의 개혁 세력은 이제 막 시작된 갑오개혁을 반드시 성공해야 했다. 실패한다면 그들은 역사와 민족 앞에 '영원한 죄인'으로 남게 될 수밖에 없었다.

11 고종과 민중, 갑오개혁에 저항하다

한·일의 동상이몽

일본과 조선의 개혁 세력이 1894년 7월 23일 대원군을 전면에 내세운 쿠데타에 성공하면서 조선을 근대국가로 뜯어고치려는 대대적인 국가 개조 프로젝트인 갑오개혁이 시작됐다. 두 세력이 미리 상당한 준비를 해 두었었는지 불과 나흘 뒤인 27일 내정 개혁을 위한 특별기구인 '군국기무처'가 만들어졌다. 이 기구엔 김홍집(총재)·김윤식·박정양·어윤중 등 온건개화파로 분류되는 중신들과 '일본당'이라 불리던 김가진·김학우·조희연·안경수·유길준 등 젊은 관료들이 대거 참여했다.

그리고 다시 사흘이 지난 30일 군국기무처에 국내외 공·사문서에 개국기년 사용, 청과 조약 개정, 문벌·계급·신분제 타파, 연좌제 금지 등에 대한 의안이 올라왔다. 고종은 이를 모두 윤허했다.[1] 오토리 게이스케 일본 공사는 8월 5일 무쓰 무네미쓰 외무대신에게 보내는 전문에서 "군국기무회의를 만들어 매일 개회하여 대소의 정사는 이 회의에서 결의하여 인가를 받아 시행하는 것으로 했"다면서 여기에 참가한 이들이 "밤낮 쉬지 않고 개혁 사업에 종사하고 있다"라고 보고했다.[2] 군국기무처는 활동이 끝나게 되는 12월 말까지 40차례 회의를 통해 약 210건의 개혁 의안을 심의·통과시켰다.

개혁의 정통성 확보를 위해 '얼굴마담'으로 옹립된 대원군은 너무 급격한 개혁의 속도와 방향에 당혹감을 감추지 못했다. 8월 2일 자신을 찾아온 카를 베베르 주한 러시아 공사에게 "이번에 일본은 이웃 나라의 호의를 아끼지 않고 우리나라를 위해 노력했다"면서도 "다만 바라는 개혁이 너무 지나치게 급하고 과격해 이에 대해서는 약간 당혹했다"라고 말했다.[3]

하지만 본격적인 변화는 이제부터였다. 갑오개혁에 나선 개혁 세력 앞에 놓인 가장 중요한 과제는 고종이 일방적으로 휘둘러 온 전통적 '군주권'을 근대국가의 틀 속에 적절하게 자리매김하는 '권력의 제도화'였다. 스기무라 후카시 일등서기관은 1895년 7월 13일 외무성에 보낸 전문에서 "조선의 옛 관습은 본시 무한한 군주전제여서 왕실 외에 거의 정부가 없고 모든 일이 친재親裁에서 나왔다. 근래 특히 군주전제가 극심해 작은 관리의 진퇴와 작은 액수의 출납에 이르기까지 군주가 이를 친히 결제했다"라고 적었다.[4] 고종과 명성황후가 절제 없이 행사하던 군주권을 제한해야 한다는 주장은 10년 전 갑신정변을 일으켰던 김옥균의 문제의식이기도 했다. 특히 국가 운명에 직접 영향을 끼치는 재정·인사·군사에서 주요 결정은 왕 한 사람의 '독단'에 의해 좌지우지되지 않도록 해야 했다. 갑오개혁의 '브레인' 유길준은 미국 유학 시절 스승이던 에드워드 모스Edward Morse(1838~1925)에게 보낸 서신에 이렇게 적었다.

> 국가와 왕실의 명확한 구분이 그어져야 합니다. 즉 국왕은 국왕이고 단지 국가의 수반에 지나지 않습니다. 국왕 자신이 국가는 아닙니다. 지금까지 우리 정부 조직이나 모든 것이 국가나 국민을 위해 있지 않고 국왕 한 사람만을 위해 만들어져 있습니다. 그래서 국왕은 국민의 생살여탈권을 갖고 있었습니다. 이것이 무엇보다 악의 원천이 되어 국가가 약해지고 가난해졌던 것입니다.[5]

조선의 개혁 세력이 내정 개혁 성공을 통해 '조선 독립'을 유지하려 했다면, 일본은 '조선 보호국화'를 통해 자신들의 안보 이익이 극대화되길 바랐다. 두 세력은 이렇듯 처음부터 서로 다른 곳을 바라보고 있었다. 일본 정부의 방침이 정해진 것은 8월 17일 열린 각의를 통해서였다. 개전을 주도한 무쓰 무네미쓰 외무대신은 향후 조선 정책과 관련해 일본 앞에 놓인 네 가지 선택지를 제시했다.

> (갑) 일본 정부는 이미 내외에 조선이 독립국임을 표명했고, 또 그 내정을 개혁시킬 것을 선언했다. 금후 일·청 양국 간의 교전이 종결되어 우리가 승리하든 아니면 우리가 패한다 하더라도 우리는 계속해서 조선의 자주를 인정하고 장래 그 나라의 운명을 그 자력에 일임케 한다.

(을) 장래 조선을 명의상 하나의 독립국으로 만들기 위해 직접 혹은 간접으로 영구히 또한 장기간 독립의 의지가 정착되도록 외부 간섭이나 권리침해로부터 지키는 일을 한다.
(병) 장래 조선 영토의 보전은 일·청 양국이 담당할 것을 약정한다.
(정) 장치 조선국을 유럽에서 벨기에·스위스와 같이 각 열국의 담보 아래 중립국으로 만든다.[6]

답은 정해진 것이나 마찬가지였다. 무쓰는 《건건록》에 이날 각의에서 "당분간 네 개의 안 가운데 우선 (을) 안을 정부의 안으로 잠정적으로 설정해 두고 다시 각료회의를 열어 확정"하기로 정했다고 밝혔다. 조선이 독립국임을 '명의상名義上'으로는 인정하지만, 실제로는 "영원히 또는 장기간 그 독립을 보호·부조"하는 '반영구적 보호국'으로 만들겠다는 안이었다. 방침을 확정하지 않고 '잠정 설정'해 둔 것은 아직 청과 전쟁이 끝나지 않았기 때문이었다.

제국주의 시기였던 19세기 말을 기준으로 일본이 조선을 '보호국'으로 만들려면, 한반도의 전신(눈과 귀)·철도(팔과 다리)를 손아귀에 넣고 이를 보호한다는 명분으로 곳곳에 군대를 배치해야 했다. 이렇게만 하면, 무리하게 영토를 확장하려다 다른 열강의 간섭을 부르는 일 없이 한반도를 사실상 손아귀에 넣을 수 있었다.

일본은 이를 위해 8월 20일 한반도의 철도·전신에 관한 권리를 자신들이 확보한다는 내용의 '잠정합동조관'을 체결했다. 조선의 개혁 정권은 이 문서에서 내정 개혁을 하라는 일본의 "권고를 힘써 시행"하고, "조선의 자주독립을 견고히 하는 문제와 관련한 일은 마땅히 따로 두 나라 정부에서 관리를 파견하고 협의"해 정하기로 약속했다.[7] 이 문서를 통해 '조선의 독립과 부국강병'을 원했던 갑오개혁 주도 세력과 '조선의 보호국화'를 추진하던 일본이라는 '양립하기 힘든' 전략적 목표를 가진 두 집단이 공동 운명체로 엮이는 '모순'이 발생했다. 하나로 똘똘 뭉친 조선과 일본이 싸우지 않고, 조선의 개혁 세력과 일본이 한편이 되어 고종 나아가 조선 민중과 대립하게 되는 불행한 구도가 만들어진 셈이다. 이 불행한 엇갈림이야말로 이후 벌어지는 잔인무도하고 피비린내 나는 비극의 '근본 원인'이었다.

세 갈래의 도전

이렇게 하나로 엮인 일본과 조선의 개혁 세력은 곧바로 세 갈래의 큰 도전에 직면하게 된다. 첫 번째는 군주권에 제약을 가하려는 개혁을 못마땅하게 바라보던 고종과 대원군, 두 번째는 '마지막 속방'인 조선을 끝까지 움켜쥐려 발버둥치던 청, 마지막은 무도한 일본의 경복궁 점거에 치를 떨며 일어난 조선의 민중이었다.

고종과 대원군은 20년 넘게 살벌한 권력 투쟁을 벌여 온 '정적'이었지만, 자신들을 짓누르는 일본과 개혁 세력의 간섭을 하루속히 떨쳐 내야 한다는 데에는 완벽히 생각이 같은 '동지'였다. 심지어 목적 달성을 위해 생각해 낸 '수단' 역시 똑같았다. 먼저 움직인 쪽은 고종이었다. 민씨 척족의 일원인 민상호를 통해 청에 도움을 요청하는 밀지를 보냈다. 고종은 이 편지에서 7월 23일 이후 조선에서 벌어지고 있는 일은 본인의 뜻이 아니라고 강력히 주장하며 "구원을 애걸"했다.

오백여 년 동안 중국이 하사下賜한 인물印物을 왜적이 수거收去하였으며, 십수 년 동안 구입하여 병기고에 수장해 놓은 양창洋創·양포洋砲 등 병기와 화기를 모두 빼앗겼습니다. 무릇 모든 정령은 일본이 임의대로 내어서 국왕이 능히 관여하거나 상세히 품달稟達받는 바가 전혀 없사오니, 천조天朝에서는 이를 명확히 하시어 단단한 충심과 정성으로 구원救援을 내려 주시기를 애걸하옵나이다.[8]

구원 요청을 받은 이홍장은 8월 4일 평양 감사 민병석에게 "평양에 원병을 파병할 것이니 지공支供(지원)에 힘써 달라"고 전했다. 이 무렵 청은 일본을 상대로 한 첫 싸움인 풍도해전(7월 25일)과 성환전투(28일)에서 잇따라 패하며 기선을 제압당한 상태였다. 하지만 전쟁의 승패는 머잖아 시작될 평양전투에서 결판날 터였다.

이홍장의 지시대로 청의 증원부대가 평양에 속속 집결했다. 8월 4일부터 9일까지 총병 위여기衛汝貴(1836~1895), 총병 마옥곤馬玉崑(1838~1908), 좌보귀左寶貴(1837~1894) 등이 이끄는 1만 3500명의 군사가 평양에 입성했다. 대부분 이홍장의 북양육군 소속으로 서양식 군사훈련을 받은 이들이었다. 여기에 한 달 전 성환전투에서 패한 섭사성의 부대 3500명이 합류했다.[9] 대원군도 평양에 버티고 선 청군 장수에게 잇따라 서한을 보내 조선의 매국노들을 일소해 달라고 부탁했다.[10]

일전에 부친 편지는 잘 받아 보셨습니까? 지금 종사宗社의 안위가 일시에 위급하게 되어 날마다 천사天師(청나라 군대)의 구원만 기다리고 있습니다. 요즈음 들리는 말에 의하면 큰 군대가 출정하였다고 하니, 이는 참으로 다시 소생할 수 있는 기회라고 생각됩니다. 그러므로 상국上國은 많은 원병을 보내시어 우리의 종사와 궁전을 보호해 주시고, 또 일본인에게 아부하여 매국 행위를 감행한 간악한 무리들을 하루빨리 일소하여 이 위기를 구제해 주시기를 피눈물로 기원하고 또 기원합니다.

지난번 편지를 보냈습니다만 그 사이 받아 보셨는지 모르겠습니다. 밖으로는 일본의 군사들이 옹호하여 따라다니고 안으로는 흉악한 무리들이 조정을 핍박하여 종사는 위기일발에 처하고, 백성들은 도탄에 빠져 있습니다. 이런 시기에 궁전을 보호하기 위하여 저희 집안 3대는 위험을 무릅쓰고 저항하고 있습니다. 그러나 현재로서는 한 손으로 하늘을 받치고 있는 것과 다름이 없는 격이라 오직 천사만 기대하고 있는 것이 어린아이가 어미를 기다리고 있는 것과 같아 일각이 급하오니 하늘의 도움을 바랄 뿐입니다. 그리고 몇 분의 대인이 출정하였는지 확실한 말을 듣지 못하고 있으므로 이에 명함 3장을 송부하오니 대형台兄께서 그분들을 수행할 때 별도로 전해 주시길 바랍니다. 그리고 이 마음도 토로해 주시면 감사하겠습니다. 그럼 귀하의 만복을 기원합니다.

청의 병력 집결 현황을 지켜보고 있던 일본은 신속히 승부를 내려 했다. 청의 대군이 평양에 집결해 있는 불안정한 상황에서 뜻한 바대로 힘 있게 내정 개혁을 추진해 나가는 게 불가능했기 때문이었다. 오토리는 8월 31일 무쓰에게 보내는 전문에 "청나라의 대군이 이미 평양에 들어와 때를 기다려 경성으로 진격한다는 설이 나돌자 한때 민심이 흉흉하여 안정을 찾지 못하고 정부 내에서도 순수한 개혁파, 즉 신정부와 생사를 함께할 수밖에 없는 지위에 있는 사람들을 제외한 그 밖의 사람들은 은근히 두려움을 품는 마음이 있는 것 같다"라고 적었다.[11]

9월 15일 새벽, 마침내 청·일의 대군이 맞붙었다. 노즈 미치쓰라野津道貫(1841~1908) 중장이 이끄는 5사단(혼성 9여단·10여단)과 원산을 통해 상륙한 3사단 일부 병력으로 구성된 일본군(약 1만 6500명)이 섭지초가 이끄는 청군(약 1만 5000명)이 버티고 선 평양성을 향해 총공격을 시작했다. 전투는 열 시간 남짓 되어 싱겁게 끝났다. 승부를 가른 것은 '사기' 차이였다. 강력히 '주전론'을 외치던 장수 좌보귀가 전사하자, 청은 곧바로 백기를 들었다.

전투는 예상과 달리 어이없게 끝났지만, 이것이 몰고 온 지정학적 여파는 상당할 수밖에 없었다. 이날 불과 몇 시간 동안 이어진 싸움으로 삼전도의 굴욕(1637) 이후 300년 가까이 이어지던 조선과 청 사이 사대 관계가 사실상 해체됐기 때문이다. 뜻밖의 수확도 있었다. 일본군은 전투가 끝난 뒤 평양성을 수색하는 과정에서 대원군이 청에 보낸 밀서 2통을 손에 넣게 된다. 내용을 확인한 일본은 대원군의 면종복배面從腹背에 그야말로 경악했다. 일본은 이 서한을 개혁의 걸림돌로 떠오른 대원군을 제거하는 데 활용하기로 마음먹는다.

대승을 거둔 일본 육군 제1군(3사단·5사단)은 곧바로 압록강을 건너 청의 영토로 전선을 확대해 나간다. 제1군 병력이 만주로 이동하면서 한반도 내에서 일본군에 대한 보급 업무를 담당하던 인천의 '병참부'는 '남부병참감부'로 승격돼 대본영의 직접 지휘를 받게 됐다. 대본영 참모부 차장과 병참총감을 겸하고 있던 가와카미 소로쿠는 제1군이 압록강 도하를 시작한 직후인 24일 이들의 공백을 메우기 위해 '경성 수비대' 역할을 맡게 될 병력을 파견하기로 결정한다. 이들이 바로 훗날 을미사변에 가담해 '악명'을 얻게 되는 후비보병(27~32살 사이의 고참병) 제18대대(히로시마·야마구치현 출신) 3개 중대였다.[12]

"향후 모조리 살육하라"

마지막으로 남은 상대는 조선의 민중, 즉 동학농민군이었다. 지난 6월 10일 전주성에서 해산한 전봉준과 동학농민군은 일본군이 경복궁을 침탈하는 광경을 보며 큰 충격을 받았다. 이들은 외세의 힘으로 진행되는 갑오개혁을 수용할 것인지, 맞서 싸울 것인지 입장을 정해야 했다.[13]

전봉준이 마침내 전북 삼례에서 2차 봉기를 일으킨 것은 평양 전투가 끝난 지 한 달이 되어 가던 10월 12일(음력 9월 10일)이었다. 그는 훗날 자신이 일본과 맞서겠다는 결정을 내린 이유에 대해 다음과 같이 답했다.

> 귀국이 개화라 칭하고 처음부터 일언반사一言半辭도 민간에 전해 알림이 없고, 또 격서檄書(알리는 글)도 없이 군사를 거느리고 우리 도성에 들어와 야반에 왕궁을 격파하여 주상을 놀라서 움직이게 하였기로 초야의 사민士民들이 충군애국의 마음으로 강개慷慨함을 이기지 못하여 의려義旅(의병)를 규합하여 일본 사람과 접전하여 이 사실을 한 차례 청해 묻고자 함입니다.[14]

청일전쟁에 나선 일본군은 강력한 전투 능력을 갖춘 근대군으로 성장해 있었지만, 작전 수행의 근간이 되는 병참 부분에선 큰 약점을 노출하고 있었다. 애초 물자를 실어 나를 수송 능력이 크게 부족했던 데다, 전쟁이 만주로 확장되며 병참선이 한반도를 가로질러 길게 늘어지고 말았다.[15]

2차 봉기에 나선 동학농민군은 바로 이 '틈새'를 노렸다. 이들은 경기·충청·경상도 일대에서 일본의 전신선과 병참선을 공격하기 시작했다. 이는 일본의 전쟁 수행에 큰 지장을 일으킬 수 있는 심각한 위협이었다. 이토 유키伊藤祐義 남부병참감은 10월 20일 오토리에게 보낸 전문에서 "현재 부산·경성 간의 병참지는 동학당 진압 때문에 모든 사업이 정지되고 있는 실정"이라며 "필경 동학당을 박멸하지 않고서는 우리의 병참로, 특히 귀중한 군용(전신)선로 안전을 기할 수 없을 것"이라고 호소했다.[16]

이 중요한 시점에 조선 현지에서 일본의 대조선 정책을 총괄 지휘하던 조선 공사가 전격 교체됐다. 오토리 게이스케의 뒤를 이어 조선에 부임해 온 이는 이토 2차 내각의 내무대신이자 1879년부터 10년 가까이 외무경·외무대신을 맡으며 김옥균 등과 악연을 쌓았던 이노우에 가오루였다. 조선의 내정 개혁과 전쟁의 뒤처리라는 까다로운 임무를 처리하기 위해 일본 정계의 유력 인사가 직접 현장에 투입되는 '파격 인사'가 단행된 것이었다.

이노우에가 서울에 입성한 것은 전봉준의 2차 봉기 이후 동학농민군이 본격 저항에 나서던 10월 26일이다. 이토 병참감은 이날 이노우에에게 "청풍 서창이란 곳에 2만 명, 보은에도 역시 수만 명의 동학당이 있어 불일간 충주를 습격한다고 한다"라며 원병을 요청하는 급보를 보냈다.[17] 부임 첫날부터 예상치 못한 위기에 맞닥뜨리게 된 이노우에는 빠르고 강경한 대응에 나서기로 한다.

메이지유신의 원훈 가운데 하나인 이노우에는 자신보다 다섯 살 어린 고향 후배인 이토 총리와 직접 소통이 가능한 거물이었다. 27일 히로시마 대본영에 머물고 있던 이토에게 애초 보내기로 예정된 3개 중대에 동학농민군 토벌을 위한 2개 중대를 추가 파견해 달라는 긴급 전보를 띄웠다. 이토는 바로 다음 날인 28일 이노우에의 요청보다 1개 중대가 더 많은 3개 중대를 보내겠다고 화답했다.[18] 이렇게 파견된 이들이 미나미 고시로南小西郎 대대장(소좌)이 이끄는 후비보병 제19대대(에히메현 마쓰야마에서 편성) 소속 3개 중대였다.

동학이 2차 봉기를 했다는 사실을 알게 된 가와카미 병참총감도 강력한 대응에 나섰다. 그는 27일 밤 9시 30분 남부병참감부에 도착한 전문에서 "동학당에 대한 대처는 엄열嚴烈(엄격하고 격렬)하게 해야 한다. 향후 모조리 살육하라"는 지시를 내렸다.[19] 동학농민군에 대한 일본군의 진압 방침이 '가차 없는 살육'으로 정해진 순간이었다.

이 방침에 따라 미나미가 이끄는 후비 제19대대는 11월 12일 "동학당의 무리를 격파, 그 화근을 초멸해서 다시 일어나는 후환을 남기지 않"게 해야 한다는 훈령을 집행하기 위해 용산에서 출발했다.[20] 이들은 대구가도(동로·일본의 병참선)·청주가도(중로)·공주가도(서로) 등 3개 가도로 남하하며 말 그대로 피비린내 나는 민중 학살을 저지른다. 조선 민중에 대한 사법권은 엄연한 독립국이던 조선 정부에 있었기 때문에 일본군이 이들을 함부로 죽이는

것은 명백한 사법권 침해였다.[21]

눈여겨봐야 할 지점은 김홍집이 이끄는 갑오 정부가 일본군이 주도한 이 학살극에 적극 가담했다는 사실이다. 조선 정부가 동학농민군을 토벌해야 한다는 방침을 세운 것은 9월 23일, 이를 최종 확정한 것은 10월 12일이었다.[22] 그 직후인 16일 일본은 조선 정부에 "우리 병사들과 마음을 함께하고 또 죽을힘을 다하여 그 비도들을 초멸"하면 "우리 양국은 더없이 다행스러울 것"이라면서 "조속히 우리의 권고를 시행하시기 바"란다고 요구했다.[23] 이 권고를 받아들인 조선 정부는 10월 20일 동학농민군을 진압하기 위한 최고기관인 도순무영都巡撫營을 설치했다. 이어 일본이 이 부대를 자신들의 지휘 아래 둘 것을 요구하자 그마저도 받아들였다.[24]

동학농민군과 일본·조선 연합군은 11월 20일부터 12월 7일까지 이어진 공주전투에서 격렬히 충돌했다. 농민군의 주요 무기인 화승총은 사거리가 50~100미터였고 정조준이 불가능했다. 이에 견줘 일본군은 사거리가 400미터인 스나이더 소총으로 무장하고 있었다. 농민군이 스나이더 소총의 유효 사거리에 들어오면 사실상 일방적 살육전이 벌어질 수밖에 없었다.[25] 동학농민군에 대한 최종 진압이 끝난 것은 1895년 2월 9일이었다.

공주전투에서 패배한 전봉준은 순창 피로리로 몸을 숨겼다가 12월 28일 현지 민병들에게 붙들려 나주 초토영의 감옥에 억류됐다. 이 소식을 전해 들은 조희연 군부대신은 1895년 1월 8일 이노우에게 공문을 보내 "(앞부분 결락-원문) 생포하였다는 말이 있는데 전봉준이 틀림없다"며 "지금 그가 체포되었다고 하니 기쁜 마음을 견딜 수 없어 이와 같이 보고"드린다고 알렸다.²⁶ 서울로 압송된 전봉준은 남산 밑에 있던 일본영사관 감옥에서 3월 5일부터 4월 4일까지 우치다 사다쓰지內田定槌(1865~1942) 주한 일본 공사관 서울 영사 등에게 심문을 받았다. 이후 법부 권설재판소에서 사형선고를 받고 4월 23일 처형됐다.²⁷

내각관제 반포

개혁을 방해하는 여러 도전을 걷어 낸 일본은 고삐를 바싹 당기기로 한다. 이노우에는 조선에 도착해 현지 실정을 파악해 가는 과정에서 개혁의 핵심 방해물이 대원군과 명성황후라는 사실을 깨닫게 된다. 먼저 제거된 것은 대원군이었다. 일본은 평양전투 과정에서 대원군이 청과 내통했음을 보여 주는 '밀서'를 확보하고 있었다. 이노우에가 이 서한을 내보이자, 대원군은 11월 18일 은퇴를 선언했다.

다음 상대는 고종과 명성황후였다. 이노우에는 1885년 청·일의 간섭을 떨치고 러시아에 접근하려는 고종을 보며 "그 나이에 일 처리를 이따위로 한다"면서 분노에 치를 떨었던 적이 있었다. 이후 벌써 9년이 지나 얼굴을 마주하게 됐으니 감회가 남달랐을 것이다. 부임 후 첫 만남은 10월 28일 이뤄졌다. 이노우에는 "귀국의 내정을 신속히 개량하고 독립의 열매를 거둬 그 기초를 공고히 해야 한다"라고 말했다.²⁸

두 번째 만남은 11월 4일에 있었다. 고종과 독대하던 이노우에는 큰 결심을 했는지 명성황후와 대화를 나누게 해 달라고 요청했다. 조선의 왕비가 외국 사신과 직접 말을 섞는다는 것은 전례를 찾기 힘든 일이었지만, 고종은 이를 받아들였다. 명성황후는 이노우에와 대화에서 군주권에 대한 강한 집착과 개혁에 대한 깊은 불신을 동시에 드러냈다.

우리나라가 가장 당부한다고 할 정도의 것은 아니지만, 그래도 다만 군권이 중대하다는 것은 언급하고자 한다. 예로부터 국민의 머리에 뿌리박힌 군주의 명령이라는 것은 곧 시비곡직을 불문하고 항상 묵묵히 따라야 하는 것인즉, 내정 개량이 되었든 개화주의가 되었든 군주가 이를 주장하기만 하면 무릇 백성들은 그에 휩쓸리지 않을 수 없으니, 따라서 이러한 목적을 달성하기 위해서는 군권에 의지하는 게 가장 좋은 수단이라고 생각하는 바다.
하지만 (이후 이하는 양 전하 같은 말씀-원문) 6월 21일(양력 7월 23일 · 경복궁을 점거한 쿠데타 발생일) 이래 거의 군주는 텅 빈 지위를 갖고 단지 이름만 있을 뿐, 그 실체가 없이 빈손으로 일이 되어 가는 것을 방관하는 것에 지나지 않는다. 또 (좀 불평이 어조로 본사를 향해 살며시 정부의 전횡을 호소하려는 빛이 있음-원문) 그리고 개화당이라는 사람들의 거동을 보면 국가를 위해 성실하게 일에 종사하는 게 아니라 6월 이후에 뭘 했는지를 보면 각 아문(부처)의 명칭을 바꾼 것뿐이다.[29]

세 번째 만남은 20~21일에 경복궁 함화당에서 이뤄졌다. 이노우에는 이날 고종과 김홍집(총리대신)·김윤식(외무대신)·어윤중(탁지대신) 등 모든 대신이 참석한 가운데 앞으로 자신이 추진해 갈 개혁의 큰 방향을 설명했다. 정권(권력)은 모두 한곳에서 나와야 한다, 대군주는 정무를 직접 결재할 권한이 있고 법령을 지킬 의무가 있다, 왕실 사무를 국정과 분리한다, 왕실 조직을 정비한다, 의정부와 각 아문(부서)의 직무·권한을 정한다, 조세는 탁지아문에서 일률 관리하고 조세는 일정 비율로 정한 것 외에 어떤 명목·방법으로도 징수하지 않는다 등으로 구성된 '20개의 개혁 조항'을 제시했다. "정권은 한곳에서 나와야 한다"는 원칙을 통해 명성황후의 무분별한 정치 간섭을 막고, "대군주도 법령을 지킬 의무가 있다"는 원칙을 통해 입헌군주제라는 개혁 방향을 예고했음을 알 수 있다. 이 같은 개혁의 원칙을 열거하는 이노우에의 말을 장지문(여닫이문) 뒤에서 듣고 있던 명성황후가 고종에게 귓속말을 건넸다. 그러자 고종의 분노가 폭발했다.

> 6월 21일(양력 7월 23일) 이후 짐은 거의 국무상 하나의 권리도 행사하지 못하고, 국정의 모든 일이 각 대신이 관장하는 바가 되니 이같은 일로 인해 군권이 오손汚損된 것이 없겠는가. 또 오늘날 정령의 대부분이 궁문宮門 밖에서 실시되지 않고 있으니 이것이 누구의 죄가 되겠는가. 돌아보건대 나의 신료들이 짐에게 불충한 것을 책망하지 않을 수 없다.[30]

이노우에는 나흘 뒤인 24일 무쓰에게 보낸 전문에서 고종 부부에 대한 소회를 적었다.

> 관청의 직무 권한과 군주권 등에 대한 사항을 설명해도 그 문자의 뜻조차 이해하지 못하여 군주권이라고 하면 마음대로 백성의 생명

과 재산을 여탈하는 권리라고만 이해한다. 이렇게 마음대로 휘두르는 권력은 마땅히 제한해야 한다고 설명하면 곧 국회를 개설해 일을 결정하고 백성의 승낙을 요하는 것으로 오해하는 등 그 어리석음은 실로 뜻밖이었다. 뇌리에 오직 자기가 있는 것만 알고 국가가 무엇인가를 알지 못하는 완우頑愚한 자에게 내정 개혁 같은 것을 설명하는 것은 마치 소학교 아동을 상대로 정치담을 하는 것 같은 것이었다.[31]

이노우에는 12월 8일 '개혁의 걸림돌'이라는 사실이 분명해진 고종 부부와 다시 얼굴을 마주했다. 이 만남의 결과는 이틀 뒤인 10일 무쓰에게 보낸 영문 전문을 통해 확인할 수 있다. "Queen assured me that she would never interfere in politics hereafter and the king appeared to made up his mind for our reforms(명성황후가 다시 정치에 개입하지 않겠다고 약속했다. 또 왕은 우리 개혁을 시행하기로 마음을 먹은 것 같았다)."[32] 고종 부부로부터 개혁을 시행해 나가겠다는 다짐을 받아 낸 이노우에는 17일, 그동안 유지해 왔던 임시기구였던 군국기무처를 폐지하고 김홍집(총리)과 옛 갑신정변의 주역이었던 박영효(내무대신)를 주축으로 하는 새 내각을 출범시켰다.[33] 이를 통해 임시기구의 틀을 벗어난 갑오개혁은 본격적으로 개혁을 추진해 갈 태세를 갖추게 된다.

그래도 이노우에는 안심할 수 없었다. 고종은 1895년 1월 7일 종묘에 직접 나아가 개혁의 근본 취지를 밝히고 이를 성실히 추진해 나가겠다고 맹세(誓告)했다. 이 자리에서 고종이 힘써 지키겠다고 약속한 홍범 14조는 앞서 이노우에가 제시한 '20개 개혁 조항'을 뼈대로 유길준이 기초한 것으로 전해진다.

감히 황조皇祖와 열성列聖의 신령 앞에 고합니다. (중략) 이제부터는 다른 나라에 의거하지 말고 국운을 융성하게 하여 백성의 복리를 증진함으로써 자주독립의 터전을 튼튼히 할 것입니다. 생각건대 그 방도는 혹시라도 낡은 습관에 얽매지 말고 안일한 버릇에 파묻히지 말며 우리 조종의 큰 계책을 공손히 따르고 세상 형편을 살펴 내정을 개혁하여 오래 쌓인 폐단을 바로잡을 것입니다. 짐은 이에 14개 조목의 큰 규범을 하늘에 있는 우리 조종의 신령 앞에 고하면서 조종이 남긴 업적을 우러러 능히 공적을 이룩하고 감히 어기지 않을 것이니 밝은 신령은 굽어살피시기 바랍니다.[34]

개혁 내각의 작업 결과 1895년 4월 19일 내각관제가 발표됐다. 이를 통해 법률·칙령안, 세입·세출의 예산·결산, 내외 국채國債에 관한 사항, 국제조약과 중요한 국제 문제 등은 내각회의를 거쳐 결정한 뒤 고종의 최종 재가를 받게 됐다. 국가의 주요 결정을 내리는 권한이 왕에게서 내각으로 옮겨 간 것이었다. 이는 소리 없는 '혁명'이라고 부를 만한 놀라운 변화였다.

고종과 명성황후는 이 변화를 "정권을 완전히 내각에 빼앗겨 왕실이 고립"된 것으로 받아들였지만, 일본의 강력한 위세에 눌려 저항할 수 없었다.[35] 내각관제가 발표되기 이틀 전인 17일 일본의 승리를 공식 확정지은 청일강화조약(시모노세키조약)이 체결됐기 때문이다. 이 조약의 1조엔 "청국은 조선국이 완전무결한 독립된 자주국임을 확인한다", 2조엔 랴오둥반도와 대만 등을 일본

에 할양한다는 내용이 명기됐다.[36] 이노우에는 21일 조약 체결 사실을 조선에 전했다.[37]

일본은 이로써 조선을 자신들의 보호국으로 만들려는 계획이 결정적 고비를 넘겼다고 판단했다. 하지만 잠시 후 뜻밖의 소식이 전해져 왔다. 러시아·독일·프랑스 세 나라 공사가 23일 일본에 "랴오둥반도 획득을 포기할 것"을 요구하는, 이른바 '삼국간섭'이 발생한 것이다. 일본은 긴 고심 끝에 5월 5일, 이 요구를 받아들이기로 결정했다. 러시아의 강력한 압박에 사실상 굴복하고 만 것이다.

고종과 명성황후는 이 '힘의 변화'를 매우 민감하게 받아들였다. 그동안 개혁이 가능했던 것은 일본이 한반도에서 보여 준 압도적 '힘의 우위' 때문이었다. 그것이 흔들리자 개혁에 위기가 찾아온다.

12 명성황후의 죽음,
고종과 개혁 세력
'불구대천' 원수가 되다

삼국간섭의 여파

'삼국간섭'은 청일전쟁의 승리로 광분해 있던 일본에 닥친 큰 시련이었다. 당대 일본의 저명 언론인 도쿠토미 소호德富蘇峰(1863~1957)는 《소호자전》(1935)에서 "이 랴오둥반도의 반환은 나의 거의 모든 일생을 지배했다고 해도 과언이 아니었다. 그 이후 나는 거의 정신적으로 다른 사람이 되고 말았다"라고 적었다. 자유 민권을 내세웠던 도쿠토미는 이 일을 계기로 단숨에 군국주의로 기울었고, 이때 받은 치욕을 되갚아야 한다는 '와신상담臥薪嘗膽'이 일본 사회를 지배하는 새로운 시대정신이 된다.

이 무렵 일본은 개전 직후인 1894년 8월 17일 각의 결정에 따라 조선을 반영구적 '보호국'으로 만들기 위한 작업을 착착 진행하고 있었다. 그러려면 한반도의 전신(눈과 귀)·철도(팔과 다리)를 손아귀에 쥐고 이를 보호한다는 명분으로 곳곳에 군대를 배치해야 했다. 이노우에 가오루 주조선 일본 공사는 시모노세키조약이 조인되기 직전인 4월 8일 무쓰 무네미쓰 외무대신에게 '일·청 평화 후의 대일 정책을 정하는 일에 대한 내신'이란 전문을 보내 이 목적을 달성하기 위한 자신의 구상을 구체적으로 설명했다.

> 내정을 정리해 독립의 기초를 공고하게 하고 아울러 그 독립이 공고하게 될 때까지 (중략) 스스로 나라를 지킬 수 있을 때까지 우리나라가 의무적으로 이를 보호하지 않으면 안 될 것입니다. 그러므로 철도도 우리가 부설하고 전신도 우리의 손으로 관리해야 할 것이며 또한 수비병도 종전같이 존치해 두지 않으면 안 될 것입니다. 게다가 현재 조선의 형세는 실로 그 부패가 극도에 달하고 있으므로 내정을 정리하는 데 있어서 자연적인 추세로 다수의 고문관을 채용토록 하여 강압적으로 이에 간섭하지 않을 수 없습니다. 그런데 상기한 철도의 부설이라든지 전신의 관리라든지 또한 내정 정리의 간섭이라든지 하는 것은 모두가 조선의 독립권을 다소는 손상시킬 것이 틀림없으므로, 국외자局外者(러시아 등 다른 서구 열강)로서 일본이 표면상 조선의 독립을 외치더라도 그 속셈은 조선을 예속시키려는 야심을 갖고 있다고 하는 의심을 품게 (중략) 할 수 있습니다.[1]

이노우에의 주장은 조선을 일본의 보호국으로 만들려면, 서양 열강과 외교 마찰을 감수하더라도 철도·전신의 부설과 관리, 군대 배치 등에 대해 적극 정책을 취해야 한다는 것이었다. 이를 위한 공작에 본격적으로 나서려는 순간 삼국간섭이 발생한 것이었다. 이노우에는 크게 당황할 수밖에 없었다. 5월 19일 무쓰에게 보낸 전문에서 "서울에서 우리의 일거일동이 깊이 러시아의 감정을 움직이고 있다는 사실을 잘 알고 있었다"면서 "철도, 전신, 새로운 항구의 (개방) 문제와 관련한 (조선) 정부의 행동은 바람직한 지점까지 현저히 이르지 못하고 있다"고 밝혔다. 조선 정부 역시 청일전쟁이 끝나면서 "일본이 이제 독단적으로 일을 처리할 수 없다는 것"을 눈치채고 버둥거리기 시작하고 있었다. 상황이 이렇게 됐으니 애초 목표를 달성하는 게 현실적으로 불가능해지고 말았다.

결국 삼국간섭으로 만들어진 새로운 정세 속에서 일본의 개입 수위를 조절하기 위한 진지한 의사소통이 이뤄져야 했다. 이노우에는 "정부에도 물론 뜻이 있겠지만, 나도 내 의견이 있다"면서 "내가 류머티즘으로 고생하고는 있지만 우리의 미래 (조선) 정책에 대해 협의하기 위해 도쿄로 일시 귀국하는 게 꼭 필요하다"고 알렸다.[2] 이토 히로부미 총리가 귀임 허가를 내린 것은 5월 31일이었다. 이노우에는 6월 11일 인천에서 출발해 20일 요코하마에 도착했다.

일본 정부가 조선에 대한 새 접근법을 확정한 것은 이노우에가 일본으로 귀국하기 전인 6월 4일이었다. 이토 총리는 이날 열린 각의에서 "장래 대한 정책은 가능한 한 간섭을 멈추고 조선이 자립하도록" 하는 것이라고 결론 냈다. 청일전쟁에서 완벽한 승리를 거두고도 한반도에서 그냥 물러나기로 했으니 '치욕스러운 후퇴'라고 평가할 수밖에 없었다.

우리 대한 정략은 그 독립을 인정하고 청국이 속방이라 주장하는 설을 배제하고 마침내 그 독립의 실을 받아들이도록 하는 데 있다. 지난해 일·청 교전의 원인도 모두 여기에서 배태胚胎된 것이었다. 그래서 우리의 전첩戰捷(승리)의 결과 청국이 (조선의) 완전한 독립을 인정하고 또 러시아도 우리를 향해 명실상부하게 그 독립을 인정할 것을 간인看認(인정)하도록 요구했다. 이에 대해 우리의 그동안의 정략에 따라 여러 차례 선언한 것 등의 사유에 의거해 장래 대한 정책은 가능한 한 간섭을 멈추고 조선이 자립하도록 하는 방침을 취해야 한다. 그에 따라 달리 움직이는 방침을 취할 것을 결정했다. 위 결정에 따라 이 나라의 철도·전신의 건과 관련한 것을 무리하게 실행하지 않기로 한다.[3]

이 치욕적인 후퇴의 '충격' 때문인지 청일전쟁을 주도하며 '면도날'이란 별명을 얻은 무쓰는 5일부터 가나가와현 오이소로 요양하러 가기 위해 잠시 외무대신의 직을 내려놓는다. 대신해 임시 대리를 맡게 된 이는 일본의 '마지막 원로'로 역사에 기록되는 사이온지 긴모치西園寺公望(1849~1940)였다.

귀국한 이노우에가 사이온지에게 자신이 생각하는 대조선 정책 방향을 담은 '조선에 관한 의견서'를 제출한 것은 달을 넘긴 7월 1일이다. 조선을 뒤바꾸겠다는 야심 찬 목표를 안고 부임했던 이노우에는 원하는 개혁의 성과가 좀처럼 나오지 않자 크게 좌절하고 있었다. 문제의 가장 큰 원인은 재정 궁핍이었다. 이노우에가 2월 17일 본국에 보낸 전문 '조선의 재정'은 눈물 없이는 읽을 수 없는 내용으로 가득 차 있다.

조선으로 하여금 독립의 기초를 공고히 하여 그 결실을 맺게 하려면 종래의 적폐를 제거하고 건전한 제도와 법률을 제정하여 이에 따라 사무를 정리하는 한편 개선 방법을 강구해야만 그 목적을 달성할 수 있을 것입니다. (중략) 이 목적을 달성하는 데 있어서 가장 곤란한 점은 조선 정부의 국고가 궁핍한 것으로, 실제로 해를 넘길 때인데도 문무관의 봉급마저 지불하지 못한 액수가 평균 3개월분에 미쳐, 원성과 불평으로 시끄러웠고 하마터면 한때 소요가 일어날 염려가 있었으므로 정부의 낭패 또한 대단하였습니다.

(중략)

말씀드리는 바와 같이 조선 8도의 상황을 보면, 동학도의 소요가 전국에 만연하고 더구나 나라의 보고寶庫라고 할 만한 삼남 지방, 즉 전라·충청·경상 3도는 가뭄 때문에 기근의 재난을 만났으며, 특히 경상도 같은 곳은 전도에 걸쳐 그 재난을 입었으며 또 전라·충정·양도는 한재旱災가 그 일부분에 지나지 않았으나, 동학도의 소요가 이 지방에서 가장 극심하였습니다. (중략) 이상과 같은 사정이므로 정부의 금년도 세입은 겨우 경기·강원 2도의 조세가 있을 뿐으로 요컨대 신정부로서는 개혁을 실행하고 정치기관을 운영하는 비용을 조세 외의 수입에 의존할 수밖에 다른 방법이 없는 지경에 빠졌습니다.[4]

정부 운영 자금을 조세로 감당할 수 없다면 돈을 꿔 오는 수밖에 없었다. 이 의견을 접수한 일본 정부는 3월 30일 일본은행 명의로 조선에 300만 엔의 차관(연 이자 6퍼센트)을 제공했다.[5] 이노우에는 7월 1일 의견서에서는 조선이 전쟁으로 인해 황폐화되어

"개혁을 실행하려 해도 재원을 갖추지 못해 하나도 착수하지 못했다"는 사실을 좀 더 적극적으로 강조하며 청에서 받는 배상금(3억 냥) 가운데 500만~600만 엔 정도를 혜여惠與(무상양여)해도 좋지 않겠느냐고 제안했다.

> 작년에 우리 정부가 조선을 독립시키고 또한 내정을 개혁시킨다고 성명하여 마침내 일청전쟁이 발단되었고 아산을 비롯하여 평양·의주가 일청전쟁의 수라장修羅場이 되었고 부산·인천·원산 3항은 우리 군대의 상륙장이 되어, 8도가 거의 진군지가 되었고 이 때문에 온 마을과 촌락이 경요驚擾하고(소란스럽고) 백성들이 이산離散하였습니다. (중략) 이는 필경 조선 정부의 실정에 기인한 것이며 인민의 미오迷悟함과 당시 조선 정부의 안무按撫가 충분하지 못한 데 기인한 것이기는 하나, 이는 이 나라의 성격상 도저히 바랄 수 없는 일이었습니다. 그러므로 지금 이를 보상하는 방법으로 청국에서 받을 배상금 중에서 500만 엔보다 적지 않고 600만 엔보다 많지 않은 금액을 할애해 준다 하더라도 그리 지나친 시혜가 되지 않을 것입니다.[6]

이노우에는 이어 '전신'에 대해선 일본군이 전쟁 중에 설치한 군용선까지 모두 조선에 반환하고, '철도'는 경부선은 급하지 않으니 짓지 말고, 경인선은 자재·기술 등을 지원해 조선이 스스로 건설하게 돕자고 제안했다. 가장 중요한 '군대'에 대해선 고종의 허락을 받아 조선이 먼저 의뢰하는 형식을 취해 배치하자는 의견을 내놨다. 6월 4일 각의 결정의 취지에 따라 조선에 대한 노골적

간섭을 가급적 피하려는 '온건한 안'이었다. 이 안이 그대로 실행됐다면, 조선은 허심탄회한 마음으로 자신을 도우려는 일본을 신뢰하게 됐을지 모른다. 하지만 일본 입장에서 보자면, 많은 전비와 젊은이들의 피를 쏟아부어 쟁취해 낸 청일전쟁의 성과를 '물거품'으로 만들 수 있는, 허탈하기 짝이 없는 안이었다. 일본 정부는 그야말로 심각한 고민에 빠질 수밖에 없었다.

공화정체를 만들라!

가뜩이나 심란한 이노우에를 좌절하게 만든 또 다른 문제는 개혁 세력의 내부 분열이었다. 1894년 12월 17일 출범한 개혁 내각은 김홍집(갑오개혁파·총리대신)과 박영효(갑신정변파·내부대신)라는 두 인물을 투톱으로 내세운 이질적 세력의 연합체였다. 두 세력은 애초 물과 기름처럼 한데 어우러지기 힘든 관계였다. 갑오개혁파인 김홍집·김윤식(외무대신)·어윤중(탁지대신) 등은 1880년대엔 친청파였던 조정 중신들로, 실무 능력이 뛰어나 일본 공사관으로부터 "일을 성사시킬 재능이 있는 인물들"[7]이라는 호평을 받고 있었다. 이에 맞선 박영효·서광범(법부대신) 등 갑신정변파는 뿌리부터 '친일파'들로 혁명에 실패한 뒤 10여 년 넘게 조선의 현실 정치에서 떨어져 망명 생활을 하고 있었다. 개혁을 성공시키려는 이노우에의 강한 영향력에 눌려 한솥밥을 먹고는 있지만, 진심으로 한 덩어리가 되기엔 여러모로 어려움이 많았다. 김홍집이 보수적 실무 관료라면, 박영효는 열정적 혁명가였다.

두 세력을 반목하게 만든 핵심 원인으로 떠오른 것은 갑오개혁을 실력으로 뒷받침하던 조희연 군부대신의 거취 문제였다. 박영효는 군대를 동원할 수 있는 막강한 권한을 가진 이 자리에 자파 사람을 심으려 했다. 고종 부부 역시 내각관제 등을 통해 군주권을 강하게 억누르는 갑오개혁파에 맞서기 위해 한때 '철천지원수'로 생각했던 박영효를 강력히 지원하고 나섰다.

결국 5월 16일 사달이 났다. 고종은 자신이 지시한 조희연의 면직이 이뤄지지 않는 것에 대해 "전날 군부대신 처분 문제에 대해 총리대신에게 하달해 두었는데 오늘에 이르기까지 아직 아무런 복명復命도 해 오지 않고 있다. 경들은 이 사건을 어찌 생각하는가?"라고 물었다. 갑작스러운 질책을 받은 김홍집과 어윤중이 변명하려 하자 불쾌한 표정을 짓고 말을 끌었다.

> 군부대신 처분에 대한 문제는 짐이 이미 처분하기를 명하였다. 그런데 대신이 그 명을 봉행하지 않는다면 이것은 군주권이 나라 안에서 시행되지 않음을 말함이로다. 무릇 국가 통치의 대권이 군주에게 있음은 어느 나라나 다 같으며 이노우에 공사도 역시 그와 같이 말했다. 그러므로 짐이 명령하는 것을 봉행하지 않는다면 이는 군주가 없는 것과 같은 것이 되므로 짐은 이 나라에 군림하기를 원치 않는다. 너희들은 마땅히 이 나라를 공화정체로 만들어야 한다. 조 군부대신의 죄는 우리나라 구법에 따르면 사죄死罪에 해당된다. 따라서 결단코 이를 용서할 수 없다.[8]

고종에게 "너희들은 공화정체를 만들어야 한다"라는 지적을 받은 김홍집은 큰 충격에 빠졌다. 사실상 '너는 역적'이라는 말을 들은 셈이니, 하루빨리 거취를 결정해야 했다. 김홍집은 17일 조희연이 면직되자 곧바로 사표를 던졌다. 큰 기대를 업고 출범한 개혁 내각이 불과 6개월 만에 공중분해된 것이었다. 고종 부부의 신뢰를 한 몸에 받고 있던 홍계훈은 이 난리가 마무리된 뒤인 27일 일본 공사관에 찾아가 고종의 생각을 자세히 전했다.

홍계훈에 따르면 고종의 불만은 결국 군주권에 대한 것이었다. "작년 이래 개혁과 관련한 정무는 모두 내각에서 논의·결정하고 상주문을 갖추어 대군주의 재가를 주청하는 데 지나지 않"아 "마치 군주가 없는 것 같다"고 느낀다는 것이었다. 나아가 김홍집 등 갑오개혁파 대신들이 "임금의 뜻을 거역하고 명을 따르지 않는 일이 왕왕 있었다"면서 이들이 "국가에 대해 두 마음을 품고 있는 것으로 보아도 지나친 말이 아니다"라는 극언까지 쏟아 냈다.[9] 내각관제를 통해 국가의 의사 결정 시스템을 제도화하려는 노력을 부정하고, 이 정책을 추진한 김홍집 등을 '국가의 배신자' 취급한 것이다.

사표를 낸 김홍집의 뒤를 이어 5월 31일 총리대신에 오른 이는 온건한 성격의 박정양(1841~1905)이었다. 그러자 내각의 실권이 강한 카리스마를 갖춘 박영효에게 넘어가게 된다. 그와 동시에 고종과 박영효의 짧은 밀월 관계 역시 끝나고 말았다. 김홍집과 갈등을 벌이긴 했지만, 박영효 역시 조선의 개혁을 위해선 군주권을 제한해 고종의 폭주를 막아야 한다고 믿은 개혁 세력이었다. 김홍집과 갈등을 빚던 고종은 이제 박영효와 충돌하게 된다.

이 무렵 고종이 머물던 경복궁의 호위 업무는 미국 교관 윌리엄 다이William Dye(1831~1899)가 훈련시킨 시위대(약 700~800명)가 담당하고 있었다. 박영효는 이 업무를 일본이 주도해 1895년

1월 만든 신식 군대인 훈련대(약 800명)에 맡기려 했다. 6월 25일 이 계획을 전해 들은 고종은 불같이 화를 내며 반대했다. 신하들이 "이미 상주하여 재가를 받은 일"이라고 설명하자 고종은 "작년 6월(갑오개혁) 이후 재가나 명령은 모두 짐의 뜻이 아니었다. 그러므로 그 재가나 명령들은 무시해도 그만이다"라는 극언을 입에 담는다.[10] 고종의 분노를 목도한 박정양 역시 벌벌 떨며 사표를 쓸 수밖에 없었다. 김종한 궁내대신 서리는 7월 1일 이 상황을 설명하기 위해 이노우에가 서울을 비운 사이 대리공사를 맡고 있던 스기무라 후카시를 찾아갔다.

> 대군주께서는 (중략) 1882년 변란(임오군란) 이후는 아침저녁으로 노심초사하여 경계를 매우 엄히 하시어서 밤새도록 잠을 이루지 못하는 대신 낮에 겨우 잠을 이루실 정도이다. 그런데 이번 정치 개혁 이래 상하 신민의 정형情形(정세와 형편)은 전일과 크게 다르고 문벌 지위도 없는 미천한 무리들이 갑자기 대신의 현직顯職(높은 벼슬)에 올라 자못 듣기에 놀라운 일인 데다가, 이런 종류의 평민 대신의 한 사람인 이주회李周會 등이 이번 훈련대에 입위入衛하는 일로 해서 3일간 조정에서 다투고 항변한 따위, 또 경무청의 순검이 대담하게도 왕족 의친懿親인 이준용李埈鎔(고종의 친조카) 저택 안으로 침입하여 그를 잡아 갔었던 따위, 또 정부가 왕실비王室費를 제한하고 왕실 부속의 전원田園 등을 몰수하여 궁중에서 그 반환을 요구했어도 과감히 이에 항거한 따위와 같은 제반의 일들은 대군주로 하여금 인심의 방자함을 심히 느끼시게 하였으며, 이와 같은 상황이라면 끝내는 순검이 깊숙한 궁궐 안에까지 침입해 와

언제 어느 때 감히 입 밖에 낼 수 없는 불순한 기도를 하게 될는지 예측할 수 없다. 이와 같이 정부 신료로서 이미 어떠한 화심禍心을 품고 있을지조차 알 수 없는 마당에 그러한 신료 등이 조직 훈련한 신병을 믿을 수 없음은 매우 명확한 일이라는 결심을 하시게 되었다.[11]

삼국간섭으로 일본의 세력이 위축된 틈을 타 개혁에 저항하는 고종의 몽니가 본격화되려 하고 있었다. 갑오개혁의 성패를 결정짓는 '분수령'이었다.

이 시점에서 일본과 조선의 개혁 세력 앞에는 두 가지 '선택지'가 있었다. 하나는 상황 변화를 받아들여 개혁을 포기하는 길, 다른 하나는 지난해 7월에 이은 '2차 쿠데타'를 통해 다시 굳건히 앞으로 나아가는 길이었다. 고종의 저항에 꺾이고 만다면, 조선은 다시 갑오개혁 이전의 절망적 상황으로 돌아갈 수밖에 없었다. 김윤식 외부대신은 6월 26일 자신을 찾아온 일본 공사관의 고쿠부 쇼타로國分象太郎(1859~1921) 서기생에게 "폐하 스스로가 재가하신 법령을 무시하고 이를 실천하는 데 뜻이 없으니 개혁하려던 일들은 마침내 흐지부지됐다"는 한탄을 쏟아 낸다. 이어 을미사변이라는 비극의 단초가 되는 의미심장한 말을 입에 올린다. "애당초 일이 이와 같이 된 원인은, 왕비가 (중략) 장차 국가를 그르치게 될 것을 깨닫지 못하고 (중략) 민씨 일족으로 하여금 정권을 장악하게 하려는 유일한 희망에서 비롯된 것 같다. (중략) 만약 민씨 일족이 러시아 세력에 의지하여 그 지위를 회복하게 된다면 이야말로 국가의 큰 난제를 야기하는 원인이 될 것이다."[12] 이 전문을 받고 화들짝 놀란 사이온지는 스기무라에게 "박 내부대신(박영효)과 비밀리에 면회해 이 사실(고종과 러시아의 결탁)을 물어보라"고 지시한다.[13]

이노우에의 경질과 미우라의 등장

도무지 개혁을 포기할 수 없었던 박영효는 마침내 결단을 내렸다. 고종을 권좌에서 끌어내리기 위한 정변을 계획한 것이다. 박영효는 이 모든 일이 부질없는 옛이야기로 변한 뒤인 1930년 1월 7일 《동아일보》 인터뷰에서 "민후의 세력은 여전히 궁중·부중(정부)에 미쳐 근본적으로 황실 개혁을 하지 않으면 소기한 목적을 달할 수 없을 형세"였다며 "우리 몇은 단연한 방침을 세워 보위를 황태자께 양위하시도록 할 계획을 세우게 되었다"라고 밝혔다. 이 반역 계획은 7월 6일 탄로 나 박영효는 이튿날 갑신정변 실패에 이은 두 번째 일본 망명길에 오르게 된다.

박영효의 실각은 일본을 공황에 빠뜨렸다. 오랜 '친일파'인 박영효가 축출된 이상 조선 내 일본의 세력 역시 급격히 위축될 수밖에 없었기 때문이다. 이제 일본이 '결단'할 차례였다. 급히 도쿄에서 돌아온 이노우에는 7월 25일과 30일, 8월 6일 세 차례나 고종 부부와 만나 대화를 나눴다. 그가 세운 새 방침은 고종 부부를 설득해 개혁을 이어 가게 하면서 일본의 영향력도 유지하는 길이었다. 다만 예전처럼 고종 부부를 힘으로 억누르지 못하게 된 이상 상당한 '떡고물'을 내놓아야 했다. 이노우에는 8월 6일 고종 부부와 만나 명성황후의 정치 참여 용인, 민씨 척족에 대한 사면권 허용, 300만 엔 무상기증 등의 회유책을 쏟아 냈다. 이노우에가 먼저 입을 열었다.

"정부 내 당파의 알력은 더욱더 심해지고 내각원들은 하루도 자기 직책에 안주할 수가 없었으며, 이것이 반작용을 일으켜 대군주의 대권과 내각이 주장하는 권한 그리고 각 대신 간의 권한이 서로 충돌을 일으키게 되었습니다. 그래서 상황이 어느 정도 예전처럼 되돌아가 내정 개혁의 목적을 달성한다는 것은 어려워졌습니다. (중략) 본 공사는 실로 근심 걱정에 견딜 수가 없습니다."
"작년 왕궁 변란에 이르러서는 뜻밖에도 일본군은 애초부터 일본을 적대시했던 대원군을 추대하여 왕궁으로 들여보내 다시 정권을 잡게 하였으며 대군주는 허위虛位를 지킬 뿐이었다. 그 후 귀 공사의 진력에 의해 대원군은 정권에서 물러났고 구체제로 되돌려졌다고는 하지만 잇따라 관제官制를 설정하고 이에 따라 내각을 조직하기에 이르러 내각의 권력이 항시 군주를 압제하고 모든 정무가 내각의 전권專權으로 일변하여 군주는 다만 그 주문奏聞에 따라 재가를 하지 않을 수 없게 된 것이 요즈음의 실상이다."[14]

고종은 내각관제에 의해 군주권이 제한돼 고통스럽다는 불만을 다시 쏟아 냈다. 그러자 이노우에는 마음속 깊은 곳에 감춰 뒀던 기증금에 관한 얘기를 꺼내 들었다. 아직 일본 정부의 방침이 확정되지 않은 '설익은 얘기'였지만, 급한 대로 고종 부부의 환심을 사야 했다.

"왕실 재정의 기초가 공고하지 못한 것을 우리 정부가 깊이 염려하고 있습니다. 실은 비밀리에 기증금에 대한 심의를 해 올해 가을 개최되는 임시회의에 이를 제출하기로 되어 있습니다."
"귀 공사가 그렇게 성의를 갖고 우리나라의 진상을 파악하고 전달해서 천황폐하 및 귀국 정부가 그토록 우리나라의 일을 생각해 주는지 미처 몰랐다."

이노우에의 기증금 300만 엔 카드는 예상대로 큰 효과를 발휘했다. 이 만남을 마친 뒤 이노우에는 8월 6일 사이온지에게 보낸 전문에서 "알현을 거듭할수록 격의가 없어져 지금까지 숨겨 왔던 러시아와의 관계도 차차 털어놓았으며 앞으로 본관이 진주陳奏(윗사람에게 사정을 아룀)하는 일은 반드시 확실히 지키겠다고 분명히 말했다"라고 보고했다. 어쩌면 이 순간이 거대한 비극으로 끝나는 조선과 일본의 관계를 가르는 '결정적 갈림길'이었다. 고종 부부에게 300만 엔에 달하는 거액의 기증금을 지급하겠다는 '온건한 회유책'에 대한 일본 정부의 회답은 당연(!)히 이노우에의 '경질'이었다. 이노우에가 열성적으로 추진하던 기증금 지급 계획은 이 안건 통과를 위한 "임시의회를 소집하지 않기로 했다"는 이유로 흐지부지되고 말았다.[15] 이노우에는 쓰라린 가슴을 부여잡고 9월 17일 조선을 떠나야 했다.

조슈번(현 야마구치현) 출신 퇴역 군인 미우라 고로三浦梧楼(1847~1926)가 특명전권공사로 임명된 것은 7월 19일, 조선 발령을 명받은 것은 8월 17일이었다. 외교 문외한인 전직 군인이 왜 민감한 시기에 엄청난 정치적 조정 능력이 필요한 조선 공사직을 맡게 됐는지에 대해선 아직 명확히 밝혀지지 않은 게 많다. 미우라는 조선 공사로 정식 임명을 받은 날 정부에 '대한 정책에 대한 의견서'를 제출했다. 현재 일본엔 "흔들리지 않는 대한 정책이 필요하다"며 다음의 방책 중 무엇을 추진할지 선택해 달라고 요구했다.

제1안 지난해 청을 정벌한 주의에 따라 조선을 동맹의 독립국가로 인정하고 장래 우리의 독력獨力으로 전국의 방위 및 개혁을 부담하며 책임지는 방침을 취한다.
제2안 우리의 독력으로 조선 독립 개량의 책무를 지는 것을 피해 보호 및 점령의 웅심雄心을 억제하면서 구미 열국과 공평하게 함께 모의해 공동으로 보호하는 독립국으로 만드는 방침을 취한다.
제3안 조만간 반드시 한두 강국과 분요紛擾가 발생할 수 있다. (중략) 큰 어려움이 있기 전인 오늘 오히려 단연한 결의를 가진 강국과 고려반도를 분할 점령하는 방침을 취한다.[16]

1안은 조선을 단독 보호국으로 삼는 것, 2안은 중립국으로 만드는 것, 3안은 러시아와 분할하는 것이었다. 놀랍도록 흥미로운 점은 일본 정부의 반응이었다. 그저 '빨리 부임하라'고 재촉할 뿐 답을 주지 않은 것이다. 말귀를 알아들은 미우라는 마음속으로 결단을 내린다. 그로부터 30년 뒤인 1925년 펴낸 회고록에서 사정이 이렇게 됐으니 "임기응변으로 스스로 자유롭게 처리하는 것 외엔 방법이 없다고 결심했다"라고 적었다.[17] '결심'이란 대원군을 다시 끌어내 일본의 대한 정책을 가로막는 '여우'인 명성황후를 제거하는 것이었다.

"미우라도 할 때는 하는구나"

명성황후가 살해되기 전날인 10월 7일 밤 서울 하늘엔 달이 밝게 빛났다. 이날 경복궁에선 불과 1년 4개월 전 동학군 진압을 위해 청나라에 군대를 요청하는 큰 실책을 저질렀던 민영준의 궁내부 복귀를 축하하는 잔치가 열렸다. 민영준은 이노우에의 유화책인 민씨 척족에 대한 사면 허용 방침에 따라 8월 11일 유형에서 풀려나 있었다. 이대로 정세가 흘러간다면 조선의 모든 것이 개혁 이전으로 되돌아갈 수 있었다. 그런 의미에서 이날 잔치는 갑오개혁에 대한 명성황후의 당당한 '승리 선언'이라고 할 수 있었다. 기쁨에 도취했는지 명성황후는 그날 밤 궁녀들과 궁궐을 산책하며 달빛을 즐겼다.[18]

그로부터 불과 몇 시간 뒤 명성황후는 거처였던 경복궁 내 건청궁 옥호루에서 잔인하게 살해됐다. 일본군 후비보병 제18대대, 조선 훈련대 제2대대, 스기무라 등 일본 공사관 직원, 아다치 겐조安達謙藏(1864~1948) 등 구마모토 국권당을 중심으로 하는 일본인 낭인 수십 명이 경복궁에 난입해 저지른 끔찍한 참극이었다.

이 사건으로 히로시마 지방재판소에서 재판을 받은 일본인 사건 관계자는 모두 47명이었다. 놀랍게도 이 참극은 일본의 단독 범행이 아니었다. 훗날 3·1운동 때 독립선언서를 발표한 '민족 대표 33인'에 이름을 올리게 되는 권동진(1861~1947)은 1930년 1월 29일 《동아일보》와 인터뷰에서 을미사변에 대해 "개혁파와 관련된 사람들은 물론 전부 참여했다"라는 증언을 남겼다. 1894년 7월 23일 일본군이 경복궁을 침탈했던 사건처럼 이 역시 조선의 개혁 세력이 적극 참여한 한·일의 합작품이었다.

이 흉악무도한 사건에 대해선 우치다 사다쓰치 서울 영사가 11월 7일 사이온지에게 제출한 '1895년 10월 8일 왕성 사변 전말에 관한 구신'이란 장문의 기록이 남아 있다. 그는 명성황후의 사망 당시 상황을 다음과 같이 묘사했다.

후궁으로 밀어닥친 일군의 일본인들은 밖에서 자물쇠를 비틀어 열어 그 안을 엿보니 여러 명의 궁녀가 그 안에 숨어 있는 것을 발견하였다. 이야말로 왕비의 거실이구나 생각하고 곧장 칼을 휘두르며 실내로 난입하였다. 궁녀들이 당황하여 어쩔 줄 몰라 울고 부르짖으면서 도망쳐 숨으려고 하는 것을 인정상 너그러이 용서할 생각도 있었으나 모조리 붙잡아 그중 복장이나 용모가 아름다워 왕비라고 생각되는 자는 바로 칼로 죽여 3명이나 되었다. 그러나 그들 중에는 직접 왕비의 용모를 식별할 수 있는 사람이 한 명도 없었을 뿐 아니라, 이미 살해된 부인의 시체와 아직 잡아 놓고 있는 자의 용모를 일일이 점검하였더니 나이가 모두 너무 젊어 전에 듣던 왕비의 연령과는 부합되지 않았다. 그래서 필시 왕비를 놓쳐 버린 것이라 생각하였다. (일본 낭인) 구니토모 시케아키國友重章(1861~1909)는 아직 남아 있는 한 부인을 잡아 방 안에서 마루까지 질질 끌어내어 왼손에 목덜미의 머리털을 휘어잡고, 오른손에 칼날을 그 흉부에 겨누고 "왕비는 어디에 있느냐 언제 어디로 도망갔느냐"는 등 일본말로 매우 화난 소리로 물어보았다.

(중략)

이리하여 우리 나라 사람의 난입자는 곳곳에 왕비의 소재를 수색 중, 어떤 궁녀 말에 의하여 왕비는 볼의 위쪽에 한 점의 벗겨진 자욱이 있다는 것을 듣고 이미 살해된 부인의 시신을 점검하였다. 그중 1명은 과연 볼 위 즉 속칭 관자놀이라고 칭하는 부분에 벗겨진 자욱이 있는 사람을 발견했으므로 이를 다른 궁녀 여러 명에게 보였더니 누구나 다 왕비가 틀림없다고 하였다. 그 후에 이것을 대원군에게 고하였더니 그도 역시 틀림없이 그가 왕비임을 믿고 손을 치며 매우 만족한 뜻을 나타냈다.[19]

일을 저지른 뒤 정오께 공사관으로 돌아온 미우라는 영문을 몰라 하는 우치다에게 "민당 무리들이 러시아와 결탁하여 더 세력을 떨치고 내정 개혁 사업을 점차 모두 파기하고 있다"면서 "민영준을 등용해 국정을 맡게 한 뒤 만사를 러시아에 의뢰하고 우리에게서 이반하려 했다"라고 말했다.

미우라의 의심은 사실이었을까. 숨진 명성황후가 허리에 차고 있던 주머니에서 고종이 러시아 황제 니콜라이 2세에게 보낸 친서가 발견됐다. 고종 부부에게 우호적이던 카를 베베르 공사가 조선에 유임할 수 있게 해 달라고 청하는 내용이었다. 러시아 정부는 그해 7월 베베르를 멕시코 공사로 임명하며 조선 업무에서 손을 떼도록 조처해 두고 있었다. 일본은 이 사실을 모르고 있었겠지만, 러시아는 고종의 거듭된 간청에도 베베르가 잠시 더 서울에 머무를 수 있게 했을 뿐 공사 교체 방침을 바꾸진 않았다. 냉정하게 판단해 러시아의 '전략적 관심'은 조선이 아닌 만주에 있었고, 고종의 대러 접근은 '짝사랑'의 수준을 넘어서지 못했다.

결국, 모든 게 판단 잘못이었다. 일본은 청일전쟁의 성과를 지켜 내야 한다는 절박감과 "조선과 러시아가 깊게 결탁하고 있는 것 같다"는 피해 의식에서, 조선의 개혁 세력은 '개혁 완수'라는 책임감 탓에 명성황후를 살해하는 "역사상 고금 미증유의 흉악"(우치다의 11월 7일 보고서)을 저지르고 말았다.

조선이 19세기 말~20세기 초 약육강식의 국제 질서 속에서 살아남으려면 쉽지 않은 과제인 내정 개혁에 성공해야 했다. 그러기 위해선 좋든 싫든 고종과 개혁 세력의 연대가 필수적이었다. 이 둘이 혼연일체가 돼 조선을 근대국가로 탈바꿈시키기 위한 합리적 의사결정 시스템을 만들어 내야 했다. 하지만 명성황후의 끔찍한 죽음으로 인해 고종과 조선 최고의 관료들이던 김홍집·어윤중·김윤식·유길준 등은 불구대천의 원수가 됐다. 둘 사이의 타협 가능성이 사라지며 조선의 운명은 더 위태로워졌다.

명성황후가 살해됐다는 소식을 들은 윤치호는 화가 머리끝까지 올라 이튿날 김윤식을 찾아갔다. 이들의 서글프기 짝이 없는 대화 내용은 10월 9일 《윤치호 일기》에서 찾을 수 있다. 윤치호가 다짜고짜 따져 물었다.

"외국인들은 왕후의 비열한 시해 행위에 매우 분노하고 있습니다."
"외국인들은 공정하지도 정당하지도 않습니다. 그들은 왕후가 자신에게 포도주를 주거나 악수를 나누곤 했기 때문에 그렇게 생각합니다. 그들 가운데서도 공정한 생각을 가지고 있는 이들은 그가 나빴음을 인정합니다."
"그건 사실이지만, 그녀가 맞이한 가장 참혹한 죽음은 외국인에게 동정과 분노를 불러일으킵니다."
"외국인들이 원한다면 동정하라고 하시오. 외국인들이 뭘 할 수 있겠소. 우리는 독립적이오."

"우리가 독립적입니까. 일본인이 궁궐을 공격해 우리 왕후를 살해하도록 끌어들이는 것이 독립입니까."

일본이 입은 피해는 당장 눈에 보이진 않았지만 더 본질적이고 끔찍했다. 이 사건을 계기로 현장에서 감당하기 힘든 일을 저지르면, 정부에선 이를 뒤늦게 추인하는 일본 특유의 병폐가 시작됐다. 일본은 이 '변태적 속성'을 다스리지 못해 만주사변-중일전쟁-태평양전쟁에 잇따라 휩쓸리며 끝내 파멸하고 만다.

미우라는 훗날 회고록에서, 1896년 1월 20일 히로시마 지방재판소에서 증거 불충분으로 불기소 처분을 받아 석방된 뒤 메이지 천황을 모시던 시종 요네다 도라오米田虎雄(1839~1915)가 찾아왔던 얘기를 적었다. 겸연쩍어진 미우라가 인사를 겸해 말을 건넸다. "윗분께 큰 심려를 끼치고 말았다." 윗분이란 천황을 뜻하는 말이었다. "아니네. 사건에 대한 얘기를 들으시고, '(미우라가) 할 때는 하는구나'라는 말이 있으셨네."[20]

13 아관파천과 고종, '개혁'을 도륙 내다

베베르의 충격

1885년 9월 부임한 카를 베베르 러시아 공사는 최선을 다해 조선과 고종을 도우려는 사람이었다. 고려인 학자 벨라 박의 저서 《러시아 외교관 베베르와 조선》을 보면, 그가 조선과 처음 접하게 된 계기는 1882년 7월 조·러 국교 수립 가능성을 모색하기 위해 블라디보스토크에 파견됐을 때였다. 연해주를 둘러보면서 만난 조선인 이민자들에 대해 "조선인들은 근면한 일꾼, 훌륭한 농부이며, 좋은 가정인"이라는 평가를 남겼다.

이후로도 일본의 한반도 침략을 막기 위해 러시아가 적극 나서 조선을 도와야 한다는 입장을 유지했다. 을미사변이 일어나기 석 달쯤 전인 8월 10일 본국에 보낸 전문에 "조선의 왕은 자기 힘만으로는 일본과 싸울 수 없다는 것을 자각하고 있어서 러시아의 결정적이고 강고한 지원에 모든 희망을 걸고 있다"라고 적었다.[1]

러시아 정부의 생각은 달랐다. 삼국간섭 이후에도 러시아가 일관되게 유지한 입장은 한반도에서 일본과 충돌을 피해야 한다는 것뿐이었다. 그런 의미에서 베베르의 적극적 개입 정책은 러시아에 큰 골칫거리가 아닐 수 없었다. 결국 알렉세이 로바노프-로스톱스키Alexey Lobanov-Rostovsky(1824~1896) 외무대신은 7월 베베르를 멕시코 공사로 전보하고, 주일 러시아 공사관의 알렉세이 시페이예르 일등서기관을 후임으로 임명했다. 1885년 6월 러시아 군사교관 파견 문제를 놓고 김윤식과 갈등한 바로 그 인물이었다.

이 소식을 들은 고종은 베베르를 붙잡아 두기 위해 두 번이나 니콜라이 2세에게 친서를 보냈지만 효과가 없었다. 러시아가 내놓은 타협안은 시페이에르가 부임하는 1898년 1월까지 베베르가 조선에 머물 수 있게 한다는 것이었다.[2]

동시에 러시아는 9월 13일 시페이에르에게 향후 조선 정책과 관련한 새 훈령을 내려보냈다. 일본의 조선 침략은 막아야 하지만, 쓸데없는 분규에 말려들지 말라는 내용이었다.

우리는 조선에 대해 스스로 침략적 의도를 품지 않고 있다. 다른 국가의 침략적 의도 역시 허용할 수 없음이 당연하다. 우리는 서울을 지배하려는 일본인들과 투쟁해야 할 것이다. (중략) 한편, 조선을 비롯한 모든 곳에서 우리를 바람직하지 못한 분규에 연루시킬 가능성이 있는 모험적이고 대담한 행동은 어떠한 것이든 회피할 것이다.[3]

을미사변이 발생하던 1895년 10월 8일 새벽, 베베르는 서울 정동 언덕배기 위에 자리한 러시아 공사관에 머물고 있었다. 경복궁에서 막 탈출한 '친러파' 이범진(1852~1911) 궁내부협판이 심부름꾼 복장을 하고 뛰어왔다. 탈출 과정에서 궁의 높은 담장 위에서 뛰어내리다 다리를 다쳐 제대로 걷지도 못하고 있었다. 그는 "일본인들이 학살을 하고 있다. 아마 왕비를 죽일 모양인가 보다"라고 소리쳤다. 곧이어 참살 현장을 목격한 러시아 건축가 아파나시 세레딘-사바틴Afanasii Seredin-Sabatin(1860~1920)도 달려와 자신이 보고 들은 참상을 전했다.

베베르는 경악했다. 호러스 알렌 미국 공사관 일등서기관과 함께 경복궁으로 달리기 시작했다. 도중에 일본 공사관에 들렀지만, 미우라 고로 공사는 부재중이어서 만날 수 없었다. 그는 나흘 뒤인 12일(제정러시아에서 사용하던 율리우스력으로는 9월 30일) 로바노프-로스톱스키에게 보낸 전문에서 경복궁에 도착한 뒤 자신이 목격한 것을 다음과 같이 적었다. 베베르는 잔인하게 부인을 잃은 가련한 조선의 국왕과 마주한 이 순간, 그를 위해 자신이 할 수 있는 모든 것을 다하겠다고 결심했는지 모른다.

9월 26일 아침(그레고리력으로 10월 8일) 아침 궁궐에 들어갈 수 있었던 몇몇 유럽인들은 조용히 앉아 있는 고종을 바라보며 무거운 침묵만이 감도는 어전을 온몸으로 느껴야 했습니다. 차라리 시시콜콜 사정을 설명해 주면 낫겠다는 생각도 했습니다. 하룻밤 사이에 일어난 충격적 사건으로 인해 말할 힘을 잃은 채 눈물을 참고 있던 고종은 왕궁 예법에 맞지 않게 사신들의 손을 돌아가면서 잡았습니다. 자신으로부터 떠나지 않기를 바랄 뿐이었을 것입니다.

제가 공사관에 돌아왔을 때 이곳에 남아 있던 전 농상공부대신이 자신이 들은 소문을 말해 주었습니다. 즉 그가 궁궐을 떠나기 몇 분 전에 미우라 일본 공사와 대원군이 고종에게 가서 명성황후를 폐위시켜 서인으로 만드는 옥새를 받아 내려고 애썼다는 것입니다. (그때는 일본인들이 이미 명성황후를 시해한 후였습니다.) 고종은 자신의 손을 뻗어 손가락을 내밀고 이렇게 말했습니다. "차라리 내 손가락을 잘라 가시오. 그리고 그 손가락으로 당신들이 원하는 것을 쓰시오. 나는 아무것도 하지 않을 것이오."[4]

큰 궁지에 몰린 일본

당일 오후 3시 30분 일본 공사관에서 이 끔찍한 사건의 진상을 캐묻기 위한 외교사절단 모임이 열렸다. 베베르는 천인공노할 범죄의 '주범'인 미우라에게 "궁전 내에서 소동을 일으키고 (왕비를) 살해한 일본인들의 성명을 밝히고, 궁궐 내 사건과 대원군을 데려오는 일에 일본군이 가담한 것인지 분명히 밝히라"고 요구했다. 미우라 역시 이 회담에 대한 기록을 남겼다. 당일 밤 11시에 사이온지 긴모치 외무대신 임시대리에게 보낸 전문을 보면, 이 자리에서 베베르는 세 가지를 주문했다. 첫째 "이 사변은 일 자체가 매우 중대한 것"이니 "엄밀한 조사"가 필요하다, 둘째 "훈련대가 호위병을 쳐부수고 궁궐에 들어가 지금은 도리어 이를 호위"하고 있으니 이 "역적과 모반자들"을 교체해야 한다, 마지막으로 "일본이 이 땅의 안녕과 질서를 유지하는 데 충분한 병력을 갖고 있는데도 이런 사변이 일어났다는 데 매우 유감을 금할 수 없다"는 것이었다. 러시아가 이 문제에 비상한 관심을 기울이며 엄밀한 조사와 합당한 사후 조처를 요구한 이상 일본도 이를 깔아뭉개고 있을 수만은 없었다.

궁지에 몰린 일본 정부는 대응에 나서야 했다. 사건 발생 사흘 만인 11일, 미국 하버드대학 출신으로 일본 외무성의 '에이스'라 불리던 고무라 주타로 정무국장을 책임자로 하는 조사단을 현지에 파견했다. 일본 정부는 이 사건의 주범이 바로 자신들이라는 것을 잘 알고 있었다. 미우라는 사건 당일 사이온지에게 이 사건은 "본관이 묵인한 사건"이라면서 '관여'를 인정했고,[5] 14일에는 사태를 가만두면 고종과 명성황후의 친위 쿠데타로 "(김홍집) 총리대신 이하는 살해되어 궁중과 정부가 다 함께 민당 즉 러시아당의 사람으로 메워질 것"이고, 그렇게 되면 "우리 나라는 가슴을 치고 후회해도 어쩔 수 없는 처지가 될 것" 같아 이 일을 저질렀다고 자백했다.[6]

참으로 난처해진 고무라가 서울에 도착한 것은 15일이었다. 사건의 진상이 명백해진 이상 미우라를 더 이상 조선에 머물게 할 순 없었다. 일본 정부는 17일 미우라에게 소환을 통보하고, 후임으로 현지에 파견된 고무라를 눌러앉게 했다. 18일에는 오카모토 류노스케 등 이번 사건에 관여한 '대륙 낭인' 20여 명에게 한국 퇴거를 명하고, 22일 배에 태워 히로시마 우지나로 보냈다.[7] 이 천인공노할 범죄자들을 조선 정부가 직접 잡아 처벌하지 못한 것은 강화도조약 때 받아들인 치외법권 규정 때문이었다.

남의 나라 궁궐에 들어가 왕비를 살해하는 "역사상 고금 미증유의 흉악"을 저지른 일본의 국제적 위신은 크게 추락할 수밖에 없었다. 사이온지는 25일 성명을 내 "앞으로 조선에서 군대를 소

환"하고, 조선에 대한 일본의 정략 역시 "무간섭 방침이 될 것"이라고 선언해야 했다.[8]

사이온지가 성명을 내던 25일 미국 공사관에서 두 번째 외교사절단 회의가 열렸다. 베베르가 이날 요구한 것은 군권을 틀어쥔 채 고종을 위협하고 있는 조희연 군부대신의 해임과 을미사변에 가담한 훈련대의 해산이었다. 베베르가 사건 당일인 8일 제시한 세 가지 요구 사항 가운데 '엄밀한 조사'는 고무라의 부임과 사건 관련자들의 퇴거 등으로 어느 정도 달성돼 있었다. 두 번째 요구 사항인 '역적과 모반자들의 교체'를 실현시키기 위해 압박을 강화한 것이었다. 고무라는 "그럴 필요가 없는 것으로 확신하지만 만약 필요하다면 굳이 꼭 동의하지 않으려 하지는 않겠다"라고 애매하게 답했다.[9]

베베르는 왜 조희연의 해임과 훈련대의 해산을 요구했을까. 을미사변은 삼국간섭 이후 러시아에 의지하려 했던 명성황후를 제거하기 위해 일본이 '주범'이 되고, 갑오개혁 추진 세력이 '공범'으로 참여해 일으킨 참극이었다. 12장에서 인용한 권동진의 《동아일보》 인터뷰를 좀 더 살펴보자.

이 음모에 관여한 사람은 일본 사람 오카모토 류노스케 외 일본인 30~40명이 있었으며, 우리 사람 편으로는 개혁파의 관계자는 물론 전부 참가하였지요. 정부 대신을 비롯하여 훈련대 제1대 제2대장, 제 백형(맏형) 권형진(사변 후에 경무사로 임명) 등도 획책에 가담하였으며, 직접파로는 훈련대 외에 일본 사관학교 생도이던 우리 여덟 명이 활동하였는데 그 성명은 정란교·조의문·이주회·유혁로·

구연수 외 김모외다. (중략) 우리는 그때 (명성황후의 죽음을 확인하고) 아까도 잠깐 말한 바와 같이 그이(명성황후)가 국가에 죄과가 많다 한들 지존한 지위에 계셨으매 군신의 도를 밟아 대원군으로 하여금 그 아드님 되시는 상감께 말씀하여 폐비한 후에 다시 사약을 할 계획이었던 것이 우리가 선봉을 서지 못한 까닭에(일본인들이 선봉을 서 명성황후를 살해한 까닭에) 큰 누명을 쓰게 되었시외다.[10]

갑오개혁의 시작을 알린 1894년 7월 일본군의 경복궁 점거가 일본과 조선의 개혁 세력이 일으킨 '1차 쿠데타'라면, 을미사변은 이를 지켜 내기 위한 '2차 쿠데타'라고 할 수 있었다. '역적과 모반자들을 교체하라'는 베베르의 요구는 범죄에 가담한 조선인 공범들을 제거하라는 의미였다. 고무라는 받아들일 수밖에 없었다.

이 문제를 둘러싸고 일본과 조선 개혁 세력 간에 벌어진 갈등을 보여 주는 매우 흥미로운 기록이 남아 있다. 일본 국립국회도서관 헌정자료실 소장 '무쓰 무네미쓰 문서' 속에 남아 있던 '일본공사 조선 간섭 전말'(메이지 28년, 1895년)이라는 이름의 국한문 혼용체 문서다.[11] 이 글을 쓴 이는 고무라에게 사임 압력을 받고 실제로 물러나게 되는 경무사(경찰청장) 권형진이었다. 기록에 따르면 베베르의 강력한 요구를 받은 고무라는 1차로 "대궐을 경비하는 훈련대를 다른 군대와 교대시키며, 우범선·이두황 두 대대장을 면관"시킬 것을 요구했다.

조선 입장에서 볼 때 이는 쉽게 받아들일 수 없는 요구였다. 훈련대는 을미사변을 통해 다시 권력을 쥐게 된 김홍집 내각을 물리적으로 떠받치고 있는 핵심 전력이었다. 두 대대장을 경질하면 훈련대가 약체화되면서 개혁 세력이 위험에 노출될 수 있었다. 개혁의 대의를 위해서라도 절대 응할 수 없었다. 권형진이 물었다.

"무슨 연유냐?"
"외인(외국인)이 시비를 하기로서 하노라."
"오늘 우리나라에 믿을 수 있는 사람은 이 훈련대 800명뿐이다. 이 군대가 만일 없어지면, 국가가 국가를 위할 수 없다. 이 말(훈련대를 해산하라는 말)은 천박한 소견이다."
"그러면 군대는 그만두고 두 대대장만 면직시켜라."
"이 역시 할 수 없다. 지금 만약 두 대장을 면관시키면 군심이 동요하여 사방에 뿔뿔이 도망逃散하리니, 만일 이를 실행하고자 하면, 귀국 수비대 병사로서 교환하고 이 궁성을 수비하게 해야 한다. 그래야 두 대대장의 면관과 훈련대 교대를 행할 수 있다. 만일 그렇지 않으면 곧 큰 환란이 닥치게 된다."
"우리 수비대로 귀 궁성에 경비를 채울 순 없으니 재삼 생각하겠다."

박영효의 역모 사건 이후 다시 개혁을 이끌게 된 김홍집 총리대신도 "만약 두 대대장을 죄 하고자 하면 먼저 나를 죄 해야 마땅하다"고 버텼다. 그렇다고 끝까지 고집을 부리고 있을 수만도 없는 노릇이었다. 결국 우범선과 이두황이 스스로 사직하겠다는 결단을 내렸다. 훈련대는 10월 30일 폐지되고, 같은 날 제정된 〈육군편제강령〉에 따라 경성에서 왕성을 수비하는 친위대와 지방에 주둔하며 지방진무鎭撫와 변경 수비를 맡게 될 진위대가 만들어졌다.[12]

그런 뒤에도 일본의 압박은 이어졌다. 최종 목표는 조희연과 권형진의 사임이었다. 고무라는 이 둘을 따로 불러내 "외인이 대단히 시비한다"면서 "잠시 사직할 것"을 요구했다. 이들이 버티자, 조선의 내각에까지 찾아와 서양 열강들이 "5국 동맹(러·미·영·독·프)을 결성해서 정부를 파괴할 결심"이라며 압박의 수위를 높였다. 고무라는 절대불가를 외치는 조선 쪽에 "귀국은 실력이 없으니, 5국 동맹군이 이르면 무슨 방략으로 방어하겠냐?"라고 물었다. 결국 권형진은 "우리 두 사람이 사직하면 국가가 안온하고 5국 동맹군이 물러날 것 같으면 나는 속히 사직하여 일본에 유람하고 안심하리라"라고 말하며 물러날 수밖에 없었다.

조선 정부가 이들의 사직을 대내외에 전한 것은 11월 26일이었다. 그에 앞서 이날 오후 2시까지 입궐하라는 통지가 각국 공사관에 전달됐다. 이날 벌어진 일들은 통역을 위해 궁에 불려 나온 윤치호가 자신의 영문 일기에 자세히 적었다. 고종은 공사들에게 "우리가 오늘 귀하들을 오라고 한 것은 중요한 대책을 수행하기 위해서"라며 "(경복궁) 보현당으로 잠시 이동했다가 한 시간쯤 후에 다시 오라"고 말했다.

서양 각국 공사들이 대기실로 물러간 뒤 나는 전하와 세자를 직접 마주 볼 수 있는 기회를 가졌다. 임금의 고뇌에 찬 모습과 감금되어 있는 환경이 너무 슬퍼 울지 않을 수 없었는데, 그때 전하와 세자는 나를 향해 머리를 끄떡이면서 손짓으로 내 감정을 억제할 것을 넌지시 주의시켜 주었다.

두 시간 가까이 전하 앞에서 내각회의를 가졌다. 4시 30분쯤 김윤식이 서양 각국 공사들에게 왕후의 이전 지위를 복구해 10월 9일 공표된 조칙(폐비조칙)을 철회하도록 명하는 조칙을 전했다. 궁내부대신 이재면은 군부대신 조희연, 경무사 권형진이 모두 해임될 것이고, 이도재가 군부대신, 허진이 경무사에 임명될 것이며 10월 8일의 범죄자들은 체포되어 처벌될 것이라고 서양 공사들에게 알려 주었다.[13]

행사가 끝나고 윤치호는 이번 결정이 "폐하의 뜻이냐?"라고 물었다. 고종은 그 조칙은 내각이 내린 것이라며 "이것이 무슨 일인지 전혀 모르겠다"라고 답했다. 그러자 내시 두 명이 이들에게 다가왔다. 아마도 대화를 감시하려는 목적이었을 것이다. 고종은 화제를 바꿔 "아버지는 평안하신가?"라고 물었고, 윤치호는 "그렇습니다"라고 답하며 물러나야 했다.

잠깐의 희망과 좌절

조희연·권형진이 해임되자 애초 우려대로 개혁에 큰 위기가 찾아왔다. 을미사변 이후 러시아(이범진·이학균)와 미국(이완용·이윤용·이하영·이채연·민상호·현흥택) 공사관에 머물며 반전의 기회를 엿보던, '정동파'라 불리던 인사들은 불과 하루 만에 되치기에 나섰다. 이들은 27일 밤~28일 새벽 경복궁 북서쪽 춘생문을 통해 궁궐 안에 침입해 고종을 구해 내려던 이른바 '춘생문사건'을 일으켰다. 고종을 동정하던 미국·러시아 공사관의 도움을 받아 갑오개혁 주도 세력을 제거하려는 '역쿠데타'를 시도한 것이다.[14] 이 정보를 27일 오후 4시께 확보한 고무라는 김홍집 내각을 찾아가 철저한 대비를 당부했다.[15] 김홍집 내각은 보기 좋게 이를 격퇴했다.

춘생문사건이란 큰 위기를 잘 극복하면서 조선의 개혁 세력은 갑오개혁이 시작된 뒤 처음으로 일본의 노골적 간섭이나 반대파의 격렬한 저항에서 벗어나 자신들의 뜻대로 정국을 주도해 나갈 수 있는 기회를 잡게 됐다. 고무라는 해를 넘긴 1896년 1월 21일 사이온지에게 보낸 전문에서 당시 상황을 이렇게 설명했다.

조선 현 내각원의 대부분은 지난해 10월 8일의 사변(을미사변) 후에 입각해서 사변 후의 난국에 대처했고, 또 11월 28일의 사변(춘생문사건)을 당하고 오늘날까지 살아남은 자들입니다. 그리고 8일 사변 후 허다한 어려움이 몰려왔을 당시에는 이 내각이 어쩌면 그 무거운 부담 때문에 붕괴하기에 이르지 않나 의심스러웠는데 11월 28일의 사변이 참으로 기사회생의 효과가 있었으니 실로 예측하지 못한 행운이었습니다. 즉 위 사변의 결과로 내각과 군대의 관계가 친밀해졌고, 외국의 대표자들로 하여금 10월 8일의 사변 처리를 정부에 강요할 수 없는 처지에 서게 하여 (중략) 실로 현 내각은 이 다난한 때를 맞이하여 서로 일치 협동해서 간고艱苦를 함께한 무리들이 조직한 것으로서 처음으로 조선에 내각제도가 도입된 이래 오늘날과 같이 그 단결의 공고함을 일찍이 보지 못했던 것입니다. 그리고 또 김홍집·어윤중·김윤식·유길준 같은 사람들은 현재 이 나라 제1류의 인물들이며 장박·정병하 등도 다같이 명성이 있으므로, 외국인 중에서도 공정한 의견을 갖고 있는 무리들은 현 내각은 조선인 중 비교적 청렴하고 준수한 인물을 망라한 것이라고 평하고 있을 정도이니, 장차 더욱더 그 위신을 더해 갈 것은 자연적인 추세로 생

각합니다.[16]

　자신감을 얻은 김홍집 내각은 개혁에 한층 더 속도를 내기 시작했다. 1895년 12월 30일(음력 11월 15일), 이듬해부터 양력과 '건양建陽'이라는 독자 연호를 쓰기로 하고, 남성들에게 상투를 없애고 머리를 깎게 했다. 조선 사회를 발칵 뒤집어 놓게 되는 '단발령'이었다. 고종은 이날 조령을 내려 "짐이 머리를 깎아 신하와 백성들에게 우선하니 너희들 대중은 짐의 뜻을 잘 새겨서 만국과 대등하게 서는 대업을 이룩하게 하라"고 지시했다.[17]

　이 조처에 대한 민중들의 반발은 상상을 초월했다. 조선인은 '근대화의 상징'인 단발을 강요하는 것을 민족의 '정체성'을 부정하는 의미로 받아들였다. 유림은 국모가 비참하게 살해된 을미사변 때보다 더 흥분하면서 "삭발을 하면 사람이 금수가 되고, 중화가 이적이 된다"고 주장했다. 조선의 '마지막 선비' 면암 최익현(1833~1906) 같은 이는 "내 목은 자를 수 있으나 내 머리칼은 자를 수 없다"라고 목놓아 외쳤다. 각지의 유생들은 의병을 조직해 본격 저항에 나서게 된다.

　단발령 등에 대한 고종과 민중의 분노는 점점 차오르고 있었지만, 일본과 개혁 세력은 이를 대수롭지 않게 여긴 듯하다. 고무라는 앞선 전문에서 고종은 "특별한 자기 소견을 갖고 있는 분이 아니고, 옆에서 지모를 일러 주는 사람(명성황후)이 없으니 내각 구성을 강압적으로 침범하는 일은 없을 것"이라면서, "개혁은 점차 잘 진척되리라 사료된다"고 예측했다. 고종의 속내를 제대로 읽지 못한 '장밋빛 전망'이었다. 고종은 비참하게 살해된 아내의 죽음을 운명으로 받아들이고, '군주권을 제도화'하려는 신하들의 '꼭두각시'로 살아갈 생각이 전혀 없었다.

그러는 가운데 개혁은 계속 속도를 냈다. 개혁의 성패를 가르는 핵심 변수는 결국 재원 마련이었다. 김윤식 외부대신은 1896년 1월 16일 고무라에게 1895년 3월 말에 빌린 차관 300만 엔의 상환 연기를 요청했다.[18] 이틀 뒤인 18일엔 500만 엔의 추가 차관을 희망한다는 뜻을 전했다. 김윤식은 향후 재정 전망에 대해 "우리나라 재정이 비록 극도로 궁색하여 위축되고 있으나 정리 방법을 바로 세우면 3년 뒤에는 반드시 여유가 조금씩 생겨 자력으로 유지가 가능하다"라고 적었다.[19]

조선 내 최고 재무 전문가였던 어윤중 탁지부대신 등은 왕실재정 정리(왕실비의 절감, 왕실 소속 재정의 탁지부 이관, 기타 왕실수입의 탁지부 이관), 징세법 개량(은결의 적발, 수납의 결손 방지, 조세금납제의 조기 시행, 향회·향약의 활성화를 통한 납세율의 제고), 새로운 세원 발굴(경인철도 등 관영 교통수단 개발, 신항구의 개발, 택지세의 신설, 관유지의 불하), 민간상공업의 진흥(상공회 설립, 민간의 기업심 고양) 등의 사업을 적극 추진해 무너진 조선의 재정을 일으켜 세우려 했다. 일본에서 빌려온 돈으로 세원 확대와 민간산업 진흥을 위한 사업을 추진해 근대적 자립경제의 기초를 다지려 한 것이다.[20] 실제 그가 고무라에게 제출한 예산 계획서를 보면, 차관을 받은 3년 차(1898)의 세입은 787만 5925원, 지출은 667만 4157원으로 120만 원 정도 흑자를 보는 것으로 나와 있다.

이 사실을 일본 정부에 보고하는 고무라의 1월 22일 전문은 머잖아 비참한 최후를 맞게 되는 갑오개혁이 내뿜은 '마지막 불꽃'

이었다. 그는 이 안에 대해 "간곡히 탁지부 고문 등에게 주의를 주어서 충실하고 정확한 예산을 세우도록 한 것"이라고 적었다.

조선의 전도가 아직 확고하지 않은 오늘날에 이와 같은 거액의 금액을 더 대여하는 것은 약간 경솔하다는 비난이 있을지 모르며, 본관으로서도 과연 이 나라가 능히 독립의 실을 거둘 수 있을 것인지 아닌지에 대해서는 매우 의심스러운 바 없지 않습니다. 그렇지만 (청일전쟁의) 선전조칙에 의해서 세계에 표명한 대로 혼자 힘으로 조선 독립의 기초를 공고히 하여야 할 의무를 짊어져야 할 것이며, 오늘날 우리가 이에 보호와 조력을 주어야 하는 실로 부득이한 위치에 서있는 것입니다.[21]

고무라는 같은 날 보낸 별도 전문에선 사이온지에게 "근래에 와서 폭세도 다소 진정되어 가고 있으"니 앞으로 조선 정책을 어떻게 이끌어 가야 할지를 논의하기 위해 "일시 귀국하고자 하오니 부디 인허해" 달라고 요청했다.[22]

"역적들이 제멋대로 명령을 위조했다"

고무라는 상상도 할 수 없었겠지만, 이 무렵 고종과 러시아 공사관 사이에선 심상치 않은 움직임이 진행되고 있었다. 우선 베베르의 후임인 시페이에르가 1월 8일 서울에 도착했다. 이를 계기로 고종은 다시 러시아에 도움의 손길을 구하기 시작한 것 같다. 시페이에르는 27일 본국에 "국왕은 우리의 도움을 받아 자신의 권력을 복구하고 자유로이 대신을 임명할 수 있게 되기를 기대"

하고 있다고 보고했다. 그러면서 러·일 간 힘의 균형을 맞추기 위해 서울에 일본과 같은 규모의 군대를 파견해 달라고 요청했다.[23]

단발령에 저항하는 의병들의 움직임도 커지고 있었다. 특히 강원도 춘천 쪽 움직임이 심상치 않았다. 고무라는 23일 전문에서 "춘천부에 폭도가 봉기해 관찰사·경무사 등을 축출하고 관청을 탈취했다"며 그 원인은 "단발에 있으며 정부가 신임 관찰사 부임에 즈음해 군대를 딸려 보내 단발을 강제할 수 있으리라 망상"했다고 지적했다. 당황한 김홍집은 일본 공사관에 찾아가 "지방민들이 정부가 단발을 강제하려는 것같이 오해해 각처에서 폭도가 유기誘起하고 있어 매우 통탄을 금치 못한다"고 우려했다.[24]

고종은 점점 확산되는 의병의 움직임을 러시아 공사관으로 피신하기 위한 기회로 활용했다. 2월 1일 '신뢰할 수 있는 이'를 통해 "만약 폭도가 서울을 장악한다면 국왕은 현 정부가 전복되는 마지막 순간에 정부의 인물 중 누군가가 자신의 생명을 침해할 수도 있음을 우려하고 있다"라는 메시지를 전했다.[25] 이튿날에도 이범진을 통해 "과인은 세자와 함께 주변에 도사리고 있는 위험으로부터 도피하고자 한다"라는 서한을 보내왔다.

9월부터 제 주위에는 반역자의 무리들이 집요하게 저를 감시하고 있습니다. 최근의 단발령이 전국적으로 거센 항쟁을 불러일으키고 있습니다. 반역자들은 이 기회를 틈타 저와 왕세자를 죽이려 할 것입니다. 이 위험에서 벗어나기 위해 저와 왕세자는 러시아 공관에 피신코자 합니다. 두 공사(베베르와 시페이에르)께서는 이를 어떻게 생각하시는지요. 만약 허락하신다면 새벽에 비밀리에 피신할 것입니다. 구체적인 날짜는 따로 통보하겠습니다. 이 방법 외에는 제가 살아남을 수 있는 방법이 없습니다. 두 공사께서 넓은 아량으로 본인을 보호해 줄 것을 간곡히 청하는 바입니다.[26]

시페이에르는 고종의 요청을 받아들이기로 한다. 로바노프-로스톱스키 외무대신은 앞선 10월 27일 베베르에게 "만약 당신이 현지에서 불가피하다고 판단한다면, 음모자들의 위협으로부터 국왕을 보호하기 위한 모든 조처를 승인"한다는 뜻을 전한 바 있었다.[27] 고종을 공사관으로 받아들이는 것은 이 '포괄적 훈령'을 적극 해석한 조처라고 설명할 수 있었다. 하지만 정말 이런 과감한 결정을 내려도 되는지에 관해서 본국의 구체적 승인을 받진 못한 상태였다. 고종은 처음엔 9일 탈출을 결행한다는 뜻을 전했다가 "공사관을 지키는 수병의 수가 모자란다"라면서 일정을 연기했다. 시페이에르는 10일 제물포에 정박 중인 러시아 순양함에서 사관 5명, 수병 107명을 불러들였다.

고무라가 조선의 미래에 관해 희망적 전문을 보낸 지 불과 20일 뒤인 2월 11일, 갑오개혁을 뒤엎는 고종의 '역쿠데타'가 실행됐다. 오전 7시 30분 정동의 러시아 공사관 마당에 가림막이 설치된 여성용 가마 한 쌍이 도착했다. 그 안에 타고 있는 두 인물은 고종과 세자였다.

경복궁에서 탈출에 성공한 뒤 고종은 네 시간에 걸쳐 백성들에게 공포할 칙령을 작성했다.[28] 이 글에서 "역적들이 명령을 잡아쥐고 제멋대로 위조"했다며 "고금 천하에 어찌 이런 일이 있을 수 있느냐"라며 피를 토했다.

8월의 변고는 만고에 없었던 것이니, 차마 말할 수 있겠는가? 역적들이 명령을 잡아 쥐고 제멋대로 위조하였으며 왕후王后가 붕서崩逝하였는데도 석 달 동안이나 조칙을 반포하지 못하게 막았으니, 고금 천하에 어찌 이런 일이 있을 수 있는가? 어쩌다가 다행히 천벌이 내려 우두머리가 처단당한 결과 나라의 예법이 겨우 거행되고 나라의 체면이 조금 서게 되었다. 생각하면 뼈가 오싹하고 말하면 가슴이 두근거린다. 만약 하늘이 종묘사직을 돕지 않았더라면 나에게 어찌 오늘이 있을 수 있겠는가? 역적 무리들이 물들이고 입김을 불어넣은 자들이 하나둘만이 아니니 앞에서는 받들고 뒤에서는 음흉한 짓을 할 자들이 없을 줄을 어찌 알겠는가? 사나운 돼지가 날치고 서리를 밟으면 얼음이 얼게 된다는 경계를 갑절 더 해야 할 것이다. 모든 신하와 백성들은 이 명령 내용을 명심해야 할 것이다.[29]

고종의 이 칙령에 의해 1894년 7월 이후 1년 반 동안 갑오개혁을 추진해 왔던 "이 나라 일류의 인물들"은 하루아침에 '역적'이 되어 끔찍한 최후를 맞게 된다. 개혁을 앞장서 이끌어 온 김홍집은 도망가자는 유길준 내부대신에게 "폐하를 알현해 마음을 돌리실 것을 촉구하고 성사되지 않으면 일사보국一死報國하는 수밖에 없다"라고 말했다. 고무라는 17일 사이온지에게 보내는 전문에서 이후 벌어진 참상을 담담히 기록했다. 고무라는 훗날 외무대신이 되어 을사늑약(1905)과 강제 합병(1910)을 주도하게 된다.

경무청에서 파견된 순검이 이미 대궐 안에 들어와 있어서 즉시 총리를 압송해서 경무청에 구인했습니다. (중략) 이때 경관들이 김 총리를 청의 문 앞으로 끌어냈는데 인민들이 모여들어서 입추의 여지가 없음을 보자 칼을 뽑아 들고 인민들을 쫓아 버린 다음 김 총리를 차서 쓰러뜨리자마자 경관 수 명이 일제히 난도질하여 가슴과 잔등을 내리쳤습니다. (중략) 시체의 다리 부분을 거친 새끼줄로 결박해서 이를 종로로 끌고 와서 시신을 들어 내놓게 하고는 거기에다 '대역무도 김홍집 정병하'라고 크게 쓴 장지帳紙를 붙였습니다. 그러자 길 위에 가득 차 있던 보부상들이 각기 시체를 향해서 큰 돌을 던지기도 하고 또 발로 짓이겨서 시체를 온전한 곳이 한 군데도 없도록 만들었습니다.[30]

황현도 김홍집의 죽음에 관해 기록을 남겼다.

김홍집이 비록 일본과 화합할 것을 주장하여 청의淸議에는 배치되었지만 그는 국가를 위해 심력을 다하였고 재간도 다른 이들보다 뛰어났기 때문에 그가 살해된 후 매우 애석하다는 여론이 있었다. 그의 부인도 그가 살해되었다는 소식을 듣고 목을 매어 자결하였다. 젖을 먹던 어린 아들은 강보에 싸인 채 죽어 있었으므로 사람들은 더욱 가련하게 생각하였다.
김홍집은 병자년(1876)에 일병들이 침략할 때 흥양興陽 현감으로 있으면서 굶주린 백성 약 1만 명을 구제하였다. 또 그가 다니던 길 옆에는 옛 충신의 정려旌閭(기리는 문)가 있었는데, 그는 그곳을 지날 때마다 반드시 말에서 내려 경의를 표하므로 그의 노복들은 그가 모르게 말에서 내린 횟수를 기록해 놓았다. 아무리 비가 오는 어두운 밤이라도 말에서 내려 경의를 표하였던 것이다. 그의 행동은 이와 같이 근신하였다.

(아관파천을 주도한) 이범진 등이 이런 일을 한 것은 충의가 지극해서 한 것이 아니며, 그렇다고 러시아에 후하고 일본에 박하게 하는 것도 아니었다. 다만 그들은 정권을 다툰 것뿐이었다.[31]

김홍집은 망국의 위기에 직면해 있던 1880~1890년대 조선이 배출해 낸 '최고의 인재'였다. 그런 의미에서 그의 죽음은 곧 조선이라는 국가의 총체적 실패를 의미하는 것이었다. 훗날 유길준의 회고에 따르면, 김홍집은 1894년 7월 일본군이 경복궁을 침탈했을 때 죽으려 했고, 1895년 10월 명성황후가 살해됐을 때 다시 세상을 등지려 했다.[32] 하지만 고귀한 이상을 추구하며 스스로 목숨을 끊는 안이한 선택 대신, 구체적 현실 속에서 자신이 할 수 있는 일에 최선을 다하려 했다. 그것은 일본과 협력해 조선을 개혁해가는 더럽고 고통스러운 길이었다.

김홍집과 같은 꿈을 꾸며 노심초사했던 이들도 비참한 최후를 맞았다. 어윤중·정병하는 잔인하게 살해됐고, 김윤식은 유배를 떠나야 했다. 재빨리 몸을 피한 이들도 있었다. 고종은 "도망친 죄인 유길준·조희연·장박·권형진·이두황·우범선·이범래·이진호 등을 잡아들이라"고 명령했다. 이들은 일본으로 기약 없는 망명길을 떠나게 된다. 허무하게 사라진 일류 인사들의 빈자리를 채운 것은 고종에 대한 충성심만을 앞세우는 이류·삼류였다. 그런 의미에서 '고종의 승리'가 반드시 '조선의 이익'으로 연결된 것은 아니었다.

14 고종의 두 번째 '러시아 접근' 실패하다

허를 찔린 고무라

아관파천은 한반도에서 러·일의 직접 충돌을 불러올 수 있는 극히 위험한 행동이었다. 화들짝 놀란 고무라 주타로 일본 공사가 사건 당일 보낸 급보가 부산을 거쳐 도쿄에 도착한 것은 이틀 뒤인 1896년 2월 13일 오전 11시 40분이었다. 서울에서 직접 전보를 치지 못한 것은 5일부터 서울~부산 간 전신망이 끊겨 있었기 때문이다.[1] 단발령에 반발해 들고 일어선 의병들의 소행이 아닌가 추정해 볼 수 있다.

고종은 러시아 공사관에서 발표한 조칙에서 눈엣가시 같은 갑오개혁 주도 세력을 모두 경질하고, 미국·러시아 공사관의 비호를 받으며 때를 노리던 이들을 대거 발탁했다. 이를 확인한 고무라는 이범진(법부대신, 22일 조병직에서 교체 임명)·이윤용(군부대신 겸 경무사)·이완용(학부대신 겸 외부대신) 등의 이름을 직접 거론하며 이들의 "정무상의 실무 경험과 지식의 우열을 비교해 보건대" 김홍집 내각에 "매우 미치지 못하며 인망도 지위도 낮"다고 평했다. 절망에 빠진 고무라는 "일이 이렇게 된 이상 (사태를 뒤집으려면) 병력을 이용하는 수밖에 수단이 없다"라고 적었다.[2]

> 국왕·세자는 오늘 아침 날이 밝기 전에 궁내 관리의 빈틈을 엿보아 러시아 공사관으로 잠행함과 동시에 시가 각처에 조칙이라 칭하여 다음과 같이 게시하고 아울러 내각원을 교체했음. 즉 총리대신에는 김병시, 내무대신에는 박정양, 군부대신 겸 경무사에는 이윤용, 법부대신에는 조병직, 학부대신 겸 외부대신에는 이완용, 궁내대신에는 이재순이 임명되었고 기타는 미정임.
>
> (중략)
>
> 인심이 조금 불온하지만 아무런 변동의 징후는 없음. 일본당이라고 칭하는 자들은 태반이 축출되리라.
> 일이 이미 이렇게 된 이상 병력을 이용하는 수밖에 수단이 없음. 그러나 병력을 사용할 때는 반드시 러시아와의 충돌을 면치 못할 것임. 이 충돌을 일으키는 것은 현재 시기가 아니라고 믿으므로 귀 대신께서 어떤 훈령을 내리실 때까지는 어디까지나 온건한 수단으로 나갈 각오임.[3]

고무라는 13일 타전한 2신에서 더 자세한 내용을 전했다. 여전히 놀란 마음이 가라앉지 않았는지 "이 어찌 예측이나 했겠습니까"라고 한탄하며 그날 벌어진 일을 길게 적었다. 그날 오전 10시께 조선 궁내부에 속한 한 직원이 황급히 일본 공사관에 달려와

"오늘 아침 대군주 폐하와 세자궁 전하가 몰래 대궐을 나와 러시아 공사관에 입어入御했다"는 충격적 사실을 전했다. 잠시 뒤 러시아 공사관에서 고종이 각국 공사들과 만난다는 통지가 왔다. 헐레벌떡 도착해 보니 이미 회견은 끝나 있었다. 고종은 늦게 찾아온 고무라에게 "지금 궐내에 있어도 위험해 이곳으로 왔다"라고 태연하게 말했다.

더 이상 할 말이 없어진 고무라는 곧 물러 나왔다. 이어 고종의 새 보호자가 된 알렉세이 시페이에르 주조선 러시아 공사와 만나 "인심이 흉흉한 때이니만큼 양국 병사 간에 충돌을 일으키는 일이 없도록 하고 싶다"라고 말했다. 갈등을 원치 않기는 러시아도 마찬가지였다. 시페이에르는 "동감"이라고 답했다.[4]

고무라는 이 말을 곧이곧대로 들을 수 없었다. 고종을 자국 공사관으로 받아들인다는 것은 일본과 전쟁을 각오하지 않고서는 내릴 수 없는 극히 아슬아슬한 선택이었다. 고무라는 14일 3신에선 "일·러 관계는 목하 극히 절박하다"고 현장의 분위기를 전하면서 "조선을 각국 보호 아래 두던가, 러시아와 협의를 하던가, 어찌 됐든 러시아와 조선 문제를 결정짓는 일은 조금도 유예할 수 없는 긴요한 일"이라고 적었다.[5]

도쿄의 생각도 같았다. 사이온지 긴모치 외무대신 임시대리는 15일 니시 도쿠지로西德二郎(1847~1912) 주러 일본 공사에게 상대의 '정확한 의도'를 파악하게 했다. 알렉세이 로바노프-로스톱스키 외무대신은 이튿날 찾아온 니시에게 뜻밖의 말을 입에 담는다. 조선에서 보내온 "보고가 극히 불충분하다"면서 "러시아의 장래 방침은 어떤 외국의 간섭도 없이 신속히 조선 내 안녕이 확

선택의 기로 241

정되는 것뿐"이라고 말했다. 이 얘기를 들은 니시는 이번 사건이 "러시아 정부가 아무것도 모르는 상황에서 일어난 것 같다"고 결론 내린다.[6]

시페이에르는 불통 상태인 전신선으로 인해 아관파천 당일인 11일이 되어서야 고종을 공사관으로 받아들이게 된 경위를 본국에 알릴 수 있었다. 이 장문의 보고서는 4월 2일이 되어서야 페테르부르크에 도착했다.

1월 26일(그레고리력으로는 2월 7일) 저녁 국왕은 거의 모든 준비가 끝났으며 28일 저녁(9일) 우리에게 올 것이라고 알려 왔습니다.
저는 이에 대해 각하께 보고드릴 수가 없었습니다. 1월 24일(5일)부터 지금까지 조선의 수도와 유럽을 연결하는 유일한 전선인 서울과 부산 사이의 전신선이 망가졌었기 때문입니다. (중략) 저는 국왕의 요청을 받아들이기로 했습니다. (중략) 정말 오늘 오전 7시 30분에 공사관의 마당에는 가려진 여성용 가마 한 쌍이 도착했는데 거기에는 여자 옷을 입은 국왕과 세자가 앉아 있었습니다.[7]

아관파천은 고종의 사정을 딱하게 여긴 현장의 러시아 외교관들(카를 베베르 전 공사, 시페이예르 현 공사)이 본국의 정확한 방침을 확인하지 않고 벌인 '외교적 모험'이었다. 고종은 자신의 모든 것을 걸었는데 상대가 이를 받아들일 준비가 되어 있지 않다면, 조선의 운명은 심히 위태로워질 수밖에 없었다. 이런 낌새를 파악한 윤치호는 당혹감을 감추지 못했다.

아아 우리나라는 이제 망국이 되었다. 어쩌면 구제만회의 길이 없을 것이다. 생각건대 이번에 폐하가 이 공사관으로 이어하신 것은 본디 우리나라에 대한 보호를 러시아에 의뢰한 것과 다를 바 없다. 그러므로 러시아는 우선 현 정부를 도와서 그가 지향하는 바를 달성하고자 힘쓸 것은 보통 일반적인 도리인 것이나 그러나 러시아 공사는 그렇지가 않다. 오늘날에 이르기까지 조금도 자기 나라의 이익에 관한 것은 한 가지도 주문 비슷한 사항이라도 제의한 바 없고, 만약 중요 사건이 있어 이에 대해 어떻게 처리해야 하겠느냐고 자문하면, 말하기를 '이 일은 귀국의 내정 문제이니 우리가 간섭할 바 아니다. 공들이 잘 생각한 뒤에 시행하라'고 한다. 이와 같은 양국 간에 가깝지도 않고 멀지도 않은 입장에서 그 목적을 달성하려는 수단을 쓰고 있지 않는 것을 보더라도 (러시아의 속내를) 실감하고 남음이 있다. 이는 즉 우리나라가 망했다는 이유의 하나이다.[8]

경악할 일은 그뿐만이 아니었다. 이전엔 상상도 할 수 없던 '엉터리 인사'가 이어졌다. 가장 충격적인 일은 러시아어 통역관인 김홍륙(1838~1898)의 급부상이었다.

함경도 경흥의 천인 출신인 김홍륙은 일찍부터 두만강을 넘어 러시아 연해주에 거주하다가 페테르부르크에서 러시아어와 프랑스어를 익힌 특이한 경력을 갖고 있었다. 1884년 조러수호통상조약 체결을 위해 서울에 온 베베르를 따라 귀국했다가 고종의 요청으로 이곳에 눌러앉은 지 10여 년이 되어 가고 있었다. 아관파천으로 러시아의 전략적 중요성이 커지자, 어학 능력을 무기로 갑자기 영향력을 키워 권세가 '해와 달이 무색할 지경'에 이르게 됐다.[9]

윤치호는 2월 25일 일기에 "러시아 공사관의 그 더럽고 야비한 통역 김홍륙이 외부협판으로 임명된다는 소식에 큰 충격을 받았다"라고 적었다. 윤치호는 기를 쓰고 반대해 이 결정을 철회시켰다. 그러고도 걱정스러운 마음을 감출 수 없었는지 "사태가 점점 엉망으로 되어 가고 있다. (중략) 군대를 잘 조직할 유능한 인물이 필요하고 재정 또한 유능한 감독이 관리해야 한다"라고 덧붙였다.[10] 갑오개혁 때 이 일을 담당했던 이들은 이미 죽거나 일본으로 도망친 뒤였다. 예나 지금이나 인사가 곧 만사였다.

러시아의 민망한 웃음

아관파천으로 갑오개혁이 물거품이 되며 러·일 관계는 급속도로 냉각됐다. 당장 무력 충돌이 발생해도 어색할 게 없는 상황이었지만, 현장의 고무라와 시페이에르는 전쟁을 원치 않았고, 본국의 생각도 마찬가지였다. 결국 두 나라는 관계 안정을 위한 협의에 나서기로 한다. 이를 위해 이토 히로부미 총리가 3월 5일 미하일 히트로보Mikhail Khitrovo(1837~1896) 주일 러시아 대사와 얼굴을 마주했다. 두 나라가 조선에 대해 갖게 된 새 입장이 이후 한반도의 운명을 결정하게 될 터였다. 히트로보가 먼저 말했다.

"러시아는 극동에서 새로운 분규를 바라지 않는다. (본국 정부가) 경성의 러시아 공사에게 어떤 새로운 사건을 일으키지 말도록 훈령했다. 이 사건들은 전신선이 두절돼 훈령이 경성에 도달하기 전에 발생했다."

"나도 최근 발생한 사건에 크게 놀랐다. 경성의 평온이 회복되어

기쁘다. 러·일 양국 정부가 합의에 도달할 수 있게 된 점에 만족한다."

"전체적인 문제에 관해 양국 정부 간 합의가 매우 중요하다. 야마가타 (아리토모) 원수가 그 임무를 맡고 있는 것으로 안다."

"그렇다. 야마가타 원수가 러시아에 도착해 (러시아) 외무대신과 의견을 교환할 때 양국 간의 합의가 이뤄지길 희망한다. 나는 조선은 독립하여 생존할 수 없으며 다른 나라의 도움을 받을 필요가 있다고 생각한다. 그 점에 관해 일러 양국이 합의를 보아야 한다. 그에 대한 의견을 설명해 달라."

"조선은 홀로는 독립할 수 없다. 러일 양국의 합의에 의해 조선의 생존을 가능하게 하기 위한 잠정 협정을 체결해야 한다."

"그것이 진정한 (러시아의) 의향이라면, 양국 합의는 매우 순조롭게 이뤄질 것이다."[11]

이 회견을 통해 러·일이 합의한 것은 "조선은 독립할 수 있는 나라가 아니"기 때문에 외부의 도움을 받아야 하며, 그 구체적 조건을 정하기 위한 협정이 필요하다는 것이었다. 일본은 두 달 전 (고무라가 1월 21일 사이온지에게 보낸 전문)까지만 해도 "(갑오)개혁 사업은 점차 잘 진척되리라 사료된다"면서 조선의 독자 생존이 가능할 수도 있다는 '낙관적 전망'을 하고 있었다. 러시아도 을미사변이란 범죄에 대해선 분노했지만, 일본이 추진하던 개혁 자체에 대해선 중립적 태도를 유지하고 있었다. 하지만 아관파천이란 돌발 사건 이후 두 나라 모두 조선의 독자 생존에 대한 기대를 버렸음을 확인할 수 있다.

러·일의 타협은 2단계에 걸쳐 이뤄졌다. 1단계는 현장의 타협이었다. 고무라와 베베르는 5월 14일 "국왕의 환궁 문제는 전적으로 그 자신의 자유재량과 판단에 맡기"고, 두 나라 대표는 "관대하고 온화한 인물을 내각의 신료로 임명"하도록 권고하자는 각서(베베르-고무라 각서)에 서명했다. 이때 일본이 큰 관심을 두던 전신선과 군대 주둔에 관한 합의도 이뤄졌다. 청일전쟁 때 일본군이 설치한 서울~부산 전신선은 계속 일본이 보유하고, 이를 지키기 위해 헌병을 최대 200명 배치하도록 했다. 병력에 관해서도 러·일 양국이 거류민·공사관 등의 보호를 위해 조선에 각각 최대 800명을 둘 수 있게 했다. 조선의 주권과 관련된 사항을 두 주변국이 멋대로 결정한 것이다.

2단계 타협은 1896년 5월 말로 예정된 러시아 황제 니콜라이 2세의 대관식이라는 외교 이벤트를 활용해 이뤄졌다. 이 무렵 동아시아 3개국엔 각각 달성해야 할 '전략적 목표'가 있었다. 먼저, 조선은 일본의 간섭에서 벗어나기 위해 러시아로부터 확실한 '보호 공약'을 얻어 내야 했다. 청일전쟁에서 패한 청 역시 일본의 추가 침략에 맞서려면 러시아의 원조가 절실했다. 이에 견줘 일본의 고민은 오로지 조선이었다. 을미사변과 아관파천으로 인해 급격히 약화된 조선 내 지위를 회복하려 했다.

각국의 운명이 걸린 이 중차대한 협상에 나서게 된 조선 대표는 민씨 척족의 일원이자 고종의 외사촌 동생인 민영환(1861~1905·당시 나이 35세)이었다. 청에선 이홍장(73) 북양대신, 일본에선 '이익선' 등을 통해 적극적인 대조선 정책을 주장해 왔던 야마가타 아리토모(58)가 참석했다.

러시아에서 볼 때 접근해 오는 세 나라 가운데 가장 우선시해야 할 상대는 청이었다. 러시아는 이 무렵 1891년 착공한 시베리아철도의 지선(동청철도)을 청의 영토인 만주를 관통해 부설한다는 '대담한 계획'을 세워 놓고 있었다. 이를 위해선 청의 동의가 필요했다. 주고받을 게 분명했던 러·청 협상은 쉽게 끝났다. 러시아의 '이인자' 세르게이 비테Sergei Witte(1849~1915) 재무대신은 1896년 6월 3일 이홍장과 일본이 청, 조선, 극동 러시아령을 공격하면 두 나라가 서로 돕는다는 러·청 비밀동맹을 체결했다. 러시아가 일본의 침략에서 청을 보호한다는 방위 의무를 떠안는 대가로 철도(치타에서 하얼빈을 지나 최단 거리로 블리다보스토크를 잇는 노선)를 부설할 권리를 손에 넣은 것이다.

  그다음 상대는 청일전쟁에서 승리하며 동양의 강국으로 부상한 일본이었다. 두 나라 대표는 5월 24일 첫 회담을 했다. 야마가타는 이 자리에서 로바노프-로스톱스키에게 "일·러 양국은 상호 조선국의 독립을 상호 담보한다"(1조)는 것을 뼈대로 한 6개 조항으로 구성된 영문 협정안을 제시했다. 이 안의 핵심은 "군대를 파견해 이 나라(조선)를 도울 필요가 있다고 인정될 경우 일·러 양국은 양국 군대의 충돌을 피하기 위해 파견 지역을 분획한다. 한쪽은 그 군대를 동 국가의 남부, 다른 한쪽은 북부로 파견한다"(5조)는 내용이었다. 한반도를 남북으로 갈라 각각의 지역을 러·일의 배타적 세력권으로 삼자는 제안이었다. 이 회담 내용을 외무성에 보고한 이는 러시아 공사로 현장에 배석해 있던 니시 도쿠지로였다.

  우리는 첫째 일·러 양국이 서로 조선의 독립을 보장하는 일, 둘째 한국의 회계와 경제에 관한 일, 셋째 사병을 훈련하는 일, 넷째 우리 전신선에 대한 일, 다섯째 양국에서 별도로 출병이 필요할 경우에 한국 땅을 남북으로 갈라 진입하는 일, 여섯째 이상의 일들에 대한 상세한 사항은 필요에 따라 쌍방 대표자에게 맡겨서 이를 정할 일 등 대략 6개 항을 영문으로 적어 야마가타 대사와 함께 러시아 외무대신 로바노프-로스톱스키 씨에게 갔습니다. 5월 24일이라고 기억합니다.

야마가타 대사가 양국 간의 친목을 유지하고 조선에 대한 일을 논함에 있어서 서로 충돌을 피할 것을 원하기 때문에 의견을 교환하고 싶다고 하면서 일본어로 위의 6개 항에 대한 상세한 내용을 말씀했고 소관이 이를 러시아어로 번역해 로바노프-로스톱스키 씨에게 전했습니다. 그는 "대체적인 면에서는 이의가 없지만 상세한 내용을 다시 고려해 보아야 하니 방금 구술한 취지를 서면으로 써 주기 바란다"라고 했습니다. 그래서 휴대하고 갔던 조목 별로 쓴 문서를 보여 줬습니다. 이것을 읽어 보고 제1조의 'guarantee(보장)'란 글자를 가리키면서 "이것은 지금 한 말과는 좀 다르지 않은가?"라고 질문했습니다. (중략) 제2조에 대해 "어느 정도까지의 금액을 원조하겠는가?"라고 물었습니다. 대사는 "필요에 따라 조사해 본 다음 의논해 보려 한다"라고 답했습니다. 제4조에 대해 우리의 전신선 수를 물어 왔지만 소상히 알 수 없으므로 다시 조사해서 알리겠다고 했습니다. 제5조에 대해 처음 로바노프-로스톱스키 씨와 대사가 서로 보고 빙긋이 웃었으며(그 뜻하는 바는 아마도 남북으로 나누어 갖자, 라고 하는 사항 때문인 것 같음-원문 그대로) 그런 다음 "어떤 경우에 출병할 것인가, 국왕이 출병을 청할 때인가?"라고 물었습니다. 우리는 국왕도 출병을 청하게 될 것이고 그 나라의 상태 전반에 있어서 필요로 할 때라고 답했습니다.[12]

로바노프-로스톱스키가 빙긋이 웃음을 터뜨린 것은 한반도를 나누어 갖자는 일본의 요구가 너무 노골적이었기 때문이다. 러시아는 그렇게까지 하고 싶지는 않았다. 이날 대화는 그것으로 끝났다.

민영환의 긴 한숨

민영환의 차례가 돌아온 것은 러·청, 러·일의 의견 조정이 모두 끝난 뒤인 6월 5일이었다. 이날 날씨는 화창했으나 한차례 소나기가 내렸다. 민영환은 오후 2시 시작된 회담에서 고종을 위한 경비병 제공, 군사교관 제공, 한국의 궁내·탁지·광산·철도 사업을 돌볼 고문관 제공, 조선과 러시아 사이 전신선 연결, (일본에 진 빚을 청산하기 위한) 300만 엔의 차관 제공 등 다섯 가지 요구 사항을 쏟아 냈다. 조선을 사실상 러시아의 '보호국'으로 삼아 달라는 요청이었다. 이런 큰 부담을 지는 대가로 러시아가 무엇을 얻을 수 있는지에 대해서는 설명하지 않았다.

일본과 '원만한 타협'을 보기로 이미 방침을 정한 러시아의 반응은 차가울 수밖에 없었다. 이 대화는 현장에 통역으로 배석했던 윤치호가 자신의 영문 일기에 자세히 기록으로 남겼다. 로바노프-로스톱스키가 말했다.

"러시아 정부 관리들이 충분히 검토할 때까지 이런 제안을 승인할 수 있을지 여부를 귀하에게 말할 수 없습니다. 게다가 이 문제는 전하의 승낙이 떨어져야 합니다. 내게 그 요청을 서면으로 제시해 주기 바랍니다."

"저는 여기서 너무 오랫동안 기다릴 수 없습니다. 되도록 빨리 조선으로 돌아가서 우리 정부 측에 이에 관해 러시아의 지원을 기대해도 좋은지 보고해야 합니다."

"되도록 신속히 귀하에게 회답하도록 노력하겠습니다."

민영환은 떨떠름해하는 로바노프-로스톱스키에게 메모를 전했다. 다음과 같은 내용이었다.

조선은 몇 해 전 러시아와 함께 두 나라를 긴밀한 우호 관계로 삼는 비밀조약을 체결했습니다. 우리는 러시아의 지원을 믿고 있기 때문에 1894년 이래 일본이 요구했던 모든 것에 대해 승인하지 않았습니다. 일본인들은 그들의 계획을 이행할 수 없음을 알고 격노했습니다. 그래서 일본인들은 조선인 반역자들과 함께 10월 8일의 범죄(을미사변)를 자행했습니다. 조선인들은 그 일이 잘못된 것을 깊이 느끼고 러시아의 도움을 기대하며, 이렇게 5개 항의 요청을 하게 된 것입니다. 러시아는 조선이 단독으로 (한반도에 대한 보호) 책임을 떠맡기를 기대하는 유일한 나라입니다. 러시아가 도와준다면 조선 정부는 더욱 확고한 토대 위에 있게 될 것입니다.

돌아가신 조선의 왕후는 러시아 쪽에 기울었기 때문에 친일파에 증오를 산 결과 죽음을 맞았습니다. 동양 신문들은 러시아와 일본이 조선에 공동의 영향력을 행사할 의도를 가지고 있다고 보도합니다.

그와 같은 협정은 갈등을 유발할 것입니다. 조선은 그런 협정으로는 아무것도 얻을 수 없습니다. 또 이는 또 다른 국가적 재앙을 배태하게 될 것입니다.[13]

민영환이 이날 전한 다섯 가지 요구 사항은 사실 이미 러시아어로 번역돼 러시아 정부에 제출된 상태였다. 일본과 협정 체결을 우선시한 로바노프-로스톱스키가 문서를 다시 내라며 시간을 끌려 했음을 알 수 있다. 러시아의 국익을 생각할 때 더 중요한 것은 '조선의 안전'이 아닌 '일본과의 충돌 방지'일 수밖에 없었다. 조선인의 정념을 길게 적은 민영환의 메모는 한반도에 대한 러시아의 '전략적 입장'을 이해하지 못한 '애걸 외교'에 불과했다.

이날 회담을 통해 러시아로부터 고종이 원하는 보호 공약을 이끌어 낼 가능성이 높지 않다는 게 분명해졌다. 현장에 배석해 있던 예브게니 시테인Evgeniy Stein(1869~1961) 주조선 러시아 공사관 서기관은 윤치호에게 "베베르는 그 자리에 있기에는 너무 약하고, 왕과 돌아가신 왕후는 (베베르의) 거짓 약속을 믿고 러시아의 도움을 기다려 왔다"면서 "조선은 러시아든 일본이든 의지해야 할 곳을 곧 결정해야 한다"라고 말했다. 고종이 자신에게 친절한 베베르의 말만 믿고 러시아에 '헛된 기대'를 품게 됐다는 뼈아픈 지적이었다. 상대가 나를 어떻게 생각하는지 제대로 짚지 못했으니, 조선의 대러 접근은 실패할 수밖에 없었다.[14]

러·일의 2차 회담은 민영환의 처절한 호소가 있은 바로 다음 날(6일) 열렸다. 러시아는 1차 회담 때 접수한 일본 안에 대한 자신들의 수정안을 제시했다. 가장 달라진 부분은 5조였다. 러시아는 러·일이 각각 군대를 '남북으로 파견한다'는 부분을 잘라 냈다. 일본의 '분할 요구'를 거절한 것이다. 니시가 이유를 묻자 로바노프-로스톱스키가 반문했다.

"남북이란 어디를 두고 구분할 생각인가?"
"대략 한국의 중간쯤 되는 대동강 변이 좋을 것이다."
"이에 대한 상세한 내용은 그때 가서 하기로 하고 여기서는 미리 이를 정하지 않는 것이 좋다."[15]

일본이 러시아에 제시한 '대동강 변'은 대략 북위 39도쯤에 해당하는 지점이다. 러시아가 이 '39도선 분할안'을 거절하자 일본도 집착하지 않았다. 논의는 다른 쟁점들로 옮겨 갔다. 로바노프-로스톱스키는 고종이 러시아 공사관에 머무르고 있는 현실에 대해 "한국 왕이 일본인을 몹시 두려워하는 것은 사실이다. 그가 오랫동안 우리 공사관에 머물러 있는 것이 몹시 귀찮은 일이지만 어찌하겠냐?"라고 말했다. 고종이 원할 때까지 공사관에 머무르게 할 수밖에 없다는 얘기였다. 일본도 수긍했다.

로바노프-로스톱스키의 어정쩡한 태도를 지켜본 니시는 '러시아가 조선에 특별한 야심이 없는 것 같다'는 결론에 이르게 된다. 이를 가장 명확히 보여 준 것이 일본의 분할 제안에 대한 러시아의 명시적 거부였다. 니시는 "지금 러시아는 일본과 공동으로 또는 홀로 자진해서 조선을 세상에서 일컫는 보호국으로 삼아 영국 혹은 기타 나라와 예측할 수 없는 교섭(갈등)을 초래할 의사가 없다"면서 "조선 문제의 결론은 우리(일본)가 바라는 바에 가까워지게 될 것"이라고 예견했다. 러시아가 조선에 대해 일본만큼 '애착'을 갖고 있지 않으니 한반도는 결국 자신들의 손아귀에 떨어질 것이라고 본 것이다. 이후 역사의 흐름을 소름 끼치도록 정확히 짚어 낸 예측이었다. 러시아와 일본은 9일 한반도에서 양국의 세력 균형을 맞추는 '조선 문제에 관한 모스크바 의정서(로바노프-야마가타 의정서)'에 합의했다.

민영환은 이후에도 집요한 교섭을 이어 갔지만, 원하는 성과를 얻을 순 없었다. 스트레스가 상당했는지 윤치호는 6월 16일 일기에 "민영환이 집이 떠나가라고 한숨을 쉬었다"라고 적었다. 물론 '버티기 외교'에 성과가 아주 없었던 것은 아니었다. 러시아는 30일 민영환에게 보낸 서면 답변을 통해 조선에 군사교관과 재정 상태를 조사할 전문가를 파견하겠다는 뜻을 전해 왔다.[16]

민영환은 8월 말까지 현지에 머물며 더 많은 지원을 끌어내기 위해 노력했지만, 허사였다. 10월 말 조선에 돌아온 그는 그렇고 그렇던 조선의 평범한 '탐관오리'에서 '애국자'로 변해 있었고, 세인들의 예상과 달리 '반러파'가 되어 있었다. 황현은 《매천야록》에서 민영환에 대해 "구라파와 미국을 둘러보고 돌아온 후로부터 자못 천하대세를 궁구하고 국사가 날로 잘못되어 가는 것을 아파하면서 매양 임금 앞에 이르면 눈물을 흘리면서 극간"을 했다면서, "사람들이 그것을 기이하게 여겨 말하기를, '지난날과는 다른 사람이 되었다'고 했다"라고 적었다.[17]

15 고종의 혼미, 일본의 뒤집기

일본의 조바심

러시아와 힘겨운 외교 교섭을 마친 민영환 일행이 귀국한 것은 1896년 10월 20일이었다. 조선에선 "민영환의 귀국이 어떤 좋은 소식을 가져오리라고 학수고대"했지만, 그가 얻어 낸 것은 같은 날 함께 입국한 드미트리 푸차타Dmitry Putyata(1855~1915) 대령이 이끄는 러시아 군사교관단(14명)뿐이었다.[1] 그래도 이 소식을 전하는 《독립신문》 기사를 보면, 조선이 하루빨리 "튼튼한 군사"를 갖춰 "자주독립"하기 바라는 간절한 기대감을 엿볼 수 있다.

아라사(러시아)에 갔던 공사 민영환 씨가 여러 달 만에 본국에 돌아왔으니 반갑게 치하하자. (중략) 공사가 아라사 정부의 허락을 받아 육군 교사를 얻어오는데 정령(영관급 장교)이 하나요 위관이 둘이요 군의가 하나요 하사관이 열이라.[2]

민영환은 21일 저녁 고종을 찾아가 방문 성과를 전하고 러시아 황제의 회답 친서를 전했다.[3] 《고종실록》에 둘의 대화록이 남아 있지만, 조선이 요청한 '보호 요청'에 러시아가 어떤 태도를 보였는지 등에 대한 언급이 없다는 게 오히려 눈길을 끈다. 고종이 물었다.

"대관례에는 제 날짜에 참가하였으며 잘 다녀왔는가?"
"왕령의 도움으로 무사히 다녀왔습니다."
"군사 제도와 배치하는 일은 과연 어떠하던가?"
"군사 제도는 일체 서양 나라들과 같은데 온 나라가 군무에 전력하여 강한 나라를 이룩하였습니다. (중략) 풍속이 다른 서양법을 취할 수는 없겠지만, 군무와 학교에 관한 정치의 본보기에 대해선 본받아 시행하지 않을 수 없습니다."[4]

민영환은 어렵게 초빙한 푸차타 대령에게 큰 기대를 걸고 "군무와 학교에 관한 본보기를 본받아 시행"하기 위한 조처에 나섰다. 푸차타 교관단은 11월 9일부터 조선군 800명에 대한 훈련을 시작했고, 민영환은 사흘 뒤인 12일 이 일을 전담하는 군부대신에 임명됐다.[5]

이 무렵 일본은 을미사변 등의 여파로 자신들에게 점점 더 적대적으로 되어 가는 조선의 민심 동향에 큰 위기의식을 느끼고 있었다. 하라 다카시原敬(1856~1912) 주조선 일본 공사는 8월 19일 전문에서 "관민 일반은 물론 재류 외국인에 이르기까지 배일 풍조가 매우 성하여 우리의 행위가 무엇이 되든 모두 반대를 시도하는 정황"이라면서 "어떤 수단으로라도 이 정황을 만회하지 않는다면 (일본인의) 생명과 재산이 날로 위태"로워질 것이라고 보고했다.[6] 이런 상황에서 러시아 군사교관의 손에 의해 조선군이 양성된다면, 로바노프-야마가타 의정서로 겨우 맞춰 둔 러·일의 균형이 흔들릴 수밖에 없었다. 일본은 푸차타 교관단의 동향을 예리하게 주시하기 시작했다.

하라가 자리를 비워 대리공사를 맡게 된 가토 마쓰오加藤增雄(1853~1922)는 10월 31일 오쿠마 시게노부大隈重信(1838~1922) 외무대신에게 푸차타 군사고문단의 역할이 "조선 병정의 훈련에 있다는 것은 의심할 여지가 없"다면서 "본건은 조선에 대한 일·러 관계상 긴요한 문제라고 생각하므로 항시 충분한 주의를 기울여 수시로 보고"하겠다고 전했다.[7] 가토는 훈련이 시작된 뒤엔 러시아 공사관에 직접 찾아가 이렇게 하는 목적이 무엇인지 물었다. 공사관 쪽에선 푸차타 일행이 조선 병정 800명을 훈련하기 시작했다고 인정하며, 그 목적은 "단지 국왕을 위하여 호위병을 양성하는 데 있다"라고 답했다.[8]

일본은 아직 눈치채지 못하고 있었지만, 이들의 목적은 단순한 호위병 양성이 아니었다. 푸차타 대령은 조선 정부와 긴밀하게 협의하면서 을미사변·아관파천 등으로 사실상 붕괴한 조선군을 재건하기 위한 계획을 짜고 있었다. 이 결론이 12월 2일 도출된 '푸차타안'이었다. 이 안의 핵심은 조선에서 장차 6000명 규모의 군대를 조직하기 위해 러시아로부터 장교 29명과 하사관 131명을 파견받는다는 것이었다.[9]

러시아 군사교관이 고종을 위해 호위병 800명 정도를 양성한다는 것과 조선의 정규군을 처음부터 재건한다는 것은 전혀 다른 얘기였다. 이들이 조선의 정규군을 양성한다면 한반도는 러시아의 강한 군사적 영향력 아래 놓이게 될 수밖에 없었다. 일본은 아직 이 사실을 모르고 있었지만, 알았다고 해도 똑 부러진 대응 수단이 없었다. 가토는 "국왕이 오늘과 같이 러시아 공사관에 잠복하고 있는 동안은 도저히 우리에게 이로울 가망이 없"다며 "속히 그 환궁을 실행시키는 편이 원래 급한 가운데서도 급한" 일이라고 조바심을 냈다.[10]

김병시의 한숨

그러는 사이 나라 꼴은 엉망으로 변해 가고 있었다. 이 무렵 조선의 권력은 박정양·이완용·이범진 등 '정동파'라 불리던 친러·친미 성향의 개화파를 중심으로, '안동 김씨'인 김병시(1832~1898)로 대표되는 전통적 보수파, 고종에게 맹목적 충성을 다하는 '금고지기' 이용익(1854~1907) 등 측근 그룹, 러시아어가 가능한 김홍륙 등 '통역 권력' 등에게 분산돼 있었다. 이 가운데 김홍륙이 특히 존재감을 뽐내며 세인들의 지탄을 한 몸에 뒤집어 쓰고 있었다. 가토는 1897년 1월 20일 전문에서 "김홍륙은 국왕이 러시아 공사의 의견이라면 무조건 받아들이는 것을 이용해 자기 의사를 유리하게 관철시키기 위해 베베르의 뜻을 고친 예가 적지 않다"라고 적었다. 이어진 평가가 매우 흥미롭다.

홍륙·용익·도일(이 밖에 함경도인 10여 명이 있다-원문)은 다 같이 함경도 출신으로서 낫 놓고 ㄱ자도 모르며(도일은 러시아 입적자-원문),

(중략) 이들이 다 같이 국왕의 좌우를 시종하는 총신이라는 자로서 한 사람도 정당한 인물이 아니며 오히려 요사스러운 마귀의 소굴이라고 해도 감히 과언이 아닐 것 같습니다.

(중략)

(이들은) 자기의 뜻에 적합하지 않거나 또 자기에게 불이익을 주는 대신이 나오게 되면, 그들은 안으로는 동류同類와 서로 영합해서 참소를 꾸며 국왕을 자극하고 밖으로는 무뢰한 유학자류儒學者類로 하여금 탄핵하게 하여 그럴듯하게 사실인 것처럼 꾸미고, 또 도리인 것처럼 세간에 호소하고 내외가 상응하여 이것을 내쫓는 것을 예사로 합니다.[11]

함경도 출신 '통역 권력'들의 교양 수준이 매우 낮다는 평가는 어느 정도 사실이었다. 민영환 특사단에 러시아 통역으로 참여했던 김도일은 러시아 황태후를 "황제 에미"라고 불러 민영환과 윤치호를 경악하게 했다.[12] 윤치호는 김홍륙에 대해서도 "할 줄 아는 것이라고는 블라디보스토크에서 주워들은 러시아어 몇 마디뿐인 악마 같은 인간"[13]이라는 가혹한 평가를 남겼다.

김홍륙이 일으키는 가장 큰 문제는 인사 전횡이었다. 당대인 황현은 《매천야록》에 다음과 같은 기록을 남겼다.

내부대신 남정철이 면직되었다. 남정철은 그 직위에 오래 있으려고 하였으나 김홍륙과는 모르는 사이였다. 이때 백관들의 출척[黜陟] (임면)은 절반이 김홍륙의 마음에서 좌우되었으므로 남정철은 그의 첩에게 김홍륙의 첩과 자매결연을 맺도록 하여 자신을 의탁하기 위해 그와 왕래를 하게 하였다. 그러나 그의 첩은 김홍륙과 눈이 맞아 김홍륙의 첩에게 질투를 사고 있었다.

하루는 남정철이 연회를 베풀어 손님이 자리에 가득히 앉아 있는데, 갑자기 한 기생이 마루로 올라와 "남정철이 어디에 있습니까? 나는 김 협판(김홍륙)의 첩입니다. 당신이 그 관직에 오래 있으려면 당신 나름대로 방법이 있을 텐데 어찌 첩으로 하여금 남의 남편과 정을 통하게 하여 우리의 정을 떼려고 하십니까? 당신도 대신입니까?"라고 하자 자리에 있던 손님들은 귀를 가리고 일어났다.[14]

아관파천 이후 다시 시작된 내정 문란으로 인해 조선이 달성해야 할 시대적 과제가 근대국가에 적합한 통치 체제를 확립하는 정치 개혁이라는 사실이 더 분명해졌다. 하지만 갑오개혁의 처참한 실패를 목도한 당대인들은 고종의 협력 없이 그 어떤 개혁도 성공할 수 없다는 사실 역시 인정할 수밖에 없었다. 이 지점에서 김홍집 등 갑오개혁 주도 세력과 지향하는 바가 거의 같았던 정동파의 고민이 깊어지게 된다.

이를 반영한 절충적 해법이 이른바 의정부 관제였다. 고종은 아관파천 이후 일곱 달이 지난 뒤인 1896년 9월 24일 조칙을 내려 "지난날 난역亂逆의 무리가 국가 권력을 마음대로 휘두르고 정치제도를 변경하여 심지어 의정부를 내각으로 개칭"했다며 "이제부터 내각을 폐하고 의정부로 물린다"고 선언했다. 이렇게 만들어진 새 의정부 관제는 "대군주 폐하가 만기를 통솔한다"는 점을 분명히 하면서도 갑오개혁 때 내각이 담당하던 것과 비슷한 기능을 갖춘 의정부가 국가의 실제 의사결정을 내릴 수 있게 했

다. 하지만 이 역시 고종이 자신의 군주권을 제한하겠다고 동의할 때만 기능할 수 있었다.[15]

안타깝게도 고종이 그린 조선의 미래는 군주와 내각·의회 등 근대적 국가기구가 서로 견제·협력하면서 주요 의사결정을 내리는 입헌군주국가가 아니었다. 그가 꿈꾼 것은 왕이 그 어떤 제도적 속박도 받지 않고 사실상 무한대의 군주권을 행사하는 전제군주국가의 건설이었다.

자신의 권한 회복을 위해 고종이 가장 먼저 취한 조처는 갑오개혁 때 '왕실 사무'와 '정부 사무'를 엄격히 분리하기 위해 만든 '궁내부'의 덩치를 키우는 것이었다. 커진 궁내부가 심혈을 기울인 업무는 세금 징수였다. 궁내부는 1896년 5월부터 고종의 칙명을 내세워 각종 잡세를 걷기 시작한다. 세금 징수 업무는 갑오개혁 때 탁지부 업무로 일원화됐지만, 이를 간단히 무시한 것이다. 하라는 1896년 8월 15일 전문에서 "궁정의 비용이 부족하다는 구실로 삼아 궁내부에서 여러 잡세를 징수하고 있다. 그 세소의 수가 70여 개로 늘어나" 일본과도 마찰을 빚고 있다고 전했다.[16] 고종이 이렇게 악착같이 돈을 모아야 했던 것은 명성황후의 제사(삭망제)와 장례 비용 등에 쓸 돈을 마련하기 위해서였다. 이 무렵 《주한일본공사관기록》을 보면, 고종이 1897년 8월 궁내부 경비 가운데 1만여 원을 절에 공양료로 선불해 관리들의 월급을 주지 못했다는 기록도 확인할 수 있다.[17]

고종의 폭주를 보며 모두가 절망했다. 윤치호는 해를 넘긴 1897년 2월 7일 영문 일기에 아관파천 이후 고종이 행한 1년 동안의 통치를 보며 절망한 미국인 법률 고문 클래런스 그레이트

하우스Clarence Greathouse(1846~1899)의 푸념을 길게 적었다. 오후 2시 30분께 윤치호가 방문했을 때 그는 잠옷과 속바지를 입고 있었다. 서재에서 윤치호와 막걸리를 마시며 신음하듯 말했다.

> 윤, 당신도 알다시피 조선 정세가 가장 암울할 때에도 나는 낙관적이었소. 지금은 모두 희망을 잃었소. 왕(고종)은 (아관파천 이후) 1년 동안 조선 정부를 완전히 통치했지만, 결국 자치할 능력이 없다는 사실만 입증했을 뿐이오. 단언컨대 앞으로 늦어도 2년 안에 모든 것이 파탄 날 것이오.[18]

이 비참한 현실에 어떻게든 마침표를 찍어야 했다. 원로대신들은 고종이 1년 넘도록 러시아 공사관에 웅크리고 있는 게 지금 벌어지고 있는 모든 문제의 원인이라고 판단했다. 고종을 하루속히 그곳에서 끌어내 러시아어를 무기로 고종에게 '껌딱지'처럼 붙어 있던 잡배들을 제거해야 했다. 명분은 충분했다. 어엿한 독립국의 군주가 외국 공사관에 오래 머무른다는 것은 애초 있을 수 없는 일이었다.

총대를 멘 것은 청일전쟁이 시작되던 1894년 6~7월 청과 일본의 횡포를 지적하며 고종 앞에서 피를 토했던 '쓴소리 꾼' 김병시였다. 그는 아관파천 직후 총리를 맡아 달라는 고종의 요청을 '먼저 환궁을 해야 한다'면서 한사코 거절한 바 있었다. 하지만 고종이 1896년 9월 의정부 관제를 도입하면서 최고 직책인 의정을 맡아 달라고 요청하자 조속한 환궁, 어진 인재 등용, 어진 신하를 믿을 것 등을 요구하며 이를 받아들이게 된다. 재임 기간은 길지 않았다. 기대와 달리 고종의 정치가 크게 달라지지 않자 열 번이나 사표를 낸 끝에 사직을 관철하는 고집을 보였다.[19]

　1897년으로 해가 바뀌면서 기회가 찾아왔다. 고종의 러시아 공사관 체류가 점점 길어지면서 환궁을 요구하는 유생들의 상소가 빗발치기 시작한 것이다. 김병시·조병세·정범조 등 왕년의 세 정승은 2월 17일 각 부 대신을 데리고 러시아 공사관으로 몰려가 고종과 담판을 시도했다. 이들은 "폐하께서 더 이상 환궁의 뜻이 없을 땐 국가의 민심이 점점 이반할 것"이라며 이제 그만 궁으로 돌아가야 한다고 말했다. 18일 밤엔 각 부 대신들이 다시 고종 앞에 몰려가 환궁을 요구했다. 상황이 이쯤에 이르니 고종도 더는 버티지 못하고 "각 대신의 의견에 따라 환궁하겠다"면서 물러났다. 결심을 굳힌 고종은 이튿날인 19일 김병시를 불러 "장차 환궁하려고 하니 의지할 사람도 오직 경뿐이며 나를 보필할 사람도 오직 경뿐"이라며 두 번째 의정 취임을 요청했다.[20] 김병시가 받아들이자, 고종은 이튿날인 20일 아침 경운궁으로 돌아왔다.

　다시 의정이 된 김병시는 채 한 달이 못 돼 자신의 진퇴를 놓고 근본적 고민에 빠질 수밖에 없었다. 그는 "은밀히 뜻을 탐지"하러 온 가토에게 자신이 맞닥뜨리게 된 괴로운 현실을 다음과 같이 설명했다. 가토가 이 내용을 담은 전문을 오쿠마에게 보낸 게 3월 9일이니, 둘의 만남은 하루이틀 전쯤에 이뤄졌을 것이다.

　이번 환어還御운동의 결과 다시 국왕이 부르심에 따라 또 나와서 의정에 취임하였는데, 대소의 정치 기능이 모조리 국왕대신國王侍臣(국왕과 가까운 신하)이 독점하는 바가 되어 전횡이 날로 심해졌다. 만약 나아가서 이것을 개혁하여 그 폐단을 일소하려고 한다면 문득 김홍집의 전철을 밟는 것은 필연적이다. 만약 또 물러서서 하는 일 없이 묵묵히 일신의 안전만 고집하려고 꾀한다면, 종전 세도 시대의 의정 심순택沈舜澤과 마찬가지로 직무는 다하지 않고 자리만을 차지한다는 비방을 면치 못할 것이다.[21]

김병시의 이 고백은 당시 조선이 직면해 있던 근본 문제를 적나라하게 드러낸 것이었다. 나라를 "개혁해 그 폐단을 일소"하려고 고종을 강하게 억누르면 갑오개혁 때 김홍집처럼 비참한 최후를 맞게 되고, 그렇다고 예전 심순택처럼 무기력하게 방관만 하고 있을 수도 없는 노릇이었다. 말 그대로 진퇴양난이었다.

김병시는 포기하지 않고 마지막 힘을 쥐어 짜내 보기로 한다. 같은 생각을 품고 있던 조병세·정범조 등 다른 원로들과 손을 잡고 16일 고종을 찾아가 어전회의를 요구했다.《고종실록》에 따르면 세 원로대신은 고종에게 의정부 관제에 따라 일을 처리하고, 잡스러운 이들을 멀리하라고 간곡히 호소했다.

"의정부에는 의정부 자체의 일이 있고, 각 부는 각 부 자체의 일이 있습니다. (중략) 잡스럽게 등용된 무리들을 멀리 배척해 버린 다음에야 나랏일을 의논할 수 있습니다."(김병시)
"궁궐을 엄숙하게 하고 맑게 하는 게 가장 급선무입니다. 김홍륙을 8좌에 등용시켜 품계를 올려 주고, 이용익이 오래도록 자기 직책에 돌아오지 않는 것은 무엇 때문입니까?"(조병세)
"그들은 외국말이 통하기 때문에 봐준 것이 있다."(고종)

"날마다 의정부 각 부 대신들을 만나고 정사에 대한 대책을 강구하며 간사한 소인배들을 배척해서 감히 드나들지 못하게 하고 궁궐을 맑고 엄숙하게 하여 여러 사람이 보고 듣는 가운데 고무되게 해야 합니다. 그중에서 절실하고 마땅히 행해야 할 문제에 따라 각 부의 대신들이 일일이 의정부에 모여서 의논하고 다음 반드시 의정부를 거쳐 아뢰게 하며 그에 기초해서 적당히 처리하게 함으로써 나라의 체제를 엄하고 중하게 해야 할 것입니다."(정범조)**22**

똑같은 대화를 본국에 전한 가토의 기록은 더 신랄했다. 특히 조병세의 발언이 눈길을 끈다.

폐하께서 아관으로 파천하신 이래 1년, 과연 무슨 일을 했는가. 생각건대, 국정은 잘 다스려지지 않아 민심은 헛되이 요동擾動하고 관리는 서로 총애만을 다투어 국가의 위기와 존망이 조석에 놓여 있었다. (중략) 이용익을 임용하여 관찰사의 중직을 맡기셨다. 그는 패류悖類(염치 없는 무리)를 이끌고 국정을 문란시키기에 이르렀으니 이는 어째서인가. 김홍륙은 무슨 공적이 있는 자인가. 그 지위가 정경正卿(정2품 이상의 벼슬)에 이르고 얼마 되지 않아서 신 등과 대등한 지위에 진급하였으니 포상의 남발이 심하기 짝이 없다. (중략) 신이 듣건대 홍륙은 본래 무식하고 허망한 자로서 단지 외국어를 아는 것만으로 함부로 권리를 잡고자 왕권을 농락하고 끝내 국정을 문란한 지경에 이르게 하였다. 이것이 신이 이해할 수 없는 바이다. (중략) 김홍륙 등의 무리들이 북도北道의 잡배들을 궁중에 출입하게 하여 '별입시別入侍'라 칭하고 있다. 국정이 문란한 이때 이러한 무리를 끌어들여 과연 무슨 일을 자순諮詢하려고 하는가. 이것이 신이 이해할 수 없는 까닭이다. 각 부 대신들은 폐하께서 그가 적임자라고 믿어서 임명한 자가 아닌가. 그런데 이들을 제쳐 두고 의논하지 않고 오히려 엉뚱한 잡배들과 국정을 의논하고 있다. 그러므로 대신 이하 관리들은 공무를 받드는 데 마음을 쓰지 않고, 윗사람은 아랫사람을 의심하고 아랫사람은 윗사람을 의심하여 상하가 서로 의심하며 국정에 충실하지 않고, 오로지 관직을 잃을까 급급할 뿐이다. 이는 폐하께서 밝지 못하신 것이 아니고 무엇이겠는가.[23]

고종은 원로대신들의 애끓는 조언을 무시하고 제 갈 길을 가기로 한다. 8월 14일 연호를 건양에서 광무로 바꾸고, 10월 12일엔 국호를 대한제국으로 바꾸며 황제가 됐다.

그리고 11월 21~22일엔 많은 돈을 들여 오랫동안 준비해 왔던 명성황후의 장례식을 거행했다. 각국 공사가 오전 5시 반부터 참석한 가운데 오전 7시 큰 상여를 짊어진 200명의 장례 행렬이 경운궁을 출발해 오후 2시 청량리 홍릉에 도착했다. 이 행사에서 눈길을 끈 것은 단연 러시아의 존재감이었다. 가토는 11월 27일 니시 도쿠지로 외무대신에게 보내는 전문에 "의장병은 모두 러시아식으로 변해 있었고, 용가龍駕(왕이 탄 가마)의 사위四圍(네 모서리)에는 러시아 하사관이 네 명씩 호위했다"라고 적었다.[24]

싹트는 반러 감정

러시아의 독주를 견제하기 위한 일본의 반격은 뜻하지 않은 곳에서 시작됐다. 일본 중의원은 이 무렵 아관파천 직후 러·일이 맺은 '타협안'인 베베르-고무라 각서(1896년 5월 14일)와 로바노프-야마가타 의정서(6월 9일)를 공개하라고 정부를 압박하고 있었다. 일본 정부는 러시아의 동의를 얻은 뒤 2월 27일 문서 내용을 세상에 알리게 된다.[25] 이를 통해 러·일 두 나라가 독립국인 조선이 알지도 못하는 사이에 한반도에 각각 최대 800명의 군대를 주둔할 권리를 상호 인정했다는 사실이 공개됐다.

훗날 '매국노'로 역사에 기록되는 이완용 외부대신은 러·일이 공모해 조선의 주권을 노골적으로 침해하는 결정을 내렸다는 사실에 큰 충격을 받았다. 앞에선 조선을 보호하는 척하며 뒤에선 일본과 타협한 러시아의 '이중성'에 크게 실망했을 것임이 틀림없다. 이완용은 러·일 양국에 보내는 3월 9일 회신에서 "우리 정부는 이 두 문서 체결에 동의한 적이 없다"면서 두 나라의 결정은 "우리 정부의 자주 행사권을 결코 구속할 수 없다"라고 통보했다.[26]

이 무렵 이완용이 러시아에 대해 품고 있던 불편한 감정을 보여 주는 매우 흥미로운 기록이 남아 있다. 러시아의 모호한 대한반도 정책에 대한 불신이 한때 '친러파'라 불리던 인사들에게까지 뿌리내리기 시작했음을 알 수 있다.

내가 조석으로 두려움에 견디지 못하는 것이 러시아의 동향 바로 이것이다. 듣자 하니 러시아인들의 의논이 두 파로 갈라져 갑甲파는 조선의 내정에 간섭하여 독전주의獨專主義를 취하는 것은 러시아 정부의 본뜻이 아니라 하고, 또 이것에 반대하는 을乙파는 이 절호의 시기를 만나 되도록 손을 써 병제·경제는 물론 기타 적어도 정략상에 이익이 된다고 생각되는 것은 모두 이것을 한 손에 넣어 크게 러시아의 세력을 공고히 하지 않을 수 없다고 하는 데 있다. (중략) 우리나라 사람도 지금 각성하여 우선 신속히 이에 대한 방지를 꾀하지 않는다면 훗날 후회한들 어쩔 수 없는 뉘우침만 있을 뿐이다.[27]

머잖아 독립협회의 반러 캠페인을 이끌게 되는 윤치호 역시 러시아에 대해 강한 반감을 키워 가고 있었다. 1897년 2월 6일 오후 3시께 베베르를 찾아가 조선의 개혁에 대해 러시아가 취하고 있는 애매한 태도를 강하게 비난했다. 그는 고종이 "가장 역겨운 구폐들을 빠르게 부활시키는 인간들로 둘러싸여" 있고, 김홍륙은 "뿌리까지 사기꾼"이라고 목소리를 높였다. 베베르는 이 말을 자르면서 "모든 일이 순조롭게 진행되고 있다"라고 맞받아쳤다.

모든 일은 순조롭게 진행되고 있다. 지금까지 내 통역관(김홍륙)에게서 잘못된 점을 전혀 찾아보지 못했다. 수백 년 동안 내려온 구폐는 하루아침에 근절될 수 없다. 나는 전하의 행동을 털끝만큼도 방해하고 싶지 않다.[28]

윤치호는 정말 답답했는지 이튿날 그레이트하우스를 찾아가 "조선 정부가 얼마나 자치에 무능한지 세상에 보여 주기 위해 러시아가 현 상황을 방치하는 것 같다"고 토로할 정도였다.[29] 9월 15일 일기엔 갑오개혁을 주도했던 "이노우에(가오루 전 일본 공사)는 지나치게 많이 간섭해, 베베르는 지나치게 적게 간섭해 실패했다"라는 긴 탄식을 남겼다.

러시아에 대한 불만이 위험 수위를 넘어가는 가운데 조선 군부 내에서 은밀히 논의돼 오던 푸차타안이 공개됐다. 심상훈 군부대신과 민영기 군부협판 등은 4월 21일 밤 러시아 장교와 하사관 등 160여 명으로 구성된 군사교관단을 초빙하기 위한 조약서 세 통을 만들어 이완용 외부대신에게 날인을 요구했다. 러시아의 동향을 "조석으로 두려움에 견디지 못하"고 있던 이완용이 이 요청을 받아들일 리 없었다. 그는 4월 30일 의견서를 작성해 러시아 공사관에 전했다.

> 군부대신 서리 심상훈이 러시아 교관들을 초빙하는 문제와 관련해 의정부에 제출한 보고서(메모)를 검토하였습니다. (중략) 지난해에 이미 10명 혹은 그 이상의 러시아 교관들이 초빙되었고, 이들은 약 30명 또는 그 이상의 조선인 사관생도들에게 러시아식 군복무(군사학)를 가르쳤습니다. 그리고 마찬가지로 현재 충분히 왕궁을 방어할 수 있는 1000명의 군사를 교육하고 있습니다. (중략) 위에 기술된 모든 견해들에 근거할 때 현재 그렇게 많은 외국인 장교들을 초빙하는 것은 적절하지 않을 것입니다.[30]

결국 고종의 대러 접근을 상징하던 푸차타안은 원안에서 크게 축소된 채 시행될 수밖에 없었다. 심상훈은 5월 5일 러시아 공사관에 보낸 서신에서 "교관 3명, 하사관 10명 등 21명을 초빙"하기로 결정했다고 전했다. 초빙 교관의 규모가 애초보다 8분의 1이나 줄어든 안이었다.

분노한 푸차타는 화를 참지 못하고 돌발 행동에 나섰다. 5월 22일 오전 1시께 술에 취한 상태에서 고종이 머무르고 있던 경운궁에 난입했다. 이어 갑자기 궁을 지키던 수비 시위병을 소집해 함성을 세 번이나 질렀다. 숙직을 서던 대신들이 급하게 나와 말렸지만, 듣지 않았다. 나중엔 심상훈 군부대신과 민영기 군부협판은 물론 이재순 궁내부대신까지 달려왔지만 소용없었다.[31] 고종은 10여 년 전 임오군란·갑신정변, 1894년 7월 경복궁 점거와 이듬해 10월 을미사변 등 온갖 풍파를 겪은 사람이었다. 자신이 머무르는 궁궐에 외국 군사교관이 들어와 병력을 소집한다는 것은 꿈에서도 상상하고 싶지 않은 일이었을 것이다. 고종은 이때 러시아에 대한 기대를 접기로 마음먹었는지 모른다.

그러고 나니 기댈 곳은 다시 일본이었다. 고종은 당직 중이던 유기환 형사국장을 가토에게 보내 '어떻게 하면 좋겠냐'고 물었다. 가토는 "용병 문제가 해결되지 않아 (푸차타가) 매우 불쾌감을 품고 있는 판이어서 이번 거동은 다소 시위적인 의미가 있"다면서 "(러시아의) 계략에 빠지지 않는 것이 중요"하다고 말했다. 가토가 말한 '계략'이란 고종을 러시아 공사관으로 다시 끌어들이는 일이었다.[32] 이는 가토의 상상일 뿐 러시아에 그런 계략 따위가 있을 리 없었다. 푸차타는 자신이 애써 만든 안이 받아들여지지 않았다는 사실에 실망감을 느끼고 황당한 일을 저질렀을 뿐이었다. 자신에 대한 처우가 기대에 못 미쳐 평소 쌓아 왔던 불만을 쏟아 낸 것일 수도 있다.[33]

한 겹 바다를 사이에 두고 한반도와 접해 있던 일본은 조선을 자신들의 '사활적 이해'가 걸린 지역이라고 생각했지만, 러시아에 이 땅은 머나먼 극동의 소국에 불과했다. 베베르는 고종이 자국 공사관에 머물며 정치를 망치는데도 갑오개혁 때 이노우에처럼 사사건건 잔소리를 쏟으며 제지하지 않았다. 러시아의 대조선 정책의 양대 축은 '현상 유지'와 '일본과의 충돌 방지'일 뿐이었다. 미덥지 않은 러시아의 모습에 조선인들이 실망감을 쌓아 가는 사이 일본이 차곡차곡 영향력을 회복해 가고 있었다.

그러던 가운데 조선의 운명에 큰 파문을 일으키게 되는 두 사건이 잇따라 발생했다. 러시아의 뤼순·다롄 점령과 러시아의 세력 확대를 막으려는 독립협회의 저항운동이었다. 두 사건이 맞물리면서 아슬아슬하게 유지돼 오던 러·일 간 힘의 균형이 깨지게 된다. 이는 대한제국에 너무나 큰 불행이었다.

16 독립협회의 몸부림,
  일본이
  만세를 부르다

독립협회, 움직이다

1897년 하반기 들어 내정이 다시 문란해지고 러·일 알력이 본격화되려는 조짐을 보이자 서재필(1864~1951)·윤치호 등 독립협회를 중심으로 한 조선의 '마지막' 개혁파들은 이러다 진짜 나라가 망할지도 모른다는 극도의 불안을 느끼기 시작했다.

한탄만 해서 문제를 풀 순 없으니, 고종을 설득해야 했다. 윤치호는 1897년 8월 17일 오후 9시께 고종과 만나 "일본과 러시아 사이에 전쟁이 일어날지도 모른다고 많은 사람들이 이야기하고 있다"면서 "훌륭한 정부가 조선을 통치하고 있다면 외국의 분쟁 때문에 불안해하지 않을 것"이라고 말했다. 고종은 이 말을 그저 "인자한 표정"으로 듣고 있을 뿐이었다. 윤치호는 자신의 말이 "아무 소용도 없다는 사실을 뼈저리게" 느끼면서 허무하게 물러났다.[1]

말로 상대를 바꿀 수 없다면, 행동을 통해 '죽비'를 내려쳐야 했다. 박영효는 갑신정변을 일으키던 때(1884)엔 "여론이 없고 정당이 없"었다고 한탄했지만, 10여 년이 흐르며 조선 사회도 크게 변해 가고 있었다. 근대적 교육기관이 생겨나고 다양한 통로를 통해 서양 소식이 전해져 오면서 미약하게나마 시민사회가 형성되기 시작한 것이다. 개혁을 원하는 이들은 음험한 쿠데타를 꿈꾸는 대신 거리로 나가 여론에 호소할 수 있었다. 때마침 활용하기 딱 좋은 독립협회라는 단체가 만들어져 있었다.

갑신정변의 주역이었던 서재필이 필립 제이슨Philip Jaisohn이란 이름의 미국인이 되어 돌아온 것은 갑오개혁이 한창 진행 중이던 1895년 12월이었다. 그는 1896년 4월 최초의 순한글 신문인《독립신문》을 창간했다. 이어 청에 대한 사대를 상징하는 영은문을 부수고 그 자리에 독립문을 짓자는 운동을 시작했다. 이를 계기로 그해 7월 2일 독립협회가 설립됐다.

처음 만들어졌을 무렵 독립협회는 정부 인사들이 모여 "유약한 토론이 아니면 위기지희圍碁之戱(바둑을 두며 노는 것)로 시간을 보내"는 유약한 사교클럽에 불과했다.[2] 이 모임이 "독립 자주의 정신으로 국정을 개선하자는 주장"을 쏟아 내는 정치단체로 탈바꿈한 것은 윤치호가 본격 활동에 나서면서였다. 그는 1897년 8월 5일 서재필에게 현재 "독립협회가 하는 일은 아무 효과가 없다"면서 이 조직을 "강의실·도서관·박물관을 구비한 일반 지식협회로 조직해야 한다"라고 말했다. 사흘 뒤인 8일 "독립협회를 유익한 기관으로 전환하자"고 제안해 회원들의 동의를 얻었.

15일엔 임원 회의에서 매주 일요일 오후 3시에 독립관에 모여 토론회를 열기로 했다. 29일 오후 3시 독립관에서 열린 첫 토론의 주제는 '조선의 급선무는 인민의 교육'이었다. 참석자는 70여 명이었다. '도로道路 수정하는 것이 위생에 제일 방책'이라는 주제를 내건 2차 토론회에는 200여 명, '동포 형제 간에 남녀를 팔고 사고 하는 것이 의리상에 대단히 불가하다'를 놓고 얘기한 8차 토론회부터는 500명 넘는 사람이 몰려들었다.[3]

그와 동시에 아관파천 이후 누적돼 온 조선인들의 반러 감정이 폭발하기 시작한다. 갈등은 알렉세이 시페이에르 공사의 재등장과 함께 본격화됐다. 1896년 1월 조선에 부임했던 시페이에르는 잠시 후 미하일 히트로보 주일 공사가 자리를 비우자 도쿄로 되돌아가 그의 대리공사직을 수행하고 있었다. 이 자리에 세르비아에서 근무하던 로만 로젠Roman Rozen(1847~1921)이 정식 공사로 부임하자 제자리인 대한제국 공사로 복귀하게 된다. 이 연쇄 인사이동으로 인해 1885년 첫 부임 이후 고종의 든든한 후원자 역할을 하던 베베르가 멕시코 공사로 가기 위해 9월 15일 마침내 서울을 떠났다.[4]

돌아온 시페이에르가 벌인 첫번째 일은 아일랜드계 영국인인 존 브라운John Brown(1835~1926)이 맡고 있던 조선의 재정고문을 러시아 재무성 관세국 관방주임 출신 키르 알렉세예프Kir Alexeieff로 교체하는 것이었다. 사실 이는 시페이에르의 독단적 결정이 아니라 1년 전 러시아를 방문했던 민영환 대표단의 핵심 요구 사항이었다.

논란의 중심에 서게 된 브라운은 1893년 10월 조선의 총세무사로 부임한 뒤 갑오개혁 이후인 1894년 10월부터 재정고문도 겸직하고 있었다. 고종은 아관파천 이후인 1896년 3월 일본 세력이 물러가자 브라운에게 조선 정부의 재정 지출에 대한 전권을 맡기게 된다. 이후 나름대로 합리적 재정 운영을 꾀해 갑오개혁 때 일본에 진 빚 300만 엔 가운데 일부를 상환하는 등 여러 성과를 내고 있었다.[5] 그랬던 만큼 갑작스러운 교체를 둘러싸고 여러 반대 의견이 쏟아질 수밖에 없었다. 조선 사회에 대한 이해가 깊었던 베베르였다면 유연하게 대응했겠지만, 불같은 성격의 시페이에르는 거칠게 일을 밀어붙였다. 결국 민종묵 외부대신과 박정양 탁지부대신이 사표를 내며 저항하는 진통을 겪은 끝에 11월 5일 알렉세예프를 새 재정고문으로 초빙하는 계약이 체결됐다.[6]

조선인들은 러시아인 군사고문을 불러들인 마당에 재정까지 같은 나라에 맡기게 되면 '조선의 독립'이 위태로워질 수 있다고 우려했다. 실제 아관파천이 벌어진 뒤 러시아가 대한제국에서 야금야금 확보했거나 손을 뻗치려 한 이권은 월미도(인천)·절영도(부산 영도) 석탄저장소 조차, 러한은행 설립, 압록강 삼림 채벌권, 경원·경성 광산 채굴권 확보 등 한둘이 아니었다.[7]

민영환 대표단의 일원이던 윤치호는 알렉세예프가 초빙될 수밖에 없던 내막을 잘 알고 있었겠지만, 강하게 반대 운동을 펼쳐가기로 한다. 《독립신문》은 10월 30일 논설에서 "이달 4일에 러시아 탁지부 고관 알렉세예프가 러시아 정부 명령을 받고 대한에 와서 탁지 사무를 총독하려 한다"면서 "브라운이 대한에 와서 대한 국민을 위하여 정성으로 일하다 불행히 대한 인민에게 감사하다는 말은 듣기는커녕 새로이 도로 쫓기는 모양이 되었다"고 꼬집었다. 나아가 "러시아 감독이 탁지 사무를 보면 브라운만큼 더

잘할는지도 몰라 (중략) 매우 조심스러운 마음이 없지 않"다고 우려했다.

고종의 생각도 비슷한 쪽으로 기울어져 있었다. 12월 3일 찾아온 가토 마쓰오[8] 일본 공사에게 "작년 민영환을 러시아로 파견할 때 즈음하여 이범진 등이 한러 밀약의 필요성을 열심히 주창"했었다며 "짐도 역시 그 당시에는 러시아가 이렇게까지 야심을 품고 있지 않을 것으로 생각해서 밀약에 대한 일들을 위임했더니, 그 후 러시아는 점차 그 위력을 뻗쳐서 그들의 사욕을 채우기에 급급하고 있는 실정"이라고 말했다. 푸차타 군사고문에 대해서도 "후의를 베푸는 듯하지만, 실은 거의 수위守衛의 전권을 장악하고 모든 임무에 간섭하지 않는 것이 없다. 이런 것 때문에 짐으로서는 신상의 큰 위협"을 느낀다고 말했다.[9]

시페이에르의 분노

비슷한 시기 만주에선 로바노프-야마가타 의정서 이후 아슬아슬하게 유지돼 온 러·일 균형을 깨는 '대사건'이 발생했다. 독일이 11월 산둥반도 자오저우만을 점령했다는 사실에 자극받은 러시아가 12월 15일 뤼순, 20일 다롄을 점령하고, 이듬해 3월 27일 청을 압박해 랴오둥반도 조차에 관한 조약을 체결한 것이다. 불과 2년 반 전 랴오둥반도를 획득했다가 러시아가 주도한 '삼국간섭'에 굴복해 이 땅을 토해 내야 했던 일본의 분노는 극에 달한다.

독립협회 역시 뤼순을 손에 넣은 러시아가 한반도에까지 야심을 품게 되지 않을까 한층 경계를 강화했다. 윤치호는 1898년 2월 7일 서재필에게 "우리가 독립협회를 설득해 몇 가지 정략을 전하게 건의하자"고 제안했다. 엿새 뒤인 13일 오후 3시 열린 독립협회 토론회 주제는 '대한제국이 러시아의 노예가 될 위험에 처했다'였다. 실제 토론회에선 "우리를 노예로 만들고 있는 나라는 지금 시베리아철도를 놓고 있으며, 우리가 그 나라의 노예가 되면 그 철도에서 강제 노역을 하게 될 것"이라는 목소리가 터져 나왔다. 윤치호는 이런 과격한 발언에 대해 "수백 년 동안 억압받아 입에 재갈이 물려졌던 사람들은 처음으로 자유롭게 발언할 기회를 갖게 되자 지혜롭기보다는 열성적으로 이야기를 하고 있다"라는 걱정 섞인 평을 남겼다. 그래도 자신의 발언 차례가 돌아오자 "우리나라와 우리 군주는 다른 나라와 동등하며 어느 누구 못지않다"면서 "현재 우리나라의 상황이 몹시 위태"롭다는 점을 고종에게 알리기 위해 "독립협회 명의로 상소문"을 올리자고 제안했다.[10]

토론회가 끝난 뒤 이 제안은 표결에 부쳐져 50대 4라는 압도적 지지를 받았다. 상소문 작성을 위해 5명으로 구성된 위원회가 꾸려졌다. 독립협회가 안경수 회장의 이름으로 제출한 이 상소문에서 강조한 것은 '조선의 자립'이었다.

신 등이 생각건대 나라가 나라 노릇을 하기 위해서는 두 가지 조건이 있어야 하는데, 그 하나는 자립하여 다른 나라에 의지하지 않는 것이며, 다른 하나는 스스로 닦아서 정사와 법도를 온 나라에 행하는 것입니다. 이 두 가지는 하늘에서 우리 폐하에게 부여해 준 하나의 큰 권한입니다. 이 권한이 없으면 그 나라가 없는 것입니다. 그래서 독립문을 세우고 독립회를 설치하여, 위로는 황상의 지위를 높이고 아래로는 백성들의 뜻을 공고히 하여 억만년 무궁한 기초를 확립했던 것입니다. 그런데 근래 나라의 형세를 가만히 보건대 자못 위태로워 모든 조치가 백성들의 기대에 크게 어긋납니다.

자립에 대해서 말한다면, 재정을 남에게 양보해서는 안 되는 것인데 남에게 양보하고, 병권은 스스로 잡고 있어야 하는 것인데 남이 잡고 있습니다. 심지어 신하들에 대한 출척마저 자유롭지 못하는 경우가 있습니다. 이것은 어찌 간사한 무리들이 기회를 틈타 중간에서 사욕을 부리거나 혹은 외국의 힘을 빌려 지존至尊을 위협하거나 혹은 풍설風說로 속여 성총聖聰을 현혹시켜서 그런 것이 아니겠습니까?[11]

반러 감정이 고조되는 심상치 않은 분위기 속에서 '만악의 근원'으로 여겨지던 김홍륙이 2월 22일 밤 10~11시 사이 궁에서 러시아 공사관으로 돌아가던 중에 자객의 습격을 받았다. 목숨은 건졌지만, 귀와 팔에 상처를 입었다. 이를 러시아에 대한 공격으로 받아들인 시페이에르는 거칠기 짝이 없는 대응에 나섰다. 크게 분노를 터뜨리며 고종이 직접 러시아 공사관으로 찾아와 사죄해야 한다는 요구를 쏟아 낸 것이다.[12] 이 사건의 배후에 러시아의 영향력에서 벗어나려는 고종의 그림자가 있다고 느꼈기 때문이다.

시페이에르의 분노는 거기서 멈추지 않았다. 그는 독립협회가 중심이 돼 전개하고 있는 반러 캠페인을 일종의 '배은망덕'이라 받아들였다. 극도로 분노한 상태에서 미하일 무라비요프Mikhail Muravyov(1845~1900) 외무대신에게 "한국 독립의 원칙을 버리고 북부의 여러 도를 우리 군대를 동원해 점령해 버리자"고 제안했다. 무라비요프는 "이는 우리가 재삼 선언해 온 이 나라 독립 원칙에 대한 명백한 위반"이라며 반대했다.¹³

말은 그렇게 했지만, 러시아 정부도 돌변한 조선의 태도에 실망감을 쌓아 가고 있었다. 이들은 대한제국을 위해 군사고문·재정고문을 파견하며 시간과 노력을 투입할 필요가 없다는 결론에 이르게 된다. 러시아 정부는 3월 3일 시페이에르에게 보낸 기밀 전문에서 "우리가 엄밀하게 추구한 유일한 목적은 한국의 완전한 독립을 보호하고 발전시키는 것이지만, 국왕과 한국 정부 수뇌부는 우리의 노력은 평가하지도 않고 점점 우리에게 적대적인 세력으로 기울어서 한국의 이익을 위해 우리가 세워 놓은 목표를 실현하는 데 장애가 되고 있다"면서 "상대적으로 중요성이 덜한 한국에서 우월한 영향력을 유지하기 위해 시간을 허비하고 힘을 낭비하지 않으면서 우리에게 조성된 난처한 상황을 무리 없이 피해 갈 수단을 찾아야 한다"는 뜻을 전했다.¹⁴

현장의 시페이에르는 여전히 화가 가라앉지 않은 상태였다. 4일 가토 마쓰오 일본 공사를 찾아가 러시아에 대한 한국의 태도가 "매우 험악해져 다소의 과격한 수단을 사용하지 않으면 바로잡기 어려울 것 같다"라고 말했다. 필요하다고 판단할 경우 러시아가 현재 사태를 수습하기 위해 무력을 쓸 수 있다는 뜻을 내비친 것이다. 이어, 그럴 땐 "물론 일본에 통지한 뒤에 하겠다"고 덧붙인 뒤, "한국은 도저히 독립할 수 없다"면서 "러·일 양국이 분할해 보호"해야 한다고 제안했다. 그가 볼 때 지금의 반러 열풍은 아관파천 이후 고종과 조선을 도우려 노심초사했던 자신에 대한 '배신'이었다. 가토는 폭주하는 시페이에르를 만류하며 "한국의 독립이 곤란한 것은 맞지만 나는 아직 단념하고 있지 않다"면서 "분할 이전에 미리 충분히 협상의 여지가 있다고 생각한다"라고 말했다.[15]

본국 정부와 일본, 양쪽 모두의 반대에 부딪힌 이상 시페이에르도 자기 생각을 고집할 수 없었다. 결국 "시간을 허비하고 힘을 낭비하지 않을" 수단을 찾으라는 본국의 방침에 따르기로 한다. 시페이에르는 7일 오후 2시 대한제국 외부에 "귀국 정부가 먼저 요청해 군사고문과 재정고문을 파견"했다는 사실을 강조하면서 러시아의 도움을 계속 받을 뜻이 있는지 24시간 안에 답하라고 요구했다.[16]

러·일, 다시 동점이 되다

러시아의 통보를 접수한 고종은 두려움에 떨 수밖에 없었다. "대처할 방향을 잡지 못해 허둥지둥 낭패"한 끝에 가토 공사에게 도움을 청하기로 한다. 가토는 이 사건이 마무리된 뒤인 3월 31일 니시 도쿠지로 외무대신에게 보낸 기밀 전문에서 이후 대한제국과 러시아 사이에서 벌어진 외교 공방을 자세히 소개했다.[17]

고종은 러시아의 공문을 접수한 당일 밤 12시에 민영철을 일본 공사관으로 보내 "어떻게 대처해야 옳을지 만사를 잘 부탁한다"며 도움을 청했다. 가토는 전후 사정을 정확히 파악할 시간을 벌기 위해 회답 기한을 '사흘'로 늘리라고 조언했다. 대한제국은 이 말대로 러시아 공사관에 "짐작하건대 3일을 넘기지 않고 힘써 타결하여 주청할 수 있을 것"이라는 회신 공문을 보냈다.[18]

가토는 이튿날인 8일 러시아 통고문의 러시아어 원문을 자세히 확인했다. 이후 고종에게 "이번 기회에 단연코 사관과 고문관을 함께 철퇴하는 방침을 취해도 지장이 없을 것"이라고 답했다. 고종도 나름대로 움직이고 있었다. 가장 신뢰하는 두 원로대신인 김병시와 조병세에게 사람을 보내 의견을 물었다. 이들의 뜻을 확인한 칙사가 10일 고종에게 전한 답변 역시 "이 기회에 사관 및 고문관의 사절을 단행하여 일반의 희망에 부응"해야 한다는 것이었다. 일본과 원로대신들이 같은 입장을 내놓자 마침내 고종의 결심이 서게 된다.

그러는 사이 거리에선 민중들의 압박이 이어지고 있었다. 답변 시한이 다가오던 10일 오후 2시 서울 종로에 무려 8000명이 운집한 가운데 만민공동회가 열렸다. 12일 《독립신문》에 이날 집회의 광경이 묘사돼 있다. 만민공동회는 이승만(1875~1965)[19]·장봉·현공렴을 대표로 뽑아 민종묵 외부대신에게 "대한 인민이 군부와 탁지(재정)의 권리를 외국에 맡기는 것은 원하는 바가 아니라. 이 기회를 타서 대한 정부에서 (러시아) 사관들과 고문관을 해고케 하고, 대한 정부에서 (직접) 인민의 원(뜻)을 좇아 병권과 재정을 자유로 하게 하여 달라"는 요구서를 전달했다.

이튿날인 11일 밤 열린 의정부 회의에서 '놀라운 결과'가 도출됐다. 친러파의 반대를 뚫고 만민공동회의 요구를 과감히 받아들여 자립하겠다는 결단을 내린 것이다. 대한제국 외부는 12일 오전 6시 러시아 공사관에 다음과 같이 회신했다.

생각하건대 일의 형세가 여기에 이르게 된 것은 그 책임이 우리 정부에 있기에 우리 정부는 스스로 반성하고 있으며, 이제부터 경계하고 단속하여 힘써 소홀함이 없도록 기약할 것입니다. 그래서 다시는 귀국 대황제 폐하께 걱정을 끼치지 않을 것입니다. 일찍이 전부터 귀국 대황제 폐하 및 귀 정부에서 우리나라에 대하여 후의厚意로 돌보아 주신 덕에 병정과 재무에서만은 많은 진보가 있었습니다. 그리고 (귀국의) 그 고문관 및 사관들은 깊이 귀국의 권의眷意(보살핌)를 이어받아 비바람을 맞는 것을 꺼리지 않고 부지런히 노력하여 시위대로 하여금 자기 직무를 숙지할 수 있게 했고, 재정 또한 모두 점차로 나아졌습니다. 이 모두가 귀국이 도와주신 것이니 드러난 큰 공덕은 또한 영원토록 잊지 못할 것입니다. 그러나 우리 정부는 현재 앞으로의 병정과 재무를 한결같이 귀국이 일찍이 지도해 준 바에 따라 그 방식을 전적으로 사용하고 우리나라 사람으로 하여금 관장시켜 전담토록 할 생각이며, 모든 외국의 사관과 고문관을 일체 쓰지 않기로 확실하게 정하였습니다. 이것은 원로대신 및 정부가 원하는 바이며 또 전국 신민들의 공의와 여론이 일의 추세를 여기에 이르게 하였습니다.[20]

대한제국의 자립을 선언하는 이 감동적인 회신 공문을 쓴 이는 뜻밖에도 조선인이 아닌 일본 공사였다. 가토는 니시에게 "외교 문서의 언사에 익숙하지 못하니 문안을 작성해 주기를 청해 마지 않으므로 어쩔 수 없이 문안을 작성해 예시해 줬"다면서, "그런데 어찌 헤아리기나 하였을까. 한국 조정의 회답은 전적으로 이것을 등사하고 자신이 일자 일구의 취사도 하지 않았"다고 보고했다.[21] 이것이 러시아에 맞서 자립을 선언한 대한제국 '자주외교'의 서글픈 현실이었다.

이 공문을 접수한 러시아는 "귀국 스스로 자신을 완전히 보전하게 된 것을 축하한다"며 싸늘하게 답한 뒤 대한제국에 파견했던 군사·재정고문을 철수했다. 물론 러시아가 대한제국과 관계만을 고려해 이런 결정을 내린 것은 아니었다. 이들이 염두에 둔 것은 일본의 존재였다. 얼마 전 뤼순을 손에 넣은 뒤 대한제국에까지 욕심을 부리면, 이 상황을 예리하게 지켜보던 일본과 충돌할 수 있었다. 그런 의미에서 이 결정은 뤼순에 대한 지배권을 확립하기 위한 일종의 '전략적 자제'였다.

1년 전 서재에서 막걸리를 마시며 고종의 통치에 절망했던 클래런스 그레이트하우스는 러시아의 의도를 정확히 꿰뚫어 보고 있었다. 다시 찾아온 윤치호에게 러시아가 순순히 물러난 것은 "러시아는 큰 노력을 요구하는 일을 중국에서 벌이고 있"어 "일본과 분쟁을 일으키는 것을 원하지 않"기 때문이라면서 "적어도 한동안은 조선에 대한 무례한 내정간섭을 철회할 것"[22]이라고 예상했다.

을미사변과 아관파천으로 한반도에서 수세에 몰렸던 일본은 러시아가 제 발로 한반도에서 물러나기로 한 이 사태를 쌍수를 들어 환영했다. 가토는 "감정이 극단으로 치달아 때때로 무모한 폭거를 기도하는 많은 전례를 가진 한인들이 이번에 한하여 매우 침착하고 노련한 태도를 지켜" 무사하게 이 국면을 매듭지었다는 것에 대해 "본관도 내심 기뻐하는 바"라는 감상을 남겼다.[23]

일본은 이 천금 같은 기회를 놓치지 않고, 한발 더 나아가려 했다. 니시 외무대신은 19일 로젠 공사에게 "국토의 접근성 및 현재의 이익"을 고려할 때 대한제국에 "조언·조력을 제공하는 의무를 일본에 위임해야 한다"고 주장했다. 그 대가로 일본이 제시한 것은 "만주와 그 연안을 일본의 이익 밖에 있다고 생각"한다는 것이었다. 조선은 우리가 차지할 테니 만주는 러시아가 알아서 하라는, 이른바 '만한교환론'이었다.

    러시아는 이번에도 결단할 마음이 없었다. 두 나라는 4월 25일 도쿄에서 갈등을 다시 어정쩡하게 봉합하는 '한국에 관한 러·일 의정서'(로젠-니시 의정서)를 체결했다.[24] 이 합의의 유일한 의미는 러시아가 일본의 동의 없이 조선에 군사·재정고문을 파견할 수 없게 됐다는 것뿐이었다. 이로써 러·일 양국 모두가 대한제국에 대한 간섭을 멈추게 됐다. 을미사변과 아관파천을 통해 만들어진 한반도 내 '러시아 우위' 구도가 무너지며 러·일이 다시 같은 출발선에 서게 된 것이다. 이 변화가 대한제국에 득이 될지 실이 될지는 알 수 없었다.[25]

17 독립협회의 정치 개혁, 끝내 좌절하다

의회 설립을 꿈꾸다

한반도에서 러시아 세력을 몰아낸 윤치호 역시 여기서 만족할 생각이 없었다. 여세를 몰아 망국의 위기에 빠진 국가를 살려야 했다. 그는 1898년 3월 19일 일기에 결심을 적었다.

조선은 지금 황금 같은 기회를 갖게 되었다. 어느 누구도 조선을 간섭하지 않는다. 진심으로 국가의 안녕을 바라는 강하고 분별 있는 정부라면 조선에 확고하고 영속적인 평화를 수립하고, 조선의 평화를 통해 이 세계의 평화를 수립할 수 있는 이 기회, 마지막이 될지도 모를 이 기회를 활용할 것이다. (중략) 아! 조선 정세에 결정적인 시기가 될 5년이 이제 시작됐다.

윤치호의 목표는 갑신정변 이래 조선·대한제국이 해결해야 했던 시대적 과제인 '정치 개혁'을 완수하는 것이었다. 내각을 통해 고종의 전제군주권을 직접 통제하려 했던 시도는 갑오개혁 때 실패하고 말았다. 같은 실패를 반복해선 안 된다고 본 윤치호는 우회로이자 차선책을 택한다. 시민의 대표로 구성된 '의회'를 만들어 고종을 간접적으로 견제하려 한 것이다. 독립협회는 3월 10일 만민공동회 이후인 4월 3일 토론회 주제를 '의회원을 설립하는 게 정치상에 제일 긴요하다'로 잡았다.

> 그런고로 대한도 차차 일정 규모를 정부에 세워 이 혼잡하고 규책 없는 일을 없애려면 불가불 의정원이 따로 있어 국國 중에 학문 있고 지혜 있고 좋은 생각 있는 사람들을 뽑아 그 사람들을 행정하는 권리는 주지 말고 의논하여 작정하는 권리만 주어 좋은 생각과 좋은 의논을 날마다 공평하게 토론하고 이해 손익을 공변되게 토론하여 작정하여 대황제 폐하께 이 여러 사람의 토론하여 작정한 뜻을 품稟하여 재가를 물은 후에는 그 일을 내각으로 넘겨 내각서 그 의사를 가지고 규칙대로 시행할 것 같으면, 두 가지 일이 전수히(다 잘) 되고 내각 안에 분잡한 일이 없을 터라. 또 이렇게 일을 하게 되면 다만 일만 옳게 될 뿐 아니라 대황제 폐하께 매우 편리한 경계가 많이 있을 것이다.¹

고종은 권력의 작동 방식에 대해선 매우 예리한 정치 감각을 가진 인물이었다. 의정원(의회)을 만들면 "대황제 폐하께 매우 편리한 경계가 많이 있을 것"이라는 독립협회의 감언이설에 설득될 리 없었다. 오히려 심각한 '정치적 위협'을 느꼈다. 고종의 명을 받은 김영준 궁내부 시종원 시중은 3월 28일 오후 6시께 윤치호를 찾아가 "폐하께서 (독립협회 활동을) 매우 언짢아하신다"라면서 "만약 내가 경무사라면 독립협회에서 떠드는 자들을 모두 체포하고 목을 자를 것"이라고 위협했다. 이어 "전하께서는 이 땅의 최고 군주"라면서 "전하의 행동에 문제를 제기하는 것은 조선에 민주주의를 도입하려는 처사"라고 경고했다. 윤치호는 "조선이 예전의 쇄국 시대로 회귀한다면 절대군주제가 가능하겠지만, 지금은 문이 모두 개방되었고 외국인들이 조선에서 일어나는 일을 예의 주시하고 있다"며 "조선은 과거로 돌아갈 수 없다"고 맞받아쳤다.[2]

독립협회는 굽히지 않고 거듭 주장을 이어 갔다. 7월 3일 올린 상소에서는 "근래 유럽 여러 나라가 전제정치라고는 해도 상·하의원을 설치해 언로를 넓게 열었다"고 주장했다. 고종은 9일 "아뢴 바가 비록 조정을 걱정하고 아끼는 데서 나온 일 같기는 하지만, 본분을 벗어난 망령된 언론은 옳지 않다"면서 이를 내쳤다.[3]

독립협회와 고종 사이에 팽팽한 긴장이 이어지던 7월 5일 초대 독립협회장 안경수가 일으킨 '역모' 사건(청년애국회사건)[4]이 발각됐다. 안경수는 석달 전 로젠-니시 의정서를 통해 러·일 모두가 한반도에 대한 직접 간섭을 멈추기로 합의하자, 이를 무너져 가는 대한제국을 구해 낼 마지막 기회라고 판단했다. 중요한 것은 이를 실현하기 위한 방법론이었다. 윤치호가 의회 개설이라는 제도 개혁을 통해 군주권을 견제하려 했다면, 안경수는 세자인 순종을 옹립해 무능한 고종을 '양위'시키는 쿠데타를 꿈꿨다. 하지만 이 계획이 사전에 들통나면서 허겁지겁 일본으로 망명을 떠나게 된다.[5] 가토 마쓰오 일본 공사는 9월 19일 오쿠마 시게노부 외무대신에게 안경수 역모의 배경을 설명했다.

> 현 황제께서는 과거 30년간의 치적에는 도와서 모자람을 채우는 데 부족하였고 개선 사업에서는 점점 유지자有志者를 절망하게 하였으므로 제위帝位를 폐하고자 하는 희망이 오래전부터 암암리에 싹트고 있었는데 아관파천의 일이 이 기세를 배나 자극하게 되었습니다. 그래서 지난번에 일·러 양국이 서로 불간섭을 약속하고 손을 떼게 된 이래(로젠-니시 의정서) 현 황제가 한층 더 욕정을 자행하여 점점 국가의 대계大計에 뜻을 두지 않게 되었습니다. 다시 간소배奸小輩들이 궁정에 드나들고 실정을 거듭해 가는 상황이어서 이대로 나가면 (국가의) 안위를 예측할 수 없는 상황이었습니다. 그러므로 이때를 당하여 백년장계百年長計를 정하고 자주독립의 기초를 세우지 않으면 어느 때를 기다려서 이루어지게 될지 염려하여 누구를 말할 것 없이 지사 사이에 묵계하여 마침내 이것을 실행하려고 한 것입니다.[6]

이 설명에서 알 수 있는 안경수 사건은 권력욕에 눈이 먼 한두 사람이 제 잇속을 차리기 위해 저지른 쿠데타가 아니었다. 가토는 이 사건에 "러시아파라고 하는 이충구·김재풍, 일본당으로 알려진 안경수, 수구파에서도 가장 애국심이 강하다고 일컬어지며 또 신중하며 엄격한 김병시·민영준, 소심하고 근면하다는 박정양 등이 당파 혹은 주의를 버리고 하나가 되어 화합한 형적"이 있다고 말했다. 조선 내 다양한 파벌의 인사들이 고종의 통치 능력에 근본적 한계를 느끼고 이를 뒤엎으려 협력했음을 알 수 있다.

김홍륙, 제거되다

안경수의 역모로 정국이 대혼란에 빠지자 독립협회에도 위기가 찾아온다. 평소 "성질이 잔인·혹독하고 박절하다"는 평을 받던 친러 수구파 대신 조병식(1823~1907)이 7월 14일 의정부 관제 아래서 의정 다음 직위인 참정직에 올라 독립협회에 대한 대대적 탄압에 나선 것이다.[7] 정교는 《대한계년사》에서 당시 조병식이 독립협회는 곧 안경수의 패거리라고 주장하면서 자신과 이상재(1850~1927)를 죽이고 협회를 깨뜨리려 했고, 민영준·박정양(안경수 역모로 체포)·심상훈·윤용선 등을 모함해 살해하고 권력을 독차지하려 했다고 적었다.[8]

독립협회 간부로 조병식과 처절히 대립하던 정교의 설명을 오롯이 다 믿을 순 없겠지만, 무리한 탄압 시도가 있었던 것은 분명했던 듯하다. 아직 고종의 총애를 받고 있던 윤치호가 7월 20일 궁에 찾아가 독립협회 "회원들은 충군 애국을 가장 중요한 일로 여긴다"라고 설득해 사태는 풀렸다. 고종은 21일 참정에 임명되고 겨우 일주일이 지난 조병식을 면직했다.

위기를 넘긴 독립협회가 "정계의 대세력으로 도약하는 전기"가 된 일이 두 달 뒤인 9월 11일 벌어졌다. 불과 몇 달 전까지 러시아어 '통역 권력'으로 대한제국의 국정을 농단하던 김홍륙이 고종을 암살하려 했다는 의혹을 받고 사형당한 이른바 '김홍륙 독차 사건'이 터진 것이다.

이 소동은 러시아의 한반도 철수로 한·러 관계가 급변하면서 발생하게 된 매우 '정치적' 사건이었다. 고종과 큰 갈등을 빚었던 알렉세이 시페이에르가 대한제국을 떠나고 후임인 니콜라이 마튜닌이 서울에 부임해 온 것은 1898년 4월 4일이었다. 마튜닌은 김홍륙을 전적으로 신뢰했던 전임들과 달리 냉담하게 거리를 뒀다. 러시아의 권위를 등에 업고 호가호위하던 김홍륙이 처치 곤란한 천덕꾸러기로 전락하는 순간이었다.[9]

고종은 러시아와 관계가 냉각된 이후 김홍륙을 제거하기 위해 호시탐탐 기회를 엿보고 있었다. 마침내 8월 23일 "교활한 성품으로 속임수가 버릇이 되어 공무를 빙자하여 사욕을 채우는 데에 온갖 짓을 다 하였다"라며 흑산도로 유배를 명했다.[10]

김홍륙 독차 사건에 대한 대한제국의 공식 수사 기록에 따르면, 앙심을 품게 된 김홍륙은 궁궐에서 서양 요리를 담당하던 공홍식에게 아편 한 봉지를 주며 "진어하는 요리에 타서 올리라"고 지시했다. 공홍식은 궁궐 창고지기인 김종화를 '은 1000원'에 매수해 실제 고종의 커피에 아편을 타게 했다. 이를 마신 고종과 순종이 고통을 호소하며 쓰러져 죽을 고비를 넘겼다는 것이 공식적으로 전해지는 사건의 개략 내용이다.[11] 황제의 목숨을 노린 대역 사건이 발생했으니 철저한 수사가 이뤄질 수밖에 없었다. 대한제국 정부는 유배 중인 김홍륙을 다시 잡아 올리고 이 사건에 연루된 공홍식·김종화를 체포했다.[12]

이 중대 사건을 처리하는 과정에서 갑오개혁을 통해 폐지했던 여러 악습이 되살아나는 조짐을 보인다. 민영기 경무사는 체포된 이들을 심문하는 과정에서 잔인한 고문을 가해 다리를 부러뜨렸고, 신기선 중추원 의장(법부대신 겸임) 등은 9월 24일 노륙법孥戮

法(극악한 죄인의 처자를 연좌해 사형에 처하는 형벌)·연좌법, 죄인을 베어 죽이는 참형 등을 살려 내야 한다고 주장했다. 독립협회는 이를 대한제국이 '개혁의 길'에서 일탈하고 있음을 보여 주는 불길한 신호로 받아들였다. 25일 회의를 열어 "김홍륙이라도 법률에 의해서만 처벌돼야 한다"며 대대적 반대 투쟁에 나서게 된다. 독립협회는 중추원에 항의 서한을 보냈다.

> 삼가 아룁니다. 국가의 표준은 법률에 있으며 법률이 공평해야 백성들이 믿고 의지하여 그들의 생명을 보전할 수 있습니다. 만약 세계 여러 나라에서 널리 실행되고 있는 명백한 법률과 다르면 국제법에서는 나라로 부르지 아니하며, 세계 여러 나라로부터 평등한 대우를 받을 수가 없습니다.
> 이 때문에 오직 우리 대황제께서는 자주독립의 권리를 잡으시고 모든 것을 품어 안는 크고 넓은 덕을 베푸시어, 개국 503년(1894) 6월 28일(음력) 연좌법을 일절 시행하지 말라는 재가를 내리셨습니다. 이해 12월 12일에는 종묘와 사직에 맹세해 고하신 홍범洪範의 제 열세 번째 조목에 이르기를, '민법과 형법을 엄격하고 명백히 제정해 함부로 감금하거나 징벌하지 못하게 하여 백성들의 생명과 재산을 보호한다' 하셨습니다. 그런즉 철석같이 이를 지키며 봄이 오면 여름이 오고 가을이 오면 겨울이 오는 것처럼 이를 믿어, 서양 여러 나라들과 법률 권리를 거의 고르게 행할 수 있었습니다.
> 요즈음 듣기에 귀 중추원 의관들이 회의를 열어 (중략) 노륙법을 다시 시행하려는 뜻을 담은 글을 연명으로 올려바치셨다 합니다. 이는 위로는 대황제의 덕에 부끄러움과 누를 끼치게 하고, 아래로는

백성의 마음을 현혹시키는 것입니다."[13]

이 문제를 놓고 정부와 실랑이하던 독립협회는 10월 7일부터 실력 행사에 돌입했다. 독립협회 회원 등 1만여 명이 오전 8시 경운궁 인화문 앞에서 심순택(의정)·윤용선(참정)·이재순(궁내부대신)·심상훈(군부대신)·민영기(경무사·탁지부대신 겸임)·신기선(법부대신)·이인우(법부협판) 등 수구파 '7대신'의 경질을 요구했다. 이들은 이날 상소문에서 "갇혀 있던 공홍식이 느닷없이 칼에 찔려 상처"를 입은 것은 법을 맡은 신하인 신기선·이인우의 죄이고, 심순택·윤용선은 이들을 비호하는 잘못을 저질렀고, 이재순·심상훈·민영기는 김홍륙이 일을 저지르는 동안 고종의 지척에 있으면서도 보호하지 못했다고 꼬집었다.[14] 당황한 고종은 12일까지 이들을 모두 파면하거나 사직서를 받고, 독립협회가 신임하는 박정양을 의정서리에 임명했다.[15] 이로써 대한제국에서 '마지막'으로 개혁을 시도해 볼 만한 정부 진용이 갖춰지게 된다.

헌의 6조와 고종의 배신

희망적 분위기 속에서 독립협회는 앞으로 한발 더 나아갔다. 정교의 《대한계년사》에 따르면 10월 15일 오후 4시 독립협회 건물에서 박정양이 이끄는 정부 인사들과 독립협회의 간담회가 열렸다. 이 자리에서 독립협회는 법률로 정한 바 외에 함부로 명목을 더한 잡다한 세금을 모두 혁파한다, 중추원을 다시 조직하기 위한 구체적 '관제官制(규칙)'는 정부와 독립협회에서 대표를 뽑아 의논해 정한다는 내용을 담은 개혁안을 전했다. 박정양이 "두 조목 모두 좋다"라고 화답했고, 박제순 외부대신도 "매우 좋다. 만약 좋지 않다면 어찌 받아 들 이유가 있겠냐"라고 말했다.

일본 공사관도 이런 움직임을 파악하고 있었다. 가토가 11월 8일 오쿠마 시게노부 외무대신에게 보낸 전문을 보면, 독립협회는 이틀 뒤인 17일 정부에 중추원 관제를 개혁해 중추원에 참정권을 줄 것, 중추원 의장과 부의장 이하 의관 50명을 주되 이를 반분하여 반은 정부 반은 독립협회에서 선출할 것, 국내 무명 징세를 전폐할 것 등의 개혁안을 제출했다.[16] 15일 모임에서 중추원 관제를 서로 "의논해 정하기"로 의견을 모았으니, 그 회의 결과대로 이틀 뒤 독립협회 쪽에서 정부에 자신들의 안을 제시했음을 알 수 있다.

예상대로 고종이 제동을 걸고 나섰다. 23일 독립협회의 의견이 크게 반영된 중추권 관제에 대해 "타당하지 못한 곳이 많다"며 개정을 요구한 것이다. 바로 이날 중추원 부의장으로 임명된 윤치호가 정부에 불려 들어가 협의에 나섰다.[17] 정부 쪽에선 다시 자신들의 안을 제시하며 "협회에서 의논해 뺄 것은 빼고, 넣을 것은 넣어 확정한 다음 내일 오후 4시에 가지고 와 달라"는 뜻을 전했다. 독립협회의 안을 마뜩하지 않게 여긴 고종의 입김이 강하게 반영된 안이었을 것이다. 윤치호는 "백성들의 의견을 널리 채택하는 사안에 대해선 확실하지 않은", 즉 민의를 충분히 반영하지 못한 이 안을 대폭 손보기로 한다. 정교·이건호·이상재가 정부 안에 다시 손을 대 독립협회의 입맛에 맞게 고쳤다. 윤치호가 24일 이 안을 정부에 전달했다.[18]

그 직후인 28일부터 11월 2일까지 '관민공동회'가 열렸다. 종로운종가 네거리 대회장엔 가로 30피트, 세로 60피트(약 가로 9미터, 세로 18미터)짜리 대형 천막이 설치되고, 태극기가 걸렸다. 행사장 주변에 친 목책 안엔 약 4000명이 질서 있게 자리를 잡았다. 28일 오후 1시 집회를 시작해 윤치호를 대회장으로 선출했다. 29일 오후 2시에 시작한 이틀째 행사엔 박정양 등 고관들도 대거 참석했다. 이날 첫 연사는 박성춘이라는 이름의 백정이었다.

> 이놈은 바로 대한에서 가장 천한 사람이고 매우 무식합니다. 그러나 임금께 충성하고 나라를 사랑하는 뜻은 대강 알고 있습니다. 이제 나라를 이롭게 하고 백성을 편리하게 하는 방도는 관리와 백성이 마음을 합한 뒤에야 가능하다고 생각합니다. 저 차일遮日(바로 천막이다)에 비유하건대, 한 개의 장대로 받치자면 힘이 부족하지만 만일 많은 장대로 힘을 합친다면 그 힘은 매우 튼튼합니다. 삼가 원하건대, 관리와 백성이 마음을 합하여 우리 대황제의 훌륭한 덕에 보답하고 국운이 영원토록 무궁하게 합시다.[19]

이 회의에서 11개 결의안을 채택해 '헌의 6조'라 이름 붙은 6개 안을 고종에게 제출했다. 내용은 관리와 백성이 힘을 합쳐 전제황권專制皇權을 굳건히 한다, 광산·철도·석탄·산림 및 차관·차병借兵은 각 부 대신과 중추원 의장이 합동해 서명·날인한다, 세금은 모두 탁지부에서 관할한다, 중대 범죄는 공판을 진행하고 피고가 자복한 뒤 형을 시행한다, 칙임관은 대황제 폐하가 정부에 자문해 과반수의 찬성에 따라 임명한다, 규정을 실제 시행한다였다. 훗날 을사늑약을 강요하는 이토 히로부미 앞에서 졸도한 한규설

(1856~1930) 중추원 의장은 감격에 겨워 "금일의 관민협회는 (조선) 500년 초유의 일"이라며 "부강의 기초가 금일에 정해졌으니 국가를 위해 만세를 부르자"라고 말했다. 박정양 역시 "금일 관민이 합동하려 6조를 협의해서 안정하게 정하니 관민합심(관민이 한마음임을)을 가히 알 수 있다"라고 말했다.[20]

《독립신문》 역시 이날 광경에 대해 "회중에서 차례로 연설하여 공의하고 여섯 가지 강령만 적어서 회중에 가부 취결하매 시원임(전현직) 대신들이 다 '가可' 자를 쓰고 연설도 했다"라고 적었다.[21] 이렇게 관민의 뜻이 하나로 묶였으니 이제 대한제국의 최고 권력자인 고종이 결단해야 했다. 이 개혁안을 고종에게 전한 뒤 "종로에서 그 하회下回를 기다리려고 회원들이 경야經夜(밤을 지냄)"했다. 고종은 30일 "정부로 하여금 조처하도록 하겠다"며 뜨뜻미지근한 수용 의사를 밝힌다.

이어 형식적 자문기구였던 중추원의 권한을 강화해 '사실상의 의회'로 만들기 위한 관제 개정 작업이 마무리됐다. 11월 2일 개정·반포된 〈중추원 관제〉(칙령 36호)에 따라 중추원은 법률·칙령의 제·개정과 폐지, 의정부에서 임금에게 상주하는 모든 안건, 중추원에서 임시 건의하는 사항 등에 대한 심의 권한을 갖게 됐다. 또 의정부와 중추원 간에 의견이 다를 때는 "서로 협의해 타당 가결한 뒤 시행"하도록 해 사실상 '거부권'도 행사할 수 있었다. 중추원 의관(50명)의 선출 방식도 파격적이었다. 절반은 정부가 군주에게 추천하고, 나머지는 독립협회가 27세 이상 가운데 투표를 통해 뽑게 했다.[22] 24일 윤치호가 제출한 독립협회 의견이 대거 수용됐음을 알 수 있다.

이틀 뒤인 4일 박정양이 독립협회에 서한을 통해 "중추원 관제를 이미 반포했다"며 "회원 스물다섯 명을 투표로 선정해 며칠 안으로 그 명단을 기록해 보내 주시어서, 황제 폐하께 아뢰고 임명하는 바탕을 편리하게 하여 주시기 바란다"고 알려왔다. 첫 선거는 5일 독립관에서 치러질 예정이었다. 가토는 지금까지 이어진 독립협회의 움직임을 다음과 같이 분석했다.

> 요약하면 독립파의 목적은 공고한 정부를 형성하여 비정秕政(잘못된 정치)을 개혁하려는 것이었지만 유감스럽게도 지금과 같이 궁중의 질서가 문란하고 군권을 남용하는 폐단이 행해지는 상황에서는 도저히 그 목적을 관철할 수 없다는 것을 알고, 우선 현임 대신을 배척하고 젊고 유능한 인재를 등용해서 새로 정부를 조직하고 동시에 중추원 관제를 개혁하여 이에 참정권을 주어서 정부와 서로 연합함으로써 정부의 위상을 공고히 하고 위로 폐하에게 강경한 태도를 취하고 그 군권을 억제하고 비정의 혁파를 실행하려고 하는 데에 그 목적이 있는 것 같았습니다.[23]

선거를 코앞에 둔 4일 밤이었다. 독립협회를 "밉게 보기를 뱀같이"[24] 하고 있던 고종의 마음을 흔든 것은 조병식(의정부 참정)·유기환(군부대신 서리)·이기동(법부협판) 등 수구파 인사들이었다. 이들은 독립협회가 대한제국의 국체를 공화정으로 바꾸려 한다는 누명을 씌우며 '막판 뒤집기'를 시도한다. 이들의 강력한 주장에 마지못해 개혁안을 받아들였던 고종의 결심이 뒤집혔다. 윤치호는 그로부터 20여 년이 지난 1926년 6월 잡지 《신민》에 당시 상황을 이렇게 적었다.

> 그러나 당시 정부는 정치의 개혁을 불열不悅하는(기쁘게 보지 않는) 수구당이 충만하고, 완고한 거족巨族들도 또한 반대가 많았다. 그리하여 이유원과 홍종우 일파는 무지한 보부상을 조합하여 황국협회라는 것을 조직하여 정부를 옹호하여 맹렬히 독립협회를 공격하여 심甚한즉 폭력으로 습격·육박하여 독립협회의 박멸에 고심하였다. 이때에 난데없는 익명서 한 장이 독립문 석벽에 붙었다.

윤치호가 언급한 '익명서'에는 이씨 왕조가 쇠망해 민심과 천심이 함께 반응하고 만민이 모두 공통으로 윤치호를 대통령으로 추대해 정부와 서민이 이에 승복할 것이라는 내용이 담겨 있었다.[25] 조병식 등 3인은 이 문서를 가져와 고종에게 "독립협회가 11월 5일 본관에서 대회를 열고, 박(박정양)을 대통령으로, 윤(윤치호)을 부통령으로, 이(이상재)를 내부대신으로, 정(정교)을 외부대신으로, 그 나머지 회원 가운데 이름난 사람들을 각 부 대신 및 협판으로 선출하여, 나라의 체제를 공화정치 체제로 바꾸려고 한다"고 모함했다. 오후 6시, 분노한 고종이 윤치호를 호출했다.

윤치호가 경운궁으로 고종을 찾아간 것은 이날 밤 9시께였다. 이날 둘이 나눈 대화 내용은 《윤치호 일기》를 통해 확인할 수 있다. 고종은 분노를 드러내지 않기 위해 '포커페이스'를 유지하면서 "언제 어떻게 중추원 의관을 선출하는지" 물었다. 그런 뒤 "오늘 밤 어디서 잘 것이냐?", "독립협회 사무실에서 자느냐?", "그 사무실은 독일인 소유이냐, 조선인 소유이냐?" 따위의 질문을 쏟아 냈다. 윤치호 등 독립협회 인사들을 잡아들인 뒤 개혁을 흩으려 결심했음을 알 수 있다. 대화를 마친 윤치호는 밤 10시께 귀가했다.[26]

　5일 새벽, 모든 것이 물거품으로 변했다. 지난밤부터 독립협회 지도자급 인사들을 대상으로 한 대대적 검거가 시작됐다. 아침 5시께 일어난 윤치호는 "선거를 품위 있고 평화롭게 치르기" 위한 방법을 고민하고 있었다. 새벽 6시께 어린 하녀의 비명이 들려왔다. 서재 창문 쪽에서 내다보니 박인환이라는 유명한 경찰의 모습이 눈에 띄었다.

　윤치호는 서둘러 옷을 갈아입고, 며칠 전에 만든 작은 뒷문을 통해 집을 빠져나갔다. 제일 먼저 찾아간 곳은 서소문에 자리한 가톨릭 성당이었다. 이곳에 몸을 의탁하려 했으나 거절당한 뒤, 결국 미국인 선교사 헨리 아펜젤러Henry Appenzeller(1858~1902)의 집에 숨어들 수 있었다. 그곳에서 이상재·정교·남궁억(1863~1939) 등 중추원 관제 개정을 주도한 독립협회 핵심 인사 17명이 체포됐으며, 고종이 조병식을 의정부 참정 겸 임시서리 법부대신으로 하는 수구파 내각을 출범시켰다는 사실을 전해 들었다. 관보에는 독립협회를 해산하고 헌의 6조를 승인한 대신들을 해임한다는 칙령이 실려 있었다.

　잠시 후 윤치호의 도피 소식을 전해 들은 이승만[27] 《제국신문》 편집장과 배재학당 보조교사로 일하던 양흥묵이 찾아왔다. 이들은 가능한 한 빨리 대중에게 독립협회에 닥친 비극을 알려야 한다고 말했다. 좌절한 윤치호는 비명을 질렀다.

이런 사람이 바로 왕이다! 아무리 감언이설로 사람들 속이는 비겁자라도 대한제국의 대황제보다 더 야비한 짓을 저지르진 않을 것이다![28]

분노한 민중들은 '대한제국판 촛불집회'라 할 수 있는 만민공동회를 열어 고종의 횡포에 끈질기게 맞섰다. 고종은 보부상으로 구성된 황국협회를 동원해 1차 진압을 시도했다가 실패한 뒤, 12월 25일 무력을 써 독립협회와 만민공동회를 강제 해산했다.

그로부터 8개월이 지난 1899년 8월 17일 우리나라 최초 헌법이라 할 수 있는 〈대한국국제〉가 반포됐다. 개혁 세력과 벌인 처절한 권력투쟁에서 최종 승리를 거둔 것은 고종이었다. 〈대한국국제〉에 따르면, "대한제국의 정체는 만세토록 불변할 전제정치"(2조)라고 정해졌고, "대한국 대황제는 무한한 군권을 지니고 있"(3조)으며 "대한국 신민이 대황제가 지니고 있는 군권을 침손侵損하는 행위가 있으면 이미 행했건 행하지 않았건 막론하고 신민의 도리를 잃은 자로 인정한다"(4조)는 내용도 들어갔다. 또 고종이 대한제국의 모든 육·해군을 통솔하고(5조), 모든 법률을 제·개정하며, 그 반포와 집행을 명하는(6조) 권한을 갖는다는 내용도 명기됐다.

독립협회의 투쟁 과정을 쭉 지켜본 가토는 1898년 11월 16일 아오키 슈조青木周蔵(1844~1914) 외무대신에게 솔직한 감상을 전했다. 그는 "한국 조정의 부패는 하루하루 더하여 언젠가 이것을 개혁하려는 기회를 잡지 않으면 국가의 멸망은 결코 오래 기다리지 못할 상태"였다며 "협회의 거동이 가끔 온전하지 못한 것이 있었지만 그들이 주장하는 바가 정의에 합당한 것도 적지 않았다"고 밝혔다. 이어 "한국 조정에 대한 방부제로 볼 때에는 그 효과를 결코 빠트릴 수 없는 것"이었다면서 "지금 일거에 이들을 전멸시키려는 것은 유감이 아닐 수 없"다고 아쉬워했다.[29]

6개월 정도 시간이 지난 1899년 5월 17일, 3년에 걸친 조선 근무를 회고하는 장문의 전문에서 만약 황제가 "분연히 국정 쇄신의 성과를 거둘 결심과 용기를 일으켰다면 이것(독립협회의 활동)은 실로 한국의 큰 경사가 되었을 것"이라고 단언했다.

> 그러나 불행히도 지극히 나약하고 지극히 시기와 의심이 많으며, 질투, 자부自負, 경박, 잔학성을 가지고 있어 무릇 군주로서는 심히 불합격인 한국 황제는 조정에 있는 신료 이외에 조병식, 민종묵 등의 간교한 진언을 받아들여 협회의 존재를 임금의 권위를 모독하는 것이라고 하여 어떻게든지 이것을 눌러 없애려고 결심하여 드디어 내명內命을 전하여 무뢰한의 집합체인 전국의 보부상을 소집하기에 이르렀다.[30]

가토의 평가대로 고종은 자기 살을 에어 내어 나라 전체를 살리는 개혁을 감당할 수 있는 인물이 아니었다. 독립협회의 개혁 시도가 끝내 실패하며, 대한제국의 마지막 '희망의 불꽃'도 꺼지고 만다. 이제 망국으로 가는 수레바퀴가 본격적으로 돌아가기 시작한다.

18 의화단사건, 살얼음
　같던 '러·일 균형'을
　깨다

19 대한제국, '중립화'와
　'일본 예속'의
　갈림길에 서다

20 일본, 러시아의
　'중립화 제안'을
　걷어차다

21 '영일동맹',
　대한제국을 옭아매다

22 러시아, '신노선'으로
　맞서다

23 대한제국, '전시중립
　선언'에 운명을 걸다

24 한일의정서,
　대한제국의 멱통을
　움켜쥐다

25 "한국을 우리 제국
　판도의 일부분으로
　간주하라"

26 을사늑약 체결되다

망국의 길

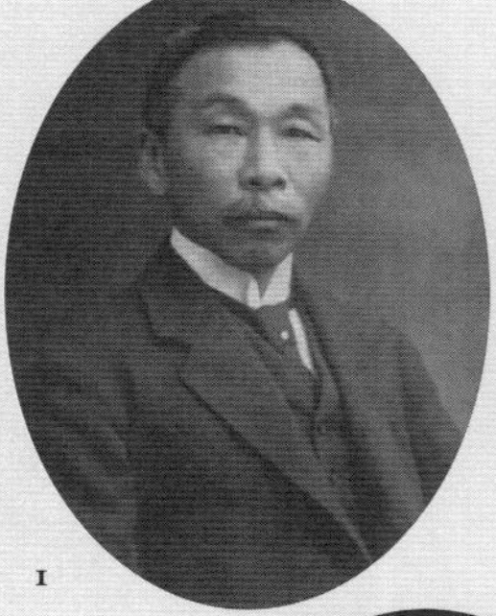
1

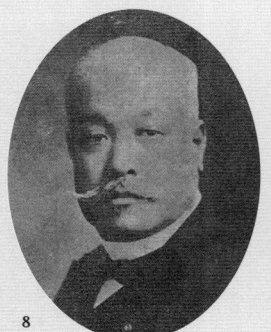

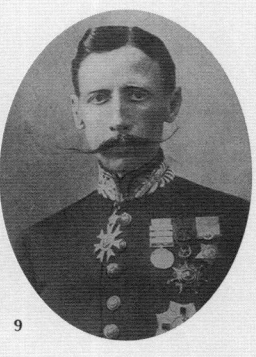

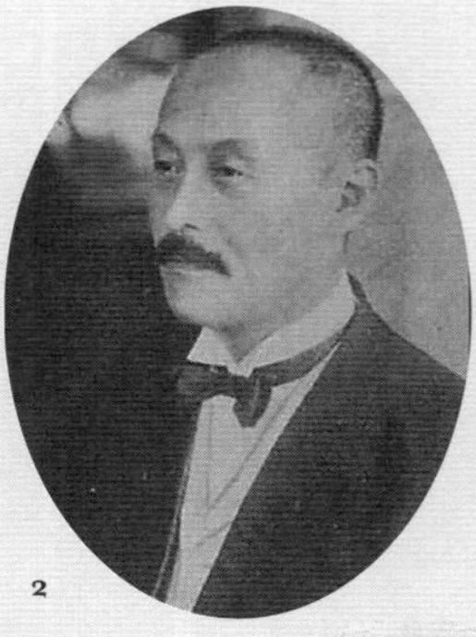
2

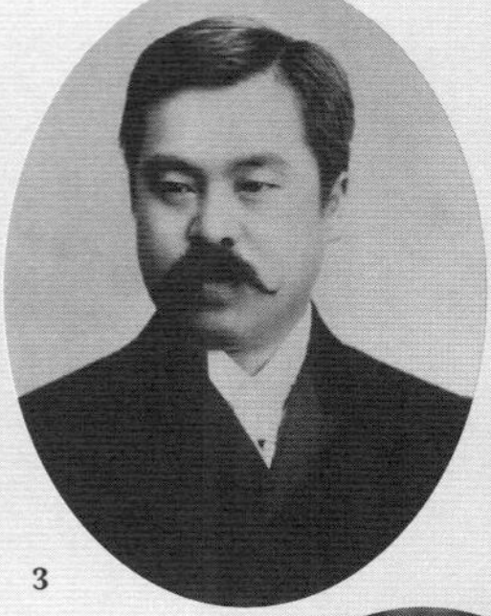
3

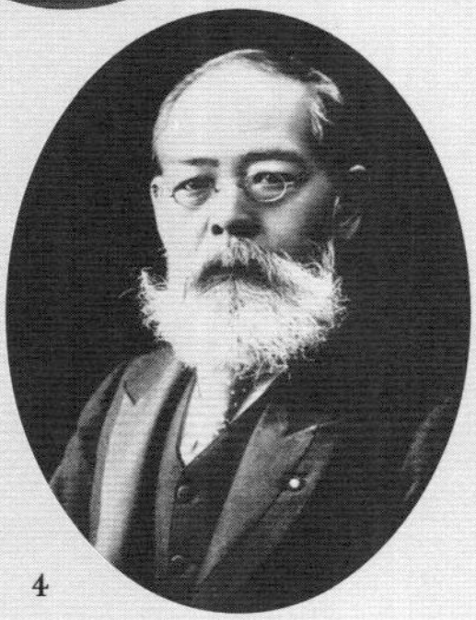
4

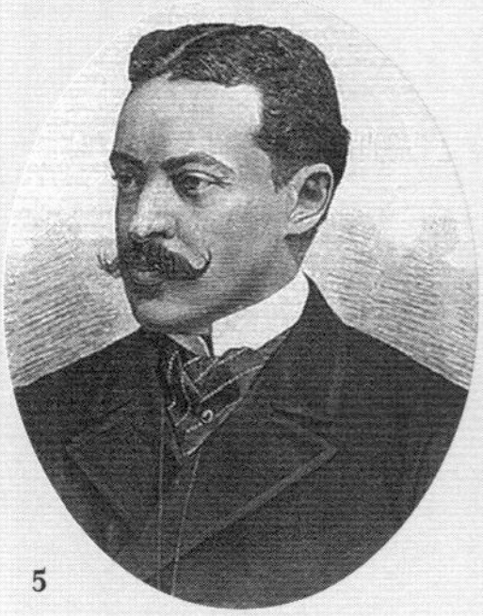
5

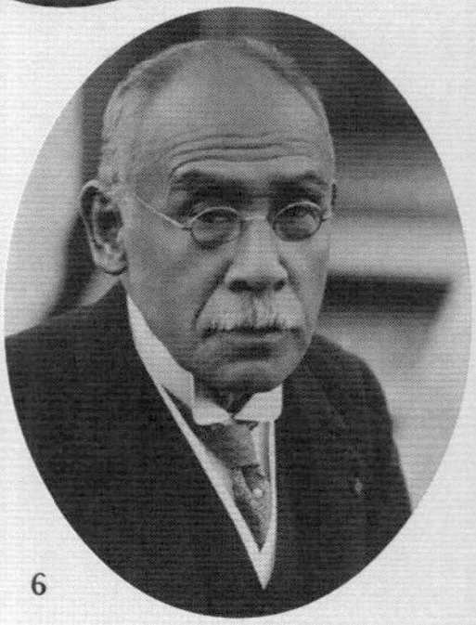
6

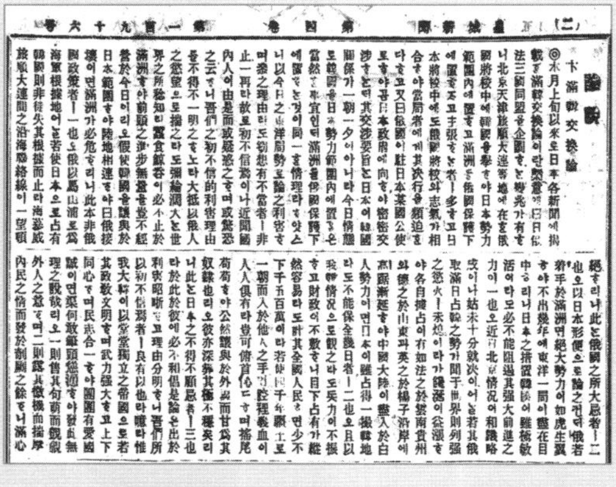
皇城新聞 第四卷 第一百九十六號

論說

卞滿韓交換論

7

8

9

1 하야시 곤스케
2 박제순
3 고노에 아쓰마로
4 아오키 슈조
5 알렉산드르 이즈볼스키
6 가토 다카아키
7 만한교환론을 우려하는 《황성신문》 기사(1901년 8월 28일)
8 하야시 다다스
9 클라우드 맥도널드

10 영일동맹(1902년 1월 30일)
   조약문 원본의 제일 끝장
11 알렉산드르 베조브라조프
12 호러스 알렌
13 오야마 이와오
14 현상건
15 구리노 신이치로
16 고종이 니콜라이 2세에게
   보낸 친서(1903년 8월 15일)

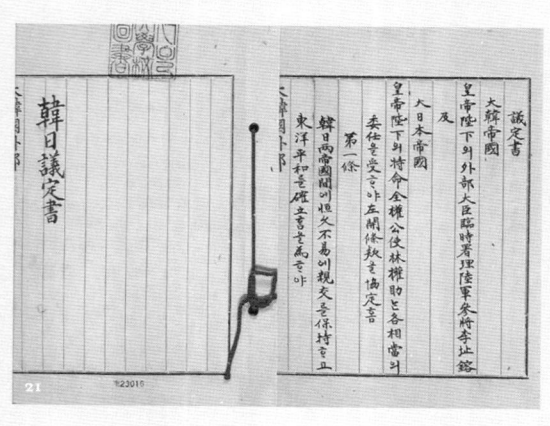 

17 이지용 18 로만 로젠 19 이용익
20 러일전쟁 개전 직후 일본 육군이 서울 부근에서 대포를 쏘는 모습을 그린 상상도
21 한일의정서(1904년 2월 23일) 원본
22 가쓰라 다로

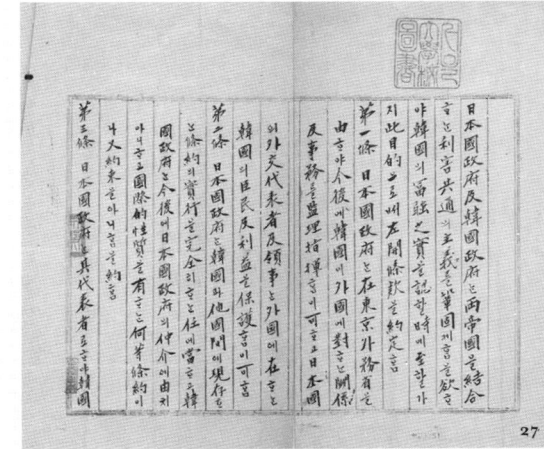

23 마쓰카타 마사요시
24 이토 히로부미
25 이하영
26 일본군이 만주 주롄성의
러시아군을 공격하는 전투
장면을 그린 그림
27 을사늑약(1905년 10월 17일) 원본

18 의화단사건, 살얼음 같던 '러·일 균형'을 깨다

하야시의 등장

고종이 1899년 8월 〈대한국국제〉를 반포하며 '절대군주권'을 확립하기 직전이던 6월 23일, 하야시 곤스케林權助(1860~1939)가 가토 마쓰오의 후임 공사로 서울에 부임해 왔다. 가토의 재임 기간은 을미사변과 아관파천으로 인해 한반도 내 일본의 세력이 크게 위축된 시기였다. 가토는 이 불리한 시기에 고종의 전폭적 신임을 얻으며, 한반도에서 일본의 세력을 회복하는 데 큰 역할을 했다. 그뿐 아니라 청일전쟁 이전부터 오랫동안 탐내 왔던 경인철도[1]와 경부철도[2] 부설권을 확보하는 등 이권 획득에서도 상당한 성과를 거뒀다.

그 뒤를 이은 하야시는 1906년 1월까지 만 5년 반 동안 한반도에 머물며 일본이 대한제국을 식민지로 만드는 데 결정적 역할을 하게 된다. 그의 재임 기간에 러일전쟁이 발발했고, 한일의정서

(1904년 2월), 고문 용빙에 관한 협정서(1904년 8월),[3] 을사늑약(1905년 10월)이 강제 체결되는 등 대한제국을 일본의 보호국으로 만드는 작업이 착착 진행됐다.[4]

고종과 하야시의 첫 만남이 이뤄진 것은 6월 29일이었다. 고종은 국서 봉정을 위해 이날 4시께 찾아온 하야시에게 "경을 공사로 맞이하는 것을 매우 기쁘게 생각한다"라고 말했다.[5] 3주 뒤인 7월 21일엔 한·청·일 동양 3국이 협력해야 할 필요성을 길게 언급하기도 했다. 두 인물의 초반 관계가 나쁘지 않았음을 알 수 있다.

구미 열강과의 교제는 아무리 친밀하다 해도 원래 인종과 종교가 달라서 우연히 어느 한 나라와 틈이 생기는 날에는 갑작스럽게 인종·종교상의 관계로 하여 향배를 결정하는 것은 자연스러운 추세이니 어찌 깊이 살피지 않을 수 있겠는가. 지금 비록 국력이 약소하다고는 하나 서로가 협력하면 감히 강국들과도 대항할 수 있을 것이지만 만약 이와 반대로 약소국으로서 각자 고립하여 돌봐 주지 않으면 그들 나라들의 세력은 한층 약화되어서 마침내 강국의 병탄倂呑을 면할 수 없을 것이다. 무릇 동양에서 독립을 유지하기 위한 방법으로는 먼저 일·청·한의 3국을 꼽을 수 있을 것이고 그중 일본이 제일 부강하기 때문에 일본을 맹주로 하여 청·한이 이에 연합하면 혹은 이것으로 열강들의 횡포를 예방할 수 있을 것이다.[6]

고종이 이날 언급한 인종과 종교가 다른 '강국'은 얼마 전 결별한 러시아를 지칭하는 것임에 틀림없었다. 일본이 마음에 품고 있던 대한반도 정책의 가장 큰 목표는 호시탐탐 남하를 노리는 '북방의 대국'인 러시아를 견제하는 것이었다. 러시아에 맞서 한·청·일 3국이 힘을 합쳐야 한다는 고종의 발언에 하야시도 공감했을 것이다.

하야시가 1935년 펴낸 회고록《하야시 곤스케, 나의 70년을 말하다》에는 러시아를 바라보는 일본 군부의 인식을 엿볼 수 있는 매우 흥미로운 일화가 기록돼 있다. 공사 발령을 받고 부임하기 직전 일본 육군의 다무라 이요조田村怡与造(1854~1903) 대좌, 후쿠시마 야스마사福島安正(1852~1919), 나가오카 가이시長岡外史(1858~1933) 중좌가 "송별회를 하고 싶다"는 뜻을 전해 왔다. 약속 장소에 나가 보니 정말 세 명만 나와 있었다. 하야시는 "군 등은 날 송별한다고 하는데 인원은 이것뿐이냐?"라고 물었다. 다무라는 "오늘 당신에게 긴히 부탁할 일이 있어 아무도 부르지 않았다"면서 손으로 그린 커다란 지도를 꺼내서 펼쳤다. 작은 지명까지 일목요연하게 써넣은 한반도의 상세 지도였다.

다무라는 '천혜의 양항'이라 불리던 조선 남부 진해만 일대를 가리키며 "만약 이 주변을 러시아가 장악하게 되면 일본의 장래는 어려워진다. 당신이 공사로 가니 이를 (막아 줄 것을) 부탁한다"라고 말했다. 러시아가 이곳에 해군기지를 건설한다면, 일본의 숨통이라 할 수 있는 대한해협의 제해권이 위태로워질 수 있었다. 전쟁이 터졌을 때 한·일 간의 이동이 제한되고, 동해와 태평양을 자유롭게 오가야 하는 일본 해군의 움직임도 둔해질 게 뻔했다. 이들의 요청을 접수한 하야시는 "좋다. 무엇이 일어나면 처리하겠다"라고 약속했다.[7]

마산포 갈등

일본 장교들의 안목은 정확했다. 러시아 해군은 실제 이 지역을 탐내고 있었다. 블라디보스토크에 모항을 둔 러시아 태평양함대의 피오도르 두바소프Fyodor Dubasov(1845~1912) 사령관은 이 무렵 파벨 티르토프Pavel Tyrtov(1836~1903) 해군장관에게 조선의 남동 해안 특히 질적으로 훌륭한 진해만 내 마산포에 주목해야 한다는 의견서를 거듭 보내고 있었다.

그가 볼 때 1898년 3월 27일 조약 체결로 확정된 러시아의 뤼순(군항)·다롄(상업항) 조차는 '최악'(!)의 영토 획득이었다. 가장 큰 문제는 위치였다. 극동에 자리한 러시아의 '오른팔' 블라디보스토크와 랴오둥반도 제일 끝에 자리한 '왼팔' 뤼순 사이의 거리가 너무 멀었다. 외따로 떨어진 뤼순은 만약의 사태가 발생할 경우 쉽게 고립될 수 있었다. 러시아는 이 문제를 해결하기 위해 5월 5일 추가 협정을 통해 동청철도와 뤼순·다롄을 연결하는 지선의 부설권도 확보했다.[8] 뤼순-펑톈-하얼빈을 잇는 이 지선은 1903년 완공돼 훗날 '남만주철도'라는 이름을 얻게 된다.

그래도 문제는 여전했다. 극동 러시아의 양팔을 잇는 '생명선'인 이 철도의 안전을 지키는 게 쉽지 않았기 때문이다. 특히 남만주는 너무나 광활해 '측면' 공격에 취약할 수밖에 없었다. 얄궂게도 남만주의 측면에 자리한 것은 한반도였다. 한반도가 러시아의 '적대 세력'에게 넘어간다면, 이 생명선이 위태로워진다는 의미였다. 안전 확보가 이렇게 까다로운 뤼순은 심지어 항구가 협소해 많은 배를 수용할 수 없는 '결함항'이기도 했다.

그렇기 때문에 마산포를 더 탐낼 수밖에 없었다. 와다 하루키 도쿄대 명예교수의 연구에 따르면, 그는 여러 차례(1898년 1월 8일, 3월 14일, 6월 18일 등)에 걸쳐 뤼순은 결함이 있는 군항이기 때문에 조선 남동부에 다시 항구를 획득해야 한다는 건의를 거듭했다.[9]

하지만 뤼순을 손에 넣은 상태에서 마산포까지 차지한다는 것은 일본을 크게 자극할 게 뻔한 위험천만한 모험이었다. 미하일 무라비요프 외무대신은 1899년 6월 10일 마산포를 확보해야 한다는 주장을 꺾지 않는 해군에 비밀 편지를 보내 러시아가 뤼순을 확보한 이상 "지금 한반도 내에서 평화적인 방식으로 거점을 차지할 순 없다"라고 잘라 말했다.

각하께서 모르시지 않으시겠지만 태평양에서 우리 함대의 거점을 확보하는 문제는 작년에 우리가 뤼순항을 점령하기 전에 이미 관계 부처들의 면밀한 연구가 이루어진 바 있습니다. 그리하여 한반도 남해안은 몇 개의 편리한 정박지가 있기는 하지만 우리의 중심 작전 기지인 시베리아 간선 철도에서 너무 멀다는 점이 인정되었습니다. (중략) 극동의 정치적 상황으로 인해 과거에 우리가 황해에서 했듯 평화적인 외교 방식을 통해 지금 한반도 내에서 거점을 차지할 수는 없습니다. (중략) 해군 소장 두바소프(의 의견)에 따라 우리가 마산포를 배타적 영유지로 보유하기로 결정한다면, 우리가 바로 얼마 전에 '한국의 독립과 불가침에 관한 협약'(로젠-니시 의정서)을 체결한 일본과 그리고 언젠가 우리가 부산을 점령했다는 소식에 재빠르게 거문도 점령으로 대응했던 적이 있는 영국과도 무력 충돌을 포함한 모든 정치적 가능성에 대해 미리 준비해야 합니다.[10]

마산포를 둘러싼 러·일 암투에 불을 붙인 것은 1899년 5월 1일 발표된 마산포 개항 소식이었다. 항구가 열리면 그 주변에 공동 조계지가 설치되고, 각국은 영사관을 설치할 수 있었다. 이 무렵 주한 러시아 공사는 니콜라이 마튜닌에서 '야심가'로 알려진 알렉산드르 파블로프Alexander Pavlov(1860~1923)로 교체돼 있었다.[11]

파블로프는 제국주의적 힘의 논리가 통용되던 당시 기준으로 봐도 '터프'하다는 평가를 받던 만만찮은 기질의 소유자"였다.[12] 마산포에 영사관 부지를 확보하는 동시에 두바소프의 오랜 염원을 받아들여 조계지 밖에 러시아 해군을 위한 넓은 부지를 사들이려 했다.

파블로프는 항구를 개방한다는 발표가 나온 다음 날 대한제국 외부에 마산포 밖의 땅을 사들이려 한다며 협력을 요청했다. 사흘 뒤인 5일엔 직접 군함을 타고 마산으로 이동해 태평양함대의 월동항인 나가사키에서 달려온 두바소프와 만났다. 의기투합한 두 사람은 마산 자폭포 지구의 1만 평에 주목하고 "기선회사의 용지"라는 명목으로 이 땅을 사려고 했다. 파블로프는 땅 주인과 거래가 끝나지도 않았는데 부지 주변에 500여 개의 말뚝을 박고 '러시아 지계'라는 간판을 내걸었다. 러시아의 방약무인한 태도로 인해 대한제국에서 엄청난 반러 열풍이 불면서 군사고문과 재정고문이 철수를 결정한 게 불과 1년 2개월 전이었다. 현지 민심이 다시 끓어오를 수밖에 없었다.[13]

러시아 해군이 마산포에 출현했다는 소식에 일본은 바싹 긴장했다. 하야시의 회고록에 따르면 "부임 후 2년이 될 무렵"(기억의 착오인 듯함. 실제로는 부임 직후) 도쿄의 외무성에서 러시아 함대가 "진해만 부근에 와 있다"라고 알리는 전보를 보내왔다. 마침, 인천 영사 시절부터 안면이 있던 박제순 외부대신이 다른 용무로 그를 찾아와 있었다. 하야시는 모든 사정을 다 안다는 듯, 부임 직전 육군에서 받은 대형 지도를 크게 펼쳤다. 하야시는 "이건 진해만 방면 지도"라면서 "대체 러시아가 지금 요구하고 있는 지점은 어디인가?"라고 물었다. 박제순은 당황스러운 표정을 지으면서도 "러시아가 요구하고 있는 지점은 대개 이쯤"이라고 짚었다. 마산포였다.[14]

하야시는 곧 부산 영사에게 전보를 쳐 "부산 상인에게 명해 땅을 매점시키라"고 명했다. 지역 상공인인 이오이五百井상점 부산 지점장 하자마 후지타로迫間房太郎(1860~1942)가 정부 방침에 적극 협력했다. 5월 하순부터 재빨리 마산에 들어가 6월 초 해당 토지에 대한 매입 계약을 끝냈다.[15]

뒤늦게 이 사실을 파악한 파블로프는 낭패감을 감출 수 없었다. 러시아 공사관의 게르베르그 서기관이 7월 11일 대한제국 외부를 방문해 "수 시간에 걸친 상담을 시도"하며 계약의 부당함을 호소했다. 하지만 사인 간의 거래에 제3자인 대한제국 정부가 나설 순 없는 일이었다. 게르베르그는 14일엔 일본 공사관에 찾아가 도움을 청했다. 하야시는 사흘 뒤인 17일 "일본인은 이 한인(원래 땅 주인)과 합의하여 상당한 대가를 지불하고 그 토지를 매입"한 것이라며 "(해당) 일본인이 이것을 포기하기를 원하지 않는 이상 본사는 어떻게 할 수 없"다는 회신을 보냈다.[16] 마산포 토지 매입은 민사 문제라며 딴청을 부린 것이다. 물론 새빨간 거짓말이었다. 하자마가 토지 매입에 사용한 대금은 이후 일본 육군이 갚았다.

일본은 러시아가 뤼순 취득에 만족하지 않고 조선 남부에까지 손을 뻗치고 있다는 사실에 충격을 받았다. 로젠-니시 의정서 이후 러·일은 한반도 문제에 직접 간섭을 자제하고 있었지만, 이는 대한제국이 스스로 쟁취해 낸 '견고한 평화'가 아닌 두 나라가 잠정적으로 도달한 '일시적 타협'에 불과했다. 이 균형이 깨진다면, 대한제국의 운명은 위태로워질 수밖에 없었다. 하루빨리 국력을 키워 외세의 개입을 차단해야 했지만, 안타깝게도 시간은 더 이상 대한제국의 편이 아니었다.

의화단사건

마침내 한반도의 운명을 결정짓는 '지정학적 핵폭탄'이 터졌다.

청일전쟁 패배 이후 서양 열강의 중국 침탈이 본격화하자 '부청멸양扶淸滅洋'을 내건 '의화단'이란 무리가 1899년 봄부터 산둥성 등에서 교회와 선교사 등을 습격하기 시작했다. 난리가 점점 심해지자 영국·미국·프랑스·독일·이탈리아 등 5개국 공사가 1900년 3월 10일 청 정부에 의화단 진압을 요구했다. 그와 동시에 진압이 이뤄지지 않으면 거류민 보호를 위해 자신들이 직접 '필요한 조처'를 취할 수밖에 없다는 경고를 잊지 않았다. 국내의 반외세 열기를 받아안은 청의 실권자 서태후는 6월 21일 서양인을 공격하는 폭도들을 진압하는 대신, 서구 열강에 선전포고하는 초강경 대응에 나서게 된다.[17]

상황이 이렇게 된 이상 서구 열강도 가만히 있을 순 없었다. 다만, 당대 패권국이던 영국은 남아프리카의 '보어전쟁'에 발이 묶인 탓에 극동으로 병력을 돌릴 여유가 없었다. 협력 상대를 찾던 영국의 눈에 띈 상대가 있었다. 중국 본토와 지리적으로 가까우면서, 한반도를 놓고 러시아와 긴장 관계를 이어 가던 일본이었다. 영국은 자신들과 극동 정세를 바라보는 '지정학적 견해'가 비슷한 일본을 향해 세 번(6월 23일, 7월 5일, 7월 14일)에 걸쳐 출병을 요청했다.

이 무렵 일본의 육군대신은 훗날 총리대신으로 을사늑약과 한일병합조약을 주도하게 되는 가쓰라 다로桂太郎(1848~1913)였다. 그는 자서전인 《가쓰라 다로 자전》에 처음으로 서양 열강과 어깨를 나란히 하게 된 일본인의 감격을 절제된 필치로 다음과 같이 적었다.

당시 내가 육군대신의 직무에 있으며 어떤 생각을 하며 결심을 갖고 이 국면에 대응했는지는 다음과 같다. 이번엔 기대하지도 않았지만, 동맹을 만들 때 최초로 영·미·독·일·불 (등 5개 나라로) 구성이 됐다. 세계 역사에서 이렇게 몇 개 나라가 연합군을 구성하는 것은 지금에 이르기까지 거의 본 적 없는 일이었다. 그래서 일본이 이런 동맹에 속하는 것 또한 처음 있는 일에 속했다. 유럽 열강과 우리 일본은 인종도 같지 않고, 특히 (개방 포기에 서구 열강과 맺은 불평등조약으로 인해) 자국의 치외법권조차 겨우 없애고 있는 모양인데, 이번 동맹에 포함되어 충분한 결심과 주의를 가질 수밖에 없었다. 붓끝이나 혀끝으로서 일본이 동양의 패권을 쥔다거나 동양의 패자가 되어야 한다고 하지만, 이는 오직 논자들의 빈말일 뿐이다. 실제에 있어 이번 일은 장래 동양의 패권을 장악하기 위한 단서가 될 수 있었다. 만약 이 벽두劈頭에 한 발을 잘못 디딘다면, 수년 동안의 사업이 물거품이 될 수 있으니 매우 신중해야 했다.

가쓰라는 연합군에 적극 참여해 어엿한 근대국가로 우뚝 선 일본의 모습을 과시하려 했다. 실제 8월 6일 시작된 베이징 공격에 동원된 8개국 연합군 1만 3500명 가운데 일본군의 비중은 절반에 가까운 6500명이었다. 그다음으로 지리적으로 가까운 러시아가 4500명이었고, 영국(1500명), 미국(1000명) 등이 뒤를 이었다. 불과 40여 년 전 서양 열강들과 불평등조약을 체결해야 했던 일본이 어느새 연합군의 주축을 담당할 만큼 성장한 것이었다. 연합군은 순조롭게 작전을 마무리해 8월 19일 베이징을 완전 제압했다.[18]

불행하게도 전쟁은 만주로 확대됐다. 러시아의 애초 예상과 달리 의화단은 한창 부설 공사가 진행 중이던 동청철도를 공격하기 시작했다. 제국을 동서로 잇는 대동맥이 위험에 빠졌으니, 강경 대응에 나설 수밖에 없었다. 러시아의 '이인자'인 세르게이 비테 재무상은 7월 8일 니콜라이 2세에게 '철도 보호'를 위해 군대를 파견해 달라고 요청했다. 바로 다음 날 만주에 군대를 파견하라는 명령이 내려졌다.

러시아는 1896년 6월 3일 조인된 러·청 비밀동맹조약에 따라 일본의 침략에서 청을 보호할 의무가 있었다. 청 역시 이 조약에 따라 국내에서 발생하는 여러 공격에서 러시아의 철도를 지켜야만 했다. 하지만 청은 6월 21일 러시아를 포함한 열강에 선전포고를 한 상태였다. 러시아군이 만주에 진입하면 불가피하게 러청전쟁이 시작될 수밖에 없었다. 러시아는 이후 잔인하고 과감한 군사작전에 나서 10월 2일 만주 전역을 손아귀에 넣게 된다.[19]

지난 30여 년간 왕위를 지키며 산전수전을 다 겪어 낸 고종은 의화단사건이 자신의 운명에 엄청난 영향을 끼치게 될 불길한 변수임을 직감했다. 고종이 의화단의 동향에 불안을 드러내기 시작한 것은 1900년 2월께로 거슬러 오른다. 2월 7일 오후 4시께 찾아온 하야시에게 "이 일이 동양 화근의 근원이 될까 염려된다"며 "확실한 정보를 가급적 그때마다 보고하여 주기 바란다"라고 부탁했다.[20]

하야시가 '확실한 정보'를 들고 고종을 찾아간 것은 아오키 슈조 외무대신이 보내온 전문(6월 8일과 12일)을 통해 사실관계를 정확히 파악한 뒤인 6월 14일이었다. 아오키는 이 두 전문에서 "지난 4월 초부터 스스로를 의화단이라고 지칭하는, 산둥성에서 발생한 청국 폭도"들이 외국인 등을 공격해 전신·철도가 여러 번 파괴되자, 견디다 못한 "베이징 주재 각국 공사관이 경비병 소환을 요구"했다고 전했다.

이 소식을 들은 고종은 청의 내부 사정 등에 "특히 마음을 쓰며" 관련 내용을 자세히 물었다. 하야시는 "귀국은 위로는 총명한 폐하가 계시고 아래에는 각 대신이 모두 현명하여 중요한 일을 맡고 있으니 모든 일이 순조롭게 처리될 것"이라고 위로했다. 고종은 "전적으로 경의 말에 따라 힘써서 일에 대처"[21]할 것이라며 의화단이 압록강을 넘어 대한제국에 피해를 끼치지 못하도록 평양에 2개 대대를 추가하고, 지방엔 3개 대대를 창설해 국경 지역에 배치하게 했다.[22]

고종은 25일엔 각국 공사를 불러들여 조언을 구했다. 하야시는 "현 상황에서 한국이 유념해야 하는 가장 중요한 일은 서울뿐 아니라 각 지방에서 황제 폐하의 백성들이 질서를 유지하는 것"이라고 말했다. 말은 그렇게 하면서도 하야시는 몸이 달았다. 지금까지 러·일이 큰 충돌 없이 힘의 균형을 맞출 수 있었던 것은 만주에 대한 청의 영토 주권을 인정하는 가운데 한반도에 대해서도 "직접적인 간섭을 하지 않기로"(로젠-니시 의정서 1조) 약속했기 때문이었다.

  이 살얼음판 같은 균형이 깨지게 됐으니 일본도 서둘러 대응책을 마련해야 했다. 하야시는 7월 5일 아오키에게 보낸 기밀 전문에서 "오늘날 곧바로 청국 문제의 장래를 논하는 것은 심히 이른 계획"이지만 "어쨌든 사태가 날로 중대"해지고 있다면서 "만주 일대는 의심의 여지 없이 러시아의 소유로 귀착될 것"이라고 단언했다. 이렇게 된다면 일본은 무슨 일이 있더라도 한반도, 적어도 서울 이남의 남부만이라도 움켜쥐어야 했다. 이 냉혹한 '전략적 계산' 과정에 어엿한 독립국이었던 대한제국에 대한 고려는 눈을 씻고도 찾아볼 수 없었다. 하야시는 서울 이남 지역을 일본의 세력권으로 만들려면 우선 인천에 군함을 파견해야 한다고 제안했다.

> 이 경우(러시아가 만주를 장악할 경우)에 우리 제국은 어떠한 분배를 받을 것인가, (대만 건너편에 있는) 푸젠성의 정복은 쉬운 일이 아니기 때문에 그 지방에서는 단지 중요한 항만을 점령하는 일에 그치고, 다른 곳에서 우리의 희망을 채우는 수밖에 없을 것으로 생각됩니다.
> 다른 곳이라고 하면, 즉 조선 반도를 말하는 것으로, 경우에 따라서는 평양·원산 이북에는 병사를 주둔하지 않는 조건을 러시아에 제

의하는 것도 적절한 시기를 선택하면 저들 역시 수긍하는 외에 별 다른 일은 없을 것으로 사료됩니다.

(중략)

오늘부터 서서히 우리의 지반을 공고하게 하는 수단을 강구하는 것이 어떨까 생각합니다. 예를 들면 먼저 몇 척의 군함을 상시 인천에 두어 보하이만과의 연락을 통하여 (중략) 후에 순전한 우리 병참 근거지로 하는 것도 가능할 것입니다. 그렇게 되면 일시에 세상의 이목을 놀라게 하는 것 같은 일 없이 경성 이남은 저절로 우리의 세력 구역으로 귀속될 것이라고 생각됩니다.[23]

18일 전문에선 더 적극적으로 "러시아는 실질적으로 만주를 점령"하게 됐으니, 일본도 "한국에서 일본의 이익을 지키고 강화하는 방도를 진지하게 고려해야" 한다고 했고,[24] 23일엔 만주가 "러시아의 수중에 들어갈" 것임을 명심해야 한다면서 일본 나름의 청국·한국 "정책을 수립하는 것이 바람직하다"고 거듭 주장했다.[25]

하야시의 생각을 짧게 줄이면 '러시아가 만주를 손에 넣게 된이상 한반도는 일본의 몫이 되어야 한다'는 것이었다. 이런 '만한교환론'적 사고방식은 이후 일본 사회 내에서 당연한 상식으로 자리 잡아 간다. 이 구상을 가장 체계적으로 제시한 이가 고무라 주타로 주러 일본 공사였다. 그는 22일 아오키에게 보낸 영문 전문에서 "한국 문제는 일본과 러시아 간에 해결할 수 있다"면서 "최선의 길은 세력 획정을 제안하는 것이다. 일·러가 각각 조선과 만주에서 프리핸드free hand(제약없이)를 갖고 각자 세력 영역 안에

서 서로의 상업적인 자유"를 가져야 한다고 적었다.[26]

그로부터 한 달 뒤인 8월 20일 야마가타 아리토모 총리가 '북청사변(의화단사건) 선후책'이란 제목의 문서를 내각에 제출했다. 만한교환론이 사실상 정부의 정식 방침으로 굳어졌음을 알 수 있다.

> 세상에서 북방 경영을 논하는 이들은 이번 북청사변을 계기로 조선 전부를 우리 세력으로 삼으려 하거나 또는 러시아의 만주 경영을 막지 않겠다고 약속해 러시아에 우리의 조선 경영을 승낙하게 하려 한다. 그렇다. 북방 경영의 책은 실로 이것에 다름 아니다. 러시아가 만주를 병합하려는 것은 이미 오래된 일로 이번 사변은 그들에게 있어 흡사 최고의 호기일 것이다. 저들의 호기는 우리의 조선 처분에 있어서도 역시 호기라 아니할 수 없다. 비록 일시에 조선 전토를 점령할 순 없다고 해도 서쪽으로는 대동강을 한계로 하고 동쪽으로는 원산항을 경계로 해 산과 강을 따라 구역을 획정하면, 영구히 일·러의 다툼을 피하면서 북방 경영의 목적을 완수할 수 있을 것이다.[27]

야마가타는 4년 전인 1896년 6월 알렉세이 로바노프-로스톱스키 러시아 외무대신에게 대동강선(북위 39도)을 경계로 러·일의 한반도 내 세력권을 나누자고 제안한 적이 있었다. 이 생각을 여전히 버리지 않았음을 알 수 있다. 야마가타 개인적으로는 한반도의 3분의 2 정도를 취하는 선에서 타협할 생각도 있었지만 '교활'한 러시아가 응할지 알 수 없었다.

19 대한제국,
'중립화'와 '일본 예속'의
갈림길에 서다

현영운과 한일동맹

야마가타 아리토모 일본 총리는 러·일이 만주와 한반도를 나누어 갖는 타협이 가능할 것이라 기대했지만, 러시아에선 그럴 뜻이 전혀 없었다. 블라디미르 람스도로프Vladimir Lamsdorf(1845~1907) 외무대신 직무대리는 1900년 7월 14일 주일 공사로 갓 부임한 알렉산드르 이즈볼스키Alexander Izvolsky(1856~1919)에게 전문을 보내 일본이 의화단 진압을 위해 출병한 데 대한 보상을 조선에서 얻으려 한다는 소문이 돌고 있다면서, 이 점에 대해 단단히 감시하라고 알렸다.[1] 러시아 입장에선 만주는 만주, 한반도는 한반도일 뿐이었다. 이 두 문제를 섞어 생각해야 할 이유는 전혀 없었다.

그렇다 해도 러시아의 만주 점령은 로바노프-야마가타 의정서, 로젠-니시 의정서 등으로 아슬아슬하게 만들어진 러·일 간 힘의 균형을 깨는 큰 충격이었다. 이 갈등에 잘못 휘말렸다간 중간에 낀 대한제국은 그대로 주저앉을 수 있었다. 국가의 존망이 걸린 위기 앞에 서게 된 고종에겐 두 갈래 길이 열려 있었다. 첫 번째는 한·일이 연대해 러시아의 위협에 맞서는 길, 두 번째는 둘 사이에서 균형을 지키는 중립화의 길이었다.

한·일 연대를 모색하는 움직임이 시작된 것은 의화단사건에 관한 자세한 소식이 전해진 직후인 6월 말께였다. 이 과정에서 적극적 역할을 맡게 된 이는 궁내부 시종 현영운(1868~?)이었다. 일본어 통역관을 대대로 배출해 온 역관 가문 출신으로 후쿠자와 유키치의 게이오의숙을 졸업한 당대의 '일본통' 가운데 하나였다. 이토 히로부미가 1898년 8~9월 대한제국을 방문했을 때 통역을 담당해 고종과 이토 양쪽 모두로부터 어느 정도 신임을 얻고 있었다.[2] 현영운은 "청국사변이 일어나 앞으로 어떻게 진척될 것인지"를 크게 우려하던 고종에게 "일본에 가서 이토 후작의 의견을 들어보면, 앞날에 크게 이익이 될 것"이라고 말했다. 고종이 이 의견을 받아들이며 현영운의 방일이 결정됐다.[3]

이 움직임은 모든 결정을 혼자서 내리는 고종의 '외교 스타일'을 반영하듯 한·일 간의 공식 외교 루트를 거치지 않고 최고 권력자의 '밀지密旨'에 따라 내밀히 진행됐다. 그런 의미에서 현영운은 고종으로부터 특수 임무를 부여받은 '비밀 특사'라고 할 수도 있었다. 그 때문에 하야시 곤스케 주한 일본 공사는 6월 28일 아오키 슈조 외무대신에게 보낸 전문에서 "서간(밀지)의 내용에 관해 본사는 전혀 알 수 없었음을 양해해 달라"고 적을 수밖에 없었다.

일본에 도착한 현영운은 서양의 침략에 맞서려면 한·청·일

3개국이 힘을 모아야 한다는 '아시아주의'를 내걸고 있던 동아동문회(1898년 설립)의 간부 구니모토 시게아키와 쓰네야 세이후쿠恒屋盛服(1855~1909) 등과 만났다. 구니모토는 1895년 10월 8일 명성황후 살해 현장에서 칼을 들고 궁녀들을 위협하던 바로 그 구니모토였다. 동아동문회 회장이던 고노에 아쓰마로近衛篤麿(1863~1904) 귀족원 의장의 7월 19일 일기를 보면, 구니모토가 찾아와 "조선 시종장 현영운이라는 사람이 제실(제국 황실) 제도 조사를 칭하며 (일본에) 왔다"고 보고하는 장면이 나온다.[4] 고노에는 고셋케五摂家(교토의 천황을 섬긴 다섯 가문) 출신 귀족으로 1896년 귀족원 의장 자리에 오른 일본 정계에서 거물 중의 거물이었다. 그의 아들 후미마로文麿(1891~1945)가 훗날 34대와 38·39대 총리가 되어, 일본을 중일전쟁과 태평양전쟁의 수렁으로 이끌게 된다.

　구니모토는 현영운에 대해 "망명자 무리[5]와 뜻을 함께하고 있지만, 시기를 보는 능력이 빨라 지금의 지위에 오를 수 있었다"라고 설명했다. 이 말대로 김옥균 이후 대한해협을 건너 일본으로 망명한 이들은 조선이 거센 제국주의의 소용돌이에서 살아남으려면 일본과 적극 협력할 수밖에 없다고 믿은 '친일파'들이었다. 대표적 인물이 갑오개혁 직전 오토리 게이스케 공사를 비밀리에 찾아가 협력을 제안하고, 1898년 7월 역모에 실패해 일본으로 도망친 안경수였다. 안경수는 망명 시절 쓴 〈일청한동맹론〉이란 글에서 대한제국과 청을 냉소적으로 바라보던 일본인들에게 서양 세력의 침입을 막으려면 한·청·일 세 나라가 힘을 합쳐야 한다고 호소했다.

나는 현재 고국을 떠나 일본에 머물고 있다. 몸은 본디 실패하여 망명한 일개 신하에 지나지 않음에도 아침저녁으로 고국의 쇠운衰運을 지켜보면 감개感慨를 금할 수 없다. 음식을 먹어도 달지 않고, 잠을 자도 편안하지 않다. 덧없이 세상을 걱정하는 병을 앓아, 고국을 바르게 고쳐 구하려는 뜻이 무너질까 두렵다. 그래서 부족하나마 일본이 청국 및 나의 고국과 동맹을 맺어 유럽 세력의 동참東漸을 막아 낼 대책을 계획하였으니, 이를 다소 일본의 뜻있는 지사와 어진 사람들에게 호소하려 한다.(중략)

국가의 위상, 국력에서 큰 격차가 있는 일본과 한국·청국 양국이 동맹을 맺자고 하면, 근시안자들은 일본에 이익이 되지 않아 동맹을 맺으면 안 된다고 한다. 결국 동맹을 주창하는 사람은 한국에서 망명한 신하인 나와 같은 사람이라고 하는데, 이에 대해 오로지 자신의 고국(대한제국)을 위해 다른 나라(일본)를 희생시키는 것이라고 인식한다. 어째서 그것이 그러한가. 오호라 어째서 그것이 그러한가. 내가 고국을 위해 계획하는 것은 말할 필요도 없는 것이지만, (이렇게 주장하는 것은) 진실로 동아시아의 정세를 보아 위기의 날이 닥치고 있다는 것을 알기 때문이다.[6]

현영운이 안경수와 같은 망명자와 뜻을 함께하는 인물이라면 동아동문회 쪽에서도 말을 돌리지 않고 쉽게 얘기를 풀어나갈 수 있었다. 쓰네야는 방일 목적이 무엇인지 단도직입적으로 물었다. 현영운은 "국왕도 최근 (대한제국의) 독립이 쉽지 않다는 것을 깨닫고 일·러 양국에 의지하려 하는 마음이 절실하다"면서 "동양에서 양국의 세력을 관망하기 위해 왔다"라고 답했다. 이렇게 '세력을 관망'해서 도출된 정세 분석 결과에 따라 조만간 한쪽으로 붙는 결단을 내리겠다는 의미였다. 다만, 현영운의 성향으로 봤을 때 개인적 판단은 이미 내려진 것이나 다름없었다. 구니모토와 쓰네야는 고노에게 이 얘기를 전하면서, 고종이 일본에 대해 품고 있는 불안함을 없애기 위해 "그가 가장 꺼리는 망명자를 미국으로 보내 버리고, 그가 가장 두려워하는 하야시 공사를 소환"한 다음 "만주 방면의 불온함을 이유로 한국에 한 개 여단을 보내 주둔시키면 한국은 이미 (일본의) 수중에 있는 것과 마찬가지"라고 말했다.[7] '망명자 처분'과 '하야시 공사 소환' 등은 현영운이 구니모토와 쓰네야에게 전한 고종의 특별한 요구 사항이었을 것임에 틀림없다.

　동아동문회 인사들은 현영운에게 한·일이 공수동맹을 맺어야 한다는 점을 강력히 설득해 외무성 내 최고 '조선 전문가'이자 을미사변을 주도한 원흉 가운데 하나인 스기무라 후카시 통상국장을 찾아가게 했다.[8] 물론 두 나라가 동맹을 맺는다고 해도 각론으로 들어가면 상당한 견해 차이가 있을 수밖에 없었다. 안경수나 현영운 등은 한·일의 대등한 동맹을 희망했겠지만, 두 나라 간의 현격한 국력 차이를 생각할 때 이를 현실화하는 것은 쉽지 않았다. 실제 동맹을 맺게 된다면, 구니모토 등이 언급하는 것처럼 일본의 대군이 한반도에 상륙해 대한제국이 "일본의 수중에 들어가는" 것 같은 형식이 될 수밖에 없었다. 이는 국가 자율성이 상당 부분 제약되는 '예속의 길'이었다. 이런 치욕을 감수하는 대가로 대한제국은 '독립국'이라는 국제법적 지위는 보전할 수 있게 될 터였다.

스기무라와 만난 현영운이 먼저 입을 열었다.

"이번에 명을 받고 건너온 것은 표면으로는 궁내성의 제도 조사라 칭하지만, 그 실은 북청사변 이래 우리 금상今上 폐하는 깊이 한국의 장래를 염려하셔서 차제에 일본국의 형세를 시찰하고 또 그 의향을 확인하여 되도록 일·한 양국의 진실한 친목을 도모하여 한국의 안전을 빌기 위해서이다. 그러므로 양국의 화친을 공고히 하기 위해서라면 어떠한 방법으로든지 적어도 우리나라의 존립과 이름을 훼손하지 않는 한 이에 동의해야 할 것이다. 단 부탁이 하나 있다. 다른 게 아니라 망명자의 처분이다. 귀국 정부가 만약 망명자를 인도할 처지가 아니라면 하다못해 중요 인물 6, 7명을 외국으로 추방해 주기를 희망한다. 금상 폐하와 망명자와는 감정상 절대로 양립하기 어려운 상황이므로 망명자가 귀국에 체재하는 동안은 우리 폐하는 불안하게 생각하고 귀국에 대하여서 신임을 두지 못하실 것이다. 그러므로 양국이 친밀해지기를 바란다면 먼저 망명자의 처분을 의론하는 것이 필요하다.
"(중략) 지금 귀하가 말씀하신 일·한 양국의 진실한 친목이라고 말한 것도 역시 단지 표면상의 말씀이고, 귀하의 사명의 진의는 아마도 망명자 처분의 하나에 그치는 것이 아닌가. 오늘날 동양의 형세가 이렇게 위태로운데 귀국 황제 폐하가 진실로 국가의 전도를 우려하신다면 구차하게 망명자 때문에 진념軫念(임금이 신하나 백성을 근심함)을 괴롭힐 리가 없다. 그렇지 않은가."
"결코 그렇지 않다. (중략) 망명자 운운하는 것은 어린애 장난과 같지만 폐하는 그들을 몹시 혐오하시므로 그들을 추방하지 않는 한에서는 일·한 양국 간에 어떠한 일도 성립되지 않을 것이다."
"친목, 친목이라고 말하지만 입만으로는 아무런 효능이 없다. (중략) 귀국 정부는 우리 양국 간에 이에 관한 비밀조약이라도 체결할 계획인가."
"물론이다. 귀국에서 망명자 처분의 일만 승낙한다면 피차 양국 간에 국방 동맹을 체결하여, 만일 한국에 내란 혹은 외환이 있을 경우에는 일본이 군대를 파견해서 이것을 진정시키거나 방어할 것을 약속하며, 또 일본이 타국과 개전할 때는 한국 내에서 전쟁 준비를 하고 혹은 군대를 움직이는 것을 허가하여, 사실상 밖에 대하여서는 양국 일체의 태도를 취할 것이다."[9]

2~3일 뒤에 둘은 다시 만났다. 스기무라는 대한제국이 정말 일본과 동맹을 맺을 생각이 있는지 거듭거듭 캐물었다. 현영운이 답했다.

"소생은 동양의 대세를 약간 알고 또 국가에 대해 간절한 충정을 갖고 있다. (중략) 귀하는 아무쪼록 소생의 말을 신용하시기를 희망한다."
"북청사건은 동양 전체에 걸치고 있으므로 귀국도 역시 그 와중에 말려들지 않는다고 말할 수 없다. 그러므로 오늘은 귀국은 위급 존망의 갈림길에 서 있다. 귀국인이 스스로 그 위급 존망이 눈앞에 다가왔음을 알고 위난을 피하여 안전한 자리에 있기를 원한다면 타인의 권고를 기다릴 것까지도 없이 스스로 나아가 운동하지 않으면 안 될 것이다. 귀국 정부의 의논으로 다행히 귀하의 설을 채용하기로 단번에 결단하여 표면적으로 우리 한국 주재 공사에게 교섭을 벌이게 되면 우리 정부는 결코 장애가 없도록 이를 거절하는 일이 없을 것이다. 피차 양국의 이해가 같으므로 반드시 쌍방의 일치를 보게 될 것이다. 그러므로 귀하가 만약 진심으로 국가의 안위를 염려한다면 오늘의 급선무는 하루라도 빨리 귀국해서 정부의 의논을 굳히는 일이 필요하다고 생각한다."
"귀하의 교시는 삼가 잘 받들겠다. 소생은 급히 용무를 정리하고 빠른 편으로 출발하겠다. 귀하와의 내담內談에 이른 일을 하야시 공사에게도 통지하시기를 희망한다."

대한제국이 살아남으려면 한·일이 군사동맹을 맺어야 한다는 결론에 도달한 현영운은 서둘러 귀국했다. 일본이 "우리나라의 존립과 이름을 훼손하지 않는 한" 자율성을 일정 부분 희생해서라도 국가 명맥을 유지하는 게 현명하다고 판단한 것이다. 8월 17일 귀국한 현영운은 곧장 일본 공사관을 찾아갔다. 하야시는 21일 아오키에게 보낸 전문에서 돌아온 현영운이 "한국 황제나 다른 사람을 만나기 전에 우선 본인을 방문"했다는 사실을 알리며 "그가 품고 있는 계획에 진전이 보이게 되면 즉시 타전"하겠다고 전했다.[10]

기쿠치의 움직임

한·일 동맹은 이 무렵 조선에서 발행되던 일본어 신문 《한성신보》(1895년 창간)의 주필인 기쿠치 겐조菊池謙讓(1870~1953)의 지론이기도 했다. 구마모토 출신인 기쿠치 역시 을미사변에 직접 가담한 혐의로 조선에서 추방됐던 '대륙 낭인'이었다. 3년 뒤인 1898년 조선으로 돌아와 이 무렵엔《한성신보》의 주필이 되어 있었다.[11]

기쿠치는 1916년 '식민지 조선'에서 출판된《신조선》이란 책에서 자신이 적극 추진했던 한·일 국방동맹 계획의 전말을 자세히 소개('조선왕의 중립외교와 국방동맹')했다.[12] 이 글에 따르면, 의화단사건으로 러시아가 만주를 점령한 뒤 파블로프 알렉산드르 주한 러시아 공사가 느닷없이 대한제국 정부에 찾아와 한반도와 만주의 중간 지대인 '간도'를 조차해 달라고 요구했다. 간도는 한·청 간에 영유권이 확정된 지역이 아니었기 때문에 대한제국 정부의 독단적 판단으로 이를 허용할 순 없었다. 대한제국은 정확한 속내를 알기 힘든 러시아의 요구에 크게 당혹한다.

기쿠치는 박제순 외부대신에게 이 문제에 어떻게 대응할 것인지 물었다. 박제순은 "간도는 한국의 영토가 아니고 또 중국의 영토도 아닌 완전히 양국의 중립지대"라면서 이런 요구를 하는 데엔 "이면에 어떤 계획이 있는 것 같다"라고 말했다. 의화단사건으로 만주를 점령한 러시아가 간도까지 움켜쥔다면 대한제국에도 큰 위협이 될 게 불 보듯 뻔했다.[13]

혼란스러워하는 박제순의 모습을 본 기쿠치는 고도의 심리전을 시도한다.《한성신보》를 통해 "간도는 본래 조선의 영토이고 고구려 시대엔 지금의 랴오허 동쪽 지역을 조선이 영유하고 있었다"고 주장하거나 "러시아 병사가 중국 북부와 만주"에서 "잔인 무법한 만행"을 벌이고 있다고 고발하는 기사를 계속 써 댔다. 이를 통해 고종의 공명심을 자극하고, 러시아에 대한 조선인들의 반발심을 키우려 한 것이다. 예상대로 박제순이 반응을 보였다. 어느 날 기쿠치에게 당신이 쓴 "랴오허 이동 회복론은 매우 명론이었다"면서 "나는 약국의 외상으로서 당신과 같은 논담論談을 들을 뿐 행할 능력이 없음을 스스로 슬퍼한다"라고 말했다. 나아가 "황제 폐하에게 당신의 주장을 아뢰니 기쁘게 받아들이시며 러시아의 세력이 만약 압록강을 넘어 침입하는 일이 생기면 어떻게 막을까, 어떻게 해야 이 세력을 방지할까"에 관해 "당신의 의견을 듣고 주상奏上하라"는 지시가 있었음을 알렸다.

이 순간만을 기다리던 기쿠치는 마음속에 오랫동아 품어 온 한일동맹론을 소개했다. "지금 시기에 기획해야 할 외교 수단은 오직 하나밖에 없다. 일본과 국방을 함께해 강대한 세력을 막을 동맹을 체결하는 일이다. 일·한이 국방동맹을 체결해야 (러시아의 침략에서) 압록강 지계地界를 지킬 수 있고, 또 동맹의 목적을 달성하면 다른 날(異日)엔 요하 이동(랴오둥 지역)을 회복하는 것도 어렵지 않게 된다." 스스로를 "약소국의 외부대신"이라 부르던 박제순은 이 얘기를 듣고 한동안 침묵을 지키다 자리를 떴다. 며칠이 지나 박제순뿐 아니라 이지용 궁내부대신, 김영준 군부대신 겸 내부대신 등 대한제국의 고관들이 기쿠치를 찾아오기 시작했다. 한·일이 힘을 합쳐 러시아에 맞서야 한다는 설득이 통한 것처럼 보였다.

대한제국 정부가 자신의 구상에 관심을 보이고 있다는 사실이 확인됐으니, 이제 일본을 움직여야 했다. 기쿠치는 평소 안면이 있던 "가장 존중하는 선배"인 고노에에게 이 사실을 전했다. 현영운의 움직임에 더해 기쿠치의 보고까지 접수한 고노에는 마침내 아오키 외무대신을 만나기로 한다.

이 만남을 통해 얻은 결론은 대한제국이 정말로 일본과 동맹 맺기를 원한다면, "한정韓廷(한국 조정)에서 제국 정부(일본)에 제안하는 게 첫째 순서"라는 것이었다. 이는 현영운을 강하게 닦달했던 스기무라의 견해이기도 했다. 대한제국이 먼저 일본에 동맹을 요청해야 러시아 등 다른 열강들의 반발을 최소화하면서 일을 마무리 지을 수 있다고 본 것이다.

이 중요한 일을 처리하기 위한 대한제국의 교섭 대표로 지목된 이는, 2년 전 독립협회를 때려잡으며 '악명'을 얻었던 수구파의 원로 조병식이었다. 기쿠치에 따르면, 현재 대한제국의 일본 공사인 "조민희(1859~1931)는 우매해서 (이런 큰 교섭을) 제의해 교섭할 만한 역량이 없었고 대리공사인 박용(1871~1907)은 프랑스인과 친근해[14] 비밀이 노출될 수 있"었다. 결국 대한제국 내 "제1류의 원로"를 택해 이 거사를 맡기자는 쪽으로 의견이 모아졌다. 인선을 담당할 이는 기쿠치 자신이었다. 그가 박제순에게 조병식을 추천하자, 그대로 고종의 칙명이 떨어졌다.[15]

조병식이 자신의 주일 공사 부임 소식을 전하기 위해 하야시를 찾아온 것은 8월 15일이었다. 그는 "국왕의 계속되는 요청으로 일본에 가기로 결심"했다고 말했다. 서울 출발 일정은 불과 사흘 뒤인 18일이었다. 하야시는 이 소식을 아오키에게 전하는 전문에서 조병식이라는 '문제적 인물'에 대해 "당국 원로 중에 완고하고 성질이 강퍅하다고 소문"난 "순수한 전형적인 한국식 노신사"라고 평했다.

그는 완고하고 무식할망정 정직하므로 본인의 생각에는 그를 적절히 가르치고 조언만 잘 한다면 우리에게는 쓸모 있을 것임. 우리는 반드시 그에게 친절해야 하며 그를 교육하는 일에 많은 수고를 들여야 할 것임.[16]

현현영운과 기구치의 움직임은 각각 따로 진행됐지만, 조병식의 방일을 통해 하나의 흐름으로 묶이게 된다. 이 완고한 한국의 노신사는 도쿄에 도착하는 대로 아오키를 만나 한일동맹을 제안하게 될 터였다.

하지만 조금씩 예상과 다른 분위기가 감지되기 시작한다. 하야시가 24일 아오키에게 보낸 전문을 보면, 현영운이 "그가 단독으로 세웠던 계획" 즉 한일동맹론에 관해 보고했지만, 고종은 적극적으로 반응하지 않고 "한국과 관련된 (중략) 조병식의 보고를 기다리고 있는 것 같"은 어정쩡한 태도를 보였다.[17] 조병식이 일본에 동맹을 체결하자고 제안하러 간 것이라면, 고종이 그렇게 반응할 리 없었다. 하야시는 이튿날인 25일에도 현영운이 "동양의 현 정세에 비추어 '일·한 제휴는 한국의 생존상 매우 필요하다'고 건의했지만", 고종은 "모든 내용에 동의하지 않는 것은 아니지만, 그렇다고 바로 실행하려는 결심은 없는" 것 같은 묘한 분위기를 풍기는 데 그쳤다.

고종이 이런 생각이라면 일본이 취할 수 있는 수단은 무력을 동원한 압박밖에 없었다. 1876년 2월 강화도로 밀고 들어온 일본에 "귀국의 위엄을 보이라"라고 말했던 역관 오경석처럼 현영운도 "한국 조정이 일본에 의뢰할 마음을 굳히게 하기 위해 이 기회에 강경한 태도를 취해 위엄을 보여 원조해 주기 바란다"라고 요청했다. 하야시는 이 의견에 대해 "본관이 보는 바도 다름이 없"다면서 일본의 군사적 압박 없이 동맹 체결이란 "성과를 기대하기란 지난하다고 생각"된다는 말로 전문을 끝냈다.[18]

조병식의 움직임

인천에서 배를 타고 출발한 조병식이 일본 열도를 가로질러 도쿄 신바시역에 도착한 것은 26일 오후 8시께였다.[19] 조병식의 도착 사실을 확인한 고노에는 일을 성사시키기 위해 만반의 준비를 마쳐 놓고 있었다. 26일 아오키 외무대신을 만나 대책을 논의한 뒤, 27일 오후 7시에 조병식이 머물던 제국호텔을 찾아갔다. 여러 얘기를 나눴지만, 예상과 달리 말이 잘 통하지 않는다는 느낌을 받을 뿐이었다.

조병식이 마침내 아오키 앞에 모습을 드러낸 것은 그로부터 다시 이틀이 지난 29일이었다. 그가 꺼내 든 카드는 일본이 기대했던 한일동맹론이 아닌 '열강의 공동 보장에 의한 한국 중립화안'이었다. 아오키는 예상을 깬 조병식의 돌발 제안에 적잖이 당황했을 것임에 틀림없다.

이날 둘의 대화 내용이 담긴 회견 기록은 남아 있지 않다. 다만, 주한 프랑스 공사관이 대한제국 관리의 말을 따 9월 8일 본국에 보고한 전문을 통해 내용을 유추해 볼 수 있다. 이 기록에 따르면, 조병식은 "일본 정부가 나서서 다른 열강들에게 대한제국을 중립국가로 인정해 주고, (다른 열강들도 대한제국의) 중립을 보장하도록 해 줄 수 있느냐?"라고 물었다. 아오키는 "이에 반대하진 않지만 한반도는 가난하고 약한 나라이니 다른 열강들에 이를 제안할 수 없다"는 냉담한 태도를 보였다. 이어 "대한제국은 무엇보다 우선 개혁을 단행해 강하고 번영하는 나라가 되어야 한다"는 잔소리를 빠뜨리지 않았다.[20] 조병식의 요청을 단칼에 거절한 것이다. 일본은 이후에도 한반도 중립화에 관한 언급이 나올 때마다 '국력이 약한 한국에 중립화는 무리'라는 논리를 들이대며 반대 입장을 고수한다.

아오키는 대러 강경론자였던 야마가타 아리토모 1·2차 내각에서 외무대신을 지냈고 후세로부터 "그야말로 노골적인 침략주의자"라는 평가[21]를 받는 인물이었다. 조병식의 제안에 크게 실망했는지 이날 논의 내용을 서울의 하야시에게도 알리지 않았다. 대한제국 인사들을 통해 관련 정보를 전해 들은 하야시는 9월 14일 아오키에게 "주일 한국 공사(조병식)가 열강의 보장하에 한국을 중립국으로 만들기 위해 제국 정부와 접촉하고" 있다는 풍문이 있다면서 확인을 요청했다. 아오키는 그제서야 그런 얘기가 있었지만 "무게를 두지 않았다"라고 짧게 답했다.[22]

아오키와 회담이 결렬된 29일 당일 고노에는 조병식과 다시 만났다. 조병식은 자신이 일본에 온 이유를 설명하며 입을 열었다.

"이번 사명은 국서 봉정과 동궁 전하에게 훈장 봉정을 하는 것을 표면에 내세웠지만, 속으로는 일본이 조선을 중립국으로 만들자는 제의를 열국에 해 달라고 부탁하려는 것이었다."
"중립국이라면 적어도 스스로를 지킬 힘이 있어야 한다. (중략) 만약 한 나라가 야심을 갖고 그 중립국을 가지려 하면 다른 여러 나라들이 하나가 되어 이를 토벌한다는 약속을 해야 한다. 조선이 이런 상태에 적합한 국가의 상황이라 할 수 없다. 조선에 이해관계가 있는 나라는 러시아와 일본뿐이다. (다른 서양 열강들은) 그 밖에 철도·광산 등 이익문제에 관계가 있다 해도, 조선의 존폐에 무언가 통양痛痒(고통과 가려움)을 느끼지 않는다. 그래서 조선의 중립에 특별한 이론異論이 있을 리 없다. 만약 (누군가가) 조선에 야심을 품고 있다는 것을 알아도 이들은 전쟁을 하면서까지 이 문제를 놓고 다투지 않는다. (중략) 그런데 일본은 러시아가 야심을 품고 있다는 것을 알아도 중립국의 약속이 있으면 손을 댈 수 없다. 천하에 이처럼 어리석은 방책이 없다. 이는 조선을 위해서도 일본을 위해서도 안 될 일이다."

"그럼 어떻게 하면 좋겠는가?"

"(대한제국은) 단지 순연純然(온전)한 독립국으로 있으면서 국방에서는 일본과 비밀리에 공수동맹을 맺으면 된다. 이렇게 되면 (일본이) 언제든 출병해 귀국의 난을 구원할 수 있다."

(중략)

"당신의 말은 알겠다. 다만, 국왕으로부터 중립에 대해서만 명령을 받고 와 독단적으로 결정하기 어렵다."[23]

비극으로 끝난 복잡다단한 구한말 역사를 되돌아볼 때 조병식만큼 평가하기 어려운 인물도 없다. 그는 함경도 관찰사로 재직하던 1889년 흉년이 들었다는 이유로 곡물 수출을 금지하는 '방곡령'을 실시해 일본과 큰 외교 분쟁을 일으킨 '강골'이었고, 당대에 악명이 자자하던 탐관오리였다. 그래도 상대의 위협에 꺾여 신념을 접는 유약한 사람은 아니었다. 하야시조차 조병식에 대해선

"장점은 일단 자기가 믿는 바는 다른 사람의 비난이나 공격을 겁내지 않고 단행하여 굽히지 않는다는 것"이라며 "이 점은 확실히 (한국) 당국 사람 중에서 필적할 사람이 없을 정도"라는 평가를 내릴 정도였다.[24]

아오키의 냉담한 태도나 고노에의 위협 섞인 설득에도 조병식은 꿈쩍하지 않았다. 일본과 대립 관계에 있던 러시아와 그 동맹인 프랑스, 나아가 미국 등과 접촉하며 '중립화'에 대한 지지를 요청해 나간다. 이 움직임이 러시아의 관심을 잡아끌었다. 도쿄의 이스볼스키는 9월 14일 본국에 보낸 전문에서 "한국 정부는 일본의 엄청난 위협을 받고 있어 러·일이 충돌했을 때 열강의 공동 보장 아래 한국을 중립화하는 게 가능한지 문의하는 것을 (조병식) 공사에게 위임했다"면서 자신이 그와 만나 "일본의 회유에 굴하지 말라고 설득했다"고 보고했다.[25]

조병식, 끝내 버터 내다

조병식이 아오키에게 동맹안이 아닌 중립화안을 제시했다는 사실을 전해 들은 서울의 기쿠치는 "열린 입이 닫히지 않을" 정도로 큰 충격을 받았다. 상황을 만회하기로 결심한 기쿠치는 박제순과 의논해 조병식에게 고종이 민감하게 생각하는 '망명자 문제'를 해결하는 것을 전제로 일본과 방위 맹약을 맺으라는 훈령을 내려보내기로 한다. 이 증언은 하야시가 남긴 일본 정부의 공식 기록을 통해서도 확인할 수 있다. 17일 아오키에게 보낸 전문에서 기쿠치뿐 아니라 현영운과 엄비 등이 고종을 움직여 한일동맹에 "동의하기에 이르렀"고, 그에 따라 "박제순에게 은밀한 유지諭

늠"가 내려갔다고 보고했다.²⁶ 하지만 고종이 동맹안에 동의했다는 이 전문 내용이 진실인지는 심히 의심스럽다. 고종이 원한 것은 조선의 중립화였지, 일본의 보호국이 되는 게 아니었다. 이 훈령은 고종의 뜻을 왜곡해 누군가 날조했을 가능성이 높다고 봐야 한다.

한 차례 뒤통수를 얻어맞은 기쿠치는 더 이상 아무도 믿을 수 없게 됐다. 서울에서 도쿄까지 훈령을 전달하는 임무를 본인이 직접 수행하기로 마음먹는다. 바로 이때 야마가타 2차 내각(1898년 11월~1900년 10월)이 붕괴될 위기에 빠지며 일본 정국이 요동치는 대파란이 발생한다. 기쿠치는 도쿄로 이동하던 중 시즈오카역에서 구한 《마이바라신문》 호외를 통해 야마가타 내각이 총사직했다는 소식을 접했다. 뒤를 잇게 된 것은 '대러 협조'를 지향하는 이토 히로부미 4차 내각(10월 19일 발족)이었다. 이토와 가까운 '메이지 원훈'이자 갑오개혁 때 조선 공사를 지낸 '한반도 전문가' 이노우에 가오루는 심지어 열강에 의한 공동 보호론을 찬성하는 인물이었다. 대러 강경파인 야마가타 내각이 유지되는 앞으로 며칠 동안 조병식을 구워삶아 동맹안을 내놓게 해야 했다.

기쿠치는 도쿄에 도착해 아오키를 만난 뒤 곧바로 대한제국 공사관으로 이동했다. 헐레벌떡 달려온 기쿠치에게서 훈령을 건네받은 조병식은 유감스러운 표정을 감추지 못했다. "후임 내각이 정해질 때까지 기다려 (동맹안을) 천천히 제출하려 한다"면서도 "과연 이토와 이노우에가 우리 제의에 찬동할지도 알아야 한다"는 애매한 태도를 보였다. 이 말을 듣고 흥분한 기쿠치는 "칙명을 받지 않겠다면, 이를 각하에게 넘기지 않고 바로 돌아가겠다"라는 협박성 발언을 서슴지 않았다. 조병식은 어쩔 수 없이 "내일이라도 아오키 외상과 회견해 (동맹안을) 제의하겠다"라고 답했다.

조병식은 기쿠치와 단단히 약속한 뒤에도 당연히(!) 움직이지 않았다. 그러자 일본 각계 인사들이 엄청난 압박을 가하기 시작했다. 주일 프랑스 공사관은 9월 27일 "일본인들이 보호령 요청서에 서명할 수밖에 없도록 압력을 행사"하고 있어 조병식이 "서울로 급히 돌아갈 것"이라는 말을 했다고 본국에 보고했다.[27]

애가 탄 고노에는 10월 9일 그를 도쿄의 고급 요정 고요칸紅葉館으로 불러냈다. 조병식이 통역 하스모토 야스마루蓮元康丸를 대동한 채 모습을 드러낸 것은 오후 6시께였다. 고노에는 다짜고짜 따지고 들었다.

"한국 왕의 밀칙 건을 왜 오늘까지 우리 정부에 제의하지 않는가?"
"이처럼 큰 사건은 일단 귀국해 숙의하지 않으면 말을 꺼내기 어렵다."
"기쿠치에게 즉각 제의하기로 약속하지 않았는가. (중략) 조칙을 받고도 대체적인 제의도 하지 않은 채 귀국하면 일본이라면 '명령 위반(違勅)'으로 죄를 면하기 어렵다. 한국의 원훈元勳으로 사명을 다하지 않고 돌아가게 되면, 귀국 후 설 자리를 잃어버리게 될 것이다."
"귀국 후에 숙의해야 한다."
"한국은 현재 극히 위험하다. 내지의 개량이 필요하다. 내지의 개량은 국가의 방비를 마친 뒤에 논해야 한다. 귀국은 일본처럼 고도孤嶋(떨어진 섬나라)가 아니다. 국방의 엄혹함으로 보자면, 누란累卵의 위기와 같다. 국방에는 다수의 병력과 무기, 연안 방비에는 포대와 군함이 필요하다. 천하에 이(중립화)보다 어리석은(迂闊) 책策은 없다."[28]

조병식은 "귀국의 힘을 빌리지 않을 수 없다"는 데까지는 인정했지만, 귀국한 뒤 차분히 논의해야 한다며 뜻을 꺾지 않았다. 하루빨리 귀국해야 한다며 짜낸 핑계는 겨울이 가까워져 날씨가 추워지는데 "한국에는 온돌이 있지만 일본에는 없다"는 것이었다. 한가한 대꾸에 화가 머리끝까지 난 고노에는 "한 나라의 원훈이라는 사람이 중요한 공무를 가지고 외국에 있으면서 덥고 춥다(暑寒)는 이유로 중요한 일을 태만히 한다면, 우리 나라 같으면 국적國賊이란 얘기를 들을 것"이라고 쏘아붙였다.

끝내 설득이 힘들다는 사실을 깨달은 고노에는 "당신은 여태 중립국론을 버리고 있지 않느냐?"라고 물었다. 조병식은 "지난날에도 당신 생각(貴說)과 내 생각(愚說)이 달랐다. 그래서 논의하는 게 바람직하진 않지만, 나 자신은 여전히 중립국이길 바라고 있다"라고 답했다. 고노에는 "도저히 제도濟度(구제)하기 어렵다"라는 말을 남기며 설득을 포기했다. 둘의 대화 역시 그것으로 마무리됐다.

조병식은 완고하고 잔인한 인물이었지만, 유약한 매국노는 아니었다. 대한제국이 중립화에 대한 확고한 태도를 보이자, 이를 지켜보던 러시아가 움직이기 시작한다. 뜻밖에도 중립화를 지지하며 편을 들고 나선 것이다.

20 일본, 러시아의 '중립화 제안'을 걷어차다

고무라와 비테의 대화

대한제국을 중립화하려던 고종과 조병식의 시도는 성공하지 못했지만, 중국 북부와 만주 일대를 온통 헤집어 놨던 의화단사건은 1900년 여름과 가을을 거치며 진정 국면에 들어서고 있었다. 고종은 한시름을 놓았을 테지만, 만주를 점령한 채 눌러앉은 러시아를 바라보는 일본의 갑갑함은 깊어만 갔다. 러시아가 만주에서 철병하지 않는다면, 한반도는 자신들이 취해야 한다는 강경 여론이 점점 힘을 얻어 간다.

이런 어수선한 분위기 속에서 일본 외무성의 '에이스' 고무라 주타로 주러 일본 공사가 이임 인사를 위해 크림반도 남부 도시 얄타에 머무르던 세르게이 비테 재무상을 방문했다. 1900년 10월 2일 오후 4시께 시작된 회담은 동석한 오치아이 겐타로落合謙太(1870~1926) 서기관의 프랑스어 통역으로 한 시간 반쯤 진행됐다. 간단한 인사를 마친 뒤 둘의 대화는 자연스레 양국의 최대 관심사인 만주와 한반도 문제로 이어졌다. 일본의 대표적 대러 강경론자인 고무라는 '만한교환론'을 꺼내 들며 러시아의 이인자였던 비테의 의중을 살피려 했다. 하지만 '러시아의 만주 점령'이라는 지정학적 변동을 바라보는 양국의 시각 차이가 너무 컸다. 비테가 말했다.

"일·러 양국이 결속하여 동양의 평화를 유지할 필요가 있다. 나의 견해로는 양국이 서로 청나라의 보전에 힘쓰고 이것을 유지할 것을 약속하고 서로 결코 그 독립과 보전을 해치지 않을 것을 맹약하면 다른 나라들도 결코 청나라의 보전을 손상시키면서 이욕을 차릴 수는 없을 것이다. (중략) 한국에 대하여서도 역시 그렇다. 만약 이와 반대로 양국이 서로 (만주와 한반도를) 침략하여 분배하는 방침으로 관계를 정하려고 하여 나는 이것을 취하겠다, 너는 이것을 취하라고 하는 계획으로 나온다면 그 결과는 분쟁 소요로 되어 일·러 양국의 의견만으로 정해질 것이 아니다."

"현재 일본은 한국에서 최대의 이익을 갖고 이것을 충분히 보호할 의무를 진다. 러시아는 근래 만주에서 대단히 큰 이익을 설정하여 마찬가지로 이것을 보호할 필요가 있을 것이다. (중략) 일·러 양국은 서로 그 중대한 이익을 보호하기 위해 (각각 한반도와 만주에서) 자유로운 행동을 할 수 있을 것을 목적으로 하여 이것을 기초로 해서 종래의 협상(로젠-니시 의정서)에 대신할 약속을 맺을 것을 도모하였다."

"내 소견은 한국의 독립과 보전을 어디까지나 유지해야 한다는 데 있어, 이것을 손상시킬 경향이 있는 것은 일체 서로 피하고자 하는 데 있다. 그(대한제국의) 독립과 보전에 장해를 초래할 성질의 협상은 러시아가 동의하기 어려울 것이다."

"내 취지는 결코 한국의 독립을 손상시키려고 하는 것이 아니다. 단지 현재 한국 및 만주에서 양국이 갖고 있는 중대한 이익을 보호하기 위하여 행동의 자유를 얻으려고 하는 취지이다."[1]

비테는 러·일이 각각 만주와 한반도에서 자유롭게 행동할 권리를 얻어야 한다는 고무라의 주장에 동의하지 않았다. 이 뜻을 좀 더 명확히 하기 위해 "당신은 '행동의 자유'를 말하지만 (이를) 무리하게 단행해야 하는 것은 아니"라며 "한국을 완전히 독립된 나라로 방임하자는 것이 내 의견"이라고 선을 그었다. 그런 뒤 일본이 집착하는 만한교환론에 관한 의견을 길게 늘어놓았다. 러시아는 만주를 점령할 의사가 없지만, 일본의 우려대로 이 땅을 자신들이 합병한다 해도 그 대가로 한반도를 넘길 마음이 전혀 없다고 강조했다.

만주에 관해서는 러시아는 사정이 부득이하여 다수의 병정을 파견하여 그곳에 들여보내 현재 그 지방과 부근에 약 20만의 군대를 주둔시키고 있다. (중략) 본래 동청철도 부설의 안전을 보장하기 위하여 부득이 군대를 들여보낸 것이므로 이 기회에 그곳을 점령하겠다는 의사도 없지만, 만약 형세가 부득이하여 만주를 러시아 영내로 합병하는 일이 있으면 일본은 이에 대하여 한국을 점령하겠다고 할 것이다. 이 이치는 이론적으로는 성립되겠지만 실제로 만약 만주를 러시아 영토로 삼는다면 한국에 대하여 러시아는 일본보다도 밀접한 나라가 되어 그 관계가 일층 중대해질 것이므로 일본이 한국의 독립을 손상시키는 일은 러시아가 동의할 수 없는 바이다.[2]

러시아의 강경한 입장을 전달받은 고무라는 대화를 통해 이 문제를 풀긴 힘들다고 생각할 수밖에 없었다. 1900년 가을 러시아가 만주를 점령하면서 만주와 한반도에 대한 러·일의 세력 관계는 1 대 0으로 변한 상황이었다. 일본은 자신들도 한반도를 차지해 1 대 1의 균형을 만들려 했지만, 러시아는 "만주를 점령할 생각이 없다", 나아가 "만주를 포함"한 "청·한 양국의 독립 보전을 유지하는 것이 러시아의 희망"이라는 논리로 이를 물리쳤다. 다시 0 대 0으로 돌아갈 테니 조바심을 내지 말라고 다그친 것이다. 러시아가 진행 중인 만주 점령이 '일시적인 것'이라고 한 만큼 고무라도 더 이상 추궁할 수 없었다. "나의 사견을 진술했었던 것일 뿐"이라고 말을 돌리며 자리에서 물러났다.

이즈볼스키와 조선 중립화

상황이 이렇게 되자 일본은 러시아가 언제 만주에서 철군을 단행할지에 촉각을 곤두세우게 된다. 이를 논의하는 러·청 협상이 마무리 되어 가고 있었다. 예브게니 알렉세예프Yevgeni Alexeyev (1843~1917) 관동주 사령관과 증기增祺(1851~1919) 성경장군[3]은 길고 복잡한 논의 끝에 11월 26일 "건설 중인 (동청)철도의 보전"을 위해 "러시아군이 (계속 만주에) 주둔한다"는 협정안에 합의했다. 비테의 공언과 달리 러시아의 만주 점령이 유지된 것이다.

좌절한 청 정부는 상황을 뒤집기 위한 언론 플레이를 시도했다. 베이징에 주재하고 있던 오스트레일리아 출신 영국 기자 조지 모리슨George Morrison(1862~1920)에게 이 사실을 '리크(누설)'하며 반전을 노리게 된다. 이 협약안이 1901년 1월 3일 《타임스》를 통해 공개되면서, 러시아에 대한 국제 사회의 비난 여론이 달아 올랐다.

일본 정부가 조약 내용을 파악한 것은 기사가 나오기 나흘 전인 1900년 12월 30일, 니시 도쿠지로 주청 일본 공사가 보내온 전문을 통해서였다. "만주를 점령할 의지가 없다"던 러시아의 말에 속았다고 판단한 가토 다카아키加藤高明(1860~1926) 외무대신은 1901년 1월 7일 장즈둥張之洞(1837~1909) 주일 청국 공사를 불러 대응책 마련에 나섰다. 가토는 이 협상안에 대한 의견을 묻는 장즈둥에게, "청·러의 협약이란 것은 청이 만주에서 부대를 해체하고 무기를 거둬 이를 러시아에 넘기고, 포루砲壘와 그 밖의 방어시설을 철거하며 또 펑톈에 러시아의 정치 대표(Political agent)"를 둔다는 내용이라면서 "이것이 사실이라면 러시아에 만주를 넘겨주는 것과 같다"라고 강하게 질타했다.[4] 이런 협정을 맺어선 절대 안 된다고 강력히 요구한 것이다.

러·일의 불신이 극에 달한 '최악의 타이밍'에 러시아가 한반도의 운명을 결정하게 될 외교적 움직임에 나섰다. 알렉산드르 이즈볼스키 주일 러시아 공사는 1900년 여름~가을께 조병식 주일 한국 공사가 제안했던 한반도 중립화론에 큰 관심을 기울이고 있었다. 이 안을 잘 활용해 러·일 모두가 수용할 수 있는 '외교적 타협점'을 찾을 수 있다고 기대한 것이다. 먼저 중립화에 대한 일본 내의 분위기를 확인하기 위해 1900년 12월 20일 가토를 찾아갔다. 이즈볼스키는 일시 귀국이 예정돼 있던 서울 주재 하야시 곤스케 공사의 행방을 물었다.[5]

"근래 하야시 공사가 한국에서 돌아온다고 하는데 전임인가, 일시 귀국인가?"

"일시 귀국이다."

"하야시 공사에게 한국 근황에 관해 듣고자 하니 만나서 이야기하고 싶다. 사견으로 말하면 한국에서의 현재 일·러 관계는 별로 만족할 만한 것이 아니다. 일·러 협상(로젠-니시 의정서)이 있다고 하지만, 쌍방이 자제하자는 정신으로 성립된 것이므로 도리어 충돌을 일으키는 원인이 되기 쉽다. 따로 안을 만들어 일·러 쌍방 모두 진실로 안심할 수 있는 상태가 되기를 바란다. 이를 위해 하야시 공사를 만나고 싶다."

"일본은 우선 오늘날 한국의 사태에 만족한다. 그러나 러시아가 좋은 안을 갖고 있다면 들어보고 충분히 논의하겠다. (중략) 일본은 한국에서 상업상·공업상 큰 이익을 갖는다. 일본 정부가 이 이익을 유지·증진하기 위해 힘쓸 것이라고 단언하겠다. 일본이 한국에서 큰 이익을 가진 데 반하여 러시아는 어떠한 이익이 있는가, 거의 없지 않은가?"

"러시아가 가진 것은 정치적 이익에 지나지 않으며, 더욱이 한국의 독립을 바라는 데에 불과하다. (중략) 한국인에게만 (개혁과 통치를) 일임해 두어서는 한국의 일이 만족하게 행해지지 않을 것이다. 그러니 일·러 양국이 감독한다면 어떻겠는가?"

"일·러 양국이 감독한다는 것은 유럽인이 말하는 이중 지배(dual control)인가?"
"일단 그렇다."
"이중 지배라는 것은 역사상 성공한 예가 없다."

화제가 여기에 이르자 이즈볼스키가 드디어 본인의 속내를 드러냈다.

"전임 일본 주재 한국 공사(조병식) 때 한국을 중립국으로 만드는 이야기도 있었는데 그 안에 대해서는 어떻게 생각하는가?"
"한국인이 중립이라는 것이 어떤 것인지 알고서 그런 논의를 했는지는 모르겠다. 본 대신은 아직 이 문제를 연구하지 않았다."
"한국인은 이것을 모르겠지만 각하나 본사는 이것을 알고 있다. 그러므로 이것을 안으로 삼을 수 있는 것이 아닌가?"
"귀국에 안이 있고 또는 각하에게 안이 있으며, (러시아) 정부의 뜻도 역시 여기에 있는 것이라면 (일본 역시) 이것을 받아들여 신중히 심의해야 한다고 반복해 말씀드리는 수밖에 없다."

이 무렵 이즈볼스키의 행적은 하야시의 회고록을 통해서도 확인할 수 있다. 가토는 귀국 후 찾아온 하야시에게 "러시아 공사가 최근 방문해 자네가 이번에 조선에서 돌아온 것 같은데 '꼭 만나게 해 달라'는 요청을 해왔다"라는 얘기를 전했다.[6] 이즈볼스키의 또 다른 접촉 대상은 대러 협상론자인 이노우에 가오루였다. 이노우에는 자신에게 인사하러 온 하야시에게 조선 문제와 관련해

"러시아에 일본과 대화를 통해 새 협정을 만들려는 희망이 분명히 있는 것 같다"면서 "조선 공사인 자네가 이 기회를 놓치지 말고 타협하는 게 좋다"라고 말했다.

이즈볼스키는 조선 중립화에 대한 일본의 반응을 떠보는 동시에 본국을 향한 설득도 게을리하지 않았다. 마침내 '고$_{go}$ 사인'이 떨어진 것은 1900년이 마무리되기 직전이었다. 블라디미르 람스도로프 외무대신은 12월 30일 이즈볼스키에게 "한국 중립화 조건에 관해서 이토 공작과 신중히 교섭에 착수할 것을 폐하의 허가를 얻어 귀하에게 위임한다"는 뜻을 전했다.[7]

이즈볼스키가 다시 가토를 찾아간 것은 1901년 1월 7일이었다. 이때 일본이 러시아의 중립화 제안을 받아들였다면, 대한제국은 망국의 서글픈 길을 가는 대신 러·일 사이의 '중립적 완충지대'로 아슬아슬하게 목숨을 유지했을지 모른다. 이것이 갑신정변, 갑오개혁, 만민공동회 등 국가를 바로 세우기 위한 모든 개혁에 실패한 대한제국이 운 좋게 얻게 된 사실상 '마지막 기회'였다. 이즈볼스키가 가토에게 영어로 구술한 제안 원문은 《일본외교문서》에서 찾을 수 있다.

> 러시아 정부는 열강의 공동 보장 아래 한국을 중립화하는 계획을 제의하는 게 바람직(advisable)한 일이라고 생각한다. (중략) 이 계획을 실행할 수 있는 조건에 관해 비밀스럽고 우호적으로 협의(discuss)할 것을 요청한다.[8]

가토는 제안을 접수만 한 채 답변을 보류했다. 숙고할 시간을 벌기 위해서였다. 이튿날 찾아온 하야시에게 의견을 물었다. 답은 정해져 있는 것이나 마찬가지였다. "그 제안은 절대 거부해야 한다. 러시아가 만주 방면에서 활동을 시작한 오늘과 같은 때에 조선의 처치와 관련해 러시아 쪽이 어떤 형태로든 (일본과) 타협하기 원한다면 그 본심이 어디에 있는지 명확히 알 수 있다."[9] 대한제국을 러·일 사이 완충지대라는 성격을 갖는 '중립국'으로 만들면, 러시아는 더 이상 일본을 신경 쓰지 않고 만주에서 자유롭게 행동할 수 있었다. 이에 비해 일본은 장래에 한반도에서 무슨 일이 벌어진다 해도 개입할 수 없게 되는 위험을 감수해야 했다. 러시아가 만주를 쥔 상태에서 한반도를 중립화하자는 것은 일본엔 손해일 뿐 득이 될 게 없는 얘기였다. 청국 공사 부임을 앞두고 외무성에 얼굴을 내밀던 고무라도 같은 의견이었다. 러시아의 중립화 제안을 받아들이는 것은 "지극히 위험한 일"이라면서 바로 이토 총리에게 가서 이 제안을 거부하도록 해야 한다고 주장했다.[10]

결국 일본이 원한 것은 한반도를 중립화해 얻을 수 있는 1.5 대 0.5의 '기울어진 타협'이 아닌 '0 대 0'(러시아의 만주 철군과 조선의 현상 유지) 혹은 '1 대 1'(만한교환)의 '완벽한 균형'이었다. 가토는 17일 회답을 받으러 찾아온 이스볼스키에게 "한국 중립은 귀국이 만주에 관한 선언(만주 철군)을 실행한 뒤에 의논해도 늦지 않다"라고 말했다. 크게 실망한 이즈볼스키는 "이 제의는 충분한 우의의 정신으로 한 것이다. 일본 정부가 만주 문제까지 끌어들여 대답했다면 러시아 정부가 악감정을 갖지 않을지 속으로 염려한다"며 불편한 감정을 숨기지 않았다. 그러자 가토 역시 "러시아가 만주에서 철수해야 한다는 것은 수차 그리고 단연코 귀국 정부가 선언한바로, 일본 정부도 역시 굳게 그 선언을 믿었을 뿐 아니라 머지않아 실행될 것으로 믿었다. 그러므로 한국 중립의 일은 귀국이 만주에 관한 선언을 실행한 뒤에 의논해도 늦지 않다"라고 되받아쳤다. 이즈볼스키도 포기하지 않고 반론에 나섰다.

"만주 문제는 한국 중립의 의제와는 전혀 별개의 문제로 취급해야 하지 않는가?"

"나는 이 두 문제는 서로 관련된 것으로 이 두 일을 분리해서 볼 수 없는 것이라고 믿는다. 귀국이 일단 만주에서 철수하겠다는 것을 선언했는데도 오늘날 그 선언을 실행하지 않을 생각을 갖는다면 일본 정부 또한 이에 대응해 고려하는 바가 없을 수 없다. (중략) 만약 중립 보장의 범위를 만주에까지 미치게 하는 의지를 일·러 양국이 갖고 있다면 이 또한 문제를 결정하는 하나의 방법이 될 것이다. 혹 세력권의 구역을 나눌 뜻이 있다면 이 또한 한 방법이 될 수 있다."[11]

중립화를 하려면 '만주와 한반도를 한데 묶어 논의하자'는 가토의 '역제안'에 이즈볼스키는 더 이상 할 말이 없었다. 협상은 이것으로 결렬됐다. 이즈볼스키는 2월 22일 람스도르프에게 중립화 교섭이 실패했음을 보고했다. 그와 함께 일본이 앞으로 어떤 선택을 할지 알 수 없지만 "위기는 범상치 않은 스피드로 도래할 수 있다"면서 "일본의 지리적 위치나 그 육·해군 병력의 조직을 볼 때 언제라도 가까운 조선 해안에 상당한 군대를 보내는 게 가능

하다"는 음울한 예측을 더했다.¹²

막다른 골목의 일본

이즈볼스키의 갑작스러운 중립화 제안에 충격을 받은 일본은 이 움직임이 대한제국과 교감 아래 이뤄진 것인지 확인하려 했다. 고종은 21일 찾아온 야마자 엔지로 주한 일본 임시 대리공사에게 "차제에 한·일 양국은 우의를 더욱 두텁게 해 입술이 없으면 이가 시리듯 서로 의지하는 의리에 진력해야 한다"라고 말했다. 이 말에서 중립화 문제를 두고 러시아와 내통하고 있다는 낌새를 찾을 순 없었다. 야마자는 가토에게 전한 1월 26일 기밀 전문에서 "폐하는 전적으로 그 중립 문제에 대한 제의를 알지 못한 것"으로 보인다며 "본건에 대해선 러·한 양국 간에 하등 아무런 사전 상담 없이 오로지 러시아 정부 자체의 사정에 의해 우리 측에 제의한 것으로 생각된다"라고 적었다.¹³

일본이 한반도 중립화 제안을 거부하긴 했지만, 러시아는 여전히 만주에 눌러앉은 채였다. 스코어는 여전히 1 대 0이었다. 일본은 이 문제를 어떻게 풀어 갈지 결단을 내려야 했다.

이 중차대한 문제를 논의하기 위한 각의가 3월 12일 열렸다. 가토는 이 자리에서 세 가지 선택지를 제시했다. 1안, "러시아에 대해 공공연히 항의"한 뒤 "목적이 달성되지 않으면 직접 간과干戈(방패와 창)로 승부를 결정"한다. 이는 러시아와 전쟁을 하겠다는 얘기였다. 2안, "한국에 대해 그동안의 러·일 협상을 무시하는 행동"을 취한다. 이는 대한제국의 멸망을 뜻했다. 가토는 이 안을 택하면 "한국은 조만간 독립을 상실할 운명에 놓이게 된다"면서 "한국은 실리상으로도 국민 감정상으로도 제국이 포기할 수 없다. 이 나라를 점령하거나 또는 보호국으로 하거나 그 밖의 적의適宜(적당)한 방법으로 우리 세력 아래 둬야 한다"는 의견을 덧붙였다. 3안, "후일을 기다려 시기적절한 조처를 강구"한다. 이는 불편한 현재 상황을 견디자는 소극론이었다.[14] 그 무엇 하나 쉬운 길이 없었다. 일본의 고민은 깊어질 수밖에 없었다.

거듭된 논의에도 좀처럼 결론이 나지 않자 15일 이토 총리와 야마가타 아리토모, 사이고 쓰구미치, 마쓰카타 마사요시松方正義(1835~1924) 등 원로들이 모여 숙의를 거듭했다. 이 회의의 결과도 같았다. 러시아가 일본의 요구를 받아들이지 않으면 "간과에 호소해 자웅을 결정"해야 하지만, 일본이 홀로 러시아를 상대하는 것은 "극히 위험"하기 때문에 "우리의 행동은 영국과 독일이 가진 의향의 범위 안으로 제한할 수밖에 없다"는 것이었다. 결국, 일본은 눈물을 머금고 3안을 택한다. 그런 의미에서 일본의 대외 정책은 해법이 없는 막다른 골목에 다다른 것과 마찬가지였다.[15]

러·일의 중립화 교섭이 실패했다는 것은 대한제국의 운명 역시 위태로워졌음을 뜻하는 것이었다. 한반도에서 유지되고 있는 '위태로운 평화'는 러·일 양국의 '전략적 이해'를 모두 만족시키는 안정적 균형이 아니었다. 일본이 불만을 견디지 못해 행동에 나선다면, 대한제국은 곧바로 무너질 수밖에 없었다.《황성신문》은 1901년 8월 28일 2면에 실은 '변만한교환론卞滿韓交換論'이란 제목의 사설에서 "한국을 여與하야 일본 세력 범위 내에 치置하고, 만주를 아국(러시아) 보호하에 치하자고 주장하는 자가 다多하다"면서 "무력강대武力强大하고 상하동심上下同心하며 민지합일

民志合一"하는 나라를 만들자고 호소했다.

안타깝게도 이를 주도해야 할 대한제국의 통치 체제는 사실상 무너져 있었다. 야마자는 1900년 12월 25일 의화단사건 이후 공포에 빠진 고종에게 군비를 정비해야 한다, 재정을 정리해야 한다, 화폐(백동화) 남발은 불가하다, 기강을 밝히고 법률을 분명히 해야 한다, 재판을 공정히 해야 한다고 충고했다. 조선의 일류 인사들이던 김홍집·어윤중 등이 갑오개혁 때 뜯어고치려 한 사회의 병폐가 여전히 개선되지 않고 있었음을 알 수 있다. 불행하게도 고종의 군주권을 제약하는 정치 개혁을 추진하면서 때로는 '쓴소리'를 마다하지 않았던 이 인재들은 잔인하게 살해돼 더 이상 세상에 없었다.[16]

조선 최고의 재무 관료였던 어윤중을 대신해 조선의 재정을 담당하게 된 이는 고종의 '금고지기'로 불리던 이용익이었다. 조선의 망국 과정을 되돌아보는 과정에서 반드시 언급해야 하는 또 하나의 '문제적 인물'인 이용익은 아관파천 이후 고종의 '최측근' 자리를 꿰찬 이들 가운데 하나였다. 함경북도 명천의 한미한 가문에서 태어났지만, 고종의 전적인 신뢰를 바탕으로 1897년 이후 화폐 주조를 담당하는 전환국장, 황실 재산을 관리하는 내장원경, 지금의 기획재정부인 탁지부의 협판(차관) 또는 대신 서리(장관 직무대행) 등 재정 분야의 요직을 독점했다.[17] 부정부패에 찌들었던 동시대 다른 관료들과 달리 청렴하다는 게 큰 장점이었다. 이용익과 크게 갈등했던 하야시마저 "처신이 극히 검소하며 한 점의 사심도 없"다고 평가할 정도였다.[18]

무너진 조선의 통치

안타깝게도 이용익은 "왕이 곧 국가는 아니다"라고 생각했던 갑오개혁 주도 세력과 달리 '국가 전체의 이익'과 '고종의 이익'을 구분하지 못하는 인물이었다. 그가 대한제국의 재정을 관리하게 되면서 좋지 않은 변화가 나타나기 시작한다. 이 무렵 대한제국의 재정은 탁지부가 관리하는 '정부 재정'과 고종의 쌈짓돈이라 할 수 있는 '황실 재정'으로 나뉘어 있었다. 황실 재정은 정부가 지원하는 궁내부 재정, 황실이 별도 재원을 확보해 운영하는 궁내부 산하 내장원 재정, 예로부터 유지돼 온 궁방宮房[19] 재정, 별고라 불렸던 고종의 비자금으로 이뤄져 있었다.[20] 갑신정변과 갑오개혁이 일관되게 추구한 재정 개혁 방안은 정부 재정과 황실 재정을 하나로 묶어 탁지부가 일원적으로 관리한다는 것이었다. 그래야 고종의 헤픈 씀씀이를 제어할 수 있었다.

그러나 이용익이 탁지부협판과 내장원경을 겸직하면서 정부 재정과 황실 재정이 고종에게 유리한 쪽으로 뒤섞이며 '주머닛돈이 쌈짓돈'이 되는 상황이 이어졌다. 가장 결정적 변화는 탁지부에 속해 있던 여러 세금 징수권과 화폐 발행기관인 전환국의 관리권이 내장원으로 넘어간 것이었다. 이는 국가의 주요 재원은 물론 새로 찍어 낸 화폐가 곧바로 고종의 호주머니로 들어가게 된다는 의미였다. 대한제국은 국가에 연고가 있어 수입을 얻을 수 있는 것이라면 명목을 불문하고 황실 재산으로 만들려 했다.[21]

그로 인한 변화는 처참했다. 대한제국의 정부 재정은 갑오개혁이 무산된 1896년 480만 9410원에서 나라가 망하기 직전인 1904년 1421만 4573원으로 2.9배 늘었다.[22] 이 기간 서울 물가가 2.7배 늘었으니 국가 운명이 사실상 결정되는 9년 동안 실질 규모에 변화가 없었다고 평가할 수 있다.

이에 견줘 황실 재정에 속한 내장원의 수입은 1896년 6만 5501원에서 고종이 1899년 무소불위의 권한을 갖게 되며 폭증하기 시작해 1900년 30만 2793원, 1903년 589만 9865원으로 90배 늘었다. 황실 재정의 가장 큰 특징은 돈이 어디서 들어와 어디로 나가는지 알 수 없다는 점이었다. 내장원의 지출 항목 가운데 내입內入은 고종이 용도를 밝히지 않고 자유롭게 쓴 돈이다. 러·일이 대한제국의 중립화를 놓고 입씨름을 하던 1901년 전체 지출에서 내입의 비율은 무려 80.9퍼센트(72만 2846원)에 달했다.

이보다 더 큰 문제는 고종이 전환국에 지시해 함부로 찍어 내던 백동화였다. 1894~1904년에 전환국은 모두 1895만 원의 신식화폐를 주조했다. 고종이 절대권력을 쥔 뒤인 1899년부터 크게 늘어 1901년부터 1904년까지는 해마다 300만 원씩 주조됐다.[23] 악화가 남발되면서 물가가 폭등해 서민 생활에 엄청난 고통을 줬을 것임이 틀림없다.

대한제국이 망국의 위기에서 벗어나려면 새 재원을 확보하고, 있던 재원에선 납세율을 올려 국가의 재정 능력을 확충해야 했다. 또 이렇게 만든 소중한 예산을 잘 활용해 국가 생존에 꼭 필요한 여러 사업에 지속적 투자를 감행해야 했다. 하지만 그나마 있던 돈마저 고종의 호주머니로 들어가게 되면서, 국가를 위해 사용되어야 할 소중한 세금 대부분이 어디서 와서 어디서 쓰였는지도 모르는 상황이 이어지게 됐다. 죽은 어윤중이 이 꼴을 봤다면, 피를 토하며 쓰러졌을지 모른다.

재정의 기본은 '예측 가능성'이다. 돈의 흐름이 예측 가능해야 사업을 구상하고 이를 흔들림 없이 추진할 수 있다. 고종은 많은 예산을 혼자 틀어쥐고 불투명하게 사용하면서, 국가를 구렁텅이로 빠뜨리고 있었다. 그로 인해 대한제국 시절 국내총생산에서 세금의 비율을 뜻하는 조세 부담률은 나라가 망하는 순간까지 18세기 후반의 5퍼센트보다 더 낮은 2퍼센트 정도에 머물렀다.[24] 대한제국은 국가 능력이 현저히 떨어지는 천하의 가난한 나라로 전락해 있었다.

하야시는 1901년 5월 22일 가토에게 보낸 전문에서 고종 통치의 문제점을 재정과 외교 두 측면에서 통렬하게 지적했다. 이를 대한민국을 집어삼키려 마음먹은 일본 외교 당국자의 '의도적 폄훼'라고 치부할 수만은 없다. 그는 "한국 황제는 배금주의 경향이 있어 전주錢主(돈 가진 사람)가 있다면 언제 어떠한 경우에도 차입"을 바라고, 외교 역시 "외부대신은 한 부서로 형식만 갖추고 있을 뿐 모든 일이 황제의 지시에 따라 처리되고 있다"라고 말했다.

예비금이 필요한 것과 선대先代의 능 관리비, 그 외 궁중에서 수없이 치러지는 각종 제전과 여러 의식들을 성대하게 치르고 싶은 바람, 그 외 급한 일들 때문에 상환 문제에 대해서는 어떻게든 큰 손실을 보지 않는 범위에서 적당히 빌렸다가 시기가 되면 자연적으로 적당한 대처 방안이 있을 것이라는 막연한 희망으로 국가의 앞날에 어떠한 곤란을 초래할 것인지 등은 조금도 통찰하지 않는 것으로 생각됩니다. 이 때문에 브라운에게 차관의 일을 위임하고 다시 이용익에게 시키며, 더욱 심한 것은 궁중에 있는 군소 잡배들에 대해서도 명령했다가 외국 사신들이 권고 또는 반대하는 것을 보고는 이것을 중지하는 일들도 때때로 있었습니다. 그러므로 이것은 일종의 성벽性癖이라 할 수 있을 것입니다. 더욱이 본건에 관해서는 다만 성벽뿐만 아니라 별도로 일종의 큰 공상, 정신적 장애자가 아닐까라고도 추측됩니다. (중략)

근래 황제의 태도는 궁중에서 일하는 자 가운데 외국어를 구사하는 소장배少壯輩를 상대로 해 친히 외교상의 절충을 하고자 하는 것 같은 경향이 있어 현재 외부대신은 한 부서로 형식만 갖추고 있을 뿐이고, 모든 일은 황제의 지시에 따라 활동하고 처리되는 실태라고 보고 있습니다. 작년 조병식을 일본에 보내어 중립 문제를 제기한 것과 같은 일, 그리고 현영운을 이토 후작에게 보낸 사실과 같은 것도 그러한 예라고 할 수 있을 것입니다. 특히 북청사건 이래 황제는 확실히 일본의 세력을 인식하고 있으며, 그 결과 만약 만에 하나라도 일·러가 서로 전쟁을 할 경우에는 혹은 한국의 생존 문제에 관계될까 괘념해 예비 수단으로 일·러 이외의 다른 국가와 친교를 맺어 관계를 밀착시켜 두면 그럴 경우에 유력한 원조가 될 것이라고 공상합니다. 프랑스가 열국 간에서 어떠한 위치에 있으며 어떠한 국력을 가지고 있는가 하는 것은 물론 이해할 겨를도 없이 오로지 후일에 자기중심으로 편하게 이바지할 수 있게 조종하고자 하는 관념에서 우선 프랑스인을 환영하고자 했기 때문에 이렇게 본건이 쉽게 성립을 보게 된 것이라고 추측됩니다.[25]

전제군주의 폭주를 막고 국가의 합리적 의사 결정 시스템을 구축하려는 정치 개혁이 실패한 후과는 엄청났다. 고종을 정신병자 취급하려는 하야시의 과도한 비판은 걸러야겠지만, 바로 이것이 당대 일본 공사의 눈에 비친 대한제국의 모습이었다. 러·일이 정면충돌을 앞둔 상황에서 외교와 내정이 무너져 있었다. 이러고도 나라가 망하지 않는다면, 그게 더 이상한 일이었다.

21 '영일동맹', 대한제국을 옭아매다

영국, 동맹을 제안하다

일본이 1901년 3월 12일 각의에서 러시아의 '만주 점령'이라는 지정학적 위협에 맞서 "간과干戈로 승부를 결정"(러·일 개전)하겠다고 결심하지도, "한국에 대해 그동안의 러·일 협상을 무시하는 행동"(한반도 군사점령)을 취하겠다고 각오하지도 못했던 것은 결국 '역량 부족' 때문이다. 유럽의 대국인 러시아와 전면 대결에 나서려면 막대한 전비와 희생을 감수해야 했지만, 일본 홀로 싸웠을 때 승리를 장담할 수 없었다.

그럴수록 대러 개전을 요구하는 극단적 여론은 커져만 갔다. 고노에 아쓰마로가 이끄는 국민동맹회는 전국 곳곳에서 강경 대응을 요구하는 대규모 운동을 시작했다. 3월 10일 간다 도쿄극장에서 연설회를 열어 "러시아가 경고에도 충고에 응하지 않을 경우 최후의 결심을 각오해야 한다", "우리는 철두철미하게 단독으

로라도 목적을 관철할 결심이 필요하다"라고 주장했다.[1]

일본 내의 과격한 움직임에 놀란 러시아는 한발 물러서기로 한다. 러시아군이 만주에 계속 눌러앉을 수 있는 국제법적 근거가 되는 러·청 협정 체결을 단념한 것이다. 알렉산드르 이즈볼스키 주일 러시아 공사는 1901년 4월 8일 가토 다카아키 일본 외무대신을 찾아가 "현재의 상태에서 협정을 체결하는 것은 청국의 이해에 관한 러시아의 우호적 의지를 드러내는 수단이 아니고 거꾸로 이웃 나라에 여러 곤란을 뒤집어씌우지 않는다는 보장이 없다"면서 "이후 (청국과 만주에 관한) 협상 체결을 일절 단념한다"는 사실을 전했다.[2]

그로부터 두 달 뒤인 6월 2일 일본에서 의미심장한 '리더십 교체'가 이뤄졌다. 메이지유신에 직접 참여한 '원로' 세대를 대표하던 이토가 총리직에서 내려오고 여섯 살 어린 가쓰라 다로가 뒤를 이었다. 가쓰라가 자신과 손발을 맞춰 가며 외교 정책을 추진해 나갈 외무대신으로 점 찍은 이는 자신보다 여덟 살 어린 고무라 주타로였다.

일본이 아직 '소국'이었을 때 청년기를 보낸 원로들은 정도의 차이는 있지만, 대체로 러시아와 대결을 피해야 한다는 신중론자들이었다. 그보다 조금 아랫세대인 가쓰라, 고무라 콤비에겐 그런 거리낌이 없었다. 특히 고무라는 을미사변 직후 그 뒤처리를 위해 조선에 부임해 아관파천을 겪었고, 이후 미국(1898)·러시아(1900)·청(1900) 주재 공사를 두루 역임하며 다양한 경험을 쌓았다.[3] 이후 이 두 강경론자가 선배들의 신중론을 하나둘씩 벗겨 내고 러일전쟁과 한일병합을 향해 나아가게 된다.[4]

일본 지도부의 세대교체가 일어난 지극히 미묘한 시점에 동아시아 지역 내 러·일 간 '힘의 균형'을 다시 뒤집는 움직임이 나타났다. 당대의 '패권국' 영국이 오랫동안 지켜 온 '영예로운 고립' 정책을 벗어던지고 일본에 동맹을 제안한 것이다. 이 무렵 영국은 보어전쟁에 오래 발이 묶인 탓에 러시아의 '남진' 즉, 만주 점령을 막지 못했다는 사실을 뼈아프게 반성하고 있었다. 이 실수를 만회하려면 극동지역에서 새 협력 파트너를 찾아야 했다. 그 주인공은 러시아와 만주·한반도를 놓고 치열하게 대립 중이며 의화단사건 때 만만찮은 군사 역량을 입증했던 일본일 수밖에 없었다.[5]

영국이 본격적으로 움직이기 시작한 것은 1901년 여름께였다. 그해 7월 15일 하야시 다다스林董(1850~1913) 주영국 일본 공사에게 뜻하지 않은 손님이 찾아왔다. 휴가를 얻어 잠시 런던으로 돌아와 있던 클라우드 맥도널드Claude MacDonald(1852~1915) 주일 공사였다. 그는 하야시에게 영·일 두 나라가 "어느 한쪽 동맹국이 적국과 전쟁을 할 때 다른 한 국가는 '국외중립'을 지키고, 제3국이 이 적국에 가세하면 두 동맹국이 육력戮力(힘을 모음)으로 이에 맞선다"는 내용의 동맹을 맺어야 한다고 제안했다. 깜짝 놀란 하야시는 당일 밤 10시 30분 이 '놀라운 제안'을 도쿄에 타전했다. 보안을 지켜야 할 중요한 내용이었기 때문에 전문 앞에 "이 전문은 엄중하게 내밀內密(비밀)을 지키고 당분간 외교요보外交要報[6]에 싣는 것도 미뤄야 한다"라고 적었다.

영국의 정확한 의향을 파악하기 위해 하야시는 31일 헨리 랜스다운Henry Lansdowne(1845~1927) 외무대신을 찾아갔다. 랜스다운이 물었다.

"일본과 영구적인 협정을 체결하는 문제를 신중히 검토해야 할 시기에 이르렀다. 일본은 만주에 실제적 이해관계를 갖고 있는가. 또 어떤 종류의 협정을 원하는가?"

"만주에 대한 일본의 이해관계는 간접적이다. 하지만 만일 어느 날 러시아가 만주 일부를 점령하고 영향력을 뻗치면, (머잖아) 조선을 흡수하게 될 수 있다. (중략) 일본이 원하는 것은 러시아가 만주에 들어오는 것을 막는 것이다. 이를 위해 만일 일본이 러시아와 전쟁할 수밖에 없다면, 제3국이 러시아를 돕는 것을 막고 싶다. 청에 대한 우리의 일반적 정책은 앞서 대화에서 말했듯 문호 개방의 유지와 청국의 영토 보전이다."

"영국은 조선에 관한 이해관계가 거의 없다. 그러나 조선이 러시아의 손아귀에 들어가는 것을 원치 않는다. 청에 대한 우리 정책은 일본의 정책과 일치한다."[7]

랜스다운은 이어 일본이 러시아가 1901년 1월 제기했던 조선 중립화안에 동의하지 않았던 이유에 관해 물었다. 하야시가 답했다.

조선인은 스스로 지배(통치)할 능력이 없다. 그래서 언제든 중대한 요란擾亂이 일어나지 않는다고 말할 수 없다. 중립을 보장한다 해도 그 효과가 없다. 결국 누가 이 나라를 통치해야 하느냐는 문제가 발생하고 이해관계 당사국 간에 피할 수 없는 분쟁이 터지게 된다.

일본은 조선을 간절히 원했을 뿐 만주에 대해선 청국의 영토 보전(러시아의 즉시 철군), 문호 개방(모든 국가에 동등한 기회 보장)이라는 '중립 노선'을 취하고 있었다. 영국은 일본이 눈독 들이는 한반도엔 관심이 없었고, 만주에 대한 의견은 양국이 정확히 일치했다. 그렇다면 한반도는 일본이 차지하게 두고, 만주에선 러시아를 몰아내기 위해 협력하면 될 일이었다. 만주와 한반도에 대한 양국의 이해관계가 깔끔히 맞아떨어지고 있었다.

하야시의 보고 내용을 확인한 일본 외무성은 8월 8일 동맹 체결을 위한 협의를 시작하라는 훈령을 내린다.[8] 외무성은 이 전문에서 "한국이 다른 나라의 잠식蠶食과 정략으로 피해를 입지 않게 하는 것이 일본에는 하나의 근본주의이며 만난萬難을 배제하고 이를 극력 고수해야 한다"라고 거듭 강조했다. 이 훈령을 받아 든 하야시는 훗날 "내 평생에 이보다 더 큰 행복을 결코 느껴 본 적이 없다"라고 감격했다.[9]

하지만 영·일 협상은 곧바로 시작되지 않았다. 동맹 체결에 적극적이던 일본에 견줘 영국이 다소 '신중한 태도'로 돌아섰기 때문이다. 랜스다운은 14일 찾아온 하야시에게 16일부터 한 달간 여름휴가를 떠나야 한다며 그사이에 일본 정부로부터 협상에 필요한 전권 위임장을 받아 놓으라고 말했다. 협의 개시 시점을 한두 달 미룬 것이다.[10]

이토의 협상

엉덩이를 빼는 듯한 영국의 묘한 반응에 일본은 작은 실망감을 느꼈다. 이 문제를 논의하기 위해 26일 가쓰라 총리와 이토 히로부미, 이노우에 가오루 등이 얼굴을 마주했다. 두 원로는 영국과 협상 결과가 어떻게 되든 "먼저 조선을 우리 것으로 좌우할 수 있는 권리"를 얻기 위해 러시아와도 동시 병행적으로 교섭할 필요가 있다고 말했다. 이 만남 이후 이노우에는 가쓰라에게 별도로 서한을 보내 "일·영 동맹에 대한 영국의 태도가 애매"하다면서 이때가 "유력자가 러시아를 방문해 양쪽의 의향을 찾을 수 있는 좋은 기회"라고 조언했다. '유력자'란 곧 이토를 의미했다.

이토의 생각도 같았다. 9월 11일 가쓰라를 찾아가 원래 예정돼 있던 미국 방문 일정을 활용해 자신이 러시아에 가 보면 어떻겠느냐고 물었다. 가쓰라는 이토가 현재 정부에서 책임 있는 공적 지위에서 물러나 있다는 점을 적극 활용해 러시아 쪽과 자유롭게 의견을 교환하면서 지금의 협정(로젠-니시 의정서)보다 더 좋은 안을 만들 수 있다면 자신도 반대할 이유가 없다고 답했다.[11] 이토는 9월 18일 요코하마에서 출발해 태평양을 건너 미국 예일대학에서 명예박사학위를 받은 뒤 다시 대서양을 가로질러 11월 4일 파리에 도착했다.

이토가 측근인 쓰즈키 게이로쿠都筑馨六(1861~1923) 귀족원 의원과 함께 블라디미르 람스도로프 러시아 외무대신의 관저로 찾아간 것은 한 달 뒤인 12월 2일 오후 4시였다. 이토가 일본 정부를 공식 대표하는 것은 아니었지만, 전직 총리이자 일본 정계에서 가장 큰 영향력을 가진 원로였던 만큼 회담에 상당한 무게가 실릴 수밖에 없었다. 두 인물은 의례적 인사를 마친 뒤 곧바로 한반도의 운명을 놓고 '긴 설전'을 벌인다. 이토가 말했다.

"조선 문제는 내가 말할 필요도 없이 일본이 독립을 유지하는 데 거의 사활적 문제이다. 우리 나라 사람들은 조선이 귀국에 의해 합병될 것이라는 두려움을 갖고 있다. 물론 일·러 양국 간에는 조선에 관한 협정(로젠-니시 의정서)이 존재한다. 이것을 (양국 관계를 안정시킬 수 있는) 최종적인 것이라고 인정할 수는 없다. 한층 더 명확한 협상을 만들지 않는다면, 양국이 끊임없이 오해할 위험이 있다."

"내 생각엔 (더 명확한 새 협정이 없더라도) 러·일 양국 정부가 늘 일치된 생각으로 조선 정부를 재촉한다면, 조선이 그 권고를 받아들이지 않을 리 없다."

"그렇게 하면, 양국 간에 충돌이 발생할 위험이 있다. 양국의 중앙정부가 서로 협력한다 해도 현장에 있는 사람들끼리 의견 차이에 의해 오해가 발생할 우려가 있다. (중략) 알다시피 조선의 독립 여부는 일본에 사활적 문제이기 때문에 이를 귀국에 일임해선 결코 일본 국민을 안심시키지 못한다."

"(결국 일본 홀로 대한제국에) 조언과 원조를 하겠다는 것인데 원조란 무엇을 의미하는가?"

"(대한제국 내 일본인의) 생명·재산의 보호는 물론, 국내의 질서 유지라는 목적을 이루기 위한 원조를 말한다."

"그렇다면 군사적 원조도 포함되는 것인가?"

"물론이다. 소란 등이 발생할 때 출병해 이를 진정시키지 않으면 달리 (이를 해결할) 방법이 없다."

"러시아는 조선에 대해 털끝만큼도 다른 뜻이 없지만, 그 영토를 다른 나라가 군략적인 목적으로 이용하는 것만은 거부할 수밖에 없다."

"우리 가운데 누구도 조선의 독립을 손상시키겠다는 생각을 갖지 않고 있다. 또 귀국을 상대로 조선(의 영토)을 군략적으로 이용하겠다는 목적을 갖는 이도 없다."

"현존하는 러·일 협정은 (양국의 권리가) 대등한 것으로 규정돼 있다. 귀국이 만약 조선에 100명을 출병한다면, 우리 또한 100명을 보낼 수 있다. 지금 조선의 문제를 귀국에 일임해 출병의 권리를 승인한다면, 귀국이 조선의 영토를 군략적으로 사용하지 않는다는 보증이 필요하다. 만약, 귀국이 조선 연안에 포대를 건축한다면 블라디보스토크와 뤼순 간의 교통이 끊기게 된다. 러시아는 자위상 이를 묵인할 수 없다. 그래서 군략적으로 이를 사용하지 않고, 앞서 말한 교통을 차단하지 않는다는 것에 대한 보증이 필요하다."[12]

대화 내용을 정리해 보면, 일본이 원한 것은 대한제국에 조언과 원조를 할 수 있는 배타적 권리였다. 한반도 전체가 일본의 세력권임을 인정하라는 얘기였다. 러시아가 원한 것은 일본이 한반도를 '군략적 목적'으로 사용하지 않는 것이었다. 특히 본토인 블라디보스토크와 멀리 떨어져 쉽게 고립될 수밖에 없는 뤼순이 문제였다. 이에 대한 일본의 명확한 보증이 필요했다. 람스도로프는 이날 이토가 한 발언의 취지를 정확하게 이해하고 싶으니, 문서로 제시해 달라고 요구했다.

이토는 4일 이뤄진 두 번째 만남에서 조선 독립의 보장, 조선 영토의 군략적 목적 사용 금지, 일본이 조선에 대해 조언·원조를 제공할 수 있는 전권 확보(필요한 범위 내 군사적 원조도 포함) 등의 내용을 담은 협정안을 제시했다. 람스도로프는 이 안을 보고 "이것은 합의의 기초가 아니라 일본이 자기 이익을 위해 획득하기를 원하는 광범위한 특권 리스트에 지나지 않는다"면서 "그 어떤 대가도 러시아에 지불하지 않고 조선을 자기 지휘 아래 두려"한다고 냉담하게 반응했다.[13] 현재의 로젠-니시 의정서를 그대로 두면 러시아가 대한제국에 대해 갖고 있는 권리를 유지할 수 있지만, 이토의 제안을 받아들인다면 이를 포기해야 했다.

한반도와 만주 문제를 바라보는 양국 간의 셈법이 너무 달랐다. 이 둘을 따로 생각했던 람스도로프의 셈법에서 보자면 이토의 안은 한반도를 거저먹겠다는 '꼼수'에 불과했다. 둘을 합쳐 논의해야 한다고 믿는 이토의 셈법에 따르자면, 러시아는 이미 그 대가를 만주에서 얻고 있었다.

조선, 발버둥 치다

이 무렵 대한제국은 영·일의 동맹 체결 움직임은 파악하지 못한 채 '만한교환론'에만 촉각을 곤두세우고 있었다. 러·일 두 나라가 야합하지 못하도록 시급히 대책을 마련해야 했다. 고종은 1900년 여름 한 차례 접었던 한·일 동맹 카드를 다시 꺼내들기로 한다. 단, 대한제국의 외교적 자율성이 보장되는 '대등한 동맹'이어야 했다.

이 중대한 임무를 떠안은 박제순이 하야시를 찾아간 것은 10월 25일이었다. 표면상으로 내세운 방일 목적은 곧 행해질 '육군대연습 참관'이었다. 박제순은 "황제 폐하의 명에 따라 머지않아 일본에서 행해질 육군대연습의 참관을 위해 출발하고 싶다"며 이와 관련해 "특별히 편의를 제공해 줄 것을 부탁"했다. 하야시는 이 사실을 고무라에게 전하기 위해 29일 보낸 전문에서 방일의 진짜 이유는 고종이 중요하게 생각하는 "망명자 처분에 관하여 귀 대신을 비롯하여 여러 사람들의 의견을 탐지"하고, "근래 당국에서 떠들고 있는 만한교환론 등에 대한 우리 당국자의 의향까지 타진하는" 것이라고 보고했다. 또 박제순에 대해선 "민첩하고 결단력을 갖추었다고 할 수 있는 인물은 아니지만, 다소는 사리를 알고 각료 중에서 매우 탁월한 부류"라고 평했다.[14]

하야시는 더 자세한 정보를 얻기 위해 30일 인천으로 향하는 열차 안에서 박제순과 대화를 나눴다. 이를 반영한 11월 1일 전문엔 더 충실한 내용이 담겨 있다. 하야시는 박제순이 품은 두 가지 사명이 한·일 양국이 대등한 위치에서 균등한 관계에서 방어동맹을 맺는 것과 일본에서 차관을 얻는 것이라고 정리했다. 이 가운데 '대등한 동맹' 제안에 대해선 "우리 나라에선 한 번도 듣지도 보지도 못한 것으로 웃음거리가 될 것임은 당연"하지만, "동맹 운운이라는 명칭은 피하고 (대한제국을) 보호국과 같은 것으로 만드는 실효를 거둘 수 있으면 한번 생각해 볼 만한 가치가 있다"고 평가했다. 박제순의 움직임을 역으로 이용해 한국을 일본의 배타적 보호국으로 만드는 '밀약' 체결을 시도하자는 제안이었다.

> 러시아가 만주를 점령한 이래 한국 조정이 지역의 안위를 걱정하고 있는 기색이 아주 뚜렷해졌습니다. 최근 랴오둥 지방 마적의 추토追討(도적떼를 쫓아 토벌함)와 만한교환론 등에 대해서는 일찍부터 한국 조정에서는 이에 대한 우려가 높았는데, 최근 (러·청이) 만주조약 재의再議에 관한 각종 보도가 (나오면서) 전격적으로 러시아의 야심을 한국 조정에 깨닫게 하는 재료가 되고 이제까지 다소 러시아 편을 들던 사람들마저 러시아에 기댈 때의 위험을 인정하게

되었습니다. (중략) 그런 까닭으로 이번의 방어동맹 운운의 제안에 대해서는 전술한 실정을 이용해서 이때에 우리 측에 유리한 비밀조약을 맺는 것은 대단히 어려운 일은 아닐 것으로 생각합니다. 그러나 이러한 현재의 상황에서 우리에게 충분히 유리한 기초 위에서 체결될 한국 국방에 대한 밀약은 본사의 의견으로는 한국으로 하여금 혹은 (일본 외의) 제3국에 부탁하지 않는 조건으로 한국의 안전 보호 및 현재 한국 황실의 안전을 우리 측이 담보하는 데 있습니다. 바꿔 말하면, 한국을 이 밀약하에서 우리 보호하에 두는 것입니다. 물론 보전하고 담보할 의무는 우리 국력을 저해하지 않는 범위 내에서 부담할 필요가 있으므로 협약 조문의 어휘도 이 범위를 은밀히 계획하여 제한하도록 해야 할 것입니다. (중략) 이번의 사정을 깊이 고려하여 동 외부대신의 제안에 응답하여 주시기를 바랍니다.[15]

박제순이 일본 외무성에 모습을 드러낸 것은 나흘 뒤인 5일이었다. 고무라는 하야시의 제안대로 일본은 한국 영토 보전에 힘쓸 것, 일본은 현 한국 황실의 안전을 도모할 것, 한국은 영토의 일부를 다른 데 할양하거나 일본의 동의 없이 세입 등을 저당하여 차관을 얻지 말 것, 한국은 다른 원조를 구하지 말 것 등의 내용을 뼈대로 한 협약안을 제시했다. 박제순은 "숙고한 뒤 답하겠다"라고 말하고 표면상의 방일 목적인 대연습 참관을 위해 자리를 떠났다.[16]

박제순과 야마자 엔지로 외무성 정무국장 직무대리 간의 후속 협의는 11월 20일과 25일 두 차례에 걸쳐 이뤄졌다. 야마자는

"고무라 대신이 제시한 협약안에 대하여 귀견貴見을 배청拜聽할 수 있겠는가?" 물었다. 박제순이 기대한 것은 대한제국이 일본과 대등한 동맹이 되는 것이었지, 가련한 보호국으로 전락하는 것이 아니었다. 5일 고무라의 제안은 자신의 협상 권한을 훌쩍 뛰어넘은 것이었다. 야마자의 채근에 박제순이 답했다.

"일이 매우 중대해서 갑자기 찬부를 결정할 수 없다. 대체로 귀국 정부에서는 망명자 처분의 대가로 이것을 요구하시는 것인가. 그리고 협약의 결과 공법(국제법)상에서의 한국의 국체는 어떻게 되는 것인가?"
"이 안은 작년 조 공사가 재임할 때 체결될 뻔했던 것과 대동소이한 것으로 각하에게 별로 새로운 안이라고도 생각지 않는다. 만약 공법으로 이것을 논하면 귀국은 여전히 독립국이다. 또한 일본 정부에서는 이를 망명자 처분의 보수로 여기지는 않는다. 그렇지만 양자 사이에는 자연히 일대 관계가 있다. (중략) 러시아가 귀국에 대하여 다른 뜻을 품은 지 오래다. (중략) 속히 우리 나라와 결탁하여 순망치한의 우의를 완전하게 하는 것이 목전의 급무에 속한다고 말하지 않을 수 없다."
"이 시국에서 우리나라는 다만 귀국의 뜻을 좇을 수밖에 없다. 그렇지만 나는 이 문제를 전결할 권한을 갖지 못하였다. 아니 본건에 관해서는 어떠한 사명도 받고 있지 않다. 그러므로 귀국 후 폐하께 구주具奏해 (상세히 보고해) 어느 쪽으로든 결정짓겠다. 다만 국토 보전과 황실 옹호는 국민 스스로 마땅히 책임져야 할 것이다. (중략) (만약) 타 열국과도 같은 협약을 맺는다면 어떤가?"

"열국과 똑같은 협약을 맺는다면 처음부터 협약이 없는 것과 같다. 그리고 이와 같은 것은 도저히 실행할 수 없는 것에 속한다. (중략) 만약 귀국 스스로 강대한 러시아의 도량을 막을 실력이 있다면 우리 나라로서는 다행이고 덧붙일 것이 없다. 그렇지 않으면 이해가 서로 같은 양국 간에 특약을 체결하는 일이 오히려 시세의 필요가 아니겠는가."[17]

야마자는 러시아의 위협을 언급하며 협약을 받아들이라고 압박했지만, 박제순은 그럴 수 없었다. 두 번째 회견인 25일엔 "이 조약은 독립국의 체면을 손상시킬 염려가 있다"면서 "내가 희망하는 협약은 이것을 세상에 공개하며 그리고 어떤 나라와도 똑같은 조약을 맺어도 지장이 없는 성질의 것이어야 한다"라고 말했다. 야마자는 "우리는 반드시 이 안을 그대로 고수·유지하려고만 하는 것이 아니"라면서도 조선이 다른 나라와도 같은 조약을 맺을 순 없다고 잘라 말했다. 사실상 일본의 배타적 보호를 받는 속국이 되라는 의미였다. 협상은 이 지점에서 결렬될 수밖에 없었다. 유약하다는 평가를 받던 박제순도 하야시가 제안하고 고무라가 뒤집어 씌우려던 고약한 함정에 걸려들진 않았다.

그래도 고무라는 아쉬워하지 않았다. 다른 손에 영일동맹이라는 더 결정적인 카드를 쥐고 있었기 때문이다. 일본은 영국이 11월 6일 전해온 조약안을 검토해 28일 자신들의 수정안을 확정했다.

이제 남은 걸림돌은 러시아와 타협에 집착하는 이토뿐이었다. 이토는 람스도로프와 협의를 마친 뒤 베를린으로 이동해 12월 6일 가쓰라 다로 총리에게 협상 결과를 보고했다. 그는 이날 전문에서

"상대방이 일본과 가장 중요한 협조를 행하기를 충심으로 희망한다고 느꼈다"면서 "일·영 동맹 체결은 러시아와 가장 중요한 협조가 가능할지 아닐지 확실해질 때"까지 "미루는 게 득책"이라고 주장했다.[18] 이 문서는 8일 도쿄에 도착했고, 영일동맹 체결을 결정한 원로회의는 이미 하루 전에 끝나 있었다.

영·일은 해를 넘긴 1902년 1월 28일 조약안을 확정 짓고 30일 이를 공개했다. 일본은 1조에서 "한국에서 정치적·상업적·공업적으로 격단格段의(각별한) 이익"을 갖고 있으며, "별국別國(다른 나라)의 침략적 행위" 등이 있을 땐 자신의 "이익을 옹호하기 위해 필요불가결한 조치"를 취할 권리가 있다고 선언했다. 러시아가 대한제국에서 일본의 이익을 위협하면 전쟁을 통해 이를 물리치겠다고 공언한 꼴이었다. 영국은 2조에서 일본이 이런 선택을 할 땐 "엄정 중립을 지키며 열강들이 그 동맹국에 대한 적대행위에 가담하는 것을 저지하기 위해 노력"하겠다고 약속했다.

대한제국에는 2월 12일 통보했다. 하야시는 이날 오전 박제순을 불러 일본이 영국과 동맹 조약을 체결했다는 사실을 알리고 조약의 한글 번역본을 전달했다. 설명을 들은 박제순이 "안심하는 안색을 보였다"고 느꼈지만,[19] 정말 그랬는지 알 수 없다. 하야시는 2주 뒤인 25일 전문에선 "이 협약의 발표는 (대한제국 내에서) 마치 청천벽력의 일성과 같아 일반의 놀람을 초래하였고 정계는 격심한 혼란에 빠지게 되었다"라고 적었다. "협약에 관한 억측이 각 방면에서 일어나 일본이 재차 1894~1895년 당시(갑오개혁)의 내정간섭을 시도하지 않느냐는 오해를 일부 인사에게 불러 일으"킬 정도였다. "이 협약 성립은 러·일 개전이 전제가 된 것"이라는 예리한 분석을 내놓는 이들도 있었다. 고종은 "각 방면에서 들려오는 갖가지 주장으로 인해 거의 수습할 수 없을 정도의 의혹과 놀라움에 방황"할 수밖에 없었다.[20]

보다 못한 하야시는 3월 1일 고종과 만나 이 협정의 목적이 "동양 평화의 유지와 청·한 두 나라에서 열국의 상공업 발달을 바라는 외에 다른 뜻이 없다"라고 설명했다. 고종은 "협약문을 일견했을 당시에는 다소 의문 나는 점이 없지 않았으나, 이제 아주 명석하게 그 취지를 이해하게 되었"다면서 "이후에는 내치와 외교 개선에 열중해서 가능한 한 빨리 치적을 올리도록 힘쓰겠다"라고 답했다.[21] 하지만 이것이 고종의 진심이었는지 단언하기 어렵다. 아마도 박제순에게 전해들은 일본의 속내와 영일동맹의 조문을 분석하며 대한제국을 움켜쥐려는 일본의 속셈을 간파했을 것이다. 그렇다면 일본에 품었던 기대를 접고 다시 러시아에 손을 내밀 수밖에 없었다.

《황성신문》은 조약문이 공개되고 다섯 달이 지난 7월 10일에 대한제국이 놓이게 된 상황을 설명하며 국민들의 분발을 촉구했다. 더 이상 외국인에게 의지하지 말고 자강해야 한다는 주장이었지만, 이제 와 도무지 어찌해 볼 도리가 없는, 울림 없는 메아리에 불과했다.

대저 우리 한국은 한 귀퉁이 영토로서 동남쪽에는 일본과 이웃하고 북쪽으로는 러시아와 접하니 양국이 (우리나라를) 탐낸 지가 오래되었다. (중략) 아아, 저 영일동맹과 러·불·독의 동맹이 모두 한국을 위해 맺은 동맹이겠는가, 자기 나라를 위해 맺은 동맹이겠는가. (중

략) 자강에 의지하고 도리어 외국인에 의지하는 것을 꺼리는 데 의지해야 할 것이다.[22]

22 러시아, '신노선'으로 맞서다

중립화 노선의 재등장

영일동맹 체결 소식에 움찔한 것은 대한제국만이 아니었다. 표적으로 지목된 러시아도 큰 압박을 느낄 수밖에 없었다. 이 동맹은 극동에서 러시아의 움직임을 견제하기 위해 영·일이 친 '거대한 올가미'임이 분명했다. 걸려들지 않으려면 서둘러 대응해야 했다.

일본과 갈등 수위를 낮추려면, 무엇보다 만주 점령을 끝내야 했다. 러시아는 청과 협정 체결을 서두르기로 한다. 청의 외교를 총괄하던 경친왕慶親王 혁광奕劻(1838~1917)은 1902년 2월 12일 자신을 찾아온 진다 스테미珍田捨巳(1857~1929) 주청 일본 공사에게 "며칠 전 러시아 공사가 예상외로 자기를 내방하여 아래의 수정안을 제시하고 만주환부협약滿洲還付協約을 시급히 체결할 것을 요청"했다고 말했다. 일본은 이후 청과 수시로 접촉해 가며, 협정문의 자구를 어떻게 수정해야 하는지까지 세세히 의견을 전

하게 된다.[1]

이어, 동맹국인 프랑스와 공동 대응에 나섰다. 두 나라는 3월 19일 영일동맹에 대해 이는 "프·러 양국이 누차 정책의 기초로 천명해 왔고, 지금까지도 여전히 주요한 원칙을 이번 동맹이 다시 확인한 점에 만족한다"는 견해를 밝혔다. 즉 영국과 일본이 동맹을 맺어 가며 확인한 청·한의 독립·영토 보전과 '기회균등의 원칙'에 대해 자신들도 동의한다고 강조한 것이다. 러시아가 태연한 척 행동하면서, 일본과 갈등을 피하려 노심초사했음을 알 수 있다.[2]

러시아군의 만주 철병 기한을 정한 러·청 합의가 이뤄진 것은 영일동맹이 체결되고 석 달이 지난 1902년 4월 8일이었다. 러시아는 이날 체결된 만주철군협정 2조를 통해 6개월 뒤인 10월 8일까지 성징성(현 랴오닝성)의 서남부와 랴오허 지역, 1년 뒤인 1903년 4월 8일까지 성징성의 나머지 지역과 지린성, 1년 반 뒤인 1903년 10월 8일까지 헤이룽장성 등 만주의 모든 지역에서 철군하기로 약속했다.[3]

만주 철군을 결심하고 나니 걱정해야 할 문제가 한둘이 아니었다. 가장 큰 우려는 동청철도와 남부 지선(다롄~하얼빈)의 안전 보장 문제, 그다음은 한반도의 운명이었다. 러시아가 만주를 점령한 뒤 대한제국은 북방에서 오는 안보 위협에 대응하기 위해 일본에 접근하고 있었다. 이런 상황에서 만주에서 군대를 빼면, 한반도에서도 러시아의 영향력이 급속히 위축될 수 있었다. 이는 러시아 극동 정책의 총체적 실패를 의미했다. 알렉산드르 파블로프 주한 러시아 공사는 3월 2일 고종과 만나 대한제국 정부가 경흥 부근에 러시아가 세운 전신주를 철거했다는 사실 등을 언급하며 "한국 조정이 근래 러시아에 대해 교정交情(우호의 정)이 냉담한 경향이 있다"면서 이를 주도한 박제순 외부대신을 파면할 것을 요구했다.[4] 러시아는 분명 초조해하고 있었다.

이 상황에서 다시 등판한 인물이 1년 전인 1901년 1월 일본을 상대로 한반도 중립화 교섭을 시도했던 알렉산드르 이즈볼스키 주일 러시아 공사였다. 그는 8월 2일 블라디미르 람스도로프 외무대신에게 보낸 전문에서 "한국의 국내 정치는 완전히 해체되고, 유능하고 양심적인 정부가 없다"면서, 일본은 "기가 약한 한국 황제를 을러대어 일본의 보호국이 되게 하려는 음모"를 부단히 꾸미고 있다고 적었다. 이 상황이 이어지면, "수년 후엔 일본이 한국에서 정치적·경제적 영향력을 완전히 확립했다는 기정사실을 승인하든지, 아니면 이 나라를 두고 일본과 무력 충돌을 결단해야 하는 딜레마에 직면"하게 될 것이라고 경고했다. 그가 볼 때 이 문제를 해결하는 근본 해법은 한반도 '중립화'였다. 다만, 일본이 '퇴짜'를 놓았던 만큼 이번엔 미국을 끼워 넣은 3자 협정을 맺으려 했다.[5]

이 무렵 주한 미국 공사는 갑신정변 때 '청년세도' 민영익의 치명상을 치료해 고종의 총애를 받게 된 호러스 알렌이었다. 1884년 북장로회 의료 선교사로 입국한 뒤 1905년까지 무려 21년 동안이나 한국에 살며 고종에 관한 여러 기록을 남겼다. 대한제국에 동정적이긴 했지만, 미국의 국익과 미국인의 이권을 더 중시했던 영락없는 미국인이기도 했다.[6] 그는 5월 31일 국무성으로 보낸 장문의 기밀 전문(confidential)에서 자신이 보고 느낀 대한제국의 암담한 상황을 다음과 같이 표현했다.

실질적으로 서울에는 정부가 없다(There is practically no Government in Seoul). 대신들도 국장들도 누구 하나 황제의 명령이 없으면 아무것도 하지 못한다. (중략) 나는 최근 미국에서 돌아와 상황을 보고 정말 실망했다. 작년의 흉작으로 기근이 생겨 수천 명이 기아선상에 있고 수백 명이 죽었는데도 황제는 가장 사치스럽고(lavish) 쓸데 없는 데(useless) 돈을 쓰려 한다. 도시에 외국의 차관을 얻으려고 모든 방면에서 획책하고 있다. 그는 우리 공사관과 인접한 토지에 금년 10월 자신의 즉위 40주년을 기념해 초대받은 외국 사절을 위한 커다란 양옥 건물 두 채를 건축 중이다. 다가오는 축하연을 위해 매우 넓은 회의장도 건축 중이다. (중략) 사람들은 잠시 동안 반란 직전의 상태에 있었다. 지방의 민심이 종종 폭발하고 있다. (중략) 관직 판매는 저주가 되고 있다. 여전히 놀랄 정도로 매매가 행해지고 있고 가격도 확실히 올랐다. 이 모든 책임이 오로지 황제에게 있다. 1894년에 일본은 황제에게 개혁을 서약(홍범14조)하도록 요구했다. 이 서약은 완전히 무시되고 있다. 한국에서 일본과 러시아가 영향력을 나누고 있는 것으로 보인다. 황제는 이 둘을 다투게 하는 역할을 해 왔다. 1898년 봄에 러시아가 완전히 퇴장한 뒤에 러·일 협정이 어느 한쪽 나라도 한국에 개입하지 못하도록 억제해 왔다. 그래서 한국은 자립 통치를 시도했지만, 5년간의 경험을 통해 이 나라에는 그 준비가 전혀 되어 있지 않다는 게 분명히 드러났다.[7]

알렌은 이 우울한 글을 "현재 혼란은 '외부의 간섭'으로 조만간 끝나게 될 것이다. 아마도 이것이 한국이 너무나 필요로 하는 '지도의 손길'을 제공할 것"이란 섬뜩한 문장으로 마무리했다. 대한제국의 미래에 관해 이렇게 부정적인 견해를 갖고 있는 이가 러시아의 중립화 제안에 적극 나설 리 없었다. 알렌은 이 전문을 보낸 지 다섯 달 만인 10월 29일 하야시 곤스케 주한 일본 공사와 만나 한국 중립화에 대한 자신의 견해를 밝혔다.

> 그 제안(한국 중립화 제안)은 단지 전술한 바와 같은 정략상의 문제가 있을 뿐만 아니라 다시 더 주관적으로 한국의 문화 정도를 고려해 봐서 그 결행에는 곤란한 점이 많을 것이다. 무릇 타 강국의 보장 밑에 국외중립국이 되려는 나라는 그 중립국 자신의 문화가 (주변) 여러 나라에 비해 심한 등차는 없으나 오로지 그 경역(국토)이 협소하거나 또는 무력이 박약하기 때문에 타국의 침략에 대항할 수 없는 상태에 있는 나라이어야 할 것이다. 그런데 한국으로 말할 것 같으면 문화의 정도가 너무나 천하고 낮아, 현재와 같은 정도의 상태로는 도저히 자치와 독립의 희망이 없으며, 게다가 중앙정부의 부패, 사법제도의 문란과 아울러 지방행정의 악습 등을 고려해 볼 때, 도저히 외국인의 생명과 재산을 위탁하기에 충분하지 못하다. (중략) 문화 정도가 이 정도인 나라를 뒷받침해서 국외중립의 위치에 서게 하려 해서는 도저히 그 목적을 다 이룰 수 없을 뿐만 아니라, 오히려 이 때문에 열국의 협화를 깨는 소인을 낳게 할 것이다.[8]

서구 열강들이 이렇게 생각하고 있는데 한국을 중립화하겠다는 구상이 통할 리 없었다. 이즈볼스키의 두 번째 시도는 그야말로 구상으로 끝나고 만다.

러시아의 신노선

러시아는 어찌 됐든 철군 약속을 지키려 했다. 1902년 10월, 예고됐던 1차 철군이 이뤄졌다. 진다 주청 일본 공사는 철군 예정 지역에 시찰원 시마카와 기사부로島川毅三郎(1868~1908)를 파견해 철군 상황을 자세히 기록해 보고하게 했다. 진다는 10월 21일 이를 기초로 장문의 보고서를 작성해 고무라에게 제출했다.

랴오허 서남부에 주둔하는 러시아군의 수뇌부는 신민팅新民廳과 진저우錦州에 있다. 그리고 두 수뇌부에서 철도 선로를 따라서 군사를 배치하고 있었으나, 만주환부조약(만주철군협정)에 따라 제1기의 철병을 단행하게 되자 진저우에 주둔하던 동부시베리아 저격 제5연대의 1대대, 포병 1중대, 공병 2중대 등은 10월 3일로 완전히 철수하여 잉커우營口 및 뉴자툰牛家屯으로 옮겨 주둔하게 되었다.

이보다 먼저 산하이관山海關에 주둔한 제5연대장 및 그 부하인 1중대 포·기병 약간도 뉴자툰으로 철수하여 지금도 역시 그 정거장 부근에 바라크(막사)를 치고 주둔하고 있다. 신민팅에 주둔하던 제2연대도 역시 9월 28일경에 철수하여 뉴자툰에 이르렀다. 이와 같이 랴오허 서남부의 러시아군은 철수하고 더하여 산하이관의 주둔병까지도 감소하게 되었다. 이로써 산하이관에는 제5연대의 3중대 약 300명과, 코사크 기병 50명과 치타智多의 포병 중대의 반만을 남겨 놓게 되었다.

그 밖의 지방에서는 성시城市의 내외 철로가 먼 곳이든지 가까운

곳이든지를 막론하고 완전히 러시아 병사의 그림자조차 볼 수 없게 되었다.[9]

막상 철군이 시작되자 러시아에선 만주에서 이대로 물러서면 안 된다는 강경 여론이 부상하기 시작한다. 이를 주도한 이는 대한제국 내 삼림 개발 사업을 추진하던 근위 기병사단 출신 알렉산드르 베조브라조프Aleksandr Bezobrazov(1853~1931)였다. 베조브라조프는 "대단한 야심가였고, 게다가 언변이 좋았"기 때문에 여러 "황족의 추천을 받아" 러시아 권력의 핵심부에 접근할 수 있었다.[10] 전제군주인 니콜라이 2세가 다스리던 러시아 역시 고종이 다스리던 대한제국만큼이나 '비선 조직'이 국가 정책에 영향을 끼치기 쉬운 구조적 약점을 갖고 있었다. 러시아와 니콜라이 2세 자신의 운명을 뒤틀어 버릴 '비극적 전쟁'이 성큼성큼 다가오고 있는데, 군주 개인의 변덕에 따라 국가 정책이 오락가락하고 있었던 것이다.

러시아가 조선의 삼림 개발 이권을 손에 넣게 된 것은 한반도에 대한 영향력이 최고조에 달해 있던 아관파천 때였다. 조선 정부는 1896년 9월 9일 조선목상회사朝鮮木商會社를 통해 블라디보스토크의 러시아 상인 율리 브리네르Yuliy Briner(1849~1920)에게 향후 20년간 한반도 최대의 삼림 지역인 두만강·압록강 일대와 울릉도의 삼림을 개발할 수 있는 권리를 부여하는 약정을 맺었다.[11] 근위 기병으로 복무하던 시절 동료인 블라디미르 본랴를랴르스키Vladimir Vonlyarlyarsky(1852~1940)와 니콜라이 마튜닌 전 주한 러시아 공사 등을 통해 이 사업을 알게 된 베조브라조프는

1898년께부터 황제 니콜라이 2세에게 브리네르의 삼림 이권을 정부가 사들여야 한다는 청원을 이어 갔다. 결국, 니콜라이 2세가 이 안을 승인하며 사업에 탄력이 붙는다.

러시아의 2차 철군 기한을 코앞에 둔 1903년 1월, 니콜라이 2세의 명을 받은 베조브라조프가 사업 상황을 점검하기 위해 극동 시찰을 떠났다. 1월 12일 뤼순에 도착한 그는 현지를 둘러본 뒤 그달 말 펑톈으로 이동했다. 여기서 베이징으로 이동할 것으로 예상됐지만, 갑자기 일정을 멈추고 뤼순으로 돌아갔다. 동선이 바뀐 것은 베이징에서 온 중요 인물과 결정적 만남이 펑톈에서 있었기 때문이었다. 와다 하루키 도쿄대 명예교수의 연구에 따르면, 제정러시아의 운명에 결정적 영향을 끼치게 된 이 중요 인물은 청국 주재 무관인 콘스탄틴 보가크Konstantin Vogak(1859~1923)였다. 보가크는 러시아가 일본과 전쟁을 피하려면, 만주에서 철군하는 '유화책'이 아니라 극동지역에 병력을 강화하는 '강경책'을 취해야 한다고 확신하고 있었다. 일본이 전쟁을 단념하게 하려면 군비 증강을 위한 억제(deterrence) 외에는 답이 없다고 본 것이다. 펑톈에서 이 얘기를 들은 베조브라조프는 "보가크의 판단에 감복해 서둘러 뤼순으로 돌아"갔다.[12]

의기투합한 두 인물은 수도인 페테르부르크로 돌아와 니콜라이 2세와 만났다. 보가크는 5월 8일 니콜라이 2세에게 올린 '만주 문제의 발전에 관한 1902년 3월 26일(그레고리력 4월 8일) 조약의 의의'라는 제목의 보고서를 통해 "극동에서 전쟁을 막는 것은 제1급의 국가적 대사"라며 "이를 달성할 수 있는 제1의 수단은 양보 정책을 중지하는 것"이라고 밝혔다. 러시아가 지난해 4월 8일 청과 맺은 철군 협약을 '양보'라고 규정하면서 준수하지 말 것을 제안한 것이다. 그가 볼 때 지금 러시아에 필요한 것은 '양보'가 아닌 일본의 야심을 꺾기 위한 강력한 '억제'였다.

> 청국은 러시아가 행한 양보의 의미를 정확하게 평가하지 않았고 다른 열강들도 그것을 청국에 대한 우호로 보지 않았으며 아무도 우호에 대해 진지하게 믿지 않았습니다. 이와 같이 러시아가 양보를 한 것은 단지 러시아가 쇠약해졌기 때문이라고만 해석되었습니다. (중략)
> 우리가 만주에서 퇴각할 경우 가장 많은 정치적 이익을 얻게 될 나라는 일본인데 일본은 한편으로는 조선을, 다른 한편으로는 일본이 이미 깊이 뿌리를 내린 청국 북부 지역을 근거지로 연안 무역의 많은 부분을 장악하면서 단계적으로, 하지만 끈질기게 이 지역에 깊이 침투해 들어갈 것입니다. (중략)
> 이처럼 우리가 만주에서 철군하는 것은 외국인이 만주에 들어오는 것을 허용하면서, 우리의 특별한 영향을 없던 일로 한 후, (극동지역의) 정치, 상업적 관계에서 매우 심각한 결과를 낳게 될 것입니다. (중략)
> 우리 군대가 만주에서 철군하면 (중략) 뤼순항을 잃을 수도 있는데 이것은 지금까지 극동에서 러시아가 누리던 위상에 가혹하고 회복하기 힘든 타격을 줄 것입니다. (중략)
> 이를 (해결하기) 위한 첫 번째 방법은, 양보 정책을 중단해야만 한다는 점을 인정하는 것인데, 그러지 않으면 우리가 원하지 않는 시기에 전쟁이 발발할 수도 있습니다. 러시아는 (중략) 어떤 국가에도

만주에서 러시아의 위상을 양보할 계획이 없으며, 무력을 통해서라도 이런 결의를 지킬 준비가 되어 있다는 사실을 청국과 열강들에게 납득시켜야만 합니다. (중략) 이를 위해 치른 불가피한 희생은 그 결과로써 충분히 보상을 받게 될 것입니다. 그런 보상 중 첫 번째로 꼽을 수 있는 것은 원치 않는 전쟁을 피할 수 있는 가능성입니다. 극동에서 러시아가 전쟁을 치를 준비가 갖춰져 있다는 사실을 모두가 명확하게 인지한다면 감히 누구도 이 전쟁을 하려 하지 않을 것입니다.[13]

보가크의 얘기를 들은 니콜라이 2세는 한 시간 반이나 극동 정세에 관해 질문을 퍼부었다. 그의 주장에 설득된 것이었다. 보가크의 구상을 현실화할 수 있는 대안을 제시한 이는 베조브라조프였다. 그는 러시아가 극동에서 확보한 오른쪽 날개인 블라디보스토크와 왼쪽 날개인 뤼순 사이에 자리한 압록강의 '전략적 의미'를 강조했다. 이 지역의 삼림 개발을 위해 설립하는 목재 회사를 활용해 압록강 연안을 일본의 만주 진출을 막는 '방벽'으로 삼자고 주장한 것이다. 이 만남 이후 베조브라조프는 국무위원, 보가크는 궁정참모장이라는 칭호를 부여받았다. 니콜라이 2세가 참석한 5월 20일 특별협의회를 통해 "조선에서 날로 커지는 일본의 영향력에 대항하는 축을 세우기 위해서 압록강 유역 양안에 목재 개발 회사를 세운다"는 러시아의 '신노선'이 확정됐다. 그러는 사이 러시아가 청과 약속했던 2차 철병 기한이 그냥 지나 버리고 말았다.[14]

용암포 사건과 무린암 회의

일본은 눈을 부릅뜨고 4월 8일로 예정된 2차 철군을 주시하고 있었다. 1차 때와 달리 러시아의 움직임은 없었다. 이 엄혹한 정세 변화를 확인한 가쓰라 다로 총리와 고무라 주타로 외무대신은 4월 21일 이토 히로부미, 야마가타 아리토모 등 두 원로와 교토에 있는 야마가타의 별장인 '무린암'에서 만났다. 이 회의에서 어떤 얘기가 오갔는지 보여 주는 문서 자료는 남아 있지 않다. 다만, 1907년 나온 가쓰라 다로의 전기 《공작 가쓰라전公爵桂太郎伝》을 통해 만주와 한반도 문제를 해결하기 위해 러시아와 협상을 시도해 보겠지만, "어떤 간난艱難이 있더라도 한국을 양보할 수 없"으니 "도저히 전쟁은 피할 수 없게 됐다"는 엄혹한 현실 인식이 공유됐음을 확인할 수 있다. 이후 일본이 나아가게 될 길이 사실상 이 자리에서 결정된 것이다.[15]

일본이 러시아의 '신노선'을 포착하기 시작한 것은 3월 말께였다. 러시아는 한 달 전쯤인 2월 27일 대한제국 정부에 1896년에 얻은 삼림 개발 특허에 따라 "사업에 착수"한다는 사실을 통보해 왔다. 이를 뒤늦게 파악한 하야시는 고무라에게 전하는 3월 27일 전문에서 러시아가 "드디어 모종의 경영에 착수할 것으로 생각"된다는 자신의 정세 판단을 전했다.[16]

러시아의 의도가 단순히 '나무만 베는' 게 아님은 너무나 분명해 보였다. 하야시는 5월 8일 전문에서 "러시아가 의주 방면에서 (허가 지역 밖인) 백마산의 벌목을 개시하고 이를 경영하기 위해 용암포(압록강이 서해로 이어지는 하구에 자리한 항구)에 토지를 매입하여 공사를 시작했다"면서 "표면상 벌목회사의 사업이라고 하지만

기실 러시아 정부의 사업임을 의심한다"라고 보고했다.[17]

이는 정확한 분석이었다. 러시아의 목표는 압록강 유역에 삼림회사 직원들로 위장한 러시아군 병사들과 중국 마적을 투입해 일본의 만주 진출을 차단하는 '군사적 방벽'을 건설하는 것이었다. 베조브라조프는 정부에 민간인으로 위장한 러시아군 600여 명과 마적 3000여 명을 압록강 변에 투입해야 한다고 제안했다.[18] 이들이 실제로 투입되었는지, 하야시는 13일 고무라에게 "의주 방면에서 여러 가지 풍설이 전해"지는데 "러시아 병사가 마적을 사주해 압록강안에서 어떠한 운동을 하게 하여 러시아 병사가 군복을 벗고 토비 속에 혼입되었다"라고 알렸다. 같은 전문에 따르면 "압록강 하구의 용천군 용암포에 러시아인이 와서 토지를 매입하고 가옥을 건축하기 위해 이미 토목공사에 착수하였다는 보도"도 나오기 시작하는 형편이었다.[19] 러·일의 정면충돌을 앞당긴 이른바 '용암포 사건'이 시작된 것이었다.

여기서 한 발 더 나아가 알렉산드르 파블로프 주한 러시아 공사는 고종의 최측근인 이용익에게 러시아가 "만주에서 절대 철병하지 않을 것"이라는 충격적인 사실을 전했다. 하야시는 5월 14일 고무라에게 러시아의 이런 강경 방침에 어떻게 대응해야 할지 물었다.

> 파블로프는 이용익에 대해 만주 철병은 절대로 하지 않을 뜻을 담화하였음. 그리고 이(용익)는 만일 러시아가 만주 철병을 하지 않을 경우에는 한국의 상황에 대해 우려해야 할 결과를 초래할 것이며, 그 까닭은 한국 황제가 러시아의 신뢰심을 높이기 위해 제반사를

러시아의 환심을 사려 하기 때문이 아닐까, 운운. (중략)

위는 당지當地(이곳)의 상황을 정확하게 지적한 설로서, 만주 철병의 사실이 행해지든 행해지지 않든 한국의 상황에 영향을 주어 우리의 이해에 파급되는 바가 적지 않을 것임.

이에 대해 본사本使의 이해를 위해 철병 문제가 되어 가는 형편 및 각하의 전망도 알고자 함. 만일 철병이 행해지지 않을 때에는 러시아는 한국에 대해 우세를 차지하기에 이를 것임.

본사는 훈시하시는 뜻에 따라 한국 정부에 대해 가급적 권고를 시도하여 이러한 추세를 확대시키지 않도록 힘쓰고 있지만, 한국 조정은 현하의 사정에 있어서 거의 무능력한 형편임.[20]

러시아가 철병하지 않으면 일본이 어떻게 대응할지는 내각과 원로가 함께 심사숙고한 끝에 결단할 문제였다. 사안의 성격상 고무라 개인이 쉽게 정해 통보할 수 없었다. 회신이 늦어지자, 하야시는 6월 8일 다시 전문을 보내 만일 러시아의 만주 철병이 이뤄지지 않는다면, 고종이 "러시아의 세력에 현혹돼" 대한제국이 일본의 손아귀에서 벗어나게 될 것이라고 재차 경고했다.[21]

마침내 일본이 움직이기 시작했다. 오야마 이와오大山巖 (1842~1916) 참모총장은 6월 22일 제출한 '조선 문제 해결에 대한 의견서'에서 러시아의 팽창을 방관하면 "3~4년이 지나지 않아 조선반도가 저들의 영유로 귀속되는 일이 반드시 벌어"지고, 그렇게 되면 "그들의 칼날이 우리 옆구리를 겨냥하게 될 것"이라고 우려했다. 고무라도 이튿날 어전회의에 제출한 의견서에서 이런 최악의 상황에서 벗어나려면 "지금 러시아와 직접 교섭을 시도"

해야 한다고 제안했다.

한국은 흡사 날카로운 칼날(利刃)처럼 대륙에서 제국의 주요부를 향해 튀어나온 반도이며, 그 끝부분과 쓰시마 사이엔 겨우 좁은 물줄기(一衣水)가 있을 뿐이다. 만일 다른 강대국이 이 반도를 엄유奄有(남기지 않고 다 가짐)하게 이른다면 제국의 안전은 늘 그 위협하는 지점에 있게 돼 도저히 무사함을 확보할 수 없다. 이는 제국이 결코 용인할 수 없는 것이며, 그에 따라 이를 예방하는 것은 제국 전래의 정책이라 할 수 있다. (중략) 러시아는 이미 랴오둥의 뤼순·다롄을 조차했을 뿐 아니라 실질적으로 만주 점령을 계속해 이어 가면서 한국 국경을 향해 제반 시설(의 설치)을 시도하고 있다. 만약 이를 간과하면 만주에 있어서 러시아의 지보地步(지위)는 절대 움직일 수 없는 것이 되고, 그 여파는 바로 한반도에 미쳐 한국의 궁정과 정부는 그 위압 아래서 오로지 그 명에 따르게 될 것이다. 러시아는 맘대로 하고 싶은 것을 하게 되어 여러 해 동안 반도에 부식扶植해 왔던 제국의 세력과 이익을 지지할 방법이 없게 되고 마침내 제국의 존립을 위태롭게 하게 되리라는 데 의문의 여지가 없다. 그리하여 제국을 생각할 때 지금 러시아에 직접 교섭을 시도하고 이를 통해 시국의 해결을 꾀하는 것은 극히 긴요하다. 현재 그 기회가 이미 무르익었다고 할 수 있다. 만약 오늘을 허무하게 넘긴다면 이후 다시 같은 기회를 만나지 못할 것이다. 대국은 이미 지나가 버리고 유감을 만세에 남기게 될 것이다.[22]

일본의 여론도 끓어 오르고 있었다. 도미즈 히론도戸水寬人

(1861~1935) 등 도쿄제국대학 소속 박사 7명이 6월 1일 가쓰라 총리를 방문해 "오늘 만주 문제를 해결하지 못하면 조선을 잃게 되고, 조선을 잃으면 자칫 일본의 방어는 난망하게 될 것"이라는 건의서를 제출했다. 이들은 일본을 지키려면 조선을 얻어야 하고, 조선을 얻으려면 만주 문제를 해결해야 한다고 주장하고 있었다. 일본인이 생각하는 '이익선'의 논리가 어느새 한반도를 넘어 만주까지 확장되어 가고 있음을 알 수 있다.

많은 이들의 관심을 모았던 '7박사의 건의서' 전문이 공개된 것은 24일 《도쿄니치니치신문》 등을 통해서였다. 《황성신문》은 7월 7일부터 사흘에 걸쳐 이 글을 번역해 보도했다. 연재가 끝난 다음 날인 10일엔 현재 대한제국의 신세가 "도마 위의 고기"처럼 됐다는 처절한 논평을 내보낸다.

우리 한국은 양국 사이에 자리하고 있어, 그 위급 절박한 상황에 어떻게 해야 할 것인가. 비유하자면 도마 위의 고기와 같아(如俎上之肉) 좌우에서 씹혀 삼켜질 수 있다는 걱정을 피할 수 없을까 하노니. 오호, 그것이 슬프도다.

23 대한제국, '전시중립 선언'에 운명을 걸다

고종의 친서

"지금 러시아에 직접 교섭을 시도하고 이를 통해 시국의 해결을 꾀하는 것은 극히 긴요"하다는 고무라 주타로 외무대신의 1903년 6월 23일 어전회의 제안은 대화를 해 본 뒤 타협이 이뤄지지 않으면 전쟁으로 승부를 낼 수밖에 없다는 강경론이었다.[1] 대러 협상파였던 두 원로, 이토 히로부미와 이노우에 가오루도 반대 의견을 내지 않았다. 고무라의 대러 교섭안은 이틀 뒤인 25일 각의에서 일본 정부의 공식 방침으로 확정된다.[2]

이 결정에 따라 일본이 러시아에 '협상'을 제안한 것은 1903년 7월 말이었다. 고무라는 7월 28일 오전 10시 28분 구리노 신이치로 주러 공사에게 전문을 보내 "극동에 있어 양국 각자의 특수 이익을 획정"하는 문제에 대해 러시아와 협상을 시작하라고 지시했다. 이를 접수한 구리노는 사흘 뒤인 31일 블라디미르 람스도로프 러시아 외무대신을 찾아가 극동에 대한 "일·러 간의 총체적인 오해를 제거"하기 위해 "탄회화충坦懷和衷(거리낌 없이 합심하다)의 정신으로 러시아와 하나의 협정을 이뤄 내자"는 뜻을 전했다.[3]

고무라는 서울의 하야시 곤스케 주한 일본 공사에게도 일본이 러시아와 만주와 한반도 문제를 놓고 협상을 시작했다는 사실을 알렸다. 영어로 된 이 '극비 전문'이 서울에 도착한 것은 8월 7일 오후 3시 반이었다.

> 만주의 장악을 늦추기보다는 오히려 공고히 하는 러시아의 최근 행동을 보면, 비록 과거에는 러시아가 만주에서 철수할 의향을 분명 품었을망정, 지금은 그런 생각을 포기한 것으로 믿을 수밖에 없음. (중략) 일본 정부가 좀 더 심각하게 받아들이는 것은 한국의 측면에 주둔하는 러시아가 조선 제국의 생존에 끊임없는 위협이 되리라는 점이니, 여하튼 그렇게 되면 러시아는 한국에서 지배 세력이 될 것임. 한국은 일본의 방위선에 있어 중요한 전초기지이며, 따라서 일본은 한국의 독립을 일본의 안정과 안전에 절대 필요한 것으로 간주하고 있음. 일본은 한국에 공업과 상업상의 이권뿐만 아니라 지대한 정치적 이해관계를 가지고 있으므로 자신의 안전에 (밀접히) 관련된 한국에 대한 영향력을 다른 어느 열강에 넘겨주거나 또는 배분하는 일에 동의할 수 없음.[4]

이 문서에는 로젠-니시 의정서를 대체하는 새 협정의 일본 쪽 초안(전체 6개 항목)도 첨부돼 있다. 핵심 내용은 5조에 담긴 "러시아는 한국에서 필요한 군사원조를 포함해 개혁과 선정善政을 위한 조언과 원조를 행하는 일본의 배타적 권리(exclusive right)를 인정한다"는 것이었다. 일본이 원한 것은 대한제국에서 러시아를 완전히 배제하는 '배타적 지배권'이었다. 초안 조문엔 명확히 표현되지 않았지만, 이는 한반도를 '군략적 목적'으로 활용하는 것을 포함한 '완전무결한 지배권'을 뜻하는 것이기도 했다.

러시아는 앞선 1902년 12월 이뤄진 이토와 람스도로프의 회담 때 밝힌 것처럼 특히 일본이 대한제국 영토를 '군략적 목적'으로 사용하는 것에는 결코 동의할 수 없었다. 이토는 러시아의 우려를 존중하려 했지만, 가쓰라와 고무라의 생각은 달랐다. 이들이 원한 것은 한반도에 대한 일본의 '배타적'이며 '완전무결한' 권리였다. 러시아가 이를 인정하지 않는다면, 간과로 승부를 가리면 될 터였다.

러·일 간에 감도는 살벌한 분위기를 감지한 고종은 비밀리에 러시아의 의향을 캐려 했다. 예브게니 알렉세예프 관동주 사령관은 7월 6일과 29일 각각 람스도로프에게 보낸 전문에서 고종의 명을 받고 자신을 찾아온 김인수[5]라는 이름의 시종이 러시아가 일본에 "조선을 스스로의 재량으로 지휘할 권리"를 부여하는 협정을 체결했는지 물어왔다고 전했다.[6] 알렉세예프는 "러시아가 조선을 버리고 일본의 손에 넘겨주는 일이 있을 수 있느냐?"라고 묻는 상대에게 "그런 협정을 체결하지 않았다"라고 답했다. 일본이 협상을 제안해 온 것은 이틀 뒤인 31일이었으니, 알렉세예프는 일단 그렇게 답할 수밖에 없었을 것이다.

고종은 20여 년 동안 러·일 사이에서 도무지 이해하기 힘든 갈지자 행보를 이어 왔지만, 최후의 순간이 다가오자 한반도에 대한 야욕을 노골적으로 드러내기 시작한 일본이 아닌 러시아에 기대기로 마음을 굳힌다. 고종은 8월 15일 러·일 간에 전쟁이 터지면 러시아 편을 들겠다는 친서를 작성해 니콜라이 2세에게 전하려 했다. 오랫동안 잊혀 있던 이 눈물겨운 편지가 발견된 것은 그로부터 90여 년의 세월이 흐른 1994년이다. 서울시립대 서울학연구소는 이 친서를 제정러시아 대외정책 문서보관소에서 찾아내 이듬해 4월 말 한국 언론에 공개했다.

짐의 어진 형제 러시아 황제 폐하께 공경하게 알립니다. 현재 귀국의 군대가 만주에 집결해 모인 일은 동양의 정치계에 끝없이 공포스러운 마음을 야기하였으며, 이처럼 급박한 형세는 일찍이 없던 것입니다. 전에 일본 신문 보도로 인하여 사람들의 논란을 격동시켰고 드디어 일본 조정도 어쩔 수 없이 전쟁을 일으키고자 하니, 이는 예견해 보건대 조만간 귀국과 일본이 혹여 결렬하게 될 단서를 만들게 될 것입니다. 만일 전쟁이 발발하게 된다면 우리나라는 전쟁터 중 한곳이 됨을 면할 수 없을 것입니다. 그렇게 된다면, 귀국의 군대가 승리할 것을 의심할 것도 없으니 짐이 미리 축하드리는 바입니다. (중략) 일본은 오로지 침략하고 피해를 입히는 것만 일삼으니, 이것이 분통하고 한스럽습니다. (만약 전쟁이 나면) 짐은 의당 사람을 시켜 일본 군사의 숫자며 거동과 그들의 의향이 어떠한가를 탐지해서 정밀하게 밝혀내어 귀국 군대를 돕겠습니다. 우리도 우리 신민에게 신칙申飭(단단히 타일러 경계함)하여 우리 백성들로 하여금 귀국 군대의 세력을 도와서 적이 올 때에는 재물과 곡식을 옮겨 감추게 하고 몸은 산의 계곡 사이에 숨도록 해 청야지책을 이용하

라고 할 것입니다.[7]

대한제국의 운명을 러시아에 걸겠다는 고종의 결심이 담긴 이 극비 서한을 전달하는 임무를 맡은 이는 프랑스어를 전공한 궁내부 참서관 현상건(1875~1926)이었다. 명문 역관 가문 천령 현씨 출신으로, 중국어나 일본어를 전공한 다른 집안 사람들과 달리 법어(프랑스어)학교에서 에밀 마르텔Emile Martel에게 프랑스어를 배웠다.[8] 극히 중요한 때 나라의 운명이 걸린 편지 배달을 맡게 됐으니, 고종에게 절대적 신뢰를 받고 있었음이 틀림없다.

현상건이 곧 프랑스로 향한다는 정보는 실시간으로 일본 쪽에 흘러들고 있었다. 하야시는 고무라에게 보내는 18일 전문에서 "궁중에 출입하는 자의 내보에 의하면 한국 황제는 현상건을 프랑스에 파견한다. 일·러 관계가 파열되기에 이른다면 프랑스에 보호를 의뢰한다는 밀지密旨라는 풍설"이 있다고 전했다.[9] 몸이 단 하야시는 현상건과 잘 아는 일본인에게 정확한 임무를 캐게 했다. 이 내용을 전하는 19일 전문을 보면, 현상건은 자신의 임무에 대해 "러·일이 개전할 경우 한국의 지위와 중립을 유지할 수 없기 때문에 자연히 국경이 양국 군대에 유린되는 일이 있을" 수 있는데, "이 경우에 있어서 손해 등에 관해 미리 연구"하기 위한 목적이라고 답했다.[10] 현상건은 이튿날인 20일 오후 3시 제물포에서 배를 타고 유럽으로 떠났다. 하야시는 이후에도 계속 정보를 모았는지 21일엔 현상건이 "한국 황제로부터 (카를) 베베르(전 주한 러시아 공사)에게 보내는 밀서를 휴대하고 러시아의 태도에 관하여 보고하는 일까지도 명 받"았다는 사실을 추가로 보고했다.

니콜라이 2세에게 전하는 고종의 밀서가 있다는 것까지는 파악하지 못했지만, 그 밖의 움직임에 대해선 어느 정도 정확히 꿰뚫어 보고 있었음을 알 수 있다.

고종은 현상건을 러시아에 파견하는 동시에 러·일 간에 전쟁이 터져도 조선이 말려들지 않도록 '전시중립국' 지위를 얻기 위한 움직임에 나선다. 이도재 외부대신은 8월 18일 고영희 주일 공사와 이범진 주러 공사에게 훈령을 보내 대한제국의 '전시중립'을 위해 주재국 정부와 교섭한 뒤 "가능한 시일 내에 그 결과를 알려 달라"고 지시했다. 우리가 이 사실을 알 수 있는 것은 이 훈령이 적힌 문서가 통째로 일본에 유출됐기 때문이다. 하야시는 27일 고무라에게 이도재가 "주일본, 주러시아 공사에게 전달한 훈령 사본을 존 조던John Jordan(1852~1925) 영국 공사로부터 기밀을 지키겠다는 약속 아래 입수"했다면서 이 문서의 전문을 보고했다.

최근 국민적 관심과 신문 기사는 만주 문제의 토론에 집중돼 왔으며 러·일 양국의 이견으로 궁극적 우호 관계가 단절이 시사되고 있음. 그러나 한국 정부는 이것을 사실로 받아들이기 싫으며 문제들이 결코 그렇게 발전하지는 않으리라고 믿고 있음. 하지만 매우 많은 사람이 이 문제를 토론하면서 그들의 청중에게 큰 불안을 안겨 주고 있음. 만일 문제가 그들의 말처럼 된다면 한국은 서로 싸우는 두 나라 사이에 놓이게 될 것이니, 우리는 사전에 (러·일 사이의) 엄정 중립국으로 남을 것임을 선언해야 할 것임. (중략)
아직 평화가 지배하는 동안에도 우리의 위험에 더욱 민감하면서 미리 우리의 중립을 선언함으로써 전쟁에 말려드는 재앙을 미연에 방지할 것을 제안하는 바임. (중략) 그렇게 되면 만일 장차 전쟁이 발생하더라도 우리 국경 내에선 여하한 작전 행동도 없을 것이며 우리의 영토를 지나 행군하는 어떤 군대도 없을 것임. (중략) 그 문제는 매우 긴박하므로 본인은 귀하가 즉시 그것에 유의하여 가능한 시일 내에 (해당국과 협상을 하고) 그 결과를 알려 줄 것이라고 확신하는 바임.[11]

한국의 전시중립 요청을 받아들이도록 일본을 설득하라는 쉽지 않은 임무를 떠안은 고영희가 고무라를 찾아간 것은 9월 3일이었다. 일본의 반응은 냉담하기 그지없었다. 고무라는 3주 넘게 시간을 끈 뒤 26일이 되어서야 고영희를 불러, 러시아와 협상을 막 시작한 "지금 병융兵戎(전쟁)을 논하고 중립을 청함은 오히려 부당하고 또 대단히 시기에 적합하지 않다"며 요청을 단칼에 거절했다. 이어 개인적 사견이라고 전제한 뒤 훈계조의 일장연설을 늘어놓는다. 대한제국의 국력을 생각해 볼 때 전시중립을 선언해봐야 아무 소용도 없을 것이라는 비아냥이었다.

한국 중립 문제에 관해서는 (귀국 정부는) 러시아에도 특사를 보내 똑같은 교섭을 하려고 한다. 러시아는 혹은 여기에 대해 한국에 좋아하는 회답을 줄지도 모른다. (중략)
일본도 종래 타국의 교전에 있어 국외중립을 선언하는 것이 한두 번 그치지 않았으나 그때마다 제국은 만일 교전국이 중립국인 제국의 권리를 유린하려고 할 때는 단연코 스스로 이것을 배척할 결심을 가지고 있다. 위는 전시 국제법에 기인하는 중립의 선언이며 지금 한국 정부의 제의와는 그 성질을 달리하지만 중립국이 되려고 한다면 이상 스스로 이것을 유지하는 결심과 실력들을 요하는 것이 하나이다. 고로 오늘 한국의 최대 급무는 국력을 충실히 하고 국가의 부강을 도모하는 데 있다.[12]

고무라의 대응

대한제국이 전시중립 선언을 통해 일본의 손아귀에서 벗어나려 버둥거리고 있음을 확인한 고무라는 대응에 나서기로 한다. 일본은 1894년 7월 23일 경복궁을 침탈해 고종을 포로로 잡고, 한 달 뒤인 8월 26일 조선의 팔을 꺾어 조일양국맹약을 체결한 적이 있었다. 조선은 이 맹약에 따라 청을 격퇴하려는 일본의 군사 행동에 "가능한 한 편의를 제공한다"는 의무를 지게 됐다. 그때와 비슷한 밀약을 맺는다면 러일전쟁을 눈앞에 둔 일본에 큰 도움이 될 수 있었다. 고무라는 9월 29일 하야시에게 "러·일 간에 평화의 결렬을 보게 될 경우"에 대비해 "한·일 간에 밀약을 맺어 두고자 하오니, 이에 대해 각하의 생각하신 방안"을 회보해 달라고 지시했다.[13]

하지만 전시중립을 추진하는 대한제국에 무턱대고 밀약을 강제할 순 없는 일이었다. 너무 압박을 가하면 1896년 2월 아관파천 때처럼 고종이 러시아나 프랑스 공사관으로 도망치는 최악의 사태가 발생할 수 있었다. 하야시는 10월 14일 회신에서 "잘 아시는 바와 같이 한국 황제의 우유부단한 성격은 매사에 우리가 경험한 바 있다"면서 "두 강대국이 서로 정세를 살피며 틈만 보고 있는 상황에서 그 태도를 명백하게 하는 일은 보통의 수단"으로는 "도저히 기대할 수 없는 일"이라고 적었다. 하야시가 생각해 낸 방안은 적절한 미끼와 적당한 압력을 가하는 강온 전략이었다. "억지로 희망하는 비밀조약의 성립을 꾀하려면 한국 정부로 하여금 눈앞의 이익을 얻게 하고 또 상당한 상당한 위력"을 가해 겁을 줘야 한다고 제안했다. 그가 말하는 이익이란 고종이 집착하는 망명자 문제 해결, 거액의 차관, 상당한 운동비(뇌물)였고, 위력은 "경성 주재 우리 수비병을 2배가량" 늘리는 것이었다.[14]

한편, 8월 시작된 러·일 협상은 예상대로 난항을 거듭했다. 일본의 1·2·3차 제안(8월 12일, 10월 30일, 12월 21일)과 러시아의 1·2·3차 회신(10월 3일, 12월 11일, 1904년 1월 6일)에 이르도록 양쪽은 이견을 좁히지 못했다. 핵심 쟁점은 러·일이 새 협정에서 한반도 문제만 논할 것인가 만주 문제도 함께 다룰 것인가, 세력권을 나눌 때 한반도에 '중립지대'를 설정할 것인가 그냥 둘 것인가, 일본이 대한제국 영토를 '군략적 목적'으로 사용하도록 허용할 것인가 불허할 것인가 등이었다. 러시아는 새 협정에서 만주 문제만 논하려 했고, 오른팔과 왼팔(블라디보스토크~뤼순) 사이에 활짝 열린 측면을 방어하기 위해 한반도에 중립지대를 설치하기 원했으며, 일본이 한반도를 군략적으로 활용하는 것은 절대 허용하지 않으려 했다. 러시아는 한반도를 통째로 가져다 바칠 생각이 없었지만, 일본이 원한 것은 바로 그것이었다. 협상은 계속 평행선을 달리게 된다.

러시아와 협약 체결 가능성이 낮아지자, 일본은 이후 대책을 고심하기 시작했다. 그 결과가 12월 30일 각의 결정된 '대러 교섭 결렬 시 일본이 채택해야 할 대청·한 방침'이다. 일본 정부는 이

문서에서 대한제국과 "왕년의 일청전쟁 때처럼 공수동맹 또는 그 밖의 보호적 협약을 체결했다면 더욱 편의할 것"이라며 "적절한 시기에 위와 같은 체결을 할 수 있는 바탕을 만들어 두기 위해 지난번부터 필요한 훈령을 한국 주재 공사에 내리고 그 외 각종 수단을 취하고 있다"라고 밝혔다.[15]

이 논의가 급속히 진전된 것은 을미사변의 주역 가운데 하나였던 조선 훈련대 2대대 대대장 우범선(1857~1903)이 11월 24일 히로시마현 구레에서 고영근(1853~1923)에게 암살됐다는 소식이 전해지면서였다. 그 엿새 뒤인 30일 민영소 학부대신과 민영환 예식원장이 고종의 특사 자격으로 하야시를 찾아가 "고영근이 우범선을 살해한 건"을 언급하며 "일본과 제휴하는 것이 한국에 이익이 된다는 사실은 폐하와 우리도 알고 있지만 왕비 사건(을미사변) 이후로 누구도 일본 제휴설을 입에 담는 것을 꺼리고, 폐하께서도 이 말을 가까이하지 않는 감이 있다"라고 말했다. 고종을 일본 쪽으로 끌어오려면 고영근을 선처할 필요가 있다는 얘기였다. 고종도 이날 찾아온 하야시에게 "고영근의 처분에 대한 희망을 제국정부에 전달해 달라"고 거듭 당부했다.[16]

사정이 이렇게 된 이상 하야시도 최선을 다하려 했다. 30일 고무라에게 보낸 전문에서 "한국 황제를 비롯해 이곳 국민감정을 융화시키는 게 필요"하기 때문에 고영근이 "사형을 면할 수 있도록 진행한다면 아주 좋은 형편"이 될 것이라면서 이를 위한 "적당한 방법을 고안하시길 바란다"라고 당부했다.[17]

고영근에 대한 히로시마 지방재판소의 1심 판결은 12월 26일 나왔다. 사람을 죽였으니 예상대로 사형이었다. 고무라는 이튿날인 27일 오후 4시 35분 하야시에게 고영근에 대한 1심 판결 내용을 전하며 "한국에 대해 호의를 표하기 위해 (중략) 특사를 상주해 한 등급을 감형해 목숨을 건지게 할 생각이니 그 뜻을 황제에게 전하라"고 지시했다.[18] 이어, 세 시간쯤 뒤인 오후 7시 20분엔 "러·일 협상이 절망적인 상황에 이르러 시국이 더욱더 절박해지고" 있다면서 한국을 끌어들인다는 "우리의 목적을 관철하기 위해 필요하다면 상당한 금액을 증여하는 것도 무방"하다고 밝혔다. 밀약 체결에 필요하다면 돈은 얼마든 줄 테니 "필요한 이유와 금액 및 사용 방법을 상신하라"는 얘기였다.[19]

하야시는 여전히 회의적인 태도를 바꾸지 않았다. 이튿날인 28일 전문에서 "제국 정부에서 강경한 결심을 현실적으로 보여주기 이전에는, (중략) 우리를 신뢰하게 하기가 매우 곤란할 것"이라면서 "우선 병력에 의해 경성에서 우리의 무위를 일으켜" 세워야 한다고 주장했다.[20] 밀약을 그렇게 절실히 원한다면 청일전쟁 때처럼 무력으로 고종을 위협해 체결을 강행해야 한다는 얘기였다. 일본 내에서도 원로인 야마가타 아리토모가 중심이 돼 한국에 2개 사단을 파견해야 한다는 주장을 쏟아 내고 있었다.

이 순간 뜻밖의 변화가 발생한다. 고종이 고무라가 내민 제안을 덥석 받아들인 것이다. 외부대신 취임을 앞두고 있던 이지용(1870~1928)이 29일 늦은 밤 하야시를 찾아가 고영근에게 가능한 범위 안에서 관전寬典을 베풀고, 황실의 안전과 독립과 관련해 일본이 성실히 원조하며, 밀약 체결을 위한 구체 협의는 외부대신이 담당한다는 내용이 적힌 고종의 위임장을 내밀었다.[21] 일본은 이를 밀약 체결의 문이 열린 것으로 받아들였다.

전시중립 선언 나오다

물론 이는 진심이 아니었다. 고종은 이튿날인 30일 알렉산드르 파블로프 주한 러시아 공사에게 사자를 보내 "일본군에 의한 한국 점령을 피할 수 없다"면서 "서울에 주둔하는 일본군이 벌써 궁전을 봉쇄하는 것은 아닐까, 매수된 궁정 경비대가 본인을 죽이지 않을까 걱정하면서 매일을 보내고 있다"고 알렸다. 파블로프는 알렉세예프에게 이 사실을 전하면서 고종이 "위험한 순간에 러시아 공사관에 피신할 수 있게 하고, 러시아의 도움을 받아 영토 내로 탈출할 수 있다고 기대해도 좋은지" 물어왔다고 보고했다. 알렉세예프는 "황제가 공사관으로 피신할 것을 요청했을 땐 아마도 거절하기 어려울 것"이라면서도 "러시아령으로 가고 싶다는 의지에 대해선 폐하 자신이나 한국의 운명에 매우 중대한 결과를 가져올 문제이기 때문에 결정 전에 총체적으로 검토해야 한다"라고 회신했다.[22]

고종은 미국·프랑스에도 손을 뻗치고 있었다. 호러스 알렌 주한 미국 공사는 1904년 1월 6일 국무부에 고종이 전쟁이 날 경우 공사관에 망명할 수 있냐고 요구해 왔지만 "단호하고(flatly) 명백하게(unequivocally) 거절"했다고 보고했다.

대한제국의 운명이 걸린 이 절박한 순간에 고종의 친서를 들고 러시아로 떠났던 현상건이 1904년 1월 11일 인천으로 돌아왔다. 그는 1903년 11월 14일 페테르부르그크에 도착해 이범진 주러 한국 공사와 함께 러시아를 상대로 교섭을 벌여 '한국의 중립 의지를 존중하겠다'는 니콜라이 2세의 친서를 받아 냈다.[23] 13일 이 낭보를 전달받은 고종은 "이제 일본의 어떤 위협에도 굴하지 않겠다. 강요된 협정엔 무슨 일이 있어도 서명하지 않겠다"는 결심을 굳힌다. 현상건은 그날 오후 파블로프를 찾아가 고종의 굳은 결의를 전했고, 이튿날엔 중립 선언 발표를 위한 원조를 요청했다.

이런 사실을 까맣게 모르고 있던 하야시는 밀약 추진을 위해 계속 움직였다. 고무라의 지시대로 한·일 밀약 추진을 위해 운동비 1만 원을 받아 11일 이 돈 전부를 이지용에게 넘기고 "알아서 쓰도록" 일임했다.[24] 이 전략이 효과를 발휘했는지, 한·일 밀약을 추진하는 이는 이지용(외부대신 임시서리)·민영철(군부대신)·이근택(원수부 회계국 총장), 세 명으로 늘어나 있었다. 이들은 16일 하야시를 찾아가 자신들이 "그저께 (중략) 폐하에게 밀약 체결에 대한 위임을 받기 바란다고 상주"했고, 고종도 "전적으로 일본에 의뢰하게 결심했다"라고 말했다.[25] 이튿날 이 보고를 받아 든 고무라는 하야시에게 "귀 관에 대해 깊은 감사의 뜻을 표한다"면서 기쁨을 감추지 못했다.

한·일 당국 간의 문구 조정을 거쳐 대체적 조약안이 확정된 것은 20일 오전이었다. 하야시는 이날 고무라에게 "오늘 폐하의 승낙을 얻어 내일은 조인할 수 있을 것"이라며 "신속히 (현재 안대로) 조인할 수 있도록 급히 심의·결정해 달라"고 요청했다. 하야시가 전한 밀약안 내용은 한·일 두 나라 간의 교제상의 장애를 엄중히 조치해 돈독한 정을 완전히 소통하게 할 것(1조), 만약 동아 대국의 평화에 변란이 발생하면 한·일 두 나라는 성실한 우의로 상호 제휴하여 안녕질서를 영구히 유지할 것(2조), 미세한 세목은 일본국 대표와 외부대신 사이에 상황에 맞게 협정할 것(3조) 등이었다.[26] 협정의 핵심은 "만일 변란이 발생할 때에는 한·일 두 나라가 성실한 우의로써 상호 제휴하여 안녕질서를 영구히 유지"한다는 2조에 있었다. 러일전쟁이 시작된다면, 일본은 이 조항을 적극 활용해 대한제국 정부의 병참 지원을 받아 가며 전쟁을 유리하게 이끌어 나갈 수 있었다. 하지만 청일전쟁 때와 달리 일본이 압도적 병력을 투입해 대한제국을 물리적으로 압박하는 상황이 아니었기 때문에 조문은 다소 추상적이고 느슨해질 수밖에 없었다. 하야시는 "굳이 완전한 것을 얻어 내려고 하다가 시일을 늦추어 뜻밖의 장애를 만날 위험을 무릅쓰기보다 이 제안대로 신속히 조인하자"고 재촉했다. 고무라는 이튿날인 21일 오후 5시 45분 회신을 보내 아쉽지만 현재 안대로 "먼저 협약을 체결하고 뒤따라 시기를 보아 우리가 희망하는 안과 교환"하자는 뜻을 전했다.[27]

그보다 불과 한 시간 35분 전인 오후 4시 10분 일본 외무성에 놀라운 내용이 담긴 전문이 도착했다.

> 러·일 양국 간에 발생한 분규와 그 평화적 해결의 도출에서 부딪치는 어려움을 고려해 한국 정부는 황제 폐하의 명에 의해 현재 양국 간에 진행 중인 예비 회담의 결과에 구애받지 않고 엄정 중립 준수를 확정했음을 선언한다.[28]

고종의 사자인 이건춘이 파블로프 등의 도움으로 오전 11시 56분 중국 지부에서 전 세계로 발신한 프랑스어 전문이었다. 이지용 외부대신의 이름으로 발표된 선언이었지만, 정작 본인은 그런 문서가 나왔는지도 모르고 있었다. 고종의 상상치도 못한 '뒤통수 외교'에 일본은 경악을 금치 못했다.

24 한일의정서,
   대한제국의
   멱통을 움켜쥐다

이용익의 결사반대

느닷없이 전해진 대한제국의 전시중립 선언에 고무라 주타로 일본 외무대신은 당혹감을 감출 수 없었다. 전문이 도착한 지 채 세 시간도 지나지 않은 오후 7시, 서울의 하야시에게 "누가 이 전문을 보냈고 비슷한 선언이 다른 열강에도 함께 보내졌는지 확인하라"고 지시했다.[1] 이어 오후 7시 50분엔 프랑스어 원문의 영문 번역본을 전달하면서 "아마도 동일한 선언문이 동시에 다른 열강에도 전달되었을 것"이라 했고,[2] 45분 뒤인 오후 8시 35분엔 "(고종의 측근 중 하나인) 이학균이 뤼순으로 가서 (예브게니) 알렉세예프 극동 총독과 밀의한 후이거나 뤼순으로 가는 도중에 발송한 것으로 추측된다"라고 알렸다. 그러면서도 한·일 밀약에 대한 미련이 남았는지 같은 전문의 후반부에선 "현안인 밀약을 조인한 다음에 (중립 선언이 나온 배경을) 이지용 (대한제국 외부대신 서리)에게 확인하여 그 사실을 전보해 달라"고 지시했다.³ 하지만 현실적으로 생각할 때 이미 전시중립을 선언해 버린 대한제국과 밀약을 체결하는 것은 사실상 물 건너간 일이었다.

하야시와 밀약파 '3인방'인 이지용·민영철·이근택이 사태 수습을 위해 이근택의 집에 모인 것은 이튿날인 22일 밤 7시였다. 애초 계획대로라면 이날 조인된 밀약서를 교환해야 했다. 이지용이 중립 선언이 나오게 된 이유를 설명⁴하면서 "다시 모레까지 기다렸다가 교환을 이행하기 바란다"고 하자, 하야시는 "약속을 어기면서 조인을 연기하는 것은 무례하다"라며 분노를 터뜨렸다. 그러면서도 어떻게든 밀약을 살려 내기 위해 "모레(24일) 아침에는 틀림없이 자진해서 약정서를 교환할 것"을 이지용에게 서면으로 약속하게 한 뒤, 다른 둘에게 보증을 서게 했다. 그 순간 "안내도 청하지 않고" 불쑥 방으로 들어온 이가 있었다. 고종의 '마지막 충신'이자 '금고지기'로 불리던 이용익 내장원경이었다. 하야시는 밀약 체결 사실을 감추기 위해 "화제를 돌려 마치 국외중립 문제의 통첩 출처에 관해 의문을 갖고 회동한 것처럼 꾸며서 슬쩍 보기 좋게 넘겨 그 현장을 얼버무리고" 나올 수밖에 없었다.⁵

밀약이 체결되지 못한 것은 러시아에서 돌아온 현상건의 재빠른 움직임과 이를 뒷받침하는 이용익 등의 강력한 반대 때문이었다. 이근택은 집을 나서는 하야시를 따라 나와 "이지용은 오늘 밀약서에 조인을 끝내고 현재 이것을 휴대하고 있지만, 오늘 외부에서 이용익에게 크게 협박을 당하고 의기가 꺾여 잠시 주저하고 있다"면서 "내일 아침 그에게 강요해 (협정문의) 교환을 단행하기 바란다"라고 말했다. 그의 말대로 이용익은 고종에게 "이번에 일본과 제휴하는 것은 헛되이 러시아의 노여움을 자초하여 한국의 독립을 위태롭게 할 것"이라고 주장하고 있었다. 이근택은 니콜라이 2세의 친서를 가져온 현상건의 움직임에 대해선 잘 몰랐는지 이에 대해선 언급하지 않았다.[6] 모든 정보가 한 사람에게 집중돼 기밀이 쉽게 새지 않는다는 게 고종이 주도하는 '비선 외교'의 장점이긴 했다.

밀약 추진파들은 아직 포기하지 않았지만, 고종의 마음은 이미 전시중립 쪽으로 굳어져 있었다. 고종은 24일 자신을 찾아와 "신속한 밀약 성립의 필요성을 강력히 주상"하는 세 대신에게 "한국 독립에 관하여는 중립을 지키기만 하면 안심해도 좋다. 오늘날과 같은 상황에서 일본과 제휴하여 러시아의 분노를 자초하는 일이야말로 오히려 한국의 독립에 있어서 해가 될 것"이라고 말했다. 나아가 밀약 체결이 무산된 것과 관련해 "체면을 지키려면 세 사람이 현직을 떠나는 것이 좋을 것"이라고 쏘아붙였다.[7] 알렉산드르 파블로프 주한 러시아 공사도 25일 페테르부르크와 뤼순에 보내는 전문에서 일본에 완전히 복종하는 대신들이 "한국이 어떤 상황에서도 일본을 적대하지 않을 의무를 진다"는 것을 받아들이는 대가로 "일본에 피신하고 있는 모든 한국인 정치범을 한국 황제의 완전한 처분 아래 둘 수 있도록 즉각 인도하는 데 동의한다"는 밀약에 대한 고종의 재가를 받으려 했다고 적었다. 고종은 제안을 거부하며 3인방을 "국가의 적"이라고 불렀다.[8]

결국 하야시는 물러날 수밖에 없었다. 25일 고무라에게 보낸 전문에서 "밀약의 성립이 여기에서 일단 좌절을 보게 되어 본사로서는 매우 유감"이라고 밝혔다. 그러면서 밀약을 추진하던 3인방의 운명이 걱정됐는지 "세 사람에게 반대파에서 가시적인 공격을 가해 오면 우리가 실력으로 저들의 안전을 도모할 필요가 있다"[9]는 의견을 전했다. 고무라는 "실력을 써 가며 보호할 필요는 없다"며 이 제안을 받아들이지 않았다. 함께 일을 추진했던 현장의 하야시와 달리 고무라에게 3인방은 쓰고 버리면 되는 카드일 뿐이었다.

결국, 한·일 밀약을 체결하려면 청일전쟁 때처럼 "실력의 뒷받침"을 받아 고종의 팔을 꺾을 수밖에 없음이 분명해졌다. 고무라는 26일 "일이 성사되려던 찰나에 파탄되어 참으로 유감스럽기 그지없다"라면서도 "밀약이 없다고 추진하고자 하는 일을 추진시키지 못할 바도 아닌 이상은 당분간 현 상태대로 유지하면서 적당한 시기를 기다"리자고 회신했다.[10] '적당한 시기'란 곧 개전을 의미했다.

러·일 협상, 결국 파국으로 끝나다

러·일 협상은 파국으로 치닫고 있었다. 러시아가 1월 6일 제시한 3차 대안엔 여전히 일본의 배타적이고 완전무결한 한반도 지배를 가로막는 '중립지대 설치'와 '한국 영토의 군략적 목적의 사용 금지' 등의 조항이 들어 있었다.[11] 일본은 1월 12일 어전회의를 열어 "한국에 대해선 추호도 퇴양退讓(양보하고 물러남)의 여지가 없기 때문에 우리 주장을 견지하고, (러시아의 3차 대안에서) 이 국가의 영토를 군략상의 목적으로 사용하지 않는다는 것과 중립지대 설정에 관한 조항은 삭제하려 한다"고 결정했다. 이어, 원하는 답이 없다면 "어쩔 수 없이 담판을 중단하는 동시에 (중략) 자위를

위해 필요한 수단을 취하는 것 외에 달리 도리가 없다"고 결의했다.[12]

이튿날인 13일, 일본은 자신들의 최종 대안을 제시했다. 러시아의 3차 대안에서 "군략적 목적을 위해 한국 영토의 어느 지역도 사용하지 않는다"(5조)와 "한반도 내에 중립지대를 설정한다"(6조)를 삭제하는 내용이었다. 또 만주에 대해선, 이 지역이 일본의 이익 밖이라는 점을 인정하면서도, 러시아가 청의 영토 보전을 존중해야 한다고 요구했다.[13]

일본의 최종 대안을 받아 든 러시아는 장고長考에 돌입한다. 견디다 못한 오야마 이와오 참모총장은 2월 1일 메이지 천황에게 상주문을 올려 "전쟁이 아니고서는 시국 해결을 바랄 수 없다고 결심"한 상황에서 "우리 정부가 꾸물거리면서 결단하지 못하면 헛되이 저들의 술수에 빠져 다시는 만회할 수 없는 상태에 이르게 될 것"이라고 주장했다. 이 의견서를 접수한 가쓰라 다로 총리는 3일 총리 관저에서 이토 히로부미 등 다섯 원로와 육군·해군·외무대신과 함께 회의를 열어 러시아에 최후통첩을 한 뒤 '자유행동'에 나설 것을 결의했다. 회의를 마친 뒤 가쓰라와 고무라는 메이지 천황을 찾아가 4일 오후 1시에 대러 개전을 결단하는 어전회의를 열어 달라고 말했다.[14] 고무라는 이날 오후 4시 25분 구리노 신이치로 주러 일본 공사에게 보낸 전문에서 더 이상 러시아에 회답을 독촉하지 말라고 지시했다.[15]

이튿날인 4일 오전 10시 30분 열린 각의를 통해 일본 정부의 개전 방침이 확정됐다. 그와 함께 '러일 교섭에 관한 의견'과 러시아에 보내는 최후 통고안이 확정됐다.

목하 형세는 급히 시국의 해결을 필요가 있기에 제국 정부는 앞서 최종 제안을 한 이래, 누차 러시아 정부에 회답을 재촉했지만, 러시아 정부는 말을 좌우로 바꾸면서 아직 어떤 회답도 보내오지 않고 있을 뿐 아니라 (중략) 표면상으로는 평화적인 태도를 가장하면서 몰래 만주에서 병비兵備를 엄중히 하고, 혹은 황인종을 두려워하는 열기(恐黃勢)를 선동해 우리 나라에 대한 열강들의 동정을 빼앗으려 하고 있다. 그 언행이 일치하지 않는 것이 이와 같아 러시아는 우리 나라와 성심성의껏 타협할 의사가 없으면서 자신들의 이익을 위해 회담을 연기하고 있다. 더 이상 시간이 헛되이 지나면 우리 나라는 외교·군사 모든 면에서 회복하기 힘든 불리한 상황에 빠질 것이 틀림없다.[16]

그 직후인 오후 2시 25분부터 두 시간 동안 어전회의가 열렸다. 결론은 이미 정해진 상태였기 때문에 반대 의견을 내는 이는 없었다. "오늘의 상세狀勢(상황과 정세)를 볼 때 달리 취할 길이 없다고 믿는다"라며 각의에서 내려진 대러 개전 결정을 추인했다. 이로써 러시아에 단교를 선언하고 전쟁을 시작한다는 일본 정부의 방침이 최종 확정됐다.

메이지 천황은 이 결정에 엄청난 심적 압박을 느꼈다. 유럽의 대국인 러시아와 전면 전쟁에 돌입해 패배한다면 메이지유신 이후 일본이 쌓아 올린 모든 것을 잃을 수도 있었다. 이 결정 뒤 "이번 전쟁은 짐의 뜻이 아니다. 만에 하나 차질이라도 생긴다면 짐이 어떻게 조종에 사죄해야 하며 신민에 대해 뭐라고 하겠느냐"라며 울먹였다.[17]

개전 결정이 내려지자, 군은 신속하게 움직였다. 4일 밤 일본 육·해군 수뇌부는 군사회의를 열어 외교 관계 단절과 선전포고가 이뤄지기 전에 연합함대로 뤼순을 선제공격하기로 결정했다. 이튿날인 5일 아침 야마모토 곤베에山本權兵衛(1852~1933) 해군대신은 이토 스케유키伊東祐亨(1843~1914) 군령부장을 대동하고 천황을 만나 명령안을 제출하고 승인을 받았다. 야마모토는 이를 봉함한 뒤 전달할 사자를 연합함대가 대기 중인 나가사키현 사세보로 내려보냈다.

육군도 이날 밤 근위사단, 제2사단, 제12사단으로 구성된 제1군에 동원령을 내렸다. 제12사단 소속 23여단 2240명에게는 아예 승선 명령이 하달됐다. 기고시 야스쓰나木越安綱(1854~1932) 23여단 여단장이 부여받은 임무는 "인천에 상륙한 뒤 신속히 경성으로 진입해 이 지역의 점령을 확실하게 유지한다"는 것이었다.[18]

러·일 개전의 절망적인 그림자가 한반도를 삼켜 가던 무렵 서울엔《런던 데일리 메일》기자 프레드릭 맥켄지(1869~1931)가 머무르고 있었다. 그가 1920년 펴낸《자유를 위한 한국의 투쟁(Korea's fight for freedom)》을 보면, 이용익이 이 무렵 국제 정세를 어떻게 인식하고 있었는지 알려 주는 흥미로운 대화가 수록돼 있다. 둘의 만남이 이뤄진 것은 대한제국이 전시중립을 선언한 1904년 1월 21일로 추정된다. 선언 내용을 서구에 알리기 위해 사전에 인터뷰를 요청한 게 아닌가 추정된다. 맥켄지가 한국이 살아남으려면 개혁이 필요하다고 강조하자, 이용익은 "한국의 독립은 미국과 유럽에 의해 보장받기 때문에 안전하다"라고 대꾸했다. 이용익은 고종의 복심이었으니, 이는 곧 현재 상황을 바라보는 고종의 기본 인식이었을 것이다. 맥켄지는 놀라움을 감추지 못하며 말했다.

"당신은 이해하지 못합니까. 열강이 뒷받침하지 않는 조약은 쓸모없는 것입니다. 조약이 준수되기 바란다면 당신들이 이를 지켜야 합니다."
"다른 나라가 어떻게 하든 상관없습니다. 우린 오늘(this day) 우리가 중립이라는 사실과 우리의 중립이 존중되기 바란다는 내용을 발표했습니다."
"귀국이 스스로를 지키지 않는데, 그들이 왜 당신들을 지켜 주겠습니까?"
"우리는 미국과 약속을 했습니다. 무슨 일이 있어도 미국은 우리 우방이 되어 줄 겁니다."

이용익이 언급한 미국과의 약속이란 1882년 5월 체결된 조미수호통상조약 1조에 담긴 거중 조항(한쪽에 불공평이나 경멸하는 일이 있을 때 일단 확인하고 서로 도와주며, 중간에서 잘 조처하여 두터운 우의를 보여 준다)을 말하는 것으로 짐작된다. 하지만 일본의 강력한 군사력 앞에서 '중립을 지키겠다'는 고종의 호소나 '어려울 때 돕겠다'는 제3국의 약속이 힘을 발휘할 순 없었다. 하야시는 1월 31일 고무라에 보내는 전문에서 "한국 황제는 국외중립 선언에 대한 영·프·독의 회답을 접수하자 그것이 독립에 대한 불가침을 승인한 것으로 오인"하고 있다는 존 조던 주한 영국 공사의 반응을 전했다. 영국을 포함한 서구 열강이 전한 반응은 대한제국이 선언한

국외중립에 대해 "인지했다(acknowlege)"는 입장을 밝힌 것에 불과했다.[19] 대한제국의 전시중립이 지켜지지 못할 경우, 일본과 충돌을 감수해 가며 적극 나서 돕겠다는 뜻이 아니었다. 이용익은 청렴하고 재리에 밝은 애국자였지만, 망국의 위기에 몰린 국가를 구해 낼 만한 국제적 감각을 갖춘 인물은 아니었다.

개전을 결정한 일본 정부는 우선 국교단절을 통고한다. 고무라는 5일 오후 2시 구리노에게 네 통의 전보를 보냈다. 전보가 네 통이나 된 것은 4일 결정된 대러 통고문을 세 조각으로 나눠 보냈기 때문이다. 구리노는 이튿날인 6일 오후 4시 블라디미르 람스도로프 러시아 외무대신을 찾아가 러·일 교섭 중단과 외교 관계 단절을 통지했다.[20] 일본에 전달되진 않았지만, 일본의 최종 안에 대한 러시아의 입장이 확정된 것은 앞선 2일이었다. 중립지대를 없애자는 일본의 제안은 받아들이되, 대한제국의 영토를 군략적 목적으로 사용하지 않는다는 조항만큼은 계속 유지하자는 내용이었다.[21] 개전 방침이 정해진 이상 그런 것은 이제 아무래도 상관없었다.

마침내 시작된 일본의 군사행동

야마모토가 보낸 봉함 명령이 사세보에 도착한 것은 5일 저녁 무렵이었다. 도고 헤이하치로 사령관이 이끄는 연합함대가 받은 명령은 "신속하게 발진해 황해 방면에 있는 러시아 함대를 격파하라"였다. 연합함대 제3전대는 이튿날인 6일 오전 9시, 제2전대는 오전 11시, 제1전대는 정오에 출격했다. 이들의 목표는 러시아 제1태평양함대의 주력 함대가 머무르고 있던 뤼순이었다. 이 작전의 성패에 따라 누가 황해의 제해권을 쥐게 될지가 정해질 터였다. 우류 소토키치瓜生外吉(1857~1937) 소장이 이끄는 제4전대는 가장 늦은 오후 2시에 항구를 나섰다. 이들의 목적지는 뤼순이 아닌 대한제국 인천이었다.[22] 서울을 점령하는 임무를 부여받은 23여단 병력을 태운 수송선 세 척이 이들과 함께했다.

이와 별도로 제3함대에 내려진 명령은 "신속하게 진해만을 점령하고 우선 조선해협(대한해협)을 경계할 것"이었다. 쓰시마의 다케시키항에 배치돼 있던 호소야 스케우지細谷資氏(1858~1944) 소장이 이끄는 제3함대 제7전대는 6일 새벽 4시 "신속히 진해만을 점령하라", 5시엔 "러시아 선박이 있으면 포획하라"는 명령을 수령했다. 제7전대의 두 함선인 후소와 헤이엔은 대한해협을 가로질러 이날 낮 12시 반께 부산항 외곽에 도착해 이곳에 머무르고 있던 포함 쓰쿠시와 합류했다. 이들이 도착했을 때 부산항 안에는 러시아 상선 한 척이 정박해 있었다. 호소야는 이 배를 나포했다. 이어 부산에 있는 전신국으로 향했지만, 이미 육군의 부산 수비대가 접수를 마친 뒤였다.

이제 진해만을 손에 넣을 차례였다. 진해만에 정박해 경계 임무를 담당하고 있던 제3함대 제7전대의 포함 아타고가 오후 4시 마산항에 입항했다. 부산항에서 빠져나온 후소와 쓰쿠시도 이곳으로 이동해 왔다. 이들은 마산 주재 일본 영사와 협의한 뒤 서둘러 전신국을 접수했다. 6일 이뤄진 진해만 점령과 부산·마산 전신국 점령이 러일전쟁이라 불리는 전쟁에서 일본군이 최초로 수행한 군사행동이었다.[23]

일본군이 군사행동을 개시했다는 사실에 대한제국은 패닉에 빠졌다. 하야시는 7일 오후 3시 고무라에게 보내는 전문에서 "궁중에서는 우리 육·해군이 행동을 개시한 것을 알고, 그저께(5일) 밤 이후 크게 동요하고" 있다고 보고했다.[24] 고종은 외국 공사관으로 파천해야 하는지를 두고 심각하게 고민하기 시작했다. 왕족인 청안군 이재순(1851~1904)은 7일 밤 하야시에게 급사를 보내 이용익·현상건이 고종을 러시아의 동맹국인 "프랑스 공사관으로 파천하려는 준비를 하고 있다"라고 전했다. 이근택도 이날 일본 공사관에 "오늘 일본 군병이 마산·부산 방면으로 상륙했다는 소문이 퍼져 궁중과 프랑스 공사관의 왕래가 빈번해졌"다면서 이 연락은 "전적으로 현상건이 담당하고 있다"라고 귀띔했다.[25]

이틀 전 사세보에서 출발한 연합함대 제4전대는 8일 오전 인천항 밖에 도착했다. 함대가 도착할 무렵 이곳에는 코레예츠와 바랴그란 이름의 러시아 함선 두 척이 머무르고 있었다. 코레예츠가 오후 3시 40분 뤼순으로 이동하기 위해 항구 밖으로 나왔다가 일본 함대의 공격을 받고 다시 안으로 도망쳐 들어왔다. 그 뒤를 따라 제4전대 소속 함선과 23여단 병력을 실은 수송선이 인천항에 속속 입항했다. 하야시는 이날 오후 6시 고무라에게 "선발대가 지금 인천에 도착했다는 보고를 접수했다"라고 알릴 수 있었다. 23여단의 상륙이 끝난 것은 이튿날인 9일 오전 4시께였다.[26]

일본군 2000여 명이 인천에 상륙한 상황에서 고종이 프랑스 공사관으로 피신한다면, 서울에서 끔찍한 유혈 충돌이 벌어질 수 있었다. 하야시는 8일 이지용과 이용익을 급히 불러 "서울에 먼저 도착할 우리 군대는 약 2500명 내외에 불과하며, 황실 등에 어떤 불온한 행동도 저지르지 않을 것"이라고 약속했다. 절박해진

하야시는 고종을 직접 만나 상황을 설명하기 위해 "2~3일 내로 알현하고 싶다"는 뜻을 전했다.[27] 그래도 불안했는지 9일 아침엔 한국 외부에 "일·러 간의 평화적 교섭이 단절된 결과 우리 정부에서는 러시아에 의해 침범당한 한국의 지위를 회복시키고 동양 전반의 재액을 물리치는 것이 필요(하다고 판단)하여 오늘 육군병 2000여 명을 선발대 상륙시키게" 됐다며 "이러한 사정을 폐하에게 직접 주상하고자 하므로 오늘 내로 이치지 고스케 소장을 동반하여 알현하는 영광을 얻게 되기를 간절히" 바란다고 전했다.[28]

한일의정서, 마침내 체결되다

유혈 사태를 원치 않기는 고종도 마찬가지였다. 하야시의 요구를 받아들여 오후 3시 반 알현이 이뤄졌다. 하야시는 러·일 외교 관계가 단절된 사실과 일본군이 상륙하게 된 이유를 설명했다. 이어, "다른 공사관으로 파천한다는 풍문이 있는데 그럴 생각이 있느냐?"라고 물었다. 이 무례하기 짝이 없는 질문에 고종은 "뜻밖에 침착"한 모습을 보이며 그럴 뜻이 없음을 분명히 했다.[29] 이로써 고종은 청일전쟁 이후 두 번째로 일본의 포로가 됐다.

일본 정부는 개전 나흘 만인 2월 10일 '선전포고의 조칙'을 발표했다. 10년 전 청일전쟁 때 썼던 '조선의 독립'이란 표현이 애매한 '한국의 보전'이란 말로 바뀌어 있었다. 고종은 11일 자신을 찾아온 가토 마쓰오 전 일본 공사에게 "각국에 중립을 통첩한 뒤에 일·러가 개전하면 양국 병사의 입국을 예방할 수 있을 것으로 믿고 조처했지만 효과는 없었다"고 인정할 수밖에 없었다.[30]

일본이 무력을 동원해 고종을 압박하기 시작한 이상, 밀약 체결을 더 이상 거부할 수 없었다. 이지용은 13일 하야시를 찾아가 "한국 위아래가 이제 전적으로 일본을 따르고 복종하여 일·한 양국의 제휴에 이론을 제기하는 사람이 없게 되었다"라고 말했다. 유일하게 이용익이 저항을 멈추지 않으면서 끝까지 진통이 이어졌다. 하야시는 23일 고무라에게 보낸 전문에서 한일의정서를 최종 조인하기 직전에 진행된 급박한 상황을 다음과 같이 전했다.

> 이용익이 앞서부터 일·한 간의 의정서 체결에 반대하여 여러 차례 허설虛說을 퍼트려서 폐하의 심기를 움직이게 하고 이미 조인된 조약문마저도 교환할 수 없도록 정지하게 한 사실은 전부터 본사의 전보에서 말씀드린 바와 같습니다. (중략) 이(용익)는 오늘날에 이르기까지도 아직 러시아가 육전陸戰에서 승리를 거둘 것이라는 확신을 갖고 있으며, 이번에 전적으로 일본을 신뢰하는 조약을 체결할 경우 후일 러시아가 승리하게 되면 한국을 병합하는 데 대한 굴함이 없는 막강한 이유를 제공하게 될 것이라는 하나의 고정된 의론議論을 가지고 있습니다. (중략) 폐하께서도 역시 크게 이용익의 말에 비중을 두게 되었고 얼마 전부터 궁중에서 소외당하고 있던 현상건, 이학균, 길영수 등의 일파는 다시 궁중으로 소환되어 (이런 의견을) 주상한 바 있었습니다. 그 결과 폐하께서는 의정서 조인을 다시 연장할 생각을 하게 되었고, 어제 이용익은 외부에 이르러 이지용에게 내려진 폐하의 명령이라 하면서 의정서가 불완전하다고 주장하였으며, 이 의정서를 조인할 경우 이지용은 대죄인으로 처형받게 될 것이라는 사유를 들어 험담하였기 때문에, (하략)[31]

흔들리는 이지용을 강하게 견제한 것은 하야시였다. 그는 23일 오전 시오카와 이치타로鹽川一太郞 통역관을 이지용의 집으로 보내 설득을 시도했다. 다시 마음을 잡은 이지용은 정오께 외부에서 하야시와 만나 한일의정서를 조인한 뒤 문서를 교환했다. 일본군이 서울을 점령한 상황에서 체결하는 문서이기 때문에 한 달 전 밀약 때보다 일본에 더 유리한 내용으로 구성될 수밖에 없었다. 대한제국은 일본의 "시정 개선에 관한 충고를 받아들인"다고(1조) 약속했고, 일본은 한반도의 "군략상 필요한 지점을 상황에 따라 사용할 수 있"(4조)는 권리를 손에 넣었다. 결정적으로 대한제국은 일본의 동의 없이 이 "협정의 취지를 위반하는 협약을 제3국과 맺"(5조)지 않기로 서약했다. 일본은 1조에 나온 '충고' 대신 '조언과 조력'이라는 용어를 쓰려 했지만, 대한제국이 "독립국의 체면을 손상시킨"다면서 반대하자 뜻을 접었다.[32] 고무라는 이런 자잘한 문구 조정은 어떻든 상관없다고 생각했는지 실무 교섭을 진행 중인 하야시에게 "상대방의 요구대로 신속히 협의를 매듭짓기" 바란다고 지시했다.[33] 한일의정서 5조에 따라 외교권이 상당 부분 제약됐으니, 대한제국은 더 이상 완전한 독립국가라고 할 수 없었다.

　하야시는 의정서 체결을 끝까지 반대한 이용익을 대한제국 정계에서 도려내기로 마음먹는다. 의정서 조인 과정을 고무라에게 설명하는 23일 전문에서 "이용익은 근본적인 주의·주장에 있어 우리를 반대"하고 있어 "이후 우리 손으로 한국의 내정을 개량하는 데 있어서 심한 방해의 근본이 될 것이니, 이번에 일본에 유람토록 권고해서 공용선公用船에 편승시켜 아주 가까운 시일 안에 일본 본토로 출발"시키겠다고 보고했다.[34] 이용익은 이튿날인

24일 인천에서 히로시마 우지나로 향하는 기선 료준마루에 실려 대한제국 정계에서 사실상 퇴출됐다. 이것으로 대한제국에서 일본에 공공연히 반기를 들 수 있는 세력은 씨가 마르게 된다. 나라가 사실상 망한 셈이었다.

25 "한국을 우리 제국 판도의
　　　일부분으로
　간주하라"

가냘픈 저항

　한일의정서가 체결되면서 대한제국은 사실상 일본의 '보호국' 신세로 전락하고 말았다. 워낙 엄청난 일이었기 때문에 이용익이 제거된 뒤에도 미약한 저항이 이어졌다. 독립협회 간부였던 정교는 《대한계년사》에서 "서리대신 이지용이 참서관 구완희와 더불어 조약 가운데 어구를 대략 고치고 (한일의정서를) 조인"해 사람들이 이 둘에게 "원한을 품었다"라고 적었다. 일본 공사관의 기관지 역할을 하던 《한성신보》의 2월 27일 기사를 봐도 "지난 2~3일 동안 매일 종로 가두에서 많은 사람들이 모여 대중 연설을 하고 있다. 그 동기는 (중략) 외무 당국을 공격하기 위한 것이라고 한다"는 기록을 찾을 수 있다. 그러자 의정부의 자문 기관이던 중추원이 움직이기 시작한다. 이유인 부의장 등이 28일 이지용에게 서한을 보내 의정서 체결을 둘러싼 여러 잡음에 관해 물었다.

지금 항간에 전해지고 있는 말을 듣건대 한일 협상조약을 귀 대신이 스스로 조인 교환하였고, 조약 제1조 하단 용어에 있어서 국권에 큰 손상을 주었다고 운운하는바, 이러한 소문이 낭자하여 심히 괴이하고 의아스러워 질문드리니, 조인 성약 여부를 즉시 명확하게 제시하시고 만일 성약된 것이면 그 조약 전문을 즉시 등서謄書해 제시해 주심을 요망합니다.[1]

이들은 3월 1일엔 고종에게 이지용 등을 '나라를 팔아먹은 역적'이라고 비난하면서 처벌을 요구했다. 그러자 일본이 나서 이 흐름을 끊는다. 하야시 곤스케 주한 일본 공사는 그날 밤 바로 이유원을 불러 "시국 관계 등을 상세하게 설명"하며 압박을 가했다. 무슨 대화가 오갔는지 알 수 없지만, 이유원은 만남 뒤 탄핵 상소를 즉시 철회했다.[2] 하야시는 고종에게도 "의정서는 이미 두 나라 황제 폐하께서 재가하신 후에 조인한 것인데, 그 신하 된 자가 지금에 와서 왈가왈부하는 것은 그 일 자체가 큰 불경의 짓"이라면서 "결단코 이와 같은 상소를 수리하지" 말라고 경고했다.[3]

황권 강화를 위해 움직이던 보부상들은 직접 저항 행동에 나섰다. 하야시가 2일 고무라 주타로 외무대신에게 보낸 전문을 보면, "최근 해산 명령을 받은 것에 불만을 품"은 보부상들이 "이지용과 구완희 등 한일의정서 성립에 힘을 기울인 23명을 살해"하려는 "불온한 정황"이 있어 일본 공사관이 대응에 나섰다는 사실을 확인할 수 있다. 일본 공사관은 테러 대상으로 지목된 이들의 집 주변에 일본 순사를 배치하는 등 경계를 강화했다. 예상대로 3일 새벽 1시 30분께 구완희의 집에 폭탄이 투척됐고, 이지용의 집 부

근에서도 두 차례 폭발음이 들렸다.⁴

하야시는 음모의 중심에 일본의 간섭에서 벗어나려 발버둥 치는 고종이 있다고 확신했다. 5일 고무라에게 "폐하의 성질상 잔꾀가 많고 또 끝없이 변덕을 부린다"면서 "현재 이곳에 우리의 병력이 많이 있느냐 적게 있느냐 하는 것이 곧바로 저들의 입장에 영향을 주게 돼 있어 우리 수비대 수를 늘리는 문제를 신속하게 논의해 결정해 주시기 바란다"라고 요청했다.

나라가 왜 이런 꼴이 되고 말았을까. 1876년 강화도조약 이후 우리에겐 30여 년이란 시간이 있었다. 왕 혼자 모든 것을 결정하는 '전제군주제'를 버리고, 근대국가에 걸맞은 합리적 의사 결정 시스템을 갖추는 '정치 개혁'을 서둘러야 했다. 그래야 유능한 인재들이 합리적 절차에 따라 올바른 정책을 세우고 이를 꾸준하고 힘 있게 추진해 나갈 수 있었다. 이를 위해 갑신정변, 갑오개혁, 독립협회의 의회 개설 등 여러 의미 있는 시도가 이어졌다. 이 모든 노력이 절대군주권을 놓지 않으려는 고종의 반대로 실패했다. 결국 조선·대한제국은 자신의 힘으로 정치 개혁을 완수하지 못한 경직된 국가로 남고 말았다.

고종의 분노와 이토의 잔소리

나라가 사실상 망한 1904년에도 이근명·심상훈·조병세 등 "한국 정부 내부 상황에 불만을 품은" 원로대신들을 중심으로 '마지막' 정치 개혁이 시도됐다.⁵ 고종은 1월 8일 조칙을 내려 "의정부는 정치의 근본이 되는 곳"이라며 "이제부터 마음을 가다듬고 눈을 밝혀 일이 일답게 되도록 하라"고 지시했다.⁶

그에 따라 3월 4일 의정부 관제가 개정됐다. 새로 바뀐 관제 8조에 따라 법률 제·개정, 세입·세출 예산 및 결산, 내외 국채 조달, 국제조약 및 중요한 국제 문제 등의 결정은 고종 마음대로 결정하는 게 아니라 "(의정부) 회의를 거친 뒤에 상주하여 재가를 청해야 한다"는 새 규칙이 만들어졌다. 또 '의정부 회의 규정' 11조에선 회의에서 결정된 의안에 고종이 동의하면 재가하고, "안건에 대한 토론 내용이 성의聖意에 맞지 않을 경우"엔 "다시 토론하게 할 수 있다"라고 했다. 고종에게 마음에 들지 않는 결정을 다시 토론하게 하는 '재의권'만을 인정했음을 알 수 있다.[7]

이에 견줘 아관파천 이후인 1896년 9월 반포했던 기존 의정부 관제에선 "회의에서 결정한 의안을 대군주 폐하가 재가하겠다는 성지가 있으면 표제의 찬성 수에 구애함이 없이 재가할 군권君權이 있다"(제3관 제4조)라고 정하고 있었다. 결국 이번 의정부 관제 개정 역시 고종의 자의적 군주권 행사를 막고, 국가의 중요 의사결정 권한을 의정부로 옮겨 오려는 것이었음을 알 수 있다.[8]

일본은 이 움직임을 불안한 눈으로 지켜볼 수밖에 없었다. 개혁의 성공이 두려워서가 아니라, 고종의 심기만 불편하게 한 채 실패할 게 불 보듯 뻔했기 때문이다. 고종을 4~5년 동안 지켜봐 온 하야시는 대한제국이 안고 있는 모든 문제의 근원을 '고종'이라 보고, 그를 강하게 억제하지 않는 한 '백약이 무효'일 것이라는 견해를 굳히고 있었다. 하야시는 고무라에게 보낸 3월 9일 전문에서 "(일부 원로대신들이) 우리의 충고를 기다리지 않고 관제를 개정한다고 이미 발표했다"며 다음과 같이 적었다.

본관이 보기에 이 나라 정부의 개혁은 폐해의 근본인 궁중부터 바로잡고 또 정치기관 상호 관계를 위주로 하여 분명하게 실행하지 않는 한 아무리 많은 개혁을 하더라도 무위에 그칠 것이기 때문에, 관제의 개혁 등은 저들이 하는 대로 내버려 두었다가 나중에 우리 정부의 훈령을 받은 뒤 타당한 충고를 할 생각임.[9]

예상대로 고종은 자신의 권한을 제약하는 개혁안에 강력히 반대했다. 그가 요구한 것은 "각의(의정부)에서 가결된 사항이라 해도 재가하지 않을 수 있는 규정"이었다. 이는 의정부 회의에서 내려진 결정을 무효로 되돌릴 수 있는 '거부권'을 보장하라는 얘기였다. 화가 머리끝까지 오른 고종은 이 안을 추진한 이들에게 "오직 무사태평으로 침묵이나 지키는 것을 자기 안전을 위한 좋은 계책으로 여기고, 구구하게 책임을 회피하면서 관제나 개정"하고 있다면서 "그저 형식적인 법이나 시행해서야 성과를 거둘 수 있겠는가"라고 일갈했다.[10] 고종의 분노를 이겨 내지 못한 심상훈은 참정에서 물러나 찬정이 됐고, 민영환은 내부대신에서 면직됐으며 권중현도 찬정직을 박탈당했다. 개혁의 성공 가능성을 회의적으로 본 하야시의 예측이 적중한 셈이었다.

의정부 관제 개정을 둘러싼 갈등이 이어지는 가운데 이토 히로부미가 러일전쟁 개전으로 고통을 겪은 고종을 위로하는 천황의 특파대사 자격으로 대한제국을 방문했다.[11] 이토는 17일 오전 11시 반 인천에 도착해 이튿날 정동의 손탁호텔에 여장을 푼 뒤,[12] 20일 함녕전에서 고종을 알현했다. 하야시는 고종이 이용익의 귀국, 망명자의 처분, 일본에 차관을 요청하는 문제 등에 대해 언급

할 것이라고 예측했다.[13]

고종은 닷새 뒤인 25일 오후 1시 자신을 위해 특별히 먼 길을 온 이토와 수행원들을 위해 오찬을 베풀었다. 고종은 이 자리에서 자신의 군주권을 제한하려는 신하들에 대한 불신을 거침없이 쏟아 냈다.[14] 이 얘기를 들은 이토는 대한제국을 큰 위기에 빠뜨린 고종의 근본 문제점이 무엇인지에 관해 길고 긴 설교를 늘어놓는다. 고종이 먼저 말했다.

"짐이 지금 경에게 터놓고 의견을 듣고자 하는 바는, 우리 각신閣臣들 중 대부분의 사람이 짐에게 국정에 관해 간섭하지 말 것을 희망하고 있는 것 같으며, 요컨대 내각에서 의결된 국정의 대소 사항은 그 일이 좋든 그르든 득실에 관계없이 모두 이를 수긍하라는 것이며, 만약 짐의 의견을 가해서 이에 대한 시시비비를 하는 등의 일이 있으면, 온 각신들이 곧 짐의 행위를 비난하고 군주가 해야 할 도리가 아니라고 배척하며 불평을 호소하기에 이르고 있다. (중략) 짐은 매우 당혹스럽고 또한 곤란을 느끼는바 이를 어찌하면 좋겠는가. 경의 의견을 듣고자 한다."

"외신外臣이 볼 때에는 폐하께서는 조금도 곤란할 것이 없다고 사료됩니다. 왜냐하면 모든 국정에 대한 것은 오직 각의를 거쳐서 이를 실행하는 것이며, 또한 각신들은 폐하의 위임을 받아 신중히 심의해서 조금도 실수가 없도록 할 것입니다. 만약 각의를 거친 것이라 하여도, 폐하께서 그것을 보고 일이 해롭거나 시기에 맞지 않다고 생각하실 경우에는 다시 재의再議에 부치게 하는 여지가 당연히 있는 것입니다. 또한 폐하께서 어떤 방침을 하나로 정하시고, 또 그 방침이 공고하여 흔들림이 없을 경우에는 각신들도 각각 이를 받들어 모시고 공정하게 나라를 위해 봉사할 것이며, 조금도 그 틈에 개인적 원한을 품거나 서로 배척하고 또는 사견을 주창해서 각의를 좌지우지하는 것 같은 일은 없을 것입니다. 이를 요약해 본다면, 폐하께서는 각신을 신임하시고, 이들에게 대권大權을 위임해서 소위 정령政令이 한 줄기로 나가게 한다는 통의通義를 세우시고, 이에 따라 국정은 모두 들어서 내각의 논의를 거치게 하고, 그 (내각의) 문호門戶를 통해 폐하께 직접 주청하고 재가를 구하게 하며, 구태여 함부로 옆길을 열어 무책임한 신하들의 말을 들어 이들과 국정을 의논하는 등의 일이 있어서는 절대로 안 됩니다. 만일 이렇게 하지 아니하시면 실로 국정의 문란을 초래하고, 정사를 운용하는 기능을 무위로 돌아가게 하여, 이로 인해 국정의 성과가 거양되지 않게 되는 것을 면키 어려울 것입니다.

세상에는 총명한 군주가 있어서 사사건건 모든 일에 정밀한 주의를 기울여 아주 미세한 일에까지 파고드는 것을 보게 됩니다. 그러나 이 국정이라는 것은 수많은 업무를 모두 챙겨서 혼자 일일이 이를 친히 재가하실 수는 도저히 없기 때문에, 정부 기관이 필요하고 여기에 대권을 맡기게 되며, 그 크고 작은 권한을 적절히 분담시켜서 그 직책을 다하게 하는 것입니다. 그리고 만약에 그들이 그의 권한을 남용해서 그 직책을 그르치는 자가 있을 것 같으면 이를 법에 따라 가차 없이 처단할 것이니 그 책임의 소재가 명백해질 것이며, 조금도 민원이 군주에게 돌아올 염려가 없는 것입니다. 만약 이것을 그리하지 않고 군주 스스로가 수많은 업무를 일일이 챙기게 되면 우연한 정치상의 실수도 즉시 그 책임이 군주에게 돌아오게 될 것은 자연스러운 결과일 것입니다.

폐하께서는 줄곧 군신들의 무능과 군신의 불화를 말씀하시지만, 이와 동시에 폐하의 신료들은 역시 폐하의 덕을 시비해서 외신에게 말하는 자도 있습니다. 이렇게 군신이 서로 알력을 일으키고 그 조화를 깨어 이에 따라 국정의 성과가 오르지 않는 오늘날과 같이 계속된다면, 안국安國의 일은 백년하청百年河淸을 기다리는 것과 같아서 마침내는 국정의 개선은 그 때를 알 수 없으므로 외신은 이 때문에 탄식하지 않을 수 없습니다. 지난날 알현했을 때에 폐하께서는 시정施政을 개선하실 계획을 갖고 계시다고 외신에게 자문하신 바가 있으셨기에, 외신은 곰곰이 생각해 보았습니다. 시정의 개량과 같은 일은 그렇게 일조일석一朝一夕에 그 효과를 거두는 것이 아니라, 반드시 얼마간의 세월이 지나야 합니다. 그럼에도 불구하고 폐하께서 내각의 대신들을 빈번히 경질하시는 일을 오늘날과 같이 계속하신다면 각신들은 그 직책을 맡아 마음 놓고 개선의 기도企圖를 보좌하여 수행할 길이 없을 것이며, 그 개선의 기도는 그림의 떡으로 끝나게 될 것입니다. 그래서 외신이 폐하께 바라는 바는, 각신의 경질을 가볍게 취급하시는 것 같은 일은 결코 하시지 마십사 하는 것이며, 아울러 일단 임명하신 각신은 충분히 믿으셔서 이를 독려하고, 그의 성과를 책임지게 하는 것입니다."[15]

"한국을 제국 판도의 일부로 간주해야"

고종이 나라가 망하는 순간까지도 군주권에 대한 집착을 버리지 못하는 사이, 일본에선 대한제국을 자신들의 뜻대로 통치하기 위해 구체적 방책을 세우려는 논의가 시작되고 있었다. 가장 먼저 의견을 낸 이는 현장의 하야시였다. 그는 2월 27일 고무라에게 보낸 전문에서 개혁을 점진적으로 진행하되 유력한 일본인 고문관을 대한제국의 주요 부서에 배치해야 한다고 주장했다.[16] 3월 30일 대한제국을 방문한 이토에게 전달한 '한국에 대한 사견 개요'라는 문서에서 제안한 내용도 비슷했다. 그는 "모든 정치의 폐단은 한국 황제를 중심으로 한 궁중에 있다"면서, 고종의 반발을 잠재우기 위해 정치 개혁은 점진적으로 추구하되, 시급한 재정 정리를 위해선 능력 있고 청렴한 일본인 고문관을 선임해야 한다는 뜻을 밝혔다.

이제 일본의 대한제국 지배에 영향을 끼칠 '유일한 변수'로 남은 것은 러일전쟁의 향방이었다. 전황은 예상과 달리 처음부터 줄곧 일본에 유리하게 진행됐다. 일본 해군은 2월 8일 뤼순항을 기습 공격해 상당한 전과를 올린 뒤 세 차례(2월 24일, 3월 27일, 5월 3일)에 걸쳐 배를 고의로 침몰시켜 좁은 뤼순항 입구를 막아 버리는 '폐쇄 작전'을 시도했다. 이 작전은 성공하지 못했지만, 8월 10일 황해해전과 8월 14일 울산앞바다해전에서 잇따라 승리하며 서해의 제해권을 손에 넣는 데 성공한다.

한편, 육군에선 2월 8일 인천으로 상륙한 23여단 병력이 서울을 점령한 데 이어, 3월 10일 편성이 시작된 한국주차군이 한반도 전역을 강하게 틀어쥐기 시작했다. 후방의 안전을 확인한 육군 제1군 주력부대는 3월 말 평양 외곽 진남포을 통해 상륙해 4월 29일~5월 1일 한반도와 만주를 가르는 압록강을 건너 만주로 나아갔다. 일본과 러시아 사이에 첫 지상전이 펼쳐진 것은 압록강 연안 주렌

성九連城 부근에서였다. 일본 육군 제1군(약 4만 명)은 자신들의 북상을 저지하려던 러시아 만주군 동부병단(약 3만 명)과 맞붙어 승리를 거뒀다. 이 전투를 통해 일본 육군 전력이 러시아에 견줘 전혀 떨어지지 않는다는 사실이 입증됐다. 제2군이 랴오둥반도에 상륙한 것은 5월 초였다. 이들은 25~26일 진저우金州 남쪽에서 전개된 남산 전투에서 참호를 파고 저항하는 러시아군을 상대로 고전 끝에 승리를 손에 넣었다. 잇따라 승전보가 전해지던 4월 말께 일본의 원로 마쓰카타 마사요시는 이토에게 보낸 서한에서 향후 한반도 통치와 관련된 자신의 구상을 밝혔다.

> 한국 경영의 제1 요의要義(중요한 뜻)가 한국의 이해보다 제국의 이해에 무게를 둬야 한다는 것에 이의를 제기하는 이는 없을 것이다. (중략) 한국을 외방外邦(다른 나라)으로 보지 말고, 우리 제국 판도의 일부분으로 간주해 이에 상응하는 시설을 설치하고 경영을 해야 한다. (중략) 먼저 착목着目해야 하는 것은 한국의 외교다. (중략) 만약 한국이 여전히 외교의 자유를 갖는다면 한일협약(한일의정서)이 있다 해도 이것이 쓸모없어질 수 있다. (중략) 그들의 외부를 우리 외무성 하나의 국으로 만들어 우리 수중에 넣어야 한다. (중략) 우리 상권을 확장하려면 먼저 한국 재정감독권을 장악해야 하고 (중략) 우리 화폐를 그들의 유통 화폐로 만들어야 한다. (중략) 약한 한국이 자력으로 영토를 보전하기 바라는 것은 헛된 기대이다. 한국의 병권을 우리가 접수해야 그들의 영토를 보전하고, 우리의 독립을 안전하게 할 수 있다.[17]

마쓰자카의 구상은 대한제국의 외교·재정·군사권을 모두 일본이 장악해 한반도 전체를 사실상 일본의 판도로 만들자는 것이었다. 실제 1910년 8월 마무리되는 일본의 식민지화 작업은 이 제안이 하나씩 실현되어 가는 과정이라고 할 수 있다. 일본은 1905년 을사늑약을 통해 대한제국의 외교권을 박탈했고, 1907년 정미칠조약에서 재정을 포함한 내정의 모든 권한을 쥐게 됐으며, 이와 동시에 체결된 이행 각서를 통해 한국군을 해산했다. 이 모든 일은 당연히 "한국의 이해보다 제국(일본)의 이해에 무게"를 둔 것이었다.

당대 조선인들 역시 이런 엄중한 현실을 뼈저리게 받아들이고 있었다. 윤치호는 4월 26일 일기에서 한일의정서에 따른 내정 개선에 대한 일본의 충고는 "대부분 자국의 이익 오직 그것만을 위한 것"이라고 짚었다. 그리고 절망한 나머지 같은 날 일기의 후반부에 일본의 침략을 막기 위해 고종이 시도한 '특이한 저항'에 관한 기록을 남겼다.

나는 믿을 만한 소식통을 통해 황제가 일본 지도를 가마솥에서 삶고 있다는 이야기를 들었다. 일본과 일본의 대의명분을 저주하는 특이한 방법이긴 하다. (중략) 제물포에서 전쟁이 발발해 끔찍한 연속 폭격이 퍼부어질 때, 훌륭한 군주는 점쟁이를 만나느라 바빴다. 무당들의 요구에 따라 궁궐 뜰 네 귀퉁이에 가마솥을 거꾸로 묻었다. 궁궐 문밖에도 역시 가마솥이 몇 개 묻혔다. 일본인은 황제가 일본과 양립할 수 없는 적이고, 조선에도 최악의 적이라는 사실을 잘 알고 있다. 또한 황제의 자유를 구속하는 것이 썩은 내정이 가하는 위해로부터 조선을 구원하는 유일한 희망이며, 그런 구원을 통해 일본은 조선인들의 호의를 얻을 수 있다는 사실을 잘 알고 있다.[18]

마쓰자카의 공세적 제안이 일본 정부의 공식 방침으로 결정된 것은 한 달쯤 뒤인 5월 31일 각의를 통해서였다. 이날 개전 이후 일본의 한반도 정책 구상인 '제국의 대한방침'이 확정됐다.

한국의 존망은 제국의 안위와 연결되기 때문에 결코 이를 타국에 빼앗길(呑噬) 수 없다. 이것이 일본이 항상 한국의 독립과 영토 보전·유지를 위해 전력을 다한 까닭이며, 국운을 걸고 (러시아와) 간과로 맞서게 된 것도 이에 기인한다. 일한의정서 타결에 의해 새로 양국의 관계를 약정했고, 이에 더해 러시아를 정벌하는 황군이 잇따라 승리를 거둠에 따라 한국의 위아래가 점점 더 우리에게 신뢰를 두고 있는 상황이다. 그럼에도 이 나라 정치의 미란靡爛(썩어서 문드러짐)과 인심의 부패함으로 인해 도저히 오래도록 그 독립을 지지地支(유지)할 수 없다는 게 명료하다. 그렇기에 우리 나라는 정치상·군사상·경제상으로 점차 이 나라에 대한 우리의 지보地步(지위)를 확립해 이를 바탕으로 앞으로 다시 분규가 발생할 우려를 끊고, 제국 자위의 길을 완수해야 한다. 생각하면 일본은 일한의정서에 의해 어느 정도 보호권을 얻어 냈으나, 더 나아가 국방·외교·재정 등에 관해 한층 확실하고 적절한 조약과 설비를 얻어 내어 한국 보호에 대한 실권을 확립하고 경제 각 분야에서 필요한 이권을 얻어 경영해야 한다. 이것이 현재 해야 할 시급한 일이라고 믿는다.[19]

고문정치가 시작되다

이 문서와 함께 각의를 통과한 '대한시설강령'에선 앞으로 추진해 갈 일들로 방비를 완수할 것, 외정을 감독할 것(외부에 외국인 고문관 배치), 재정을 감독할 것(탁지부에 일본인 고문관 배치), 교통기관을 장악할 것, 통신기관을 장악할 것, 척식을 도모할 것 등을 열거했다. 일본이 이 방침을 집행하기 위한 절차에 착수한 것은 8월에 접어들면서였다. 고무라는 4일 하야시에게 "외교·재무의 고문 문제를 비롯해 앞서 알린 절차에 따라 시기를 보아 착착 우리 경영 계획을 실행하기 바람"이라고 지시했다.[20] 이 훈령을 받은 하야시는 6일 이하영(1858~1929) 외부대신에게 탁지부에서 일본이 추천하는 일본인 '재무감독' 1명을 용빙傭聘하고, 외부에서 일본이 추천하는 외국인 '외교 고문'을 1명 고용하며, 외국과 조약을 체결하거나 외국인에게 특권을 양여할 때는 일본 대표자와 미리 협의해야 한다는 내용으로 구성된 새 협정을 맺자고 제안했다.

이후 협상 과정은 당시 외부협판이던 윤치호가 자신의 영문 일기에 자세히 기록해 뒀다. 고종은 12일 자신을 찾아온 하야시에게 일본이 제의한 3개 안을 모두 받아들이겠다고 했다. 하지만 이후 '몸이 아프다'는 이유로 만남을 거부한다. 이하영은 13일 '재무감독'이라는 말을 쓰면 문자의 의미상 "그 지위가 정부의 대신보다 위에 있는 것 같은 오해"를 살 수 있다며, 이를 '재무고문'으로 고쳐 달라고 요구했다.[21] 일본은 이를 받아들였다.

마지막까지 의견이 모이지 않은 것은 '외국과 조약 등을 체결할 때 일본과 협의를 해야 한다'는 셋째 조항이었다. 고종은 외교권 상실을 의미하는 이 조항만은 끝까지 받아들이려 하지 않았다.

하야시는 고종의 뜻을 전하는 이하영에게 "감독을 고문으로 바꿔주면 3개 조항을 다 받겠다"라고 한 게 아니었냐며 불같이 화를 냈다. 기가 빨린 이하영마저 21일 아프다며 병가를 냈다.

어쩔 수 없이 협판인 윤치호가 불려 나왔다. 21일 오후 5시 하야시를 찾아가 일본의 제안이 "조선 독립의 존엄성을 능멸"하는 것이라고 항의했다. 하야시는 "일본과 러시아가 지금 치르고 있는 전쟁에 절반 정도 책임이" 조선에 있다며 깊은 분노를 쏟아 냈다. "독립이라뇨! 조선이 어디서 자국의 독립을 얻었습니까? 조선이 독립을 위해 싸우기라도 했습니까? 만약 독립이 일본의 안위와 관계없이 자신이 바라는 대로 할 수 있는 방종을 의미한다고 생각한다면, 조선은 오판한 것입니다."[22]

하야시의 기세에 눌린 윤치호는 물러설 수밖에 없었다. 대한제국은 23일 오후 2시 의정부 회의를 열어 협정을 받아들이기로 결정했다. 윤치호는 책임을 피하고 싶었는지 자신의 일기에 이 결정에 참여한 심상훈 참정대신 등 의정부 대신들의 이름을 하나하나 자세히 기록했다. 이 협정에 따라 대한제국의 외교고문이 된 이는 1883년 이후 일본의 외무 관료로 일해 온 '친일파' 미국인 더럼 스티븐스Durham Stevens(1851~1908),[23] 재정고문을 맡게 된 이는 요코하마 세관장과 대장성 주세국장 등을 역임한 메가타 다네타로目賀田種太郎(1853~1926)였다. 윤치호는 협정 서명을 하루 앞둔 22일 차남 봉성(1897년생)과 거리를 걷다 대한제국의 서글픈 운명을 암시하는, 쓸쓸하기 그지없는 대화를 나눴다.

"아버지, 일본 병정이 도적놈 지키느라고 저 문에 서 있나요?"

"그렇지."

"일본 병정이 우리나라를 지켜 주지요?"

"누가 그런 말을 하더냐. 왜, 우리나라엔 병정이 없느냐. 네 생각에는 일본 병정이 우리나라를 잘 지키겠니, 우리 병정이 잘 지키겠니?"

"우리 병정이 잘 지키지요."

"왜?"

"우리 병정은 내 나라 사람이지요. 일본 병정은 남의 나라 사람이지요."[24]

26 을사늑약
　　　체결되다

러일전쟁의 종결

이름만 떠올려도 을씨년스러운 1905년 을사년 1월 1일 날씨는 의외로 화창했다. 윤치호 외부협판은 새해 첫날 일기를 고종에 대한 '뒷담화'로 가득 채웠다.

> 황제가 자신이 편리하도록 시곗바늘을 바꾸고 있다. 이를테면 어떤 행사, 이를테면 제사가 12시에 시작하도록 예정돼 있다고 하자. 황제는 오후 2시쯤 기상한다. 황제가 용변을 보고 식사를 하고 무녀 등과 잡담을 나누고 나면 오후 4시나 5시, 또는 6시가 된다. 황제는 시곗바늘을 12시에 맞춰 시계가 12번을 치도록 명령을 내린다. 즉 4시나 5시, 6시가 황제의 명령에 따라 12시가 됐다고 선포되는 것이다. 황제는 파렴치하고 거지 같은 허영심 덩어리이다.[1]

1904년 8월 시작된 처절한 뤼순 공방전에서 일본이 승리했다는 소식을 기록한 1월 3일 일기의 분위기는 더 암담했다. 노기 마레스케乃木希典(1849~1912) 대장이 이끄는 일본 육군 제3군(제1사단·제7사단·제9사단 등)은 11월 26일 시작한 3차 총공격에서 엄청난 인명 피해를 감수한 끝에 새해 첫날 뤼순의 그 유명한 '203고지'를 점령했다.

> 뤼순항이 그저께 항복했다. (중략) 조선의 운명에도 영향을 미칠 거대한 사건들이 우리 조선과 랴오둥 반도를 분리하는 좁은 바다 건너편에서 일어나고 있는 동안 황제와 대신들은 밤낮으로 유치한 의식, 옹졸한 음모, 자신들의 지긋지긋한 권력 아래 있는 비참한 수천만 명의 피를 빨아먹는 일에 매달려 있다.²

이러다 나라가 주저앉을 수 있었다. 보다 못한 최익현이 일흔이 넘는 노구를 이끌고 고종 앞에 나섰다. 1월 7일이었다. "아, 500년 동안이나 내려온 종묘사직과 삼천리 강토가 일본에 의해 망할지 누가 알았겠습니까? (중략) 지금 온 나라의 신하와 백성들이 포로마냥 얽매여 도륙을 당하게 되었는데도 구해 내지 못하니. 아! 운명입니까, 시대의 탓입니까? 당장 죽어 버려 살고 싶은 생각이 없습니다."

최익현은 목 놓아 통곡을 한 뒤 "이제는 나라가 망하게 되었으니 아무리 훌륭한 계책이 있은들 어디에 시행하겠습니까?"라면서도 "그렇지만 앉아서 망하기를 기다리는 것보다 시급히 깨닫고 해당한 대책을 조금씩 취해 나가면서 다시 하늘의 명을 기다리는 편이 낫지 않겠습니까?"라고 말했다. 이어진 고종의 답변은 여느 때와 달리 조금 담백해 눈길을 끈다. "어째서인지 정사가 뜻대로 되지 않는다. 이것은 짐의 잘못이다."³

고종은 나라가 망국의 위기에 빠지게 된 원인을 몰라 어리둥절했지만, 누가 보다라도 문제의 근본 원인은 고종 자신에게 있었다. '군주의 운명'과 '국가의 운명'을 따로 떼어 내려는 정치 개혁을 끝까지 거부하며 개항 이후 30년 가까운 소중한 시간을 허비했던 것이다. 이런 상황 속에서 일본의 간섭을 떨쳐 내려는 고종의 저항이 거듭된다면, 고종 개인은 물론 국가의 운명까지 위태로워질 수 있었다.

일본은 1904년 8월 체결한 '고문 용빙에 관한 협정서'에 따라 자신들이 원하는 이들을 재정·외교 고문에 임명하며 내정간섭을 본격화했다. 고종이 순순히 따를 리 없었다. 고문들은 "취임한 지 2~3개월 정도가 지나자" 모두 하야시 곤스케 공사를 찾아와 "불평을 쏟아 내"기 시작했다.⁴ 특히 '나랏돈'과 '쌈짓돈'을 구별 못하는 고종을 견제하려 했던 메가타 다네타로 재정고문의 불만이 심했다. 그는 하야시에게 "일본이 하는 말이 조선에 조금도 통하지 않는다. 뭔가 방법을 찾아 줬으면 좋겠다"라고 말했다. 고종의 이 버둥거림을 대한제국의 자주·독립을 지키려는 눈물겨운 저항으로 볼지, 실낱같이 이어지던 국가의 숨통마저 끊어 버린 자충수로 파악할지에 따라 우리 근현대사를 바라보는 관점이 180도 달라지게 된다.

하야시는 '고종의 저항'에 대한 해법을 마련하기 위해 비밀리에 일본으로 일시 귀국했다. 이를 계기로 가나가와현 하야마에 자리한 가쓰라 다로 총리의 별장에서 가쓰라, 고무라 주타로 외무대신, 하야시의 3인 회동이 이뤄졌다. 하야시의 상황 설명을 들은 가쓰라는 "그렇다면 (한국을 일본의) 보호국으로 만들어야 하지 않겠는가?"라고 말했다. 고문 통치로도 대한제국의 내정을 개혁할 수 없다면, 개입 강도를 더 높여 확실한 보호국으로 만들 수밖에 없다는 의견이었다. 고무라와 하야시가 이 강경안에 동의하면서, 을사늑약으로 나아가는 역사의 수레바퀴가 움직이게 된다. 극히 민감한 내용이었던 만큼 가쓰라는 이날 회의의 결론을 누구에게도 발설하면 안 된다고 강하게 단속했다.[5]

이 '하야마 회의'의 결정에 따라 일본 정부는 1905년 4월 8일 "한국의 대외정책은 완전히 제국이 이를 담당한다"는 내용을 뼈대로 하는 '한국 보호권 확립의 건'을 확정했다. 다만, 시행 시기에 관해선 "면밀히 열강의 태도를 검토해 장애를 초래하지 않을 수단을 강구한 뒤에 '적당한 시기'에 실행한다"는 식으로 여유를 뒀다.[6] 일본은 1895년 4월 청일전쟁의 강화조약인 시모노세키조약을 체결하면서 열강들의 의사를 충분히 확인하지 않은 채 랴오둥반도를 삼키려다 '삼국간섭'을 불러오는 낭패를 겪은 적이 있었다. 이번엔 실수가 없도록 주요 열강들과 사전 접촉을 통해 동의를 얻어 내려 했다.

러일전쟁의 승부를 사실상 결정지은 것은 쓰시마해전이었다. 승기를 잡은 일본은 열강들과 치밀한 외교 조율에 나섰다. 가쓰라는 7월 29일 도쿄를 방문한 윌리엄 태프트 William Taft(1857~1930) 미국 육군장관과 만나 "일본이 대한제국에 자신들의 동의 없이 대외 조약을 체결할 수 없다고 요구할 수 있는 정도의 권한을 갖는 게 현 전쟁의 논리적 결과"라는 데 대한 의견 일치를 이끌어 낸다.[7] 영국과는 8월 12일 2차 영일동맹을 통해 일본이 대한제국에 대해 "정당하며 필요하다고 인정하는 지도·감리 보호 조처를 취할 권리"(3조)가 있음을 인정받았다.

전쟁을 끝내기 위한 러·일 간의 강화회의는 8월 9일 미국 포츠머스에서 시작됐다. 러시아는 9월 5일 조인된 포츠머스조약 2조에서 "일본이 한국에 대해 정치·군사·경제상 탁월한 이익을 가진다는 것을 승인하고, 한국에 대해 필요하다고 인정되는 지도·보호·감리 조치를 취하는 것을 방해하거나 간섭하지 않는다"고 약속했다. 윤치호는 10월 16일 신문에서 이 조약의 전문을 확인한 뒤 "러시아는 이를 통해 교훈을 일본은 영예를 조선은 최악의 것을 얻었다"면서 비명을 질렀다.

포츠머스조약이 체결됐다는 사실을 확인한 하야시는 때가 무르익었다고 판단했다. 가쓰라에게 "예전에 내정해 줬던 (대한제국을) 보호국으로 삼는다는 결정을 감행할 기회가 왔다고 믿는다"면서 "이를 실행하기 위해 도쿄에 가고 싶다"는 뜻을 전했다. 하야시가 도쿄에 도착한 것은 포츠머스에서 회담을 마친 고무라가 지구 반 바퀴를 돌아 요코하마를 통해 귀국하기 바로 전날이었다. 《일본외교문서》를 통해 확인할 수 있는 고무라의 귀국일이 10월 16일이니,[8] 하야시는 15일 도쿄에 도착한 게 된다. 두 인물은 16일 오후 요코하마에서 얼굴을 마주했다. 하야시가 "전의 일과 관련해 어제 조선에서 막 귀경했다"라고 말하자, 고무라는 "도쿄에 도착하면 바로 이 문제를 결정해야 하니 내일 찾아와 달라"고 답했다.

을사늑약 체결되다

고무라는 이튿날 찾아온 하야시에게 "앞으로 회의를 열어 조선 문제를 결정해야 한다"면서 "책임을 갖고 이 문제를 끝까지 해낼 자신이 있냐?"라고 물었다. 하야시는 자신의 각오를 밝히면서 그러기 위해선 "폐하(메이지 천황)의 칙명이 필요하다"라고 말했다. 일본에서 이런 중요한 임무를 감당할 이는 이토 히로부미 추밀원 의장밖에 없다는 데 둘의 의견이 일치했다. 이토는 자신을 찾아온 고무라와 하야시에게 "자네들이 그렇게 말한다면 내가 가겠다"며 대한제국으로 가는 특파대사직을 쾌히 승낙했다.[9]

내부 의견 조율을 마친 일본 정부는 10월 27일 '한국 보호권 확립 실행에 관한 각의 결정'을 통해 "한국의 외교 관계를 완전히 우리 수중에 넣겠다"(1조)는 방침을 확정했다. 지난 4월엔 실행 시점을 "적당한 시기"로 정했었지만, 이번엔 아예 "11월 초"(3조)라고 일시를 못 박았다. 또 "착수를 해 도저히 한국 정부의 동의를 얻지 못할 것으로 보일 때엔 최후의 수단으로 일방적으로 보호권을 확립한다는 뜻을 통고한다"(8조)는 내용도 담았다. 대한제국이 이 제안을 거절해도, '최후의 수단' 즉 무력을 써서라도 자신들의 뜻을 관철하겠다고 다짐한 것이다.[10] 상황이 여기에 이르렀을 때 대한제국에 더 이상의 '갈림길'은 없었다. 하야시는 이토에게 "1주일 정도 있으면 당신을 맞이할 준비가 될 것이라 본다"면서 "너무 늦어지면 거꾸로 일을 추진하기 힘들어진다"라고 말했다. 다소 무리를 해서라도 서둘러 일을 해치우자는 당부였다. 하야시는 11월 2일 귀임했다.[11]

일본이 대한제국에 이토의 특파 사실을 통보한 것은 하야시가 귀임한 당일인 2일이었다. 하기와라 슈이치萩原守一 주한 일본 대리공사는 이재극 궁내부대신에게 "우리 천황 폐하가 추밀원 의장인 이토 후작을 어전에 불러 한국 황실 위문을 위하여 차견差遣(사람을 보냄)하신다는 분부가 있었다"라고 통보했다.

조선의 운명을 건 러·일의 대결은 이미 일본의 '판정승'으로 끝난 상태였다. 대한제국 내부에서도 이번 이토 방문이 갖는 무거운 의미를 어느 정도 짐작하고 있었다. 이 무렵 대한제국 관료 가운데 가장 고위직에 있던 한규설 참정대신은 1930년 1월 1일 《동아일보》 인터뷰에서 당시 분위기에 관해 "하세가와 요시미치長谷川好道(1850~1924) 조선 주차군 사령관이 오면서 일본 군사가 들락거리는 것을 벌써 짐작"하고 있었다면서 "이토 대사가 입경한 게 양력 11월 9일"이었는데 이에 앞서 일진회가 "일본의 보호를 받아야 한다고 야단"을 떨었다고 말했다. 그의 말대로 친일단체 일진회는 이토 방문 사흘 전인 6일 '일본에 외교권을 맡기는 것에 찬성한다'는 성명을 발표했다.

서울에 도착한 이토는 이튿날인 10일 정오 고종을 만나 천황의 친서를 전했다. 이후 고종이 몸이 아프다며 만남을 피해 닷새 만인 15일 오후 3시 2차 회담이 이뤄졌다. 이토는 이 자리에서 대한제국의 모든 외교권을 일본에 위임한다는 내용이 담긴 조약문을 제시했다. 고종은 을미사변 때 겪은 고통에서부터 지난해 말 일본의 고문정치가 시작된 뒤 "황실의 내탕에 간섭해 그 전재錢財(돈과 재산)까지 강압적으로 탁지의 주관으로 귀속해" 자신의 돈줄이 말랐다는 사실까지를 언급하는 등 길게 길게 불만을 쏟아 냈다. 이토는 말을 잘랐다.

"여러 가지 폐하의 불만스러운 실정에 관한 말씀의 취지는 자세히 알았습니다. 그러나 폐하께 시험 삼아 묻겠습니다. 한국은 어떻게 해서 오늘에 생존할 수 있었는지, 또한 한국의 독립은 누구 덕택이 었는지, 한 가지 일이 이것입니다. 폐하는 이것을 아시고서 그리고 또한 그렇게 불만의 말씀을 흘리시는 것인지요?"

"그 점에 관해서는 짐도 잘 알고 있다."

"세계의 추세를 살피셔서 국가 인민의 이해로 돌이켜 보아 즉시 이에 동의를 하여 주실 것을 바랍니다. 본안은 제국 정부가 여러 가지 고려를 거듭하여 더 이상 추호도 변통의 여지가 없는 확정안입니다"

"짐은 지금 스스로 이를 재결할 수 없다. 짐의 정부 신료에게 자순諮詢하고 또 일반 인민의 의향도 살필 필요가 있다."

"신료에게 자순하심은 당연하오시며 외신도 역시 결코 오늘로 결재하심을 청하려고 하는 뜻은 아닙니다. 그러나 일반 인민의 의향을 살핀다는 운운의 말씀에 이르러서는 기괴하기 짝이 없다고 생각합니다. 왜냐하면 귀국은 헌법 정치도 아니며 만기萬機 모두 다 폐하의 친재親裁로 결정한다고 하는 소위 군주전제국이 아닙니까?"

"아니, 아니 결코 그런 뜻이 아니다. (폐하는 매우 낭패스러운 모양으로-원문) 결코 직접 민론民論을 듣겠다는 뜻이 아니다."[12]

이토는 "폐하는 책임을 정부에 돌리고 정부는 또 그 책임을 폐하께 돌려 (중략) 쓸데없이 결정을 늦추면 귀국이 손해 보는 바는 있어도 이로울 것은 없다"라고 강하게 경고했다. 대한제국은 이토의 말대로 "대한국 대황제가 무한한 군권"을 지닌 〈대한국국제〉

3조), "만세토록 불변할 전제정치"(2조) 국가였다. 스스로 쌓은 이 공고한 철옹성 때문에 고종은 나라가 망하는 최후의 순간에 자신을 제도적으로 방어해 줄 아무 수단도 갖추지 못한 벌거숭이로 남고 말았다. 1898년 10~11월 독립협회가 추진했던 "헌의 6조 가운데 외국과 조약 체결은 중추원의 동의가 있어야 한다는 1개 조항만이라도 관철됐다면 나라가 이렇게 허망하게 망할 리는 없었을 터"였다. 이것이 갑신정변 이래 모든 정치 개혁 요구를 뿌리치고 고종이 일관되게 추진해 왔던 군주권 강화 정책의 비참한 말로였다.[13]

이틀 뒤인 11월 17일 밤에서 18일 새벽으로 넘어가는 시간 을사늑약이 체결됐다. 17일 밤 8시 하세가와를 대동하고 입궐한 이토는 대신들을 불러 모아 조약에 관한 찬반을 물었다. 답변은 세 갈래로 나뉘었다. 첫 번째는 '명확한 반대파'였다. 민영기 탁지부대신은 "본 협약에 반대한다"라고 말했고, 한규설 참정대신도 "도저히 내 뜻을 바꿀 수가 없다"라며 반대 뜻을 고수했다. 이토는 12월 8일 메이지 천황에게 보고한 '복명서'에서 이 말을 마친 한규설이 "희허체읍欷歔涕泣(한숨을 쉬고 흐느끼면서 눈물을 떨구고 욺)하기에 이르렀다"라고 적었다. 그러나 한규설 본인이 밝힌 '그날의 풍경'은 이토의 설명과는 크게 다르다. 그는 조약 체결을 맹렬히 반대하다 일본 헌병들에 의해 회의실 밖 별도 방에 감금당했다.

> 이윽히 있다가 고희경(예식과장·1873~1934)이가 나오기에 나는 (고종의) 부르심인가 하였더니 뜻밖에도 그 말에는 대답도 없이 아주 딴소리(를 하며) '이토 대사가 좀 뵈옵겠다고 합니다' 하지 않겠소.

너무 어이가 없어서 그게 무슨 소리냐고 호령을 하고 이토 대사를 볼 필요가 무어냐고 하였더니 고희경이는 간데없고 공사 통역관 시오카와라는 이가 와서 내 옷자락을 잡으면서, 이토 대사가 보자고 한다고 수옥헌 마루방으로 갔습니다. 이토 대사가 오는데 말인즉 역시 '도장을 찍도록 하라'는 것이오. '그럴 도리가 있느냐'고 다시 반대하였더니, 슬그머니 나가 버린 뒤 일본 사관들이 문을 지키고 내어 보내지를 않습니다. 속아서 갇힌 것이오. 허허…. 갇히었지요.[14]

두 번째는 적극 찬성파였다. 이완용 학부대신, 이지용 내부대신, 권중현 농상공부대신 등이 이에 속했다. 특히 이완용은 "오늘 원만히 타협해 일본의 요구를 받아들임과 동시에 우리 쪽의 요구도 받아들이게 하자"라고 말했다. 일본의 요구를 순순히 받아들이면서, 우리에게 유리한 쪽으로 문구 수정을 시도하자는 '더러운'(!) 현실론이었다. 세 번째는 소극적 반대파였다. 이하영 법무대신은 "양국 간엔 이미 한일의정서가 있다"며 "새삼스럽게 신협약을 체결할 필요가 없다"라고 말했다. 박제순 외부대신 역시 "단연 동의하지 않는다"는 원칙론을 밝히면서도 "폐하(고종)의 명령이라면 별수 없는 일"이라고 답했다. 이근택 군부대신 역시 "수상(한규설)의 의견에 방임하겠다"라고 했다.

놀라운 것은 이토의 반응이었다. 이하영·박제순·이근택을 향해 "귀 대신은 본 협약에 반대라고 볼 수 없다"라고 말했다. 나라의 운명이 갈리는 절체절명의 순간에 박제순 등이 취한 '소극적 반대'를 '찬성'이라 해석한 것이다. 그런 뒤 한규설에게 "우리 제안에 절대적 부동의를 주장하심은 귀 대신과 민 대신이 있을 뿐"이라며 "체결의 상규(널리 적용되는 규칙)인 다수결에 따라(찬성 6, 반대 2) 이 문제를 전적으로 가결한 것으로 인정한다"라고 말했다. 하야시는 "각료 가운데 한두 명은 자살할 것"이라고 예측했지만, 그런 일은 발생하지 않았다.

을사늑약을 체결하는 과정에서 하야시는 정부로부터 거액의 기밀비를 받아 고종과 주요 대신들에게 두루두루 뇌물을 먹였다. 하야시가 12월 11일 고무라에게 보고한 '임시 기밀비 지불 잔액 반납의 건'이란 문서를 보면, 일본 정부는 을사늑약을 원만히 추진하기 위해 일본 공사관에 기밀비 10만 엔[15]을 전달했다. 하야시는 조약 체결 엿새 전인 11일 고종에게 무기명 예금증서로 2만 엔을 건넸고, 한일의정서 체결 때도 큰 역할을 했던 '친일파' 구완희에게 고종 주변 시종들을 매수하라며 3000엔을 전달했다. 그다음엔 주요 각료들이었다. 이하영에겐 16일 3000엔, 이지용·이근택에겐 조약 체결 뒤인 22일 각 5000엔, 이완용에게 그 두 배인 1만 엔을 건넸다. 그 밖에 박제순 외 두 대신은 1만 5000엔을 받았다. 고지식한 하야시는 남은 3만 9000엔은 정부에 반납했다.[16]

두 충신의 죽음

나라가 망했다는 충격적 소식에 가평에서 은거하던 조병세가 노구를 이끌고 서울로 달려왔다. 그와 함께 고종에게 쓴소리를 쏟아 내던 3인방 가운데 김병시와 정범조는 1898년 각각 세상을 떠난 뒤였다. 고종을 향해 독설을 서슴지 않던 늙은 대신은 11월 23일 고종을 알현한 자리에서 다음과 같이 말했다.

나라에 중대한 일이 생기면 존엄한 임금도 위에서 독단獨斷하지 못하고 반드시 시임 및 원임 대신, 2품 이상의 관원들, 지방에 있는 유현儒賢들과 의논한 다음에 결안決案하는 것이 바로 조종조祖宗朝의 변함없는 법이었습니다. 이번 일본 공사가 청한 5가지 조목은 관계되는 것이 어떠하며 얼마나 중요합니까? 그런데 한두 신하들이 폐하의 뜻을 받들지도 않고, 옛 법을 따르지도 않고 어찌 제 마음대로 옳거니 그르거니 하면서 나라를 남에게 넘겨준단 말입니까?[17]

자포자기에 빠진 현실주의자 윤치호는 조약 체결에 반대하며 상소문을 준비하는 조병세의 모습을 보며 "비록 그 의도는 최선이라고 해도 일본이 20만 명의 생명과 수억 엔의 돈을 희생시키면서 획득한 것을 소리만 요란한 몇 장의 상소문으로 취소시킬 수 있다고 생각한다는 점에서 잘못되었다"는 냉소적 평가를 남겼다.

원칙주의자 조병세는 포기하지 않았다. 27일 다시 상소를 올려 "먼저 나라를 팔아먹은 역적들을 처단하여 천하에 사죄"하고, "즉시 각국 공사관에 성명을 내어 모임을 열고 담판을 한다면 강제로 체결된 조약을 폐지하고 국권을 회복할 수 있다"라고 주장했다. 두 번째 상소를 올린 뒤엔 고종이 머물고 있던 경운궁 대안문 앞에서 석고대죄하며 "윤허를 받지 않으면 물러가지 않겠다"면서 버텼다.[18] 고종은 "이처럼 크게 벌일 일"이 아니라며 "즉시 집으로 돌아가라"며 내쳤다.

28일엔 고종의 외사촌인 민영환이 나섰다. 이날 올린 상소에서 "폐하께서는 넓고 깊이 살펴 빨리 처분을 내려 매국 역적들을 처단하고, 다시 강직하고 충성스러운 신하를 선발해 외부대신으로 임명하여, 성명을 내고 회동하여 담판하게" 하라면서 "그런 다음에야 강제 체결된 조약이 폐지되고 나라가 보존될 것"이라고 주장했다. 고종은 이번에도 "왜 이렇게까지 번거롭게 구는가?"라며 "경들의 충성스러운 말을 왜 모르겠는가? 속히 물러가라"며 신경질적으로 반응했다. 이어 상소의 "우두머리(疏頭) 이하를 모두 법부에서 잡아 징계 처분하게 하라"고 했다가 너무 심한 조처라고 생각했는지 이튿날 취소했다.[19]

좌절한 민영환은 11월 30일 옛 하인 이완식의 집에서 자신의 명함 앞뒷면에 '결고缺告 아 대한제국 이천만 동포'라는 제목의 유서를 쓴 뒤 칼로 목을 찔러 스스로 목숨을 끊었다. 유서에는 이런 내용이 적혀 있었다.[20]

> 오호! 나라의 치욕과 백성의 욕됨이 이에 이르렀다. 우리 인민은 장차 생존경쟁에서 모두 죽어서 사라질 것이다. 대개 살기를 바라는 자는 반드시 죽고, 죽기를 각오한 자는 도리어 살 것이니 여러분은 어찌 이것을 알지 못하는가. 영환은 한번 죽음으로써 황은皇恩에 보답하고, 우리 2천만 동포 형제에게 사죄한다. 그러나 영환은 죽어도 죽지 않고, 지하에서라도 여러분을 기어이 도울 것이다. 동포 형제들은 천만 배나 마음과 기운을 더하여 지기志氣를 굳게 하고, 학문에 힘쓰며, 한마음으로 서로 돕고 힘을 모아 우리의 자유 독립을 회복하라. 그러면 죽어서라도 마땅히 저세상에서 기뻐 웃으리라. 오호! 조금도 실망하지 말지어다. 대한제국 2천만 동포에게 영결을 고하노라.

대안문 앞에서 농성하던 조병세는 30일 일본 헌병에 붙들려 정동 헌병소에 수감됐다가 이튿날 풀려났다. 황현이 《매천야록》에 남긴 기록에 따르면, 그는 민영환이 죽었다는 사실을 들은 뒤 탄식하며 "나도 죽어야겠다"라고 말했다. 실제 집으로 돌아가던 가마 안에서 아편을 삼켜 세상을 등지려 했다. 목숨이 끊긴 것은 집에 도착하고 한 시간쯤 지난 오후 4시 반께였다. 그도 유서를 남겼다.

이 병세는 사경에 임박하여 국내 인민에게 경고합니다. 아! 강린強隣(강한 이웃)이 투맹偸盟(동맹을 도적질함)하고 적신賊臣(도적 같은 신하)이 매국하여 500년 종사가 엮어 놓은 구슬이 떨어질 것처럼 위태롭습니다. 우리 2천만 생령生靈은 곧 노예가 될 것이니 차라리 나라를 위해 죽을망정 차마 이와 같은 수치를 어찌 당할 수 있겠습니까? 이것은 참으로 지사志士들이 피를 뿌리고 충신들이 눈물을 삼키는 때입니다.
그러므로 이 병세는 충분忠憤(충성스러운 분노)이 격하여 역량을 헤아리지 못하고 상소문을 가지고 대궐 앞에서 외치다가 대궐 밖에서 석고대죄를 하였습니다. 그것은 이미 다른 나라로 옮겨 갔던 국권을 만회하고 위태로운 곳에서 생민들을 구제하려고 한 것입니다. 그러나 그 일은 마음대로 되지 않고 대세는 이미 기울어졌습니다. 오직 죽는 것으로써 위로는 국가에 보답하고 아래로는 여러 사람에게 사죄를 하려고 합니다.
그러나 죽은 뒤에도 여한이 되는 것은 국세를 회복하지 못하고 주상의 근심을 풀어 드리지 못한 것입니다. 그러므로 우리 전국 동포

들은 나의 죽음을 슬퍼하지 마시고 각자가 분발하여 더욱 충의에 힘써 주시고, 국가를 여러 가지로 도우시어 우리 독립의 기초를 공고히 하여 국가의 수치를 씻어 주신다면 이 병세는 비록 저승에 있더라도 춤을 추며 기뻐하겠습니다. 그럼 제각기 노력하고 또 노력하시기 바랍니다.[21]

두 충신의 죽음과 함께 대한제국도 사실상 운명을 다했다.

에필로그

망국의 원인을 생각하다

보수와 진보의 엇갈림

 조선이 서구식 근대 조약 체계 속으로 편입되던 19세기 말은 그야말로 대격변의 시대였다. 120년 전 우린 이 도전을 이겨 내지 못하고 오랜 이웃인 일본의 식민지가 됐다. 이 가혹한 현실은 우리 공동체에 너무나 깊고 본질적인 상처를 남겼다. 일본의 지배에서 벗어난 지도 80년이 지났지만, 여전히 우리는 그 상처를 마음속에 안고 산다.

 조선이 변화에 대처하지 못한 근본 원인은 정치 체제의 '경직성'이었다. 조선은 앞뒤가 꽉 막힌 나라였다. 500여 년 동안 이어져 온 전제군주제의 관성이 너무 단단했다. 여기에 고종 대에 이르면 '부패한' 민씨 척족의 세도가 워낙 막강해 우리 내부 역량으로 이를 뒤엎을 수 없었다. 갑신정변을 일으킨 박영효의 말대로 "여론이 없고, 정당이 없는" 시대였다. '합법적' 권력 교체 수단이 없으니, 개혁을 실행하려면 '역모'를 저지를 수밖에 없었다. 고종이 재위한 44년 동안 무려 '31번 이상'의 역모가 있었다.[1] 그럴수록 고종은 더 전제군주권에 병적으로 집착했다. 아무리 선의를 품고 이해하려 노력해도, 고종은 대책 없는 혼군昏君일 뿐이었다.

이런 답답한 상황 속에서 조선의 내정 개혁에 관심을 기울이던 유일한 세력이 있었다. '외세'인 일본이었다. 일본에 조선은 "강력強力(군사력)을 사용"해 지켜야 할 '이익선'(야마가타 아리토모, 1890)이자 "제국을 향해 튀어나온 칼날"(고무라 주타로, 1903)이었다. 일본인들은 조선 정세가 안정돼야 비로소 일본도 안전해질 수 있다고 굳게 믿었다. 그랬기에 무쓰 무네미쓰 외무대신은 1894년 6월 청일전쟁을 각오하며 "조선국에 대한제국의 이해는 심히 긴요 중대해 그 나라의 참정비황을 수수방관할 수 없다"라고 선언할 수 있었다.

조선의 암담한 현실을 바꿔 보려던 개혁 세력은 무능하고 부패한 고종과 민씨 척족을 제압하기 위해 한반도에 대한 영향력 확대를 노리던 외세와 결탁했다. 그 결과가 1894년 7월 23일 새벽 이뤄진 일본군의 경복궁 점거였다. 이 사변은 일본이 '주범'이 되고 조선의 개혁 세력이 '공범'이 되어 일으킨 한·일 합작 쿠데타였다. 두 세력은 이후 힘을 합쳐 갑오개혁이라는 대대적 국가 개조 프로젝트를 추진한다.

갑오개혁의 핵심 목표는 조선에 근대국가에 걸맞은 합리적 의사 결정 시스템을 구축하는 것이었다. 왕이 정사를 만기친람하는 절대군주제를 버리고 유능한 신하들이 숙의해 국사를 결정하도록 내각을 설치하고 이를 감시·견제할 수 있는 의회를 만들어야 했다. 이는 고종의 군주권을 제약해야만 하는 고통스러운 일이었다. 그럴수록 구성원들 간에 폭넓은 '신뢰'가 필요했다. 극단적 대립을 피할 수 있도록 유연하고 신중한 태도로 서로를 배려해야 했다. "개화파와 고종이 협력하여 제도 개혁을 수반한 부국강병을 지속적으로 추진하는 것이 자주적 근대화의 성공을 도모하는 유일한 길"이었다.[2]

안타깝게도 개혁은 시작과 함께 파탄을 예고했다. 조선 민중들이 볼 때 '원수'나 다름없는 일본과 손잡고 고종을 협박해 가며 개혁을 끌고 나간다는 것은 있을 수 없는 일이었다. 이는 조선인의 민족적 정체성을 근본부터 부정하는 행위였다.

문제는 개혁 세력이나 이에 저항한 민중 모두 각자의 방식으로 나라를 사랑한 '애국자'들이었다는 데 있다. 갑오개혁이 시작된 뒤, 의화군을 데리고 일본에 보빙사로 간 유길준은 1894년 10월 이토 히로부미 일본 총리에게 할 말이 있다고 청한 뒤 일어나 큰 소리로 '조선 독립 만세'를 외쳤다. 갑오개혁을 주도한 이들이 일본의 힘을 빌린 것은 개혁을 추진하기 위해서였지 민족을 배신할 생각이 있었기 때문은 아니었다. 바로 이들이 이상이나 명분보다 실리를 우선시한 한국 보수의 진정한 원형이었다.[3]

저항한 민중들도 마찬가지였다. 동학농민운동의 지도자 전봉준은 체포된 뒤인 1895년 3월 우치다 사다쓰치 서울 영사에게 "귀국이 개화라 칭"하면서 "우리 도성에 들어와 야반에 왕궁을 격파"해 "충군애국의 마음으로 강개함을 이기지 못하여 의려를 규합"했다고 말했다.[4] 이 순정한 분노를 품었던 이들이 식민 지배와 군사독재에 저항해 가며 사회혁명을 꿈꿨던 한국 진보의 원형이었다. 결국 '나라를 위해' 외세의 힘을 빌렸던 조선의 엘리트(보수)와 똑같이 '나라를 위해' 외세를 쫓아내려 했던 조선의 민중(진보)들이 동학농민혁명을 통해 정면충돌하고 만 것이었다.

외세의 도움을 받아서라도 나라를 개혁하려 한 이들의 도전은 고종의 반대와 민중들의 저항으로 실패했다. 개혁이 실패한 폐허 위에서 고종은 자신의 권력 강화에 나선다. 1897년 10월 대한제국이 만들어졌고, 2년 뒤인 1899년 8월 〈대한국국제〉가 등장했다. 고종은 〈대한국국제〉 2조에서 대한제국의 정치는 "만세토록 불변할 전제정치"라고 못 박았다. 이로써 나라는 사실상 회생할 가망이 없어졌다.

결국 좌우가 '분열'해 나라가 망했다는 비참한 현실은 공동체에 큰 상처를 남겼다. 외세에 의존했던 조선의 보수는 훗날 나라가 일본의 식민지로 전락하면서 역사의 '죄인'이 됐다. 이후 나라를 팔아먹은 진짜 '친일파'들과 도매금으로 엮이면서 세인들의 기억에서 완전히 지워져 갔다.

이에 견줘 외세를 떨치려 했던 조선의 민중은 잔인하게 학살당했다. 죽은 이들은 말이 없었고, 일부 살아남은 이들도 침묵을 강요당했다. 보수는 고개를 들 수 없었고, 진보는 들 수 있는 고개조차 없었다. 바로 이것이 이토가 1907년 5월 지적한 "분연히 독립의 근저를 길러야 할 시기였음에도 이를 돌보지 않"았다고 말한 내정 개혁 실패의 과정이자, 현재까지 이어지는 좌우 대립의 시작점이다.

중립화는 가능했을까

 개혁에 실패했다고 꼭 나라가 망해야 하는 것은 아니었다. 한반도를 둘러싼 전통적 사대 질서가 무너져 내리는 격변기가 아니었다면, 조선은 청에 사대하는 속국으로 근근이 국가의 틀을 유지할 수 있었다. 조선에 망국의 위기가 닥쳐온 것은 청일전쟁에서 패한 청이 한반도에서 물러나면서였다. 조선은 이제 자신의 운명을 스스로 짊어져야 했다.

 청이 떠난 뒤 발생한 힘의 공백을 메운 것은 러·일이었다. 1896년 성립한 양국 간의 협조 체제는 불과 5년을 넘기지 못했다. 1900년 의회단사건의 결과 러시아가 만주를 점령하면서 한반도를 둘러싼 러·일 간의 처절한 대립이 시작됐다. 이 무렵 고종 앞엔 세 갈래 선택지가 열려 있었다. 첫 번째는 러시아의 편에 서는 길, 두 번째는 중립화의 길, 세 번째는 일본의 편에 서는 길이었다.

 러시아의 편에 서는 길은 가고 싶어도 갈 수 없는 길이었다. 고종은 갑신정변 이후인 1885~1886년, 아관파천 직후인 1896년, 러일전쟁 직전인 1903년 등 무려 세 차례나 러시아에 국가의 운명을 의탁하려 했다. 러시아는 조선·대한제국의 독립을 지지한다고 할 뿐 한반도 문제에 깊숙이 엮이지 않으려 했다. 러시아가 전략적 관심을 기울인 지역은 동청철도가 지나고 뤼순이 자리해 있는 만주까지였다. 약소국이 살아남기 위해선, 자신의 운명을 좌우하는 주변 강대국의 생각을 정확히 읽어 내야 한다. 고종은 러시아의 의도를 번번이 오독해 국가를 큰 위기로 몰아넣었다.

 두 번째는 중립화의 길이었다. 국제 정세를 파악하는 고종의 '촉' 자체는 나쁘지 않은 편이었다. 1900년 의화단사건이 발생하자 러·일 간 힘의 균형이 깨졌음을 직감하고, 이 갈등에 말려들지 않으려 했다. 하지만 러·일의 전략적 이해를 따져 봤을 때 이 역시 쉽지 않은 길이었다.

일단, 러시아는 한반도를 중립화한다는 구상에 긍정적이었다. 한반도를 러·일 모두의 간섭에서 자유로운 중립지대로 만들면, 자신들이 틀어쥐고 있는 만주의 안전을 확보하기 쉬웠기 때문이다. 일본의 생각은 전혀 달랐다. 이들은 한반도를 "실리상으로도 국민 감정상으로도 제국이 포기할 수 없"는 '이익선'으로 보고 있었다. 한반도에서 물러난다는 것은 상상할 수도 없는 일이었다. 나아가 한반도 중립화를 받아들인다는 것은 러시아의 만주 지배를 사실상 용인한다는 것을 뜻했다. 러·일의 이해가 첨예하게 갈리는 상황에서 대한제국 홀로 중립화를 외친다고 이를 현실로 만들 수 있는 게 아니었다. 일본의 강력한 반대로 중립화 구상은 제대로 논의돼 보지도 못한 채 실패하고 만다.

결국 남는 선택지는 일본의 편에 서는 길이었다. 1900년 이후 고종에겐 적어도 세 차례 기회가 있었다.

첫 번째는 1900년 여름 현영운과 기구치 겐조가 각각 추진한 한·일 공수동맹안이었다. 현영운은 1900년 7~8월께 스기무라 후카시 통상국장과 회담에서 "우리나라의 존립과 이름을 훼손하지 않는 한" 한일동맹을 체결해 "사실상 밖에 대하여서는 양국이 일체의 태도를 취"할 수밖에 없다고 말했다. 국가 생존을 위해 외교 자율성이 상당 부분 훼손되는 불편한 상황을 받아들이려 한 것이다. 중립화에 마음을 쏟고 있던 고종은 이를 받지 않았다.

두 번째 기회는 1901년 10월 박제순 외부대신이 일본을 방문했을 때였다. 당시 고무라 주타로 일본 외무대신이 제시한 조건은 자신들이 대한제국의 영토를 보전하고 황실의 안전을 도모할 테니 다른 국가의 "원조를 구하지 말라"는 것이었다. 박제순은 "독립국의 체면을 손상시킬 염려가 있다"며 동의하지 않았다. 마지막은 러일전쟁 직전이던 1904년 1월에 논의된 한·일 밀약이었다. 전쟁에서 이기려면 대한제국의 도움이 절박했기 때문에 조약문은 추상적이고 느슨한 내용으로 짜여졌다. 일본은 "한·일 두 나라는 성실한 우의로 상호 제휴하여 안녕질서를 영구히 유지할 것"이라는 내용을 담았을 뿐 조선을 예속화한다는 의도를 노골적으로 드러내지 않았다. 이번에도 고종이 택한 것은 전시중립이었다.

나라가 망국의 위기 앞에 놓였을 때 고종은 러시아의 편에 서는 길과 중립화 사이를 오갔을 뿐 일본 편에 서는 길은 단 한 번도 택하지 않았다. 그에 반해 일본은 한반도를 자신들의 세력권 아래 두지 못해서 안달이었다. 고종이 버둥거릴수록 더 집요하고 악독하게 멱통을 잡아 누르려 했다. 좀 더 나은 조건에서 일본과 협력하는 길을 택했다면, 대한제국은 일본의 강한 영향력 아래 놓인 동맹의 '하위 파트너'가 됐겠지만, 나라가 망하는 최악의 상황은 피할 수 있었을지 모른다. 이런 얘기를 꺼내 든다는 것 자체가 고통스러운 일이지만, 이것이 내정 개혁에 실패하고 만 대한제국이라는 약소국이 맞닥뜨려야 했던 냉엄한 현실이었다.

그렇다 해도 고종과 조선인들은 일본의 편에 서는 선택을 내릴 수 없었다. 일본은 동등한 교린의 상대일 뿐 사대할 국가가 아니었고, 을미사변이라는 "고금 미증유의 흉악"을 저지른 '원수'이기도 했다. 무슨 일이 있더라도 일본의 우위를 인정하는 '하위 파트너'가 될 수 없다는 게 조선인의 정체성이었다. 그럴수록 나라의 형편은 점점 더 절박해졌고, 결국 망국에 이르고 만다. 이것이 바로 이토가 말한 '외교의 실패'였다.

2025년을 돌아본다

조선의 실패를 통해 2025년 대한민국의 현실을 돌아본다. 눈을 들어 세계를 바라보면, 구한말에 필적할 만한 엄청난 격변이 진행되고 있음을 알 수 있다. '미국을 다시 위대하게'라는 구호를 내건 도널드 트럼프 미국 대통령은 그동안 자신들이 애써 가꿔 온 자유주의적 국제 질서를 스스로 허물어뜨리고 있다. 2차 세계대전이 끝나고 지난 80년 동안 기꺼이 떠맡아 왔던 책임 있는 패권국의 자리를 미련 없이 걷어차면서 미국을 중심으로 한 '일극 체제'는 사실상 막을 내리고 말았다. 이제 세계는 미국·중국·러시아 등 여러 강대국이 자신들의 국익을 배타적으로 추구하면서 필요한 경우엔 '더러운 거래'마저 서슴지 않는 '다극 체제'의 시대로 접어들려 하고 있다.[5] 트럼프 대통령의 등장은 한때의 소나기 같은 일시적이고 돌출적인 현상이 아닌, 우리가 잘 모르는 사이에 진행돼 온 미국 사회의 쇠퇴를 극적으로 드러내는 불가역적이고 필연적인 역사의 흐름이라고 봐야 한다.[6]

이 변화는 300년 동안 조선에 절대적 영향력을 끼쳐 온 청의 퇴각만큼이나 우리에게 큰 충격을 안기게 될 것이다. 대한민국은 미국이 만든 '자유무역 질서' 속에서 경제 발전을 이뤄 냈고, 미국과 맺은 상호방위조약(1953)을 통해 안보 문제를 해결해 왔다. 이

두 기둥이 동시에 무너져 내리고 있다는 사실에 주목할 필요가 있다.

먼저 한국의 경제성장을 견인해 온 자유무역 질서는 가혹한 '트럼프 관세'로 이미 상당 부분 붕괴됐다. 트럼프 대통령은 미국 제조업 부활을 위해 한·일 등 주요 동맹의 경제를 황폐하게 만드는 정책을 쏟아 내고 있다. 한·미는 7월 30일 미국이 부과한 상호 관세와 자동차 품목 관세를 각각 15퍼센트로 낮추는 대신 3500억 달러(약 487조 원)를 투자하고, 1000억 달러어치의 에너지를 구매하기로 했다. 3500억 달러는 올해 우리나라 총예산(703조 원)의 69퍼센트, 지난해 국내총생산(2282조 원)의 21퍼센트에 이르는 엄청난 돈이다. 결국 국내 투자와 고용을 희생하며 미국을 지원하라는 얘기다.[7] 미국은 심지어 이 돈을 사실상 미국이 마음대로 쓸 수 있는 '현금'으로 달라고 요구하고 있다. 하워드 러트닉 미국 상무장관은 지난 9월 11일 "한국에 대한 유연성은 없다"며 "한국인들은 딜을 받아들이거나 관세를 내야 한다"라고 말했고, 트럼프 대통령은 25일 이 돈을 "선불금(upfront)"이라고 설명했다.[8]

한미동맹은 당분간은 이어지겠지만, 장기 지속성을 장담할 수 없다. 트럼프 대통령은 7월 8일 "우리는 한국을 재건하고 거기에 머물고 있다. 하지만 그들은 우리에게 주둔 비용을 거의 지불하지 않는다. 당신들(한국인)은 매년 100억 달러를 지불해야 한다"라고 말했다. 또 "우리는 한국에 (미군) 4만 5000명(실제는 2만 8500명)을 배치하고 있다"며 "이는 그들에게 엄청난 경제적 발전(발전 기회)이었고, 우리에겐 매우 큰 손실이었다"고 강조했다. 미국은 주한미군을 감축하거나 이들에게 '전략적 유연성'을 부여해 주된 역할을 '한국 방어'에서 '중국 견제'로 바꾸려 하고 있다. 점점 더 거칠어지는 미·중 전략 경쟁의 최전선으로 우리를 내몰겠다는 의미다. 이 틈바구니에 잘못 끼어들면 큰 낭패를 볼 수 있다. 경제와 안보 모두에서 대한민국의 번영을 가능케 했던 기본 토대가 무너지고 있다. 그로 인해 대한민국은 그동안 당연하게 여겨 왔던 모든 것을 재검토해야 하는 절박한 갈림길 앞에 놓이게 됐다.

대한민국이 조선의 실패를 통해 얻을 수 있는 교훈은 크게 세 가지다.

첫째 사회 통합을 이뤄 내야 한다. 국난이 닥쳤을 때 구성원들이 위기의식을 공유하면서 해결책을 찾기 위해 마음을 모을 수 있는 국가가 강인한 국가다. 하지만 우리 사회를 들여다보면 걱정스러운 점이 한둘이 아니다. 가장 큰 문제는 이미 위험 수위를 넘어선 사회 분열이다. 전 대통령 윤석열이 일으킨 12·3 내란은 한국 사회의 정치 양극화와 내부 분열이 얼마나 심각한지를 압축해 보여 주는 사건이었다.

현대 한국인들이 식민지배-분단-전쟁-군사독재로 이어지는 긴 시련을 이겨 내고 가까스로 도달한 균형이 이른바 '87년 체제'였다. 이 체제를 이루는 두 기둥은 우리가 각고의 노력 끝에 일궈 낸 '경제성장'과 그보다 더 절실하고 소중한 '민주주의'였다. 이 두 가지 성취를 이뤄 냈다는 자부심 속에서 우리 사회는 지난 30여 년간 좋든 싫든 서로를 견디며 살아왔다. 하지만 윤석열이 12·3 내란을 통해 민주주의를 파괴하려 했는데도 구성원들의 40퍼센트 안팎은 이에 동조하는 태도를 보였다. 우리가 함께 일궈 낸 민주주의를 배신하고, 자신에 반대하는 이들을 물리적으로 제거하려던 윤석열의 편을 든 것이다. 이 배신행위로 인해 '87년 합의'가 사실상 산산조각 부서지고 말았다.

사회의 이념 분열이 얼마나 심각한지는 객관적 수치로도 드러난다. 한국리서치의 2025년 5월 조사 결과를 보면, 우리 사회의 여러 갈등 가운데 '여야 갈등'이 '크다'는 의견은 무려 94퍼센트였고, 그다음이 '진보·보수 갈등'(92퍼센트)이었다.

결국 이미 낡은 87년 체제를 과감하게 해체해 사회 변화에 맞는 새로운 국가의 틀을 만들어 내야 한다. 현행 대통령제는 '막강한 권한'을 갖는 5년짜리 왕, 때에 따라선 고종이나 윤석열 같은 혼군을 뽑는 제도로 전락하고 말았다. 윤석열은 2022년 3월 대선에서 겨우 0.73퍼센트포인트를 이겼을 뿐이지만, 100퍼센트의 권력을 손에 쥐고 2년 7개월 동안 제멋대로 폭주했다. 이재명 대통령은 7월 17일 제헌절 메시지에서 "계절이 바뀌면 옷을 갈아입듯, 우리 헌법도 달라진 현실에 맞게 새로 정비하고 다듬어야 할 때"라며 국민 기본권 강화, 자치 분권 확대, 권력기관 개혁 등을 개헌의 주된 방향으로 제시했다. 여기에 권력 구조 개편 등 과감한 개혁안을 더해 선거를 통해 민의가 좀 더 정직하게 반영되는 국가를 만들어야 한다. 이 새로운 '사회적 합의' 위에서 보수와 진보가 서로의 장점을 살려 가며 선의의 경쟁을 펼칠 수 있기를 기원한다. 김홍집과 전봉준은 이제 그만 손을 잡아야 한다.

둘째 여전히 세계 최고 강대국이자 우리의 유일한 동맹인 미국의 의도를 정확히 파악해야 한다. 트럼프가 퇴장한 뒤에도 미국은 우리의 성장과 번영을 가능하게 했던 여러 기반을 무너뜨리고 자국의 이익을 우선시하는 정책을 꾸준히 추진해 나갈 가능성이 높다.

이런 상황에서 좋았던 옛날의 '익숙한 관성'에 매몰돼 미국의 뜻에 맹종하면 고종과 같은 치명적 실수를 저지를 수 있다. 최근 미국의 모습을 보면, 원세개를 내세워 조선 내정에 폭력적으로 개입하던 1880년대 중반~1890년대 중반 청의 모습이 떠오른다. 쇠퇴한 청은 자신의 위신을 유지하기 위해 조선의 내정을 좌지우지하려 했다. 청의 국력이 강건했을 때는 상상할 수도 없는 일이었다.

그 폐해가 결정적으로 드러난 것이 동학농민혁명 직후 청의 파병 결정이었다. 오랜 주종 관계에 길들어 있던 조선은 1894년 6월 초 원세개의 강한 입김에 휘둘리며 청에 구원을 요청했다. 원세개는 1894년 6월 3일 차병 사실을 확인하기 위해 주조선 청국 공사관으로 찾아온 스기무라 후카시에게 "조선 정부가 어떤 방침을 정하든 관계없이 난을 진압하려 한다"라고 말했다. 청의 파병 결정은 근본적으로 조선이 아닌 청의 국익을 위한 것이었다. 고종이 이에 휘둘리면서 한반도는 청·일이 직접 대결하는 처절한 각축장으로 변했다.

현재 미국의 태도도 비슷하다. 피트 헤그세스Peter Hegseth 미국 국방장관은 5월 31일 아시아안보회의에서 "많은 나라가 중국과 경제적으로 협력하고, 미국과 안보적으로 협력한다(안미경중)는 생각에 유혹되고 있다"며, 이는 "중국공산당이 추구하는 덫에 걸려드는 것이고, 중국에 경제적으로 의존하면 해로운 영향을 받게 된다"라고 말했다. 우리에게 중국과 경제 관계를 대폭 축소하고, 안보 측면에서도 대중 견제의 선봉에 설 것을 요구한 것이다. 미국의 요구를 무비판적으로 받아들이면 우리는 감당하기 힘든 큰 타격을 받게 된다.

제이비어 브런슨Xavier Brunson 주한 미군 사령관이 지난 5월 15일 말했듯 "한국은 베이징과 가장 가까운 거리에 있는 미국의 동맹"이자 "중·일 사이에 떠 있는 고정된 항공모함"이다. 미국 7공군이 위치한 오산·군산에서 베이징까지 거리는 1000킬로미터 정도에 불과하다. 우리가 주한 미군의 전략적 유연성을 수용하면, 이 부대의 역할은 '한국 방어'에서 '중국 견제'로 바뀌게 된다. 미·중 간에 유사 사태가 발생할 경우 중국은 자신의 턱밑을 겨누는 비수 같은 존재인 주한 미군 기지들을 직접 타격할 수밖에 없게 된다. 미·중 갈등이 한·중 전쟁으로 변하는 것이다. 미국의 압력으로 인해 어쩔 수 없이 전략적 유연성에 동의하더라도 일본처럼 주한 미군 배치의 중요한 변경, 장비의 중요한 변경, 주한 미군 기지를 출격기지로 하는 전투작전 행동 등이 있을 땐 우리와 '사전 협의'를 하도록 의무화해야 한다.

경제 상황은 더 복잡하다. 2024년 한국의 대미 수출은 1277.9억 달러였고, 대중 수출은 1330.3억 달러였다. 한·중 간의 공급망은 워낙 복잡하다. 희토류 같은 전략 물자뿐 아니라 요소수 같은 범용 제품의 공급 변화에도 우리 경제는 쉽게 휘청거린다. 미·중 모두와 협력해야 살 수 있는 우리에게 중국과 관계를 끊으라는 요구는 어불성설에 가깝다.

결국, 달라진 미국의 전략적 의도를 정확히 읽어 내면서 우리만의 분명한 외교 '원칙' 아래, 우리가 할 수 있는 것과 할 수 없는 것을 하나하나씩 판단해 가야 한다. 물론 우리가 한미동맹을 통해 안보 문제를 해결하고 있는 이상 미·중 사이에서 완벽히 50대 50의 기계적 중립에 설 순 없다. 다만, 현재 미국의 모습에서 동맹을 존중하고 서로 납득할 수 있는 타협점을 찾으려는 '원원의 정신'을 읽어 낼 수 없다. 맹목적 미국 추종은 더 이상 통용되기 힘들다.

마지막으로, 지나친 역사적 정념을 버려야 한다. 트럼프 대통령의 폭주로 미국 중심의 일극 체제가 사실상 무너지면서 우리와 가치를 공유하는 이웃들과 연대·협력을 강화하는 게 한국 외교의 가장 중요한 과제가 됐다. 일본, 유럽연합, 아세안, 오스트레일리아 등 여러 협력 상대를 꼽을 수 있겠지만 가장 중요한 동반자는 '가장 가까운 이웃'인 일본일 수밖에 없다.

한·일 관계에 대해 한국인이 품고 있는 불만을 말하자면 아마 한도 끝도 없을 것이다. 일본은 끝내 우리에게 진정한 역사적 사죄를 하지 않은 채, 아베 신조安倍晋三(1954~2022) 전 총리의 '아베 담화'(2015, 전후 70주년 담화)를 통해 "아이들에게 계속 사죄의 숙명을 지워선 안 된다"고 선언했다. 한국이 중시하는 강제동원 피해자 배상 문제에 대해서도 윤석열 전 대통령이 2023년 3월 '일방적 양보안'을 내놓았지만, 일본은 지금까지 '성의 있는 호응 조처'를 내놓지 않고 있다. 아마도 영원히 내놓지 않을 것이다.

하지만 미국이 패권국의 책무를 걷어차고 지금처럼 이기적 횡포를 이어간다면, 불과 몇년 안에 그동안 인류가 만들어 온 가치와 국제 규범이 사라진 '약육강식의 시대'가 도래할지 모른다. 상황이 이렇게 됐을 때 같은 미국의 동맹이고, 자유무역 질서를 통해 발전해 왔으며, '가치를 공유'하는 한·일은 좋든 싫든 서로에게 소중한 비빌 언덕이 된다.

이미 국민들의 감정이 크게 변하고 있다. 일본 내각부 조사에 따르면, 2019년 26.7퍼센트까지 떨어졌던 일본인들의 '한국에 대한 친근감'은 2024년 56.3퍼센트까지 올랐다. 한국인들의 대일 감정도 크게 좋아졌다.《한국일보》와《요미우리신문》(6월 25일 공개)의 공동 여론조사를 보면, "한·일 관계가 좋다"라고 응답한 한국인 비율은 2024년 42.5퍼센트에서 2025년 55.2퍼센트로 올랐다.[9] 2024년 한 해에만 1200만 명 넘는 사람이 양국 국경을 넘었다. 양국 간에 전례 없이 활발한 인적 교류가 이뤄지고 있는 셈이다.

국제통화기금이 2024년 10월 22일 발표한《세계경제전망》보고서를 보면, 한국의 1인당 국내총생산은 3만 6132달러로 일본(3만 2859달러)보다 높았다. 경제의 전체 규모를 보면 여전히 일본이 한국보다 크지만, 1인당 국내총생산을 놓고 볼 때 한국이 일본을 앞섰음을 알 수 있다. 일본 내 대표적 한국 연구자인 기미야 다다시木宮正史 도쿄대 교수는 이런 변화를 언급하며 한·일 관계가 최근 들어 일본 우위의 '비대칭 관계'에서 동등한 '대칭적 관계'로 변했다는 분석[10]을 내놓고 있다. 상대가 마음에 안 든다고 영토를 떼어 다른 곳으로 옮겨 갈 수 없는 이상, 숙명처럼 서로의 존재를 받아들이고 우호적 관계 구축을 위해 노력해야 한다.

갑신정변의 주역이던 서재필은《회고 갑신정변》에서 김옥균이 입에 담았다는 비전을 소개하고 있다. "그는 늘 우리에게 말하기를, 일본이 동방의 영국 노릇을 하려 하니, 우리는 우리나라를 아시아의 프랑스로 만들어야 한다고 했다."[11] 망국의 갈림길 앞에 섰던 고종은 일본에 종속되는 한·일 협력의 길을 택할 수 없었지만, 이미 대등한 관계를 이뤄 낸 대한민국의 선택은 다를 수 있다.

우리는 역사를 직시하면서도, 미래를 지향해야 한다.

　한국이 일본과 다시 갈등하게 되면, 미국의 횡포를 홀로 받아내며 미·중 경쟁의 최전선에 내몰리게 된다. 참을 것을 참고, 견딜 것을 견디며 협력하지 않으면 나라의 운명은 더 힘들어진다. 이것이 120년 전 멸망한 대한제국이 우리에게 가르쳐 주는, 고통스럽지만 분명한 교훈이다.

감사의 말

이 책을 쓰며 무수한 선학들의 도움을 받았다. 다시 한번 감사의 말을 전한다.

1876년 조일수호조규부터 1905년 을사늑약까지의 30년간 조선이 맞닥뜨렸던 여러 '역사적 갈림길'을 되짚어 정리하는 작업은 결코 쉽지 않았다. 당연히 수많은 선학의 도움을 받았다. 굳이 세 명을 다시 언급하려 한다.

첫 번째는 와다 하루키 도쿄대 명예교수다. 선생님의 '러일전쟁사' 연구가 이 책의 골격이 됐다. 와다 선생님의 연구가 없었다면 이 시기 조·러 관계의 복잡한 맥락을 전혀 이해할 수 없었을 것이다. 두 번째는 김종학 서울대 교수(정치외교학부)다. 특히 그가 남긴 오경석·김옥균 등 개화당에 대한 탁월한 선행 연구가 없었다면, 이 책 1부에 해당하는 내용을 전혀 쓰지 못했을 것임을 고백해 둔다. 세 번째는 김현 연세대 통일연구원 전문연구원의 여러 논문이었다. 이를 통해 갑오개혁에서 독립협회의 투쟁에 이르는 시기에 '군주권의 제도화'를 둘러싸고 조선 사회에서 전개된 고종과 개혁 세력 간의 갈등의 맥락을 이해할 수 있었다.

1년여에 걸친 어려운 연재를 무사히 마칠 수 있었던 것은 2주 만에 돌아오는 '강제 마감'이라는 놀라운 장치(?) 덕이었다.

이 기획을 흔쾌히 받아 준 이가 2024년 2월께 《한겨레》의 오피니언 부장을 맡고 있던 이순혁 선배다. 복잡한 이유로 회사를 떠나게 됐지만, 이 자리를 빌려 감사의 마음을 전하고 싶다. 이어 후임이었던 이재명·정세라 선배가 까다롭고 복잡한 이 원고를 받아 단 한 번의 불평도 없이 오탈자를 잡아내 가며 꼼꼼히 지면에 실어 줬다. 엉뚱한 원고를 붙들고 씨름하는 논설실의 '막내'를 따뜻한 눈으로 지켜봐 준 권태호 논설실장 등 여러 선배께도 심심한 감사의 마음을 전한다. 너무 길어진 원고를 불평 없이 깔끔하게 편집해 준 서해문집의 김종훈에게도 고맙다는 말을 전하고 싶다. 서로 30대 중반이던 시절 《나는 조선인 가미카제다》(2012)라는 첫 책으로 만나 인연이 벌써 15년째 이어지고 있다.

청일전쟁 개전의 주역이었던 '면도날' 무쓰 무네미쓰가 《건건록》 마지막 부분에 남긴 문장이 마음에 남아 짧게 소개하고 글을 마친다. 러시아 등이 제기한 삼국간섭에 굴복하며 랴오둥반도를 토해 내기로 한 뒤 무쓰는 다음과 같이 적었다. "나는 당시 이 국면에 다른 누구에게 이 일을 맡겼더라도, 결코 다른 방책이 없었을 것이라고 믿고 싶다."

역사의 중요한 국면에서 한 사람의 리더가 직면하게 되는 상황은 칠흑 같은 깜깜한 밤, 나침반도 없이 망망대해로 나아가야 하는 선장의 처지와 다르지 않다. 무쓰는 "다른 방책이 없었다"라고 하지 않고, "다른 방책이 없었을 것이라고 믿고 싶다"라고 썼다. 자신이 감당했던 역사의 무게를 "없었을 것"과 "믿고 싶다"는 의지와 희망을 담은 두 개의 유보적인 표현 안에 담은 것이다. 이렇게 생각하면, 역사의 판단이란 얼마나 어려운 일인가. 우리 모두 역사 앞에서 겸손해야 한다.

    마지막으로, 두 어머니와 사랑하는 아내에게 이 책을 바친다.

2025년 10월. 한심한 금요일 오전, 만리재 사무실에서

주

프롤로그 좌절의 밑바닥에서

1   정욱식,《달라진 김정은, 돌아온 트럼프》, 갈마바람, 2025, 13~14쪽.
2   www.mofa.go.jp/mofaj/annai/honsho/shiryo/archives/mokuji.html
3   《일본외교문서》에는 있지만 《주한일본공사관기록》에선 찾을 수 없거나 그 반대인 문서도 있다. 정확한 경위는 알기 힘들다.
4   번역자인 김종학 서울대 교수(정치외교학부)에게 너무나 고마운 마음이 들어 일면식도 없던 그에게 불쑥 고맙다는 메일을 보냈다. 이 책의 1~2장과 6장은 그의 다른 저작인 《개화당의 기원과 비밀외교》, 일조각, 2017에 크게 의존했음을 밝혀둔다.
5   박찬승은 다보하시의 저작에 대해 "중국과 조선의 외교 사료를 최대한 섭렵하여 정리해 낸 최초의 실증적인 연구"라는 평가는 "어느 정도 타당하다고 여겨진다"면서도 "식민지 조선에 대한 현실 인식에서는 일본제국주의 통치자들의 그것과 크게 다르지 않았다"라고 비판했다. 박찬승, 〈다보하시 기요시의 근대한일관계사연구에 대한 검토〉, 《한국근현대사연구》 67, 2013.
6   3·1운동의 민족대표 33인 가운데 하나인 위창 오세창(1864~1953)의 부친이다. 8대 역관을 지낸 중인 집안에서 1831년 태어나 16살 때인 1846년 역과

식년시에 한어로 합격했다.
7 운노 후쿠쥬 지음, 정재정 옮김,《한국병합사연구》, 논형, 2008, 493쪽.
8 森山茂德,《近代日韓関係史研究》, 東京大學出版會, 1987, 2~3쪽.
9 이태진 외 지음, 교수신문 기획·엮음《고종황제 역사 청문회》, 푸른역사, 2005, 243쪽.
10 김구,《백범일지》, 돌베개, 2017, 193~196쪽.
11 김흥식 엮음,《안중근 재판정 참관기》, 서해문집, 2015, 39쪽.
12 《동아일보》1930년 1월 3일.
13 국사편찬위원회 엮음,《속음청사》하, 국사편찬위원회, 1971, 330쪽.
14 《통감부문서》3권, 15번 문서철, 18번 문서, 앞으로 3-15-18으로 표기한다.
15 김정섭,〈강대국은 세상을 어떻게 바라보는가〉,《한겨레》2025년 3월 17일.

경직된 국가

01 오경석의 서글픈 배신

1 아편전쟁의 패전으로 청이 받아들여야 했던 불평등조약. 1842년 8월 29일 체결됐다. 청은 배상금 지급, 홍콩 할양, 5개 항구(광저우·샤먼·푸저우·닝보·상하이)의 개항 등을 받아들였다. 이듬해 6월과 10월 추가 조약을 통해 치외법권, 관세 자주권의 상실을 의미하는 협정 관세율, 편무적 최혜국 조항 등도 수용했다.
2 2차 아편전쟁의 패전으로 청이 영국·미국·프랑스·러시아를 상대로 받아들여야 했던 불평등조약. 1858년 6월 체결됐다. 청은 이 조약으로 군사비 배상, 외교관의 베이징 상주, 기독교 포교, 외국인의 내륙 여행권 등을 인정했다. 러시아는 조약 체결 과정에서 청과 영국·프랑스의 강화를 중개한 대가로 베이징조약을 맺어 연해주를 획득했다. 이로써 러시아와 조선의 영토가 처음으로 맞닿게 된다.
3 2차 아편전쟁의 결과 청은 서양과 외교를 위해 '총리각국사무아문'이라는 관청을 만들었다. 하지만 조선과는 예전과 다름없이 예부를 통해 소통했다.
4 신용하,〈개국론의 대두와 개화사상의 형성〉,《동양학》28, 1998, 13쪽.

5   《승정원일기》 철종 11년(1860) 12월 9일; 민두기, 〈19세기 후반 조선왕조의 대외위기의식: 제1차, 제2차 중영전쟁과 이양선 출몰에의 대응〉, 《동방학지》 52, 1986, 268~269쪽에서 재인용.

6   한 번도 직접 얼굴을 마주한 적이 없지만, 고종과 일본의 메이지 천황(재위 1867~1912)은 같은 해에 태어났다.

7   신용하, 〈개국론의 대두와 개화사상의 형성〉, 《동양학》 28, 1998, 18쪽에서 재인용.

8   古筠記念會 編, 《金玉均傳》 上, 鹿應出版社, 1944, 48~49쪽.

9   《일본외교문서》 9, 33쪽; 김종학, 《개화당의 기원과 비밀외교》, 일조각, 2017, 38쪽에서 재인용.

10 김종학, 《개화당의 기원과 비밀외교》, 일조각, 2017, 29~31쪽에서 재인용.

11 오카모토 다카시 지음, 강진아 옮김, 《미완의 기획, 조선의 독립》, 소와당, 2009, 85쪽. 오카모토 역시 이 시기 동아시아의 위기를 "안정된 관계의 지속은 사고를 매너리즘에 빠뜨려 외교의 경직화를 가져왔다"면서 "사고와 행동은 고정화되어 간 데 반해서 주위의 정세가 앞서서 유동화되기 시작했다"라고 분석했다.

12 일본과 외교 업무를 담당하던 실무 관료.

13 다보하시 기요시 지음, 김종학 옮김, 《근대 일선관계의 연구》 상, 일조각, 2013, 180쪽.

14 기도 다카요시木戸孝允(1833~1877), 사이고 다카모리, 오쿠보 도시미치 세 명을 일컫는다.

15 박훈, 《메이지유신을 설계한 최후의 사무라이들》, 21세기북스, 2020, 218쪽.

16 《고종실록》 고종 11년(1874) 8월 6일(음력 6월 24일). 《조선왕조실록》의 날짜 표기는 갑오개혁으로 양력이 채택(1896년 1월 1일부터)되기 전까지는 모두 음력을 사용한다. 이 책에선 양력으로 모두 바꿔 표기하고 필요한 경우 괄호 안에 음력을 표기한다.

17 《고종실록》 고종 11년(1874) 8월 11일(음력 6월 29일).

18 길윤형, 〈현대판 서계문제: 한국 언론의 '천황·일왕' 표기〉, 《일본역사연구》 65, 2024.

19 조슈번이 영국에서 사들여 1871년 납품받은 245톤짜리 목조 증기선. 너비

37미터, 길이 75미터로 정원은 66명이었다. 1871년 7월 폐번치현廢藩置縣이 이뤄진 뒤 죠슈번이 메이지 정부에 헌납했다. 하기의 안을 진압하기 위해 항해하던 중 1876년 10월 31일 폭풍으로 침몰했다.
20 운요호의 군사 행동에 대해선 김흥수,〈운요호 사건과 강화도조약〉, 동북아역사재단, 2022, 66~77쪽을 참조.
21 《고종실록》 고종 13년(1876) 1월 28일(음력 1월 2일).
22 《일본외교문서》 9, 33~34쪽; 김종학,《개화당의 기원과 비밀외교》, 일조각, 2017, 38~40쪽에서 재인용.

02 조선, 근대 조약 질서 속으로 뛰어들다

1 신헌 지음, 김종학 옮김,《심행일기》, 푸른역사, 2010, 127쪽.
2 중국 랴오닝성 남부 도시.
3 신헌 지음, 김종학 옮김,《심행일기》, 푸른역사, 2010, 112쪽.
4 1867년 3월 초 홍콩 신문인《중외신보》에 실렸다.《고종실록》 고종 4년(1867) 4월 11일(음력 3월 7일) 기사를 보면, 쓰시마에서 관련 사실을 조선에 서계로 알려왔다는 사실을 확인할 수 있다.
5 신헌 지음, 김종학 옮김,《심행일기》, 푸른역사, 2010, 113~114쪽.
6 신헌 지음, 김종학 옮김,《심행일기》, 푸른역사, 2010, 122~124쪽.
7 신헌 지음, 김종학 옮김,《심행일기》, 푸른역사, 2010, 127~129쪽.
8 《일본외교문서》 9, 89쪽.
9 신헌 지음, 김종학 옮김,《심행일기》, 푸른역사, 2010, 151쪽.
10 조선의 국제적 지위를 놓고 청·일이 벌이는 교섭 내용은 오카모토 다카시 지음, 홍미화 옮김,〈일본의 류큐 병합과 동아시아 질서의 전환: 청일수호조규를 중심으로〉,《동북아역사논총》 32, 2011에 크게 의존했다.
11 오카모토 다카시 지음, 홍미화 옮김,〈일본의 류큐 병합과 동아시아 질서의 전환: 청일수호조규를 중심으로〉,《동북아역사논총》 32, 2011, 86~87쪽에서 재인용.
12 김종학은 강화도 협상이 "일본의 강압에 의해서만 진행된 것은 아니다"라고 주장한다. "당시 일본은 조선을 개국시킨다는 명분으로 서양의 포함외교를

모방했지만, 실제로는 교섭이 결렬됐을 경우 조선 정벌을 단행할 능력도, 의지도 갖고 있지 않았다. 또 일본 국내의 긴박한 정세로 볼 때 빈손으로 돌아갈 수도 없었다. 따라서 이들은 강경 일변도로 나설 수만은 없었으며, 그 이면에서는 온갖 회유와 기만이 난무했다." 이런 이유로 조선은 실제 조문 작성 과정에서 자신들의 요구를 상당 부분 관철시킬 수 있었다. 김종학, 〈조일수호조규는 포함외교의 산물이었는가?〉, 《역사비평》 114, 2016 참조.

13 신헌 지음, 김종학 옮김, 《심행일기》, 푸른역사, 2010, 305쪽.
14 신헌 지음, 김종학 옮김, 《심행일기》, 푸른역사, 2010, 312쪽.

03 청, 조선의 숨통을 바짝 틀어쥐다

1 동북아역사재단 엮음, 《한일조약자료집(1876~1910)》, 동북아역사재단, 2020, 301쪽.
2 동북아역사재단 엮음, 《한일조약자료집(1876~1910)》, 동북아역사재단, 2020, 306~307쪽.
3 다보하시 기요시 지음, 김종학 옮김, 《근대 일선관계의 연구》 상, 일조각, 2013, 605~606쪽.
4 신헌 지음, 김종학 옮김, 《심행일기》, 푸른역사, 2010, 242쪽.
5 김경태, 《한국근대경제사연구》, 창비, 1994, 57쪽.
6 박한민, 〈1878년 두모진 수세를 둘러싼 조일 양국의 인식과 대응〉, 《한일관계사연구》 39, 2011.
7 황준헌·김홍집 지음, 윤현숙 옮김, 《조선책략·대청흠사필담》, 보고사, 2019.
8 일본은 영국 등 서구 열강에 현재 5퍼센트인 관세율을 수입품에 따라 5~30퍼센트로 세분화하는 개정안을 제시했다. 동북아역사재단 한국외교사편찬위원회 엮음, 《한국의 대외관계와 외교사 근대편》, 동북아역사재단, 2018, 175~176쪽.
9 황준헌·김홍집 지음, 윤현숙 옮김, 《조선책략·대청흠사필담》, 보고사, 2019. 79~81쪽.
10 황준헌·김홍집 지음, 윤현숙 옮김, 《조선책략·대청흠사필담》, 보고사, 2019, 82쪽.

11 최덕규, 《〈조선책략〉과 고종정부의 북방정책: 러시아 레솝스키 함대의 극동 원정(1880-1881)을 중심으로〉, 《군사》 108, 2018 참조. 레솝스키 함대는 1880년 9월부터 블라디보스토크에 버티고 앉아 청을 압박하다가 이듬해 6월께 본국으로 돌아갔다.
12 헤이룽장성에 있는 중국과 러시아 사이 국경도시.
13 《고종실록》 고종 16년(1879) 8월 27일(음력 7월 9일).
14 황준헌·김홍집 지음, 윤현숙 옮김, 《조선책략·대청흠사필담》, 보고사, 2019, 90~91쪽.
15 동북아역사재단 한국외교사편찬위원회 엮음, 《한국의 대외관계와 외교사 근대편》, 동북아역사재단, 2018, 176쪽. 한승훈에 따르면 미국은 이를 통해 일본의 관세 자주권을 부정했던 1858년 미일수호통상조약과 수입 관세율을 5퍼센트로 낮춘 1866년 개세약서改稅約書의 효력을 중지하는 데 합의했다.
16 동북아역사재단에서 발행한 《청계중일한관계사료》 〈중국과 러시아의 전쟁이 일어나면 일본은 중립을 지키라는 여론과 주선과 미국의 조약 체결에 대한 의견 문서〉 안에 '주지조선외교의'의 전문 번역이 담겨 있다.
17 허동현, 〈조사시찰단(1881)의 일본 경험에 보이는 근대의 특성〉, 《한국사상사학》 19, 2002.

04 임오군란: 청·일, 조선에서 살벌하게 맞서다

1 김경태, 《한국근대경제사연구》, 창비, 1994, 69쪽.
2 1882년 7월 임오군란이 발생하는 바람에 1993년 1월로 연기됐다. 이 과정에 대해선 김흥수, 〈하나부사(花房義質) 공사의 조선정책과 인천개항〉, 《동국사학》 63, 2017 참조.
3 《고종실록》 고종 19년(1882) 7월 19일(음력 6월 5일).
4 조선시대 국가의 3대 수입원은 전정田政·군정軍政·환곡還穀이었다. 19세기 말에 이르면, 이 세 가지 조세원이 모두 문란해지며 조선의 국가 재정은 파탄에 이른다.
5 황현, 《국역 매천야록》 제1권, 上(1894년 이전) ④, 3 고종, 민비의 유연遊宴과 매관매직의 발단.

6 대원군은 이경하에 대해 "다른 장점은 없고 오직 사람을 잘 살해하기 때문에 기용했다"는 평을 남겼다. 그의 아들이 훗날 친러파의 핵심이 되는 이범진(1852~1911)이다. 황현, 《국역 매천야록》 제1권, 上(1894년 이전) ④, 24 이경하의 살인만행.

7 김종학, 《흥선대원군 평전》, 선인, 2021, 176~177쪽.

8 다보하시 기요시 지음, 김종학 옮김, 《근대 일선관계의 연구》 상, 일조각, 2013, 702쪽; 김종학, 《흥선대원군 평전》, 선인, 2021, 177쪽.

9 영조 때 만들어진 경기중군영 건물이 있던 곳으로, 군영 정문 앞에 맑은 물이 나오는 우물이 있어 청수관이라 불렸다. 지금의 서울 서대문구 영천동 영천시장 부근에 있었다.

10 《고종실록》 고종 19년(1882) 7월 24일(음력 6월 10일).

11 다보하시 기요시 지음, 김종학 옮김, 《근대 일선관계의 연구》 상, 일조각, 2013, 703~704쪽.

12 《고종실록》 고종 19년(1882) 7월 24일(음력 6월 10일).

13 《고종실록》 고종 18년(1881) 5월 20일(음력 4월 23일).

14 다보하시 기요시 지음, 김종학 옮김, 《근대 일선관계의 연구》 상, 일조각, 2013, 704쪽.

15 다보하시 기요시 지음, 김종학 옮김, 《근대 일선관계의 연구》 상, 일조각, 2013, 706쪽.

16 은몽하·우호 엮음, 김한규 옮김, 《사조선록 역주》 5, 소명출판, 2012, 448쪽.

17 은몽하·우호 엮음, 김한규 옮김, 《사조선록 역주》 5, 소명출판, 2012, 454쪽.

18 은몽하·우호 엮음, 김한규 옮김, 《사조선록 역주》 5, 소명출판, 2012, 471쪽.

19 은몽하·우호 엮음, 김한규 옮김, 《사조선록 역주》 5, 소명출판, 2012, 474쪽.

20 은몽하·우호 엮음, 김한규 옮김, 《사조선록 역주》 5, 소명출판, 2012, 474~476쪽.

21 은몽하·우호 엮음, 김한규 옮김, 《사조선록 역주》 5, 소명출판, 2012, 478~479쪽.

22 김종학의 연구에 따르면, 1880년대 초 조선의 총세입은 100만 석 내외였다. 이를 조선 화폐로 환산하면 약 500만 냥, 엔화로 옮기면 약 145만 엔(1881년 엔 대 냥 환율은 대략 0.29 대 1)이었다. 즉, 조선이 매년 일본에 지급해야 하는

10만 엔은 조선 세입의 7퍼센트 정도였다(김종학,《개화당의 기원과 비밀외교》, 일조각, 2017, 166쪽). 조선 정부는 재정이 궁핍해 이 돈을 마련할 수 없었다. 심지어 부상자와 사망자 유족 등 피해자에게 지급해야 하는 5만 엔도 내놓지 못하는 형편이었다. 결국 임오군란의 수신사로 일본에 간 박영효가 1882년 12월 요코하마 정금은행에서 17만 엔을 빌려 피해자들에게 5만 엔을 지급했다. 일본은 1884년 11월 전체 손해금 50만 엔 가운데 40만 엔을 탕감하기로 하고 이를 조선에 알린다.

23 김흥수, 〈임오군란시기 일본의 조선정책과 여론〉,《군사연구》136, 2013, 49쪽.
24 은몽하·우호 엮음, 김한규 옮김,《사조선록 역주》5, 소명출판, 2012, 490쪽.
25 은몽하·우호 엮음, 김한규 옮김,《사조선록 역주》5, 소명출판, 2012, 495~496쪽.
26 김종학,《흥선대원군 평전》, 선인, 2021, 197쪽; 다보하시 기요시 지음, 김종학 옮김,《근대 일선관계의 연구》상, 일조각, 2013, 763쪽.

05 김옥균의 모험, 조선에 증오의 씨를 뿌리다

1 해당 구절은 이튿날인 12월 5일에 등장한다.
2 조선은 청의 중재에 따라 미국(1882년 5월 22일), 영국(6월 6일), 독일(6월 30일)과 각각 수호통상조약을 체결했다. 이 조약에 만족하지 못한 영국과 독일이 비준을 미루자, 조선 대표가 직접 나서 2차 조약(1883년 11월 26일)을 체결했다. 2차 조약의 내용은 1차 조약에 비해 조선에 훨씬 불리했다. 조선이 자주를 택한 대가로 실리를 잃었다(김종학,《흥선대원군 평전》, 선인, 2021, 201쪽).
3 고종을 철종의 후사로 간택한 신정왕후(1808~1890)의 친정 5촌 조카다. 민씨 척족과 조씨 척족은 이 무렵 고종 정권을 떠받치는 연합 세력을 형성하고 있었다.
4 묄렌도르프 지음, 신복룡·김운경 역주,《묄렌도르프 자서전》, 집문당, 2019, 73쪽. 묄렌도르프는 조선이 대외 개방을 선택한 뒤 공식 출입국 절차를 거쳐 한반도에 발을 내디딘 최초의 서양인이다.
5 김종학,《개화당의 기원과 비밀외교》, 일조각, 2017, 222쪽.

6   조선시대 별궁으로 동별궁이라 불리기도 했다. 서울 종로구 안국동 옛 풍문여자고등학교 자리에 있었다.
7   《동아일보》1930년 1월 9~10일, 이규완 인터뷰.
8   박영효, 〈갑신정변〉, 《신민》 14, 1926.
9   石河幹明, 《福澤諭吉傳》 3, 岩波書店, 1991, 290쪽.
10 동북아역사재단 한국외교사편찬위원회 엮음, 《한국의 대외관계와 외교사 근대편》, 동북아역사재단, 2018, 185쪽.
11 김옥균은 청에 의지하려는 이들로 어윤중, 조영하, 김홍집, 김병시(원문에는 김미히金米時로 오기) 등을 꼽았다.
12 伊藤博文關係文書研究會 編, 《伊藤博文關係文書》 1, 礦書房, 1973, 180쪽.
13 김원모, 《상투쟁이 견미사절 한글 국서 제정》 상, 단국대학교출판부, 2019, 483쪽.
14 김옥균·박영효·서재필 지음, 조일문·신복룡 엮어옮김, 《갑신정변 회고록》, 건국대학교출판부, 2006, 48쪽.
15 김종학, 《개화당의 기원과 비밀외교》, 일조각, 2017, 165쪽에서 재인용.
16 김옥균·박영효·서재필 지음, 조일문·신복룡 엮어옮김, 《갑신정변 회고록》, 건국대학교출판부, 2006, 44쪽.
17 《동아일보》1930년 1월 4~5일, 박영효 인터뷰.
18 박영효, 〈갑신정변〉, 《신민》 14, 1926.
19 김옥균·박영효·서재필 지음, 조일문·신복룡 엮어옮김, 《갑신정변 회고록》, 건국대학교출판부, 2006, 235쪽.
20 김종학, 《개화당의 기원과 비밀외교》, 일조각, 2017, 269쪽. 김옥균이 목표로 한 300만 엔은 1884년 일본 총세입(7600만 엔)의 4퍼센트에 해당하는 거액이었다.
21 김옥균·박영효·서재필 지음, 조일문·신복룡 엮어옮김, 《갑신정변 회고록》, 건국대학교출판부, 2006, 46쪽.
22 원문과 김종학, 《개화당의 기원과 비밀외교》, 일조각, 2017, 267~273쪽; 유바다, 〈1882년 김옥균 차관교섭의 의미와 한계〉, 《한국근현대사연구》 54, 2010 등의 부분 번역문을 참고해 재구성.

23 김옥균을 지원했던 후쿠자와 유치키에 따르면 2만~3만 엔을 나가사키 사람에게 떼어먹혔다.
24 大町桂月,《伯爵後藤象二郎》, 冨山房, 1914, 541~542쪽.
25 김종학,《개화당의 기원과 비밀외교》, 일조각, 2017, 281~287쪽.
26 김종학은 실제 병력은 더 적었을 것으로 추정한다. 김종학,《개화당의 기원과 비밀외교》, 일조각, 2017, 225~226쪽 참고.
27 구한말 당대 조선을 대표하는 최고의 엘리트라 할 수 있는 좌옹 윤치호(1865~1945)는 식민지 시기까지 이어지는, 길고 굴곡진 삶을 살며 일기(1883~1945)를 남겼다. 특히 1889년 12월부터 1943년까지 영어로 작성한 일기엔 고된 시대를 살아 내야 했던 고달픈 지식인의 내면 풍경이 잘 담겨 있다. 특히 사료적 가치가 높은 것은 독립협회를 주도하던 시기인 1897~1898년의 일기다.
28 金正明,《日韓外交資料集成》4, 巖南堂書店, 1967, 163쪽.
29 김옥균·박영효·서재필 지음, 조일문·신복룡 엮어옮김,《갑신정변 회고록》, 건국대학교출판부, 2006, 101~102쪽.
30 金正明,《日韓外交資料集成》4, 巖南堂書店, 1967, 164쪽.
31 김종학,《개화당의 기원과 비밀외교》, 일조각, 2017, 319쪽.
32 《윤치호 일기》1884년 12월 6일(음력 10월 19일).

06 고종의 '러시아 접근', 조선을 누란의 위기에 빠뜨리다

1 《고종실록》고종 22년(1885) 1월 15일(음력 1884년 11월 30일).
2 다보하시 기요시 지음, 김종학 옮김,《근대 일선관계의 연구》하, 일조각, 2016, 32쪽.
3 묄렌도르프 지음, 신복룡·김운경 역주,《묄렌도르프 자서전》, 집문당, 2019, 75쪽.
4 와다 하루키 지음, 이웅현 옮김,《러일전쟁》1, 한길사, 2019, 119쪽.
5 박 보리스 드미트리예비치 지음, 민경현 옮김,《러시아와 한국》, 동북아역사재단, 2010, 258쪽.
6 와다 하루키 지음, 이웅현 옮김,《러일전쟁》1, 한길사, 2019, 128쪽.

7 박 보리스 드미트리예비치 지음, 민경현 옮김, 《러시아와 한국》, 동북아역사재단, 2010, 159~161쪽.

8 박 보리스 드미트리예비치 지음, 민경현 옮김, 《러시아와 한국》, 동북아역사재단, 2010, 284쪽; 와다 하루키 지음, 이웅현 옮김, 《러일전쟁》1, 한길사, 2019, 129쪽.

9 박 보리스 드미트리예비치 지음, 민경현 옮김, 《러시아와 한국》, 동북아역사재단, 2010, 287쪽.

10 와다 하루키 지음, 이웅현 옮김, 《러일전쟁》1, 한길사, 2019, 130쪽.

11 《고종실록》고종 21년(1884) 12월 14일(음력 10월 27일).

12 다보하시 기요시 지음, 김종학 옮김, 《근대 일선관계의 연구》 하, 일조각, 2016, 36~37쪽.

13 와다 하루키 지음, 이웅현 옮김, 《러일전쟁》1, 한길사, 2019, 133쪽.

14 청·일은 톈진조약을 통해 조선에서 동시 철병을 결정한다.

15 박 보리스 드미트리예비치 지음, 민경현 옮김, 《러시아와 한국》, 동북아역사재단, 2010, 298쪽.

16 김종학, 《흥선대원군 평전》, 선인, 2021, 232쪽; 다보하시 기요시 지음, 김종학 옮김, 《근대 일선관계의 연구》 하, 일조각, 2016, 38~39쪽.

17 박 보리스 드미트리예비치 지음, 민경현 옮김, 《러시아와 한국》, 동북아역사재단, 2010, 305쪽에서 재인용.

18 다보하시 기요시 지음, 김종학 옮김, 《근대 일선관계의 연구》 하, 일조각, 2016, 49쪽.

19 다보하시는 "대원군의 도착일시가 미리 통보됐는데도 조선국왕은 중사를 보내 위문하지 않았다"라고 적었다(다보하시 기요시 지음, 김종학 옮김, 《근대 일선관계의 연구》 하, 일조각, 2016, 54쪽). 다만, 《고종실록》고종 22년(1885) 10월 3일(음력 8월 25일)에 "도승지를 보내어 문안하고 오도록 하라"는 기록을 찾을 수 있다.

20 다보하시 기요시 지음, 김종학 옮김, 《근대 일선관계의 연구》 하, 일조각, 2016, 56쪽.

21 다보하시 기요시 지음, 김종학 옮김, 《근대 일선관계의 연구》 하, 일조각, 2016, 55쪽.

22 벨라 보리소브나 박 지음, 최덕규·김종헌 옮김,《러시아 외교관 베베르와 조선》, 동북아역사재단, 2020, 71쪽.
23 박 보리스 드미트리예비치 지음, 민경현 옮김,《러시아와 한국》, 동북아역사재단, 2010, 316쪽.
24 와다 하루키 지음, 이웅현 옮김,《러일전쟁》1, 한길사, 2019, 143~144쪽에서 재인용.
25 다보하시 기요시 지음, 김종학 옮김,《근대 일선관계의 연구》하, 일조각, 2016, 61쪽에서 재인용.
26 다보하시 기요시 지음, 김종학 옮김,《근대 일선관계의 연구》하, 일조각, 2016, 64쪽.
27 김종학,《흥선대원군 평전》, 선인, 2021, 239쪽.
28 이동욱,〈이홍장-라디젠스키 천진 회담(1886)의 재고찰: 이홍장의 의도와 역할을 중심으로〉,《사총》101, 2020 참조
29 와다 하루키 지음, 이웅현 옮김,《러일전쟁》1, 한길사, 2019, 148쪽에서 재인용.

07 야욕 드러낸 일본, "우리 '이익선' 초점은 조선"

1 井上馨侯伝記編纂会編,《世外井上公伝》3, 内外書籍, 1934, 492~493쪽.
2 김종학,〈근대 이행기 한반도 중립화론의 전개〉, 국립외교원 외교안보연구소 정책연구시리즈, 2021-19에서 재인용.
3 유동준,《유길준전》, 일조각, 1990, 23~26쪽.
4 이태진 외 지음, 교수신문 기획·엮음《고종황제 역사 청문회》, 푸른역사, 2005, 243쪽.
5 이헌창,〈1910년 조선 식민지화의 내적 원인〉,《조선시대사학보》55, 2010.
6 황현 지음, 김종익 옮김,《오하기문》, 역사비평사, 1994, 42~44쪽.
7 이영훈,〈대한제국기 황실재정의 기초와 성격〉,《경제사학》51, 2011.
8 김종학,〈한반도 공동보장 구상의 역사적 기원: 19세기 벨기에·불가리아의 사례와 유길준의 '중립론'〉, 국립외교원 외교안보연구소 정책연구 시리즈, 2020에서 재인용

9   大山梓 編,《山縣有朋意見書》, 原書房, 1966, 118~119쪽.
10 大谷正,《日淸戰爭》, 中央公論新社, 2016, 28~31쪽.
11 大山梓 編,《山縣有朋意見書》, 原書房, 1966, 196~197쪽.

선택의 기로

08 동학, 청일전쟁에 불을 붙이다

1   신복룡,《동학사상과 갑오농민혁명》, 선인, 2006, 161~163쪽.
2   임오군란 때 난병들에게 둘러싸인 명성황후를 들쳐 업고 도망쳤다. 그로 인해 고종 부부의 큰 신임을 얻었다.
3   《고종실록》 고종 31년(1894) 5월 8일(음력 4월 4일).
4   다보하시 기요시 지음, 김종학 옮김,《근대 일선관계의 연구》하, 일조각, 2016, 238~239쪽.
5   다보하시 기요시 지음, 김종학 옮김,《근대 일선관계의 연구》하, 일조각, 2016, 258쪽.
6   스기무라 후카시는 갑신정변(1884)·청일전쟁(1894)·을미사변(1895) 등 조선에서 발생한 여러 복잡다단한 사건에 깊숙이 관여했다. 그가 남긴《재한고심록》은 이 시대 상황을 파악할 수 있는 1급 사료로 평가받는다.
7   《일본외교문서》 27, 152~153쪽.
8   《주한일본공사관기록》 1권, 1번 문서철, 14번 문서. 이하 1-1-14로 표기한다.
9   위 문서엔 월 표기 없이 13일이라고만 적혀 있다. 이 무렵 일본의 공문서는 양력, 조선의 공문서는 음력을 사용했다. 해당 부분은 한자로 기록돼 조선 쪽 기록인 것으로 추정할 수 있다. 그렇다면 음력 4월 13일(양력 5월 17일)이 된다.
10 《고종실록》 고종 30년(1893) 3월 25일.
11 《주한일본공사관기록》 1-1-14.
12 스기무라 후카시 외 지음, 한상일 옮김,《서울에 남겨둔 꿈》, 건국대학교출판부, 1993, 83쪽.
13 이태진,〈1894년 6월 청군 조선 출병과정의 진상: 조선정부 자진요청설 비판〉,《한국문화》 24, 1999.

14 동학농민혁명기념재단,《동학농민혁명 신국역총서》9, 동학농민혁명기념재단, 2017, 108쪽. 이 자료집엔《이홍장전집》의 동학농민혁명 관련 자료가 수록돼 있다.
15 《일본외교문서》27, 155쪽; 大谷正,《日淸戰爭》, 中央公論新社, 2016, 44~45쪽.
16 데라우치는 3대 조선 통감으로, 1910년 8월 국권피탈을 강행한 뒤 초대 조선 총독이 됐다.
17 東條英教,《東條英教〈日本の戰争論〉を読む》, 文藝春秋企画出版部, 2010, 191~193쪽.
18 스기무라 후카시 외 지음, 한상일 옮김,《서울에 남겨둔 꿈》, 건국대학교출판부, 1993, 84~85쪽.
19 다보하시 기요시 지음, 김종학 옮김,《근대 일선관계의 연구》하, 일조각, 2016, 259쪽;《갑오실기》1894년 6월 4일(음력 5월 1일).
20 《주한일본공사관기록》1-8-8.
21 《주한일본공사관기록》1-8-9.

09 일본, 개전을 밀어붙이다

1 《일본외교문서》27-2, 158쪽.
2 다보하시 기요시 지음, 김종학 옮김,《근대 일선관계의 연구》하, 일조각, 2016, 278쪽.
3 《주한일본공사관기록》1-8-13.
4 다보하시 기요시 지음, 김종학 옮김,《근대 일선관계의 연구》하, 일조각, 2016, 264~268쪽.
5 황현 지음, 김종익 옮김,《오하기문》, 역사비평사, 1994, 95쪽. 성강현,〈동학농민군의 전주성 점령과 전주화약에 관한 고찰〉,《동학학보》51. 2019에서 재인용.
6 성강현,〈동학농민군의 전주성 점령과 전주화약에 관한 고찰〉,《동학학보》51. 2019, 144쪽에서 재인용.
7 《주한일본공사관기록》1-2-25.

8 《일본외교문서》27-2, 183쪽.
9 무쓰 무네미쓰 지음, 김승일 옮김,《건건록》, 범우, 2020, 54쪽.
10 《주한일본공사관기록》1-8-19.
11 무쓰 무네미쓰 지음, 김승일 옮김,《건건록》, 범우, 2020, 57쪽.
12 《이홍장전집》2, 701쪽; 久保伸子,〈伊藤博文と明治日本の朝鮮政策〉, 北九州市立大学 学位博士取得, 2018, 89쪽에서 재인용.
13 무쓰 무네미쓰 지음, 김승일 옮김,《건건록》, 범우, 2020, 58쪽; 다보하시 기요시 지음, 김종학 옮김,《근대 일선관계의 연구》하, 일조각, 2016, 316~317쪽.
14 《일본외교문서》27-2, 208~212쪽.
15 《주한일본공사관기록》4-1-27.
16 《주한일본공사관기록》4-1-32.
17 《일본외교문서》27-2, 235~236쪽;《주한일본공사관기록》4-1-34.
18 다이둥양,〈갑오 중일전쟁 기간 청 정부의 대일정책〉, 왕현종 외,《청일전쟁기 한·중·일 삼국의 상호 전략》, 동북아역사재단, 2009, 303쪽.
19 《고종실록》고종 31년(1894) 6월 26일(음력 5월 23일).
20 《주한일본공사관기록》1-9-10.
21 《갑오실록》7월 1일(음력 6월 9일).

10 일본과 '일본당', 결탁하다

1 조선 내 대표적 '일본당'으로 꼽혔다. 아관파천 이후 독립협회장을 맡았다가 1898년 고종폐위음모에 가담한 것이 발각돼 일본으로 망명했다. 1900년 2월 귀국 후 공정한 재판을 받는다는 조건으로 돌아왔지만, 심한 고문을 받고 5월 교수형에 처해졌다.
2 《주한일본공사관기록》1-3-8.
3 《일본외교문서》27-2, 237~238쪽.
4 무쓰 무네미쓰 지음, 김승일 옮김,《건건록》, 범우, 2020, 67~68쪽.
5 《주한일본공사관기록》1-9-6.
6 다보하시 기요시 지음, 김종학 옮김,《근대 일선관계의 연구》하, 일조각, 2016, 341~343쪽.

7   《주한일본공사관기록》1-3-8.
8   《주한일본공사관기록》3-3-32;《일본외교문서》27, 248쪽; 무쓰 무네미쓰 지음, 김승일 옮김,《건건록》, 범우, 2020, 94쪽.
9   무쓰 무네미쓰 지음, 김승일 옮김,《건건록》, 범우, 2020, 78쪽;《일본외교문서》27, 596~597쪽.
10 다보하시 기요시 지음, 김종학 옮김,《근대 일선관계의 연구》하, 일조각, 2016, 349쪽;《주한일본공사관기록》2-6-3.
11 《주한일본공사관기록》4-2-20.
12 《주한일본공사관기록》1-9-11.
13 무쓰는 자신의 지시가 너무 늦게 도착해 "10일의 국화꽃(때늦은 지시라는 의미)처럼 됐다"고 적었다. 무쓰 무네미쓰 지음, 김승일 옮김,《건건록》, 범우, 2020, 141~142쪽;《일본외교문서》27, 612쪽.
14 《주한일본공사관기록》2-6-1; 2-6-2; 다보하시 기요시 지음, 김종학 옮김,《근대 일선관계의 연구》하, 일조각, 2016, 378~380쪽.
15 《주한일본공사관기록》1-10-5.
16 나카츠카 아키라 지음, 박맹수 옮김,《1894년, 경복궁을 점령하라!》, 푸른역사, 2002, 64~65쪽.
17 스기무라 후카시 외 지음, 한상일 옮김,《서울에 남겨둔 꿈》, 건국대학교출판부, 1993, 124~125쪽.
18 나카츠카 아키라 지음, 박맹수 옮김,《1894년, 경복궁을 점령하라!》, 푸른역사, 2002, 72~73쪽.
19 스기무라 후카시 외 지음, 한상일 옮김,《서울에 남겨둔 꿈》, 건국대학교출판부, 1993, 123~125쪽.
20 《갑오실록》7월 23일(음력 6월 21일).
21 황현,《국역 매천야록》제2권, 고종 31년 갑오(1894년) ③, 14 일본인의 대원군 영입.
22 나카츠카 아키라 지음, 박맹수 옮김,《1894년, 경복궁을 점령하라!》, 푸른역사, 2002, 75쪽.
23 스기무라 후카시 외 지음, 한상일 옮김,《서울에 남겨둔 꿈》, 건국대학교출판부, 1993, 127쪽.

24 스기무라 후카시 외 지음, 한상일 옮김, 《서울에 남겨둔 꿈》, 건국대학교출판부, 1993, 129쪽; 《주한일본공사관기록》 1-9-20.

25 《고종실록》 고종 31년(1894) 7월 24일(음력 6월 22일).

26 스기무라 후카시 외 지음, 한상일 옮김, 《서울에 남겨둔 꿈》, 건국대학교출판부, 1993, 134쪽.

27 동북아역사재단, 《한일 조약 자료집(1876~1910)》, 동북아역사재단, 2020, 627~628쪽.

28 兪吉濬全書編纂委員會 編, 《兪吉濬全書》 4 一潮閣, 1971, 376~377쪽.

11 고종과 민중, 갑오개혁에 저항하다

1 《고종실록》 고종 31년(1894) 7월 30일(음력 6월 28일).

2 《주한일본공사관기록》 1-10-11.

3 《주한일본공사관기록》 1-10-8.

4 《주한일본공사관기록》 7-1-29.

5 Alyssa L. Langlais Dodge and Susan S. Bean, 《Yu Kil-Chun(1856-1914) and the Korean Collection at PEM》, Peabody Essex Museum, 2009, 64~68쪽.

6 《일본외교문서》 27-1, 646~649쪽; 무쓰 무네미쓰 지음, 김승일 옮김, 《건건록》, 범우, 2020, 162~163쪽.

7 동북아역사재단, 《한일 조약 자료집(1876~1910)》, 동북아역사재단, 2020, 626~627쪽.

8 유바다, 〈청일전쟁기 조-청 항일 연합전선의 구축과 동학농민군: 동학농민전쟁과 갑오개혁에 대한 시민혁명적 관점의 분석〉, 《동학학보》 51, 2019, 317쪽에서 재인용.

9 김종학, 《흥선대원군 평전》, 선인, 2021, 295쪽.

10 편지는 평양전투에서 승리한 일본군에게 고스란히 압수된 덕(!)에 《주한일본공사관기록》 5-6-1에서 전문을 확인할 수 있다.

11 《주한일본공사관기록》 5-3-14.

12 中塚明, 井上勝生, 《東学農民戦争と日本》, 高文研, 2013, 62쪽.

13 왕현종, 〈조선 정부의 농민군 진압 지휘체계와 진압 과정〉, 《갑오군정실기를

통해 본 동학농민혁명의 재인식》(2016년 동학농민혁명 정기학술대회 자료집), 2016, 225쪽.

14 동학농민혁명기념재단, 〈전봉준 공초〉, 《동학농민혁명 국역총서》 12, 동학농민혁명기념재단, 2014, 15쪽.

15 당시 제1군단의 주력인 5사단 참모 우에하라 유사쿠上原勇作(1856~1933) 소좌는 1937년 간행된 회고록인《원수우에하라유사쿠전元帥上原勇作傳》에서 평양 함락 이후 '병참기관의 불비不備와 행군난'이라는 절을 따로 둬 당시 상황의 심각성을 언급할 정도였다. 中塚明, 井上勝生, 《東学農民戦争と日本》, 高文研, 2013, 61쪽.

16 《주한일본공사관기록》 1-5-25.

17 《주한일본공사관기록》 3-7-99.

18 《주한일본공사관기록》 3-8-145.

19 中塚明, 井上勝生, 《東学農民戦争と日本》, 高文研, 2013, 65쪽.

20 《주한일본공사관기록》 5-5-10.

21 정선원은 일본군이 동학농민군 진압 과정에서 약 5만 명을 학살했다고 추정했다(《동학농민혁명 시기 공주전투 연구》, 모시는사람들, 2024, 135쪽).

22 왕현종 외, 《청일전쟁기 한·중·일 삼국의 상호 전략》, 동북아역사재단, 2009, 226~228쪽.

23 《주한일본공사관기록》 1-4-14.

24 정선원, 《동학농민혁명 시기 공주전투 연구》, 모시는사람들, 2024, 94쪽.

25 정선원, 《동학농민혁명 시기 공주전투 연구》, 모시는사람들, 2024, 304쪽; 박맹수, 〈동학농민전쟁기 일본군의 무기: 스나이더 소총과 무라타 소총을 중심으로〉, 《한국근현대사연구》 17, 2001 참조.

26 《주한일본공사관기록》 6-1-2.

27 역사 교과서에 자주 등장하는 가마 위에 처연히 앉은 전봉준의 사진을 찍은 이는 메이지 시대 일본의 유명 사진기자인 무라카미 덴신村上天真(본명은 무라카미 고지로村上幸次郎)이다. 이 광경을 묘사하는 《오사카마이니치신문》 3월 12일 기사를 보면, 전봉준이 "총검 때문에 붕대를 감았고 안색은 창백해 병든 듯했지만 눈빛은 예리하게 빛났다"라면서 "아아 아까운 명사여(ア 可惜名士よ)"라는 탄식을 남기고 있다(金文子, 《朝鮮王妃殺害と日本人-誰が仕組ん

で 誰が実行したのか》, 高文硏, 2009, 336~337쪽).
28 《일본외교문서》 27-2, 15~21쪽.
29 《일본외교문서》 27-2, 46~47쪽.
30 《일본외교문서》 27-2, 91~107쪽.
31 《주한일본공사관기록》 5-5-12.
32 《일본외교문서》 27-2, 119쪽.
33 《주한일본공사관기록》 5-5-14.
34 《고종실록》 고종 32년(1895) 1월 7일(음력 1894년 12월 12일).
35 《주한일본공사관기록》 7-1-29.
36 《일본외교문서》 27-2, 363-366쪽.
37 《주한일본공사관기록》 6-8-12.

12 명성황후의 죽음, 고종과 개혁 세력 '불구대천' 원수가 되다

1 《주한일본공사관기록》 7-1-10.
2 《일본외교문서》 28, 412쪽.
3 《일본외교문서》 28, 441쪽.
4 《주한일본공사관기록》 5-6-23.
5 윤치호는 1895년 3월 31일 일기에서 일본이 300만 엔의 차관을 절반은 은화, 절반은 지폐로 제공했다며 "일본의 쩨쩨함이 경멸스럽다"라는 감상을 남겼다. 일본이 전액을 은화로 제공하면 조선 정부가 이를 기초로 100만 엔 정도의 태환지폐를 발행해 실체 차관은 400만 엔이 될 수 있었기 때문이다. 또 일본의 지폐를 그대로 조선에서 쓰게 되면 조선의 화폐 주권이 침해될 수 있었다. 김태웅, 《어윤중과 그의 시대》, 아카넷, 2018, 244쪽.
6 《주한일본공사관기록》 5-9-6.
7 《주한일본공사관기록》 7-1-12.
8 《주한일본공사관기록》 7-1-16.
9 《주한일본공사관기록》 7-1-17.
10 《주한일본공사관기록》 7-1-20.
11 《주한일본공사관기록》 7-1-21.

12 《주한일본공사관기록》 7-1-20; 7-5-105.
13 《일본외교문서》 28, 446쪽.
14 《주한일본공사관기록》 7-1-31.
15 《주한일본공사관기록》 7-5-173.
16 《일본외교문서》 28, 482~484쪽.
17 三浦梧楼,《観樹将軍回顧録》, 政教社, 1925, 320~321쪽.
18 김영수,《명성황후 최후의 날》, 말글빛냄, 2014, 11쪽.
19 《주한일본공사관기록》 8-4-1.
20 三浦梧楼,《観樹将軍回顧録》, 政教社, 1925, 345~346쪽.

13 아관파천과 고종, '개혁'을 도륙 내다

1 박 보리스 드미트리예비치 지음, 민경현 옮김,《러시아와 한국》, 동북아역사재단, 2010, 414~415쪽.
2 와다 하루키 지음, 이웅현 옮김,《러일전쟁》 1, 한길사, 2019, 286~287쪽.
3 박 보리스 드미트리예비치 지음, 민경현 옮김,《러시아와 한국》, 동북아역사재단, 2010, 419~420쪽.
4 외교통상부 엮음,《이범진의 생애와 항일독립운동》, 외교통상부, 2003, 137쪽.
5 《주한일본공사관기록》 7-5-188-6.
6 《주한일본공사관기록》 7-5-188-23.
7 와다 하루키 지음, 이웅현 옮김,《러일전쟁》 1, 한길사, 2019, 301쪽.
8 《일본외교문서》 28, 525~526쪽.
9 와다 하루키 지음, 이웅현 옮김,《러일전쟁》 1, 한길사, 2019, 302쪽.
10 《동아일보》 1930년 1월 29일.
11 유영익,〈일본공사조선간섭전말〉(권형진),《사총》 25, 1981, 197~205쪽에서 전문을 확인할 수 있다.
12 《고종실록》 고종 32년(1895) 10월 30일(음력 9월 13일).
13 《윤치호 일기》 1895년 11월 26일.
14 춘생문 사건에 대해선 한철호,〈아관파천의 전주곡, 춘생문 사건의 진상과 그

영향),《내일을여는역사》, 19, 2005 참조.
15 《주한일본공사관기록》7-1-41.
16 《주한일본공사관기록》9-3-2.
17 《고종실록》고종 32년(1895) 12월 30일(음력 11월 15일).
18 《주한일본공사관기록》11-1-5.
19 《주한일본공사관기록》11-1-6.
20 김태웅,《어윤중과 그의 시대》, 아카넷, 2018, 247~248쪽.
21 《주한일본공사관기록》9-3-6.
22 《주한일본공사관기록》9-3-5.
23 와다 하루키 지음, 이웅현 옮김,《러일전쟁》1, 한길사, 2019, 338쪽.
24 《주한일본공사관기록》7-5-38.
25 박 보리스 드미트리예비치 지음, 민경현 옮김,《러시아와 한국》, 동북아역사재단, 2010, 449쪽.
26 외교통상부 엮음,《이범진의 생애와 항일독립운동》, 외교통상부, 2003, 146쪽.
27 동북아역사재단 누리집 '러시아 소장 근대한국문서(contents.nahf.or.kr/item/level.do?itemId=kifr)'에서 다음 순으로 검색. 제정러시아 대외정책문서보관소→아관파천→로바노프-로스톱스키 공이 베베르에게 보낸 비밀 전문 사본.
28 벨라 보리소브나 박 지음, 최덕규·김종헌 옮김,《러시아 외교관 베베르와 조선》, 동북아역사재단, 2020, 277쪽.
29 《고종실록》고종 33년(1896) 2월 11일.
30 《주한일본공사관기록》9-3-8.
31 황현,《국역 매천야록》제2권, 고종 32년 을미(1895년) ④, 19 아관파천(국사편찬위원회 한국사데이터베이스의《국역 야관파천》자료를 기준으로 했다).
32 유동길,《유길준전》, 일조각, 1987, 197~198쪽.

14 고종의 두 번째 '러시아 접근' 실패하다

1 고무라는 이날 오전 11시 35분 하기와라 슈이치萩原守一(1868~1911) 인천

영사관에게 "중대한 사건이 발생해 일본에 전보를 치려 하므로, 배를 시급히 부산까지 마중 나오도록 운수통신부로 상담하기 바란다"라고 지시하는 공문을 보냈다. 중대한 사건은 아관파천이었다. 전신이 불통된 것은 을미의병 활동 때문이었다. 《주한일본공사관기록》 9-3-8.

2 《주한일본공사관기록》 9-3-10.
3 《주한일본공사관기록》 10-2-37.
4 《주한일본공사관기록》 9-3-8.
5 《주한일본공사관기록》 10-2-42.
6 《일본외교문서》 29, 728~729쪽.
7 동북아역사재단 누리집 러시아 소장 근대한국문서. 제정러시아 대외정책문서보관소→아관파천→시페이예르 대리공사의 보고서.
8 《주한일본공사관기록》 9-3-11.
9 조재곤, 〈'세 치 혀'의 출세와 비참한 최후, 한말 러시아어 통역관 김홍륙〉, 《내일을여는역사》 32, 2008.
10 《윤치호 일기》 1896년 2월 25일.
11 《주한일본공사관기록》 10-1-8에 수록된 회담 요약을 재구성함.
12 《일본외교문서》 31-1, 109~116쪽; 《주한일본공사관기록》 6-5-8에 수록된 회담 내용을 재구성함.
13 《윤치호 일기》 1896년 6월 5일.
14 《윤치호 일기》 1986년 6월 5일.
15 《일본외교문서》 31-1, 109~116쪽; 《주한일본공사관기록》 6-5-8에 수록된 회담 내용을 재구성함.
16 《윤치호 일기》 1896년 6월 30일.
17 황현, 《국역 매천야록》 제4권, 광무 9년 을사(1905년) ⑤, 12 민영환의 순절.

15 고종의 혼미, 일본의 뒤집기

1 《주한일본공사관기록》 9-3-59.
2 《독립신문》 건양 원년(1896) 10월 24일.
3 민영환 지음, 조재곤 엮어옮김, 《해천추범》, 책과함께, 2007, 208쪽.

4 《고종실록》고종 33년(1896) 10월 21일.
5 《주한일본공사관기록》8-3-62;《고종실록》고종 33년(1896) 11월 12일.
6 《주한일본공사관기록》9-3-42.
7 《주한일본공사관기록》9-3-60.
8 《주한일본공사관기록》9-3-62.
9 와다 하루키 지음, 이웅현 옮김,《러일전쟁》1, 한길사, 2019, 369쪽.
10 《주한일본공사관기록》9-3-62.
11 《주한일본공사관기록》11-5-2.
12 《윤치호 일기》1896년 5월 22일.
13 《윤치호 일기》1897년 7월 14일.
14 황현,《국역 매천야록》제2권, 광무 2년 무술(1898년) ①, 6 내부대신 남정철의 면직.
15 김현,《독립협회 국가개혁사상의 민주적 전회에 관한 연구: 군권의 제도화를 중심으로》, 연세대학교 박사학위 논문, 2018. 이번 장은 김현의 박사학위 논문에 크게 의존했다.
16 《주한일본공사관기록》11-2-10.
17 《주한일본공사관기록》12-3-13.
18 《윤치호 일기》1897년 2월 7일.
19 《주한일본공사관기록》9-3-61; 9-3-63.
20 《고종실록》고종 34년(1897) 2월 19일.
21 《주한일본공사관기록》11-5-12.
22 《고종실록》고종 34년(1897) 3월 16일.
23 《주한일본공사관기록》12-3-7.
24 《주한일본공사관기록》12-4-16.
25 《주한일본공사관기록》12-2-8.
26 《주한일본공사관기록》12-8-28.《윤치호 일기》에서도 관련 내용을 확인할 수 있다. 1897년 3월 16일 영문 일기에서 "서울 사람들은 얼마 전 한성신보에서 게재한 러시아와 일본 간의 소위 비밀조약 때문에 상당히 흥분하고 있다"라고 적었다. 이어, 특유의 독설을 쏟아 냈다. "서울 사람들은 일본이 조선과 불쌍한 조선인들과 싸우기 위해 군대를 보낼 수도 있다고 생각하며 두려

위한다. (그러나) 조선의 문제는 일본도 아니고 러시아도 아닌 바로 조선의 실정이다."

27 《주한일본공사관기록》9-3-69.
28 《윤치호 일기》1897년 2월 6일.
29 《윤치호 일기》1897년 2월 7일.
30 동북아역사재단 누리집의 '러시아 소장 근대한국문서'에서 다음 순으로 검색. 제정러시아 대외정책문서보관소→러시아군사교관단→1897년 4월 18/30일 의정부에 보고된 러시아 교관문제에 관한 외부대신 이완용의 개인 견해.
31 《주한일본공사관기록》12-1-1.
32 《주한일본공사관기록》12-1-1.
33 《프랑스외무부문서》8-10 '러시아 군사 교관에 대한 조선의 대우와 푸차타 러시아 대령의 불만 보고'에서 푸차타가 자신의 처우와 관련해 크게 불만을 쏟아 냈다는 기록을 찾을 수 있다. "궁내부는 러시아 중위들의 보잘것없는 월급 150피아스트르와 중사들의 월급 20피아스트르를 한 번도 제때 지급한 적이 없었으며, 매달 월급을 타기 위해 계속 요구를 해야 합니다. 한편, 개혁이나 개선을 목적으로 하는 모든 요구는 일절 미해결 상태가 됩니다. 업무는 방해를 받거나 저지되며, 국왕 보호를 위해 취해진 경비 조치는 권한도 없는 사람들의 간섭이나 불손한 의도로 무용지물이 되어 버립니다. 크고 작은 일들이 너무 빈번히 반복해서 일어나자 푸차타 대령은 보잘것없는 직책을 그만둘까도 생각하고 있습니다."

16 독립협회의 몸부림, 일본이 만세를 부르다

1 《윤치호 일기》1897년 8월 17일.
2 윤치호, 〈독립협회의 시종〉, 《신민》14, 1926.
3 신용하, 《독립협회연구》상, 일조각, 2006, 323쪽.
4 와다 하루키 지음, 이응현 옮김, 《러일전쟁》1, 한길사, 2019, 384쪽.
5 이윤상, 〈대한제국을 좌지우지한 외국인 고문들〉, 《역사비평》43, 1998.5, 143쪽.

6 벨라 보리소브나 박 지음, 최덕규·김종헌 옮김,《러시아 외교관 베베르와 조선》, 동북아역사재단, 2020, 541~543쪽.

7 신용하,《독립협회연구》상, 일조각, 2006, 193~200쪽.

8 1894년 10월 부산영사관에서 조선 근무를 시작한 가토 마쓰오는 1897년 2월부터 공사로 임명돼 1899년 6월까지 근무했다. 일본은 이 시기 을미사변·아관파천으로 절대적인 열세에 몰린 세력을 극적으로 회복하는 데 성공한다. 고종은 가토를 절대적으로 신뢰해 러시아와 맺은 비밀 밀약 문서까지 보여 준다. 가토는 1897년 11월 13일 니시 도쿠지로 외무대신에게 전하는 전문에서 "절대 다른 사람에게 누설하지 않겠다는 약정서를 써서 본 후 이를 베꼈다"라며 문서의 전문을 송부했다(《주한일본공사관기록》11-4-13). 일본이 오랫동안 노리던 경인철도와 경부철도 부설권을 획득한 것도 그의 재임 때였다.

9 《주한일본공사관기록》11-4-14.

10 《윤치호 일기》1898년 2월 13일.

11 《고종실록》고종 35년(1898) 2월 22일.

12 《주한일본공사관기록》12-10-14.

13 와다 하루키 지음, 이웅현 옮김,《러일전쟁》1, 한길사, 2019, 408쪽; 벨라 보리소브나 박 지음, 최덕규·김종헌 옮김,《러시아 외교관 베베르와 조선》, 동북아역사재단, 2020, 555쪽.

14 벨라 보리소브나 박 지음, 최덕규·김종헌 옮김,《러시아 외교관 베베르와 조선》, 동북아역사재단, 2020, 556~557쪽.

15 《일본외교문서》31-1, 141쪽;《주한일본공사관기록》12-10-12.

16 《일본외교문서》31-1, 143쪽.

17 《주한일본공사관기록》12-10-14.

18 《주한일본공사관기록》12-10-12.

19 이 무렵 이승만은 배재학당에서 공부하고 있었다. 1898년 7월 8일 열린 졸업식에선 '한국의 독립'이라는 제목의 영어 연설을 할 만큼 실력을 키우고 있었다(정병준,《우남 이승만 연구》, 역사비평사, 2005, 71쪽).

20 《주한일본공사관기록》12-10-12.

21 《주한일본공사관기록》12-10-14.

22 《윤치호 일기》1898년 3월 19일.

23 《주한일본공사관기록》 12-10-14.
24 《일본외교문서》 31-1, 182~184쪽.
25 와다 하루키 지음, 이웅현 옮김, 《러일전쟁》 1, 한길사, 2019, 417~420쪽.

17 독립협회의 정치 개혁, 끝내 좌절하다

1 《독립신문》 1898년 4월 30일.
2 《윤치호 일기》 1898년 3월 28일.
3 정교, 《대한계년사》 1898년 7월 3일, 9일. 고종은 3년 전인 1895년 5월 김홍집에게 "짐이 명령하는 것을 봉행하지 않는다면 군주가 없는 것과 같다"라며 "너희들은 이 나라를 공화정체로 만들어야 한다"라고 말한 적이 있었다. 국민의 대표자를 모은 의회나 국회에 대한 태도도 마찬가지였다. 고종은 독립협회와 갈등이 고조되던 10월 20일 "듣건대 외국의 예에는 백성들이 사적으로 설치한 협회"라는 것이 있고, "나라에서 공적으로 세운 국회라는 것이 있다"라면서, 독립협회가 "상소를 올리고 난 뒤에도 대궐을 지키며 대신을 협박"하고 있는데 "비록 국회라 해도 이런 권한이 없다"라고 말했다. 고종은 내각 제도나 민주주의 등 서구의 근대 정치체제에 대해 상당한 지식을 갖고 있었다. 이런 제도를 몰라서가 아니라 자신의 이익에 어긋나니 거부할 뿐이었다.
4 예전 경무사였던 김재풍·이충구, 시위대 연대장 김재은, 시위대 대대장 이남희·이종림 등이 참여했다.
5 안경수는 평소 알던 일본인의 집에 숨어 있다가 10월 2일 인천에서 겐카이마루라는 배를 타고 일본으로 망명을 떠났다. 그는 이 배 위에서 안면이 있던 일본인 경부에게 "현재 황제가 재위해선 도저히 어떤 좋은 계획도 무익하게 될 따름이어서 비상 수단에 호소해 현재 황제의 폐위를 계획했다"라고 말했다 (《일본외교문서》 31-2, 851쪽).
6 《주한일본공사관기록》 12-10-27.
7 《주한일본공사관기록》 11-5-2.
8 정교, 《대한계년사》 1898년 7월 17일.
9 러시아와 동맹 관계던 프랑스의 빅토르 콜랭 드 플랑시Victor Collin de Plancy (1853~1922) 공사는 본국에 보낸 전문에서 "김홍륙이 큰 재산을 모으기 위해

별의별 수탈을 자행하여 호감이 별로 못 가더라도 러시아에 큰 도움이 됐다는 사실을 잊어선 안 된다"며 "그런데 마튜닌이 그를 더 이상 부하로 삼고 싶어하지 않으니 기댈 곳이 없어졌다"라고 전했다(《프랑스외무부문서》8-128 '친러파 김홍륙에 대한 러시아 공사의 태도 돌변과 고종황제의 처벌 보고').

10 《고종실록》고종 35년(1898) 8월 23일.
11 《독립신문》1898년 10월 14일.
12 이 사건에 관해선 김홍륙이 진짜 고종을 죽이려는 대담한 음모를 꾸민 게 아니라 그의 세력을 제거하려는 고종의 자작극이라는, 매우 설득력 있는 견해도 있다(장경호, 〈아관파천 전후(1896~1898) 정치권력 변화와 김홍륙 독차사건 재검토〉,《한국근현대사연구》81, 2017).
13 정교,《대한계년사》1898년 9월 25일.
14 정교,《대한계년사》1898년 10월 7일.
15 《고종실록》고종 35년(1898) 10월 12일.
16 《주한일본공사관기록》12-12-9.
17 《고종실록》고종 35년(1898) 10월 23일.
18 정교,《대한계년사》1898년 10월 24일.
19 정교,《대한계년사》1898년 11월 2일.
20 신용하,《독립협회연구》상, 일조각, 2006, 493쪽.
21 《독립신문》1898년 11월 1일.
22 《고종실록》고종 35년(1898) 11월 2일.
23 《주한일본공사관기록》12-12-9.
24 《주한일본공사관기록》12-10-42.
25 신용하,《독립협회연구》상, 일조각, 2006, 510쪽.
26 《윤치호 일기》1898년 11월 4일.
27 관민공동회가 열릴 무렵 제국신문 편집장으로 일하고 있던 이승만은 고종의 배신에 항의하는 만민공동회를 개최하는 데 주도적인 역할을 했다. 하지만 곧 박영효 쿠데타 음모사건에 연루돼 1899년 1월9월 체포·투옥됐다. 그로 인해 1904년 8월까지 5년7개월에 걸쳐 감옥 생활을 하게 된다. 윤치호는 자신의 영문 일기에서 젊은 시절의 이승만에 대해 '너무 급진적'이라는 흥미로운 평가를 내렸다. 그랬던 그도 나이가 들며 완고한 독재자로 변해 간다.

28 《윤치호 일기》1898년 11월 5일.
29 《주한일본공사관기록》12-10-42.
30 《주한일본공사관기록》13-8-31.

망국의 길

18 의화단사건, 살얼음 같던 '러·일 균형'을 깨다

1 1896년 3월 29일 미국인 제임스 모스에게 부설권이 주어졌다. 일본은 1897년 경인철도인수조합을 만들어 부설권을 얻기 위한 공작을 시작했다. 결국 1899년 1월 30일 모스로부터 180만 원을 주고 부설권을 사들이는 데 성공했다(손길신,《한국철도사》, 북코리아, 2021, 47~49쪽).

2 1898년 9월 8일 대한제국은 '경부철도합동조약'을 통해 일본에 부설권을 허가했다.

3 일반적으로 제1차 한일협약이라 불리나 정확히는 협약(agreement)이 아닌 각서(memorandum)였다. 일본이 이를 대외적으로 공표하는 과정에서 협약으로 변조했다(동북아역사재단,《한일조약자료집(1876~1910)-근대외교로 포장된 침략》, 동북아역사재단, 2020, 667쪽).《일본외교문서》를 보면, 처음엔 이 문서를 '각서'로 표기하다 '한일협약'으로 바꿔 부르는 것을 확인할 수 있다(《일본외교문서》37-1, 364~369쪽).

4 하야시는 1935년 펴낸 회고록《하야시 곤스케, 나의 70년을 말하다》에서 자신이 부임하던 무렵엔 대한제국 내에 "일본의 세력이 거의 사라져 있었다"라고 썼다(林権助,《極東動乱 出先外交経験秘話-葛藤するロシア·中国·韓国·日本》, 書肆心水, 2022, 115쪽).

5 《주한일본공사관기록》13-8-49.

6 《주한일본공사관기록》13-8-63.

7 林権助,《極東動乱 出先外交経験秘話-葛藤するロシア· 中国·韓国·日本》, 書肆心水, 2022, 74~76쪽.

8 《일본외교문서》31, 307~308쪽.

9 와다 하루키 지음, 이웅현 옮김,《러일전쟁》1, 한길사, 2019, 435쪽.

10   동북아역사재단 러시아 소장 근대한국문서에서 다음 순으로 검색. 제정러시아 대외정책문서보관소 → 조차지 → 무라비요프 백작이 해군대신 서리에게 보낸 비밀편지 사본.
11   《고종실록》 고종 36년(1899) 1월 12일 기록을 보면 고종이 경운궁 함녕전에서 새로 임명된 공사 파블로프를 접견했다는 내용을 확인할 수 있다.
12   와다 하루키 지음, 이웅현 옮김, 《러일전쟁》 1, 한길사, 2019, 426쪽.
13   와다 하루키 지음, 이웅현 옮김, 《러일전쟁》 1, 한길사, 2019, 435~436쪽.
14   林權助, 《極東動乱 出先外交経験秘話-葛藤するロシア・中国・韓国・日本》, 書肆心水, 2022, 76~78쪽.
15   와다 하루키 지음, 이웅현 옮김, 《러일전쟁》 1, 한길사, 2019, 436쪽.
16   《주한일본공사관기록》 13-8-57.
17   이 사건을 다룬 영화로 찰턴 헤스턴 Charlton Heston이 주연한 〈북경에서의 55일〉(1963)이 있다. 영화 제목에 담긴 55일은 베이징의 공사관 지구가 의화단에게 포위돼 공격받은 6월 21일부터 8월 14일까지를 뜻한다.
18   와다 하루키 지음, 이웅현 옮김, 《러일전쟁》 1, 한길사, 2019, 507쪽.
19   와다 하루키 지음, 이웅현 옮김, 《러일전쟁》 1, 한길사, 2019, 492~493쪽.
20   《주한일본공사관기록》 14-9-3.
21   이 무렵 한·일 간 주요 현안은 2년 전 역모 사건을 일으킨 뒤 일본에 망명했다가 귀국한 뒤 잔인하게 처형된 안경수 문제였다. 안경수는 일본의 중재에 따라 "재판은 공명정대할 것이고 악형(고문)은 이미 폐지했으니 지금 다시 사용할 리가 없다"는 고종의 보증을 받고 1900년 2월 7일 인천으로 귀국해 자수했다. 하지만 5월 28일 잔인하게 고문을 받은 뒤 처형되고 말았다. 일본은 고종의 뻔뻔한 '약속 위반'에 충격을 받을 수밖에 없었다. 하야시는 이날 안경수 사건에 관해 강하게 항의한 뒤 의화단사건에 대한 정보를 알렸다(《주한일본공사관기록》 15-1-18).
22   《주한일본공사관기록》 15-6-90.
23   《주한일본공사관기록》 14-9-44; 《일본외교문서》 33, 379~380쪽.
24   《주한일본공사관기록》 15-6-125; 《일본외교문서》 33, 699쪽.
25   《주한일본공사관기록》 15-6-131.
26   《일본외교문서》 33, 699~700쪽.

27 《일본외교문서》33, 947쪽.

19 대한제국, '중립화'와 '일본 예속'의 갈림길에 서다

1 와다 하루키 지음, 이웅현 옮김,《러일전쟁》1, 한길사, 2019, 516~517쪽.
2 황현은《매천야록》에서 "일본 사정을 잘 안다고 고종에게 알려져 많은 총애"를 받았는 평을 남겼다.
3 《주한일본공사관기록》14-9-39.
4 近衛篤麿,《近衛篤麿日記. 第3卷》, 鹿島研究所出版會, 1968, 243쪽.
5 김옥균 이후 조선에서 개혁 시도를 하다 실패해 일본으로 도망쳐 온 이들을 뜻한다. 고종은 자신의 군주권을 위협하던 이들을 눈엣가시처럼 여겨 제거하려 했다.
6 安駉壽,〈日淸韓同盟論〉,《日本人》116, 1900. 안경수의 일청한동맹론은 이 잡지의 116호부터 123호까지 총 여덟 차례에 걸쳐 연재됐다.
7 近衛篤麿,《近衛篤麿日記. 第3卷》, 鹿島研究所出版會, 1968, 234쪽.
8 와다 하루키 지음, 이웅현 옮김,《러일전쟁》1, 한길사, 2019, 520쪽.
9 《주한일본공사관기록》14-10-19.
10 《주한일본공사관기록》15-6-153.
11 그는 1945년 일본이 패전해 쫓겨날 때까지 반세기 넘게 한반도에 살며 원조 '재조 일본인'으로 활발한 활동을 이어갔다.
12 菊池謙讓,〈朝鮮王の中立外交と国防同盟〉,《新朝鮮》, 新朝硏究會, 1916, 40~58쪽.
13 이는 고종의 근심거리이기도 했다. 고종은 1901년 1월 21일 오후 자신을 찾아온 야마자 엔지로山座円次郎(1866~1914) 임시대리 공사에게 "러시아는 항상 감언甘言으로 그 야심을 감추고 잠시도 방심할 수 없는 것은 아관파천 중의 실험에서도 명백하다"면서 근래 "한국 북변北邊에 황야가 많고 인구가 적음을 이용하여 야심을 뻗쳐 이미 회령부 관하의 간도에 러시아인을 이주시켜서 원주민(土人)의 회유를 도모하고 있다"라고 말했다. 이어 "그대로 방치한다면 이 지방은 자연히 러시아의 판도로 돌아갈 것은 의심의 여지가 없으므로 어떠한 비용과 곤란에 봉착하더라도 이를 예방해야" 한다고 강조했다《주

14 이 무렵 프랑스는 러시아의 동맹국이었다.
15 菊池謙讓,〈朝鮮王の中立外交と國防同盟〉,《新朝鮮》, 新朝硏究會, 1916, 48~49쪽.
16 《주한일본공사관기록》15-6-149.
17 《주한일본공사관기록》15-6-162.
18 《주한일본공사관기록》14-9-66.
19 한철호,《한국근대 주일한국공사의 파견과 활동》, 푸른역사, 2010, 112쪽.
20 《프랑스외무부문서》9-57.
21 와다 하루키 지음, 이웅현 옮김,《러일전쟁》1, 한길사, 2019, 179쪽.
22 《주한일본공사관기록》15-6-177.
23 近衛篤麿,《近衛篤麿日記. 第3卷》, 鹿島硏究所出版會, 1968, 288~290쪽.
24 《주한일본공사관기록》14-9-65.
25 와다 하루키 지음, 이웅현 옮김,《러일전쟁》1, 한길사, 2019, 524쪽.
26 《주한일본공사관기록》14-9-71.
27 와다 하루키 지음, 이웅현 옮김,《러일전쟁》1, 한길사, 2019, 524쪽.
28 近衛篤麿,《近衛篤麿日記. 第3卷》, 鹿島硏究所出版會, 1968, 348~349쪽의 대화 내용을 재구성.

20 일본, 러시아의 '중립화 제안'을 걷어차다

1 《주한일본공사관기록》16-6-1.
2 《주한일본공사관기록》16-6-1.
3 만주 지역을 통치하는 청나라 말기 관직의 이름. 1907년 동삼성총독東三省總督으로 명칭이 바뀐다.
4 《일본외교문서》34, 79쪽.
5 《주한일본공사관기록》14-10-29를 바탕으로 대화를 재구성.
6 林權助,《極東動乱 出先外交経験秘話-葛藤するロシア·中国·韓国·日本》, 書肆心水, 2022, 118쪽.
7 와다 하루키 지음, 이웅현 옮김,《러일전쟁》1, 한길사, 2019, 548쪽.

8   《일본외교문서》 34, 521쪽.

9   林権助, 《極東動乱 出先外交経験秘話―葛藤するロシア·中国·韓国·日本》, 書肆心水, 2022, 119~120쪽.

10 林権助, 《極東動乱 出先外交経験秘話―葛藤するロシア·中国·韓国·日本》, 書肆心水, 2022, 120~121쪽.

11 《주한일본공사관기록》 16-6-2.

12 와다 하루키 지음, 이웅현 옮김, 《러일전쟁》 1, 한길사, 2019, 552~553쪽.

13 《주한일본공사관기록》 16-5-9. 고종은 이 문서에서 "스스로 신하의 일을 남에게 대해 비난하는 것은 심히 이상하고 또한 정말로 생각 밖의 일이지만, 어찌하랴, 한국 신민들은 국가라는 관념은 조금도 없고 오직 사리(私利)만을 꾀할 뿐이니 필경은 무교육이 그렇게 한 것이라고 생각하므로 교육에 힘을 쏠 작정"이라며 신하들에 대한 불만도 드러냈다.

14 《일본외교문서》 34, 203~207쪽.

15 千葉功, 《旧外交の形成―日本外交一九〇〇~一九一九》, 勁草書房, 2008, 83~86쪽.

16 《주한일본공사관기록》 16-5-6.

17 이윤상, 〈대한제국시기 내장원경 이용익의 활동과 경제에 대한 인식〉, 《역사문화연구》 77, 2021, 38쪽.

18 《일본공사관기록》 18-1-48.

19 조선시대 왕실의 일부인 궁실宮室, 왕실에서 분가·독립한 궁가宮家 등을 통칭해 부르는 말이다. 일사칠궁一司七宮에 해당하는 내수사, 수진궁, 어의궁, 명례궁, 용동궁, 육상궁, 선희궁, 경우궁을 비롯해 68개가 있었다.

20 이영훈, 〈대한제국기 황실재정의 기초와 성격〉, 《경제사학》 51, 2011, 4쪽.

21 김재호, 〈근대적 재정국가의 수립과 재정능력, 1894-1910: 갑오개혁과 대안적 경로〉, 《경제사학》 57, 2014, 158쪽.

22 이윤상, 〈대한제국시기 내장원경 이용익의 활동과 경제에 대한 인식〉, 《역사문화연구》 77, 2021, 114쪽에서 재인용.

23 이영훈, 〈조선왕조의 해체〉, 《조선망국, 교훈을 얻자》(자유경제원 조선망국 106주기 세미나), 2016, 17쪽.

24 김재호, 〈근대적 재정국가의 수립과 재정능력, 1894-1910: 갑오개혁과 대

안적 경로〉,《경제사학》57, 2014, 150쪽. 대한민국의 조세부담율은 2020년 18.8%, 2021년 20.6%, 2022년 22.1%, 2023년 19.0%이다.

25 《주한일본공사관기록》16-2-8.

21 '영일동맹', 대한제국을 옭아매다

1   와다 하루키 지음, 이웅현 옮김,《러일전쟁》1, 한길사, 2019, 559쪽.
2   《일본외교문서》35, 341~342쪽.
3   와다 하루키 도쿄대 명예교수는 고무라에 대해 "동북아시아 격동의 시기에 모든 관련 국가들의 공사직을 경험하고 외무대신이 된 것은 전례가 없는 일"이리고 짚었다. 와다 하루키 지음, 이웅현 옮김,《러일전쟁》1, 한길사, 2019, 568~569쪽.
4   좀 더 넓은 역사적 시각에서 본다면, 이때 시작된 일본의 대외 확장 움직임은 이웃인 조선을 비참한 식민과 분단의 길로 이끌었을 뿐 아니라 일본 자신까지도 파멸로 몰아넣었다.
5   김태준,〈영일동맹 결성과 러일전쟁의 외교사적 분석〉,《교수논총》53, 2010.
6   일본의 외교정책과 활동 등에 대한 정보를 담은 외무성의 문서.
7   《일본외교문서》34, 25~26쪽.
8   《일본외교문서》34, 27~28쪽.
9   A.M. 풀리 지음, 나홍주·신복룡 옮김,《하야시 다다스 비밀 회고록》, 건국대학교출판부, 2007, 146~147쪽.
10 《일본외교문서》34, 34쪽.
11 黒沢文貴,〈日露戦争への道: 三国干渉から伊藤の外遊まで〉,《外交史料館報》28, 2014, 50쪽.
12 《일본외교문서》35, 108~121쪽의 대화를 재구성.
13 와다 하루키 지음, 이웅현 옮김,《러일전쟁》1, 한길사, 2019, 599쪽.
14 《주한일본공사관기록》16-5-58.
15 《주한일본공사관기록》16-2-19.
16 《주한일본공사관기록》16-6-24.
17 《주한일본공사관기록》16-6-24.

18 《일본외교문서》 34, 63~64쪽.
19 《주한일본공사관기록》 18-3-14.
20 《주한일본공사관기록》 18-1-10.
21 《주한일본공사관기록》 18-3-28.
22 정종원, 〈한국 언론의 제1차 영일동맹에 대한 상반된 인식과 대응〉, 《동국사학》 77, 2023, 205쪽에서 재인용.

22 러시아, '신노선'으로 맞서다

1 《주한일본공사관기록》 17-4-264.
2 와다 하루키 지음, 이웅현 옮김, 《러일전쟁》 1, 한길사, 2019, 609쪽; 《주한일본공사관기록》 17-4-12.
3 《주한일본공사관기록》 17-4-318.
4 《주한일본공사관기록》 17-3-26.
5 와다 하루키 지음, 이웅현 옮김, 《러일전쟁》 1, 한길사, 2019, 612~613쪽.
6 장영숙, 〈알렌, 이용익과의 갈등과 원한의 변곡점〉, 《역사문화연구》 78, 2021.
7 Scott S. Burnett, 《Korean-American Relations: Documents Pertaining to the Far Eastern Diplomacy of the United States : The Period of Diminishing Influence, 1896-1905》(University of Hawaii press, 1989), 171~172쪽.
8 《주한일본공사관기록》 18-1-40.
9 《주한일본공사관기록》 18-2-15.
10 구리노 신이치로栗野慎一郎(1851~1937) 주러 일본 공사가 남긴 인물평이다(《주한일본공사관기록》 22-14-2).
11 《주한일본공사관기록》 19-2-1.
12 와다 하루키 지음, 이웅현 옮김, 《러일전쟁》 2, 한길사, 2019, 721~723쪽.
13 동북아역사재단 누리집 '러시아 소장 근대한국문서'에서 다음 순으로 검색. 러시아연방 국립문서보관소→러일전쟁→만주 문제의 발전에 관한 1902년 3월 26일 조약의 의미.
14 와다 하루키 지음, 이웅현 옮김, 《러일전쟁》 2, 한길사, 2019, 761~767쪽; 박

보리스 드미트리예비치 지음, 민경현 옮김, 《러시아와 한국》, 동북아역사재단, 2010, 629쪽.
15 德富猪一郎 編, 《公爵桂太郎伝》, 故桂公爵記念事業會, 1917, 120~121쪽.
16 《주한일본공사관기록》 19-2-5.
17 《주한일본공사관기록》 19-2-48.
18 벨라 보리소브나 박 지음, 최덕규·김종헌 옮김, 《러시아 외교관 베베르와 조선》, 동북아역사재단, 2020, 630쪽.
19 《주한일본공사관기록》 19-2-53.
20 《주한일본공사관기록》 19-2-55.
21 《주한일본공사관기록》 19-2-140.
22 《일본외교문서》 36-1, 1~3쪽 내용을 재정리.

23 대한제국, '전시중립 선언'에 운명을 걸다

1 이날 어전회의에 참석한 이는 이토 히로부미, 야마가타 아리토모, 오야마 이와오, 마쓰카타 마사요시松方正義(1835~1924), 이노우에 가오루 등 다섯 원로와 가쓰라 다로 총리, 고무라, 훗날 조선의 초대 총독이 된 데라우치 마사타케寺內正毅(1852~1919) 육군대신, 야마모토 곤베에 해군대신 등 9명이었다.
2 日本外務省 編, 《小村外交史》, 原書房, 1966, 322~324쪽.
3 《일본외교문서》 36-1, 8~11쪽.
4 《주한일본공사관기록》 18-11-12; 18-11-13. 한글 번역본엔 수신일이 7월 8일로 되어 있으나 여러 정황을 볼 때 8월 7일인 듯하다.
5 러시아 귀화 한인이었던 김인수는 이 무렵 대한제국과 러시아 사이에서 의사소통을 담당하는 중요한 역할을 맡고 있었다. 하야시는 10월 12일 고무라에게 보낸 전문에서 "김인수란 자가 뤼순에 간 것"은 "사실로 이해"되지만, 어떤 용건인지는 모르겠다고 했다(《주한일본공사관기록》 21-5-359). 하야시는 러일전쟁이 시작된 직후인 1904년 2월 20일 원산 영사에게 "김인수는 러시아 귀화인이므로 간첩으로 체포하여 이곳의 지휘를 받으라"고 지시했다(《주한일본공사관기록》 22-10-6).
6 와다 하루키 지음, 이웅현 옮김, 《러일전쟁》 2, 한길사, 2019, 782쪽.

7   조재곤, 《전쟁과 인간 그리고 '평화'》, 일조각, 2017, 37~38쪽.
8   강화도조약을 체결하는 과정에 등장하는 현석운이 그의 둘째 큰아버지였다. 현상건의 일생에 관해선 백옥경, 〈대한제국기 번역관 현상건의 활동〉, 《역사와실학》 57, 2015 참조.
9   《주한일본공사관기록》 21-5-249.
10 《주한일본공사관기록》 21-5-250.
11 《주한일본공사관기록》 20-6-57.
12 《주한일본공사관기록》 20-7-35.
13 《주한일본공사관기록》 18-11-1.
14 《주한일본공사관기록》 18-11-2.
15 《주한일본공사관기록》 18-11-5; 《일본외교문서》 37-1 41~45쪽.
16 《주한일본공사관기록》 21-5-432.
17 《주한일본공사관기록》 17-2-55.
18 《일본외교문서》 37-1, 756쪽.
19 《주한일본공사관기록》 18-12-2.
20 《주한일본공사관기록》 18-12-4.
21 《주한일본공사관기록》 18-12-6.
22 와다 하루키 지음, 이웅현 옮김, 《러일전쟁》 2, 한길사, 2019, 955쪽.
23 와다 하루키 지음, 이웅현 옮김, 《러일전쟁》 2, 한길사, 2019, 923~935쪽.
24 《주한일본공사관기록》 18-12-16.
25 《주한일본공사관기록》 18-12-17.
26 《주한일본공사관기록》 18-12-22; 18-12-26.
27 《주한일본공사관기록》 18-12-29.
28 《일본외교문서》 37-1, 310~311쪽.

24 한일의정서, 대한제국의 멱통을 움켜쥐다

1   《일본외교문서》 37-1, 310~311쪽.
2   《주한일본공사관기록》 21-4-80.
3   《일본외교문서》 37-1, 312쪽; 《주한일본공사관기록》 18-12-31. 실제로 전

문은 이학균이 아닌 고종의 사자인 이건춘이 파블로프 주한 러시아 공사와 퐁트네Fontenay 프랑스 대리공사의 도움을 받아 한국의 명예 총영사를 겸하고 있는 프랑스 부영사 게랭Guerin이 자신의 직권을 이용해 보낸 것이었다.

4 이지용은 전시중립 선언을 즈푸에서 보낸 것은 "발송 전 다른 곳에 누설될 것을 염려"했기 때문이라며, 일본 정부도 이 선언을 승낙하면 "한·일 간 조약 성립의 흔적을 은폐하기 위한 좋은 방편이 될 것"이라며 하야시에게 적극 협력해 달라고 요청했다.

5 《주한일본공사관기록》 18-12-39.

6 《주한일본공사관기록》 18-12-41.

7 《주한일본공사관기록》 18-12-45.

8 와다 하루키 지음, 이웅현 옮김, 《러일전쟁》 2, 한길사, 2019, 1047쪽.

9 《주한일본공사관기록》 18-12-41.

10 《주한일본공사관기록》 18-12-50.

11 《주한일본공사관기록》 21-4-37.

12 《일본외교문서》 37-1, 30쪽.

13 《주한일본공사관기록》 21-4-49.

14 와다 하루키 지음, 이웅현 옮김, 《러일전쟁》 2, 한길사, 2019, 1066~1068쪽.

15 《일본외교문서》 37-1, 91쪽.

16 《일본외교문서》 37-1, 92쪽.

17 宮内省臨時帝室編修局 編, 《明治天皇紀》 10, 吉川弘文館, 2001, 598쪽.

18 와다 하루키 지음, 이웅현 옮김, 《러일전쟁》 2, 한길사, 2019, 1080~1081쪽.

19 《주한일본공사관기록》 23-2-88.

20 와다 하루키 지음, 이웅현 옮김, 《러일전쟁》 2, 한길사, 2019, 1079쪽; 《일본외교문서》 37-1, 96~97쪽.

21 와다 하루키 지음, 이웅현 옮김, 《러일전쟁》 2, 한길사, 2019, 1063~1064쪽.

22 와다 하루키 지음, 이웅현 옮김, 《러일전쟁》 2, 한길사, 2019, 1096쪽.

23 와다 하루키 지음, 이웅현 옮김, 《러일전쟁》 2, 한길사, 2019, 1099쪽.

24 《주한일본공사관기록》 23-2-98.

25 《주한일본공사관기록》 23-2-100.

26 와다 하루키 지음, 이웅현 옮김, 《러일전쟁》 2, 한길사, 2019, 1123쪽.

27 《주한일본공사관기록》 23-2-103.
28 《주한일본공사관기록》 23-2-106.
29 《주한일본공사관기록》 23-2-109.
30 《주한일본공사관기록》 23-2-125.
31 《주한일본공사관기록》 18-12-71.
32 《주한일본공사관기록》 18-12-55.
33 《주한일본공사관기록》 18-12-59.
34 《주한일본공사관기록》 18-12-71.

25 "한국을 우리 제국 판도의 일부분으로 간주하라"

1 《주한일본공사관기록》 18-12-91.
2 《주한일본공사관기록》 23-2-200.
3 《주한일본공사관기록》 18-12-94.
4 《주한일본공사관기록》 23-2-203.
5 《주한일본공사관기록》 23-2-56.
6 《고종실록》 고종 41년(1904) 1월 8일.
7 《고종실록》 고종 41년(1904) 3월 4일.
8 《고종실록》 고종 33년(1896) 9월 24일. 김현, 〈개화파의 전제군주권 제한 시도(1894-1898): 고종의 정치지도력에 대한 불신과 고종과의 타협 시도를 중심으로〉, 《한국정치학회보》 53-5, 2019.
9 《주한일본공사관기록》 23-2-223.
10 《고종실록》 고종 41년(1904) 3월 6일.
11 《주한일본공사관기록》 23-1-124.
12 《일본외교문서》 38-1, 276쪽.
13 《주한일본공사관기록》 22-13-13.
14 《주한일본공사관기록》 16-5-9.
15 《주한일본공사관기록》 22-13-13.
16 《주한일본공사관기록》 23-2-186.
17 伊藤博文關係文書硏究會 編, 《伊藤博文關係文書》 7, 塙書房, 1979,

160~162쪽.
18 《윤치호 일기》1904년 4월 26일.
19 《일본외교문서》37, 351쪽.
20 《주한일본공사관기록》22-5-1.
21 《주한일본공사관기록》22-5-7; 22-5-10.
22 《윤치호 일기》1904년 8월 21일.
23 스티븐스는 취임 이후 줄곧 대한제국의 국익보다 일본의 국익을 위하는 정책을 추진했다. 1908년 3월 21일 미국 샌프란시스코에 도착한 뒤 일본의 대한제국 지배를 옹호하는 성명서를 발표하고 현지 언론과 인터뷰를 했다. 이에 분개한 미국 거주 한인들이 항의하자 "한국은 황제가 암매하고, 백성이 어리석어서 독립할 자격이 없으니 일본의 보호를 받아야 한다"라고 말했다. 이에 분개한 장인환(1876~1930) 의사에 의해 3월 23일 저격당해 이틀 뒤 숨졌다.
24 《윤치호 일기》1904년 8월 22일.

26 을사늑약 체결되다

1 《윤치호 일기》1905년 1월 1일.
2 《윤치호 일기》1905년 1월 3일.
3 《고종실록》고종 42년(1905) 1월 7일.
4 林權助,《極東動乱 出先外交経験秘話-葛藤するロシア·中国·韓国·日本》, 書肆心水, 2022, 121~122쪽.
5 林權助,《極東動乱 出先外交経験秘話-葛藤するロシア·中国·韓国·日本》, 書肆心水, 2022, 122~123쪽. 대한제국이 메가타와 고문 계약을 체결한 것은 1904년 10월 15일, 스티븐스와 체결한 것은 12월 27일이다. 하야시는 자신이 귀국한 시점을 이들이 부임한 지 2~3달 후라고 했으니, 일본으로 일시 귀국한 시점은 1905년 2~3월께로 추정된다. 하야마 회의 역시 이 무렵에 이뤄졌을 것이다.
6 《일본외교문서》38-1, 517~518쪽.
7 동북아역사재단,《한일 조약 자료집(1876~1910)》, 동북아역사재단, 2020, 697쪽.

8 《일본외교문서》37·38 별책,〈일러전쟁〉5, 556쪽.
9 林権助,《極東動乱 出先外交経験秘話-葛藤するロシア·中国·韓国·日本》,書肆心水, 2022, 25쪽.
10 《일본외교문서》38-1, 527쪽.
11 《주한일본공사관기록》26-1-294.
12 《주한일본공사관기록》25-7-2의 내용을 재구성.
13 이영훈,〈조선왕조의 해체〉,《조선망국, 교훈을 얻자》(자유경제원 조선망국 106주기 세미나), 2016, 15쪽.
14 《동아일보》1930년 1월 3일.
15 일본이 을사늑약 체결을 위해 준비한 기밀비 10만 엔이 현재 화폐가치로 얼마나 되는지는 흥미로운 관심거리다. 일본은행 조사통계국의 '기업물가지수(생산자물가지수)'를 기준으로 보면, 1905년 0.57이었던 게 2024년 905로 올랐다. 이에 따르면 1905년의 1엔은 2024년의 1587엔 정도가 된다. 소비자물가지수를 기준으로 보면, 도쿄 24개구 지역의 소비자물가지수는 1905년 0.56에서 2024년 2021로 올랐다. 이에 따르면, 1905년의 1엔은 현재의 3608엔이다. 곧 1905년의 1엔은 현재의 1500~3600엔, 10만 엔은 1억 5000만~3억 6000만 엔, 원화로 바꾸면 15억~36억 원이라고 짐작해 볼 수 있다. 박종인은 《매국노 고종》(와이즈맵, 2020, 330쪽)에서 서울의 숙련된 목수의 '일당'이라는 단일 기준을 사용해 고종이 1905년 하야시에게 받은 2만 엔을 현재의 25억 원(1만 엔=12.5억 원) 정도로 계산했다. 다소 과한 추정이 아닌가 한다. 앞서 밝힌 기준에 따르면 2만 엔은 현재의 3억~7.2억 원 정도의 가치가 있다고 할 수 있다.
16 《주한일본공사관기록》24-11-195.
17 《고종실록》고종 42년(1905) 11월 23일.
18 황현,《국역 매천야록》제4권, 광무 9년 을사(1905년) ⑤, 10 일본인의 조병세 수감.
19 《고종실록》고종 42년(1905) 11월 28·29일.
20 국가유산청 2024년 6월 13일 보도자료. 유족들은 이 명함을 1958년 고려대학교박물관에 기증했다. 국가유산청은 2025년 5월 17일 민영환 유서를 국가등록문화유산으로 등록했다.

21 황현,《국역 매천야록》제4권, 광무 9년 을사(1905년) ⑥, 3 조병세의 결고국 내인訣告國內人 민서民書.

에필로그 망국의 원인을 생각하다

1 김성혜의 연구에 따르면 그가 집계한 고종 대 역모 사건은 모두 31건이었다. 김성혜,〈고종시대 군주권 위협 사건에 대한 일고찰〉,《한국문화연구》, 18, 2010.

2 이헌창,〈1910년 조선 식민지화의 내적 원인〉,《조선시대사학보》55, 2010, 289~290쪽.

3 1860~1870년대 조선에는 밖으로부터 밀려오는 외세에 대응하는 과정에서 세 가지 사상이 형성됐다. 첫째는 위정척사사상, 둘째는 동학의 혁명적인 정치·사회사상, 마지막이 개화사상이었다. 그는 개화사상은 "강한 근대화 지향의 정치적 현실주의"였다며 "한국의 보수세력이라고 부르는 우파 세력은 이들 세 사상의 전통을 모두 이어받았지만, 그중에서도 개화사상의 영향이 가장 컸다"고 짚었다(남시욱,《한국 보수세력 연구》, 청미디어, 2020, 36~37쪽). 일본 내 한반도 연구의 권위자인 오코노기 마사오小此木政夫 게이오대학 명예교수도 2025년 3월 6일《아사히신문》인터뷰에서 한반도의 근대 내셔널리즘은 ①서양을 받아들여 부국강병을 꾀하자는 개화사상, ②동학사상, ③위정척사사상 등 세 가지로 나뉜다면서 개화사상은 이승만을 거쳐 보수, 동학사상은 민족주의자인 김구를 거쳐 진보, 위정척사사상은 김일성을 통해 지금의 북한으로 이어졌다고 짚었다.

4 동학농민혁명기념재단,〈전봉준 공초〉,《동학농민혁명 국역총서》12, 동학농민혁명기념재단, 2014, 15쪽.

5 이는 지나친 비관론이 아니다. 트럼프 행정부의 마코 루비오Marco Rubio 국무장관은 취임 직후인 1월 30일 미국 언론인 메긴 켈리Megyn Kelly와 인터뷰에서 "냉전이 끝난 뒤 우리가 세계의 유일한 강대국이 되면서 많은 일에서 세계 정부가 되는 것 같은 종류의 책임을 떠안고 모든 문제를 풀려 했다"며 "그로 인해 국익에 끔찍한 영향이 있었다"라고 말했다. 이어 "세계가 단일 패권(unipolar power)을 갖는 것은 정상이 아니다"라며 "우리는 결국 다극적 세계

로 돌아갈 것"이라고 덧붙였다.

6   이런 주장을 하는 대표적인 인물이 오렌 캐스 '미국의 나침반'American Compass 설립자다. 그는 2025년 4월 3일 《아사히신문》 인터뷰에서 "우리 세대는 냉전도 (로널드) 레이건(전 대통령)도 역사책을 통해 배웠을 뿐이다. 우리 세대가 직면한 큰 문제는 냉전이 아니라 중국의 세계무역기구(WTO) 가입, 이라크와 아프가니스탄 전쟁, 경제의 금융화와 금융위기, 빅테크 기업의 대두, 약물 중독, 절망사, (코로나19) 팬데믹(대유행) 등"이라고 말했다. 나아가 "중국이 2001년 세계무역기구에 가입하게 되며 미국의 산업 기반이 빠른 속도로 약체화해 이제 한계에 달"했고, 그에 따라 "미국 사회 역시 크게 약체화"됐다면서, 미국이 패권국으로 희생을 감수했던 "옛 질서가 더 이상 유지될 수 없음을 국제사회가 납득해야 한다"라고 강조했다.

7   《한겨레》 2025년 8월 29일.

8   한·미는 2025년 10월 29일 정상회담을 통해 3500억 달러 중 2000억 달러를 현금 투자로, 나머지 1500억 달러는 조선업 투자(마스가)로 구성하기로 했다. 외환시장 영향을 최소화하기 위해 2000억 달러는 연간 200억 달러 한도 내에서 사업 진척 정도에 따라 투자하고, 마스가 1500억 달러는 한국 기업 주도로 추진하되, 보증과 선박 금융 등을 포함하기로 했다.

9   《한국일보》 2025년 6월 25일.

10   木宮正史, 《日韓関係史》, 岩波新書, 2021.

11   김옥균·박영효·서재필 지음, 조일문·신복룡 엮어옮김, 《갑신정변 회고록》, 건국대학교출판부, 2006, 235쪽.

참고문헌

사료와 정기간행물

《갑오실기》《대한계년사》《매천야록》《윤치호 일기》《일본외교문서》《조선왕조실록》《주한일본공사관기록》

《독립신문》《読売新聞》《동아일보》《매일신보》《신민》《朝日新聞》《한겨레신문》《한국일보》《황성신문》

단행본

A.M. 풀리 지음, 나홍주·신복룡 옮김, 《하야시 다다스 비밀 회고록》, 건국대학교출판부, 2007

H. N. 알렌 지음, 김원모 옮김, 《알렌의 일기》, 단국대학교출판부, 2004

O.N.데니·묄렌도르프·바실 홀 지음, 신복룡·최수근·김운경·정성자 옮김, 《청한론 | 데니의 서한집 / 묄렌도르프 자서전 / 반청한론 / 조선 서해 탐사기》, 집문당, 2019

W. F 샌즈 지음, 신복룡 옮김,《조선비망록》, 집문당, 1999
가스통 르루 지음, 이주영 옮김,《러일전쟁, 제물포의 영웅들》, 작가들, 2006
고바야카와 히데오,《명성황후 시해사건의 진상》, 온이퍼브 2017
기무라 간 지음, 김세덕 옮김,《대한제국의 패망과 그림자》, 제이앤씨, 2017
김경태,《한국근대경제사연구》, 창비, 1994
김구,《백범일지》, 돌베개, 2017
김승태,《서재필》, 역사공간, 2011
김영수,《고종과 아관파천》, 역사공간, 2020
김영수,《명성황후 최후의 날》, 말글빛냄, 2014
김옥균·박영효·서재필 지음, 조일문·신복룡 엮어옮김,《갑신정변 회고록》, 건국대학교출판부, 2006
김원모,《상투쟁이 견미사절 한글 국서 제정》상·하, 단국대학교출판부, 2019
김위현,《동농 김가진전》, 학민사, 2009
김윤희,《이완용 평전》, 한겨레출판, 2011
김종학,《개화당의 기원과 비밀외교》, 일조각, 2017
김종학,《흥선대원군 평전》, 선인, 2021
김태웅,《그들의 대한제국 1897~1910》, 휴머니스트, 2024
김태웅,《어윤중과 그의 시대》, 아카넷, 2018
김현숙·한성민,《일본의 한국보호국화와 강제 병합》, 동북아역사재단, 2022
김흥수,《운요호 사건과 강화도조약》, 동북아역사재단, 2022
김흥식 엮음,《안중근 재판정 참관기》, 서해문집, 2015
나카츠카 아키라 지음, 박맹수 옮김,《1894년, 경복궁을 점령하라!》, 푸른역사, 2002
남상구,《20개 주제로 본 한일 역사 쟁점》, 동북아역사재단, 2019
남시욱,《한국 보수세력 연구》, 청미디어, 2020
노대환,《위정척사》, 한국학중앙연구원출판부, 2023
다보하시 기요시 지음, 김종학 옮김,《근대 일선관계의 연구》상·하, 일조각, 2013·2016
동북아역사재단 북방사연구소 엮음,《조선시대 한중관계사》, 동북아역사재단,

2018

동북아역사재단 한국외교사편찬위원회 엮음,《한국의 대외관계와 외교사 근대편》, 동북아역사재단, 2018

동북아역사재단 한일역사문제연구소 엮음,《청일전쟁과 근대 동사이사 세력전이》, 동북아역사재단, 2020

동학농민혁명참여자명예회복심의위원회,《동학농민혁명사 일지》, 동학농민혁명참여자명예회복심의위원회, 2006

무쓰 무네미쓰 지음, 김승일 옮김,《건건록》, 범우, 2020

민영환 지음, 조재곤 엮어옮김,《해천추범》, 책과함께, 2007

바츨라프 세로세프스키 지음, 안상훈·김진영·권정임·안지영·이장욱 옮김,《코레야 1903년 가을》, 개마고원, 2006

박 벨라 보리소브나 지음, 최덕규·김종헌 옮김,《러시아 외교관 베베르와 조선》, 동북아역사재단, 2020

박 보리스 드미트리예비치 지음, 민경현 옮김,《러시아와 한국》, 동북아역사재단, 2010

박상하,《명성황후 최후의 8시간》, 운디네, 2005

박영준,《제국 일본의 전쟁 1868~1945》, 사회평론아카데미, 2020

박은식,《한국통사》, 범우사, 1999

박종근 지음, 박영재 옮김,《청일전쟁과 조선》, 일조각, 1989

박종인,《매국노 고종》, 와이즈맵, 2020

박훈,《메이지유신을 설계한 최후의 사무라이들》, 21세기북스, 2020

손길신,《한국철도사》, 북코리아, 2021

송우혜,《못생긴 엄상궁의 천하》, 푸른역사, 2010

스기무라 후카시 외 지음, 한상일 옮김,《서울에 남겨둔 꿈》, 건국대학교출판부, 1993

신동준,《개화파 열전》, 푸른역사, 2009

신복룡,《동학사상과 갑오농민혁명》, 선인, 2006

신용하,《독립협회연구》상·하, 일조각, 2006

신헌 지음, 김종학 옮김,《심행일기》, 푸른역사, 2010

안승일, 《김홍집과 그 시대》, 연암서가, 2016
야마베 겐타로 지음, 안병무 옮김, 《한일합병사》, 범우사, 1982
연갑수, 《조선정치의 마지막 얼굴》, 사회평론아카데미, 2012
오가와라 히로유키 지음, 최덕수·박한민 옮김, 《이토 히로부미의 한국 병합 구상과 조선 사회》, 열린책들, 2012
오카모토 다카시 지음, 강진아 옮김, 《미완의 기획, 조선의 독립》, 소와당, 2009
와다 하루키 지음, 남상구·조윤수 옮김, 《한국병합 110년만의 진실》, 지식산업사, 2020
와다 하루키 지음, 이경희 옮김, 《러일전쟁과 대한제국》, 제이앤씨, 2011
와다 하루키 지음, 이웅현 옮김, 《러일전쟁》 1·2, 한길사, 2019
와타나베 노부유키 지음, 이규수 옮김, 《청일전쟁과 러일전쟁의 진실》, 삼인, 2023
왕위안충 지음, 손성욱 옮김, 《조선은 청 제국에 무엇이었나》, 너머북스, 2024
왕현종 외, 《청일전쟁기 한·중·일 삼국의 상호 전략》, 동북아역사재단, 2009
왕현종, 《한국 근대국가의 형성과 갑오개혁》, 역사비평사, 2003
운노 후쿠쥬 지음, 연정은 역, 《일본의 양심이 본 한국병합》, 새길아카데미, 2012
운노 후쿠쥬 지음, 정재정 옮김, 《한국병합사연구》, 논형, 2008
유동준, 《유길준전》, 일조각, 1990
이기훈, 〈일제강점기 조선귀족의 재산 보유 규모 및 경제활동에 대한 연구〉 대통령 소속 친일반민족행위자재산조사위원회, 2008
이사벨라 L. 버드 비숍 지음, 신복룡 옮김, 《조선과 그 이웃 나라들》, 집문당, 2019
이성환, 《러일전쟁》, 살림, 2021
이순우, 《정동과 각국공사관》, 하늘재, 2012
이승만 지음, 박기봉 엮음, 《독립정신》, 비봉출판사, 2018
이이화, 《이이화의 동학농민혁명사》 1~3, 교유서가, 2020
이태진 외 지음, 교수신문 기획·엮음, 《고종황제 역사 청문회》, 푸른역사, 2005
이태진, 《고종시대의 재조명》, 태학사, 2000
이토 유키오 지음, 이성환 옮김, 《이토 히로부미》, 선인, 2014
이헌창, 《한국경제통사》, 해남, 2021
이황직, 《독립협회, 토론공화국을 꿈꾸다》, 프로네시스, 2007

정병준,《우남 이승만 연구》, 역사비평사, 2005
정선원,《동학농민혁명 시기 공주전투 연구》, 모시는사람들, 2024
정욱식,《달라진 김정은, 돌아온 트럼프》, 갈마바람, 2025
정은주,《매천 황현 평전》, 소명출판, 2024
조재곤,《고종과 대한제국》, 역사공간, 2020
조재곤,《그래서 나는 김옥균을 쏘았다》, 푸른역사, 2005
조재곤,《전쟁과 인간 그리고 '평화'》, 일조각, 2017
조재곤,《조선인들의 청일전쟁》, 푸른역사, 2024
조재곤,《한국 근대사회와 보부상》, 혜안, 2001
최덕규,《대한제국 국제관계사 연구(1882~1910)》, 동북아역사재단, 2021
최덕수·이토 슌스케·박한민·김형근·유바다·양진아·김윤희,《근대 한국의 개혁
    구상과 유길준》, 고려대학교출판부, 2015
친일반민족행위자재산조사위원회 엮음,《청산되지 않은 역사 친일재산》, 친일반
    민족행위자재산조사위원회, 2010
퍼시벌 로웰 지음, 조경철 옮김,《내 기억 속의 조선, 조선 사람들》, 예담, 2001
하지연,《기쿠치 겐조, 한국사를 유린하다》, 서해문집, 2015
한상일,《고종과 이토 히로부미》, 기파랑, 2024
한철호,《한국근대 주일한국공사의 파견과 활동》, 푸른역사, 2010
허수열·김인호,《조슈 이야기》, 지식산업사, 2023
현광호,《대한제국과 러시아 그리고 일본》, 선인, 2007
현광호,《대한제국의 재조명》, 선인, 2014
황준헌·김홍집 지음, 윤현숙 옮김,《조선책략·대청흠사필담》, 보고사, 2019
황현 지음, 김종익 옮김,《번역 오하기문》, 역사비평사, 1994

角田房子,《わが祖国-禹博士の運命の種》, 新潮社, 1990
角田房子,《閔妃暗殺―朝鮮王朝末期の国母》, 新潮社. 1993
葛生玄晫 編,《金玉均》, 民友社, 1916
金文子,《日露戦争と大韓帝国》, 高文研, 2014

金文子,《朝鮮王妃殺害と日本人-誰が仕組んで 誰が実行したのか》, 高文研, 2009

大谷正,《日淸戰爭》, 中央公論新社, 2016

德富猪一郎 編,《公爵桂太郎伝》, 故桂公爵記念事業会, 1917

東條英教,《東條英教〈日本の戦争論〉を読む》, 文藝春秋企画出版部, 2010

林権助,《極東動乱 出先外交経験秘話-葛藤するロシア・中国・韓国・日本》, 書肆心水, 2022

司馬遼太郎,《坂の上の雲-新装版》, 文藝春秋, 2014

山内昌之・細谷雄一,《日本近現代史講義-成功と失敗の歴史に学ぶ》, 中央公論新社, 2019

山辺健太郎,《日本の韓國倂合》, 太平出版社, 1971

山田朗,《昭和天皇の戦争認識-《拝謁記》を中心に》, 新日本出版社, 2023

森万佑子,《韓国併合-大韓帝国の成立から崩壊まで》, 中央公論新社, 2022

森山茂徳,《近代日韓関係史研究: 朝鮮植民地化と国際関係》, 東京大學出版會, 1987

三浦梧楼,『観樹将軍回顧録』, 政教社, 1925

細井肇,《現代漢城の風雲と名士》, 日韓書店, 1910

原朗,《日清・日露戦争をどう見るか 近代日本と朝鮮半島・中国》, NHK出版, 2014

中塚明,《これだけは知っておきたい日本と韓国・朝鮮の歴史》, 高文研, 2022

中塚明,《日本の朝鮮侵略史研究の先駆者 歴史家山辺健太郎と現代》, 高文研, 2015

中塚明, 井上勝生,《東学農民戦争と日本》, 高文研, 2013

千葉功,《旧外交の形成—日本外交一九〇〇~一九一九》, 勁草書房, 2008

青柳綱太郎 編,《新朝鮮》, 新朝研究會, 1916

和田春樹,《これだけは知っておきたい 日本と朝鮮の一〇〇年史》, 平凡社, 2010

横手慎二,《日露戦争史-20世紀最初の大国間戦争》, 中央公論新社, 2005

Alyssa L. Langlais Dodge and Susan S. Bean, 《Yu Kil-Chun (1856-1914) and the Korean Collection at PEM》, Peabody Essex Museum, 2009

Frederick Arthur MacKenzie, 《Korea's fight for freedom》, Fleming H. Rcvell Company, 1920

Willam Sands, 《Undiplomatic memories》, Whittlesey house, 1930

논문

강효숙, 〈동학농민군 탄압 인물과 그 행적: 미나미 코시로(南小四郞), 이두황, 조희연, 이도재를 중심으로〉, 《동학학보》, 15-2, 2011

고야스 노부쿠니 지음, 석화정 옮김, 〈'민비문제'란 무엇인가〉, 《역사학보》 190, 2006

곽금선, 〈1898년 독립협회의 정치기획과 '충군애국'〉, 《역사와 현실》 107, 2018

구선희, 〈《한성신보》의 조선 사회에 대한 인식: 단발령(1895)과 관련하여〉, 《사학연구》 137, 2020

권기하, 〈독립협회 세력의 정당과 대표에 관한 논의〉, 《한국근현대사연구》 93, 2020

권혁수, 〈'양절체제'와 19세기 말 조선왕조의 대중국외교: 초대 천진주차독리통상사무 남정철의 활동을 중심으로〉, 《한국민족운동사연구》 51, 2007

길윤형, 〈현대판 서계문제: 한국 언론의 '천황·일왕' 표기〉, 《일본역사연구》 65, 2024

김경록, 〈청일전쟁기 일본군의 경복궁 침략에 관한 군사사적 검토〉, 《군사》 93, 2014

김기성, 《개항기 미곡 시장과 관리 방식의 변화》, 고려대학교 박사학위논문, 2020

김명섭·김석원, 〈독립의 지정학: 대한제국(1897-1910) 시기 이승만의 지정학적 인식과 개신교〉, 《한국정치학회보》 42-4, 2008

김상규, 《조선 주둔 일본군의 대외 침략과 군사동원》, 고려대학교 박사학위 문, 2022

김성현, 〈19세기 말 일본 지식인 쓰네야 세이후쿠의 식민론〉, 《한국학》 45-2, 2022

김성혜, 〈고종 친정 직후 청전 관련 정책과 그 특징〉, 《역사연구》 22, 2012
김성혜, 〈고종시대 군주권 위협 사건에 대한 일고찰〉, 《한국문화연구》 18, 2010
김소영, 〈한말 어담의 '친일' 행적과 정체성 형성 과정〉, 《한국사학보》 59, 2015
김승, 〈19세기 후반 러시아의 절영도 조차〉, 《해항도시문화교섭학》 21, 2019
김영수, 〈1894년 갑오개혁 이후 주한 일본공사 이노우에의 개입과 대원군의 정치적 몰락: 이준용 역모사건과 김학우 암살사건을 중심으로〉, 《사림》 81, 2022
김영수, 〈대한제국 초기 고종의 정국구상과 궁내부의 세력변동〉, 《사림》 31, 2008
김영수, 〈러시아군사교관 단장 뿌쨔따와 조선군대〉, 《군사》 61, 2006
김영수, 〈아관파천, 1896: 서울, 도쿄, 모스크바〉, 《사림》 35, 2010
김영수, 〈을미사변을 둘러싼 기억과 의문: 명성황후 암살자에 관한 기록과 추적〉, 《사림》 41, 2012
김원수, 〈그레이트 게임(the Great Game)과 한러관계의 지정학: 거문도 사건과 이홍장-라디젠스키 협약(1886)을 중심하여〉, 《서양사학연구》 30, 2014
김원수, 〈일본의 대한제국 보호국화와 영국의 대한정책: 영일동맹과 러일전쟁을 중심으로〉, 《한국독립운동사연구》 51, 2015
김유진, 〈러시아의 마산포 조차(1900~1902)를 둘러싼 제정러시아 정부와 해군의 입장차〉, 《슬라브연구》 36-4, 2020
김재호, 〈근대적 재정국가의 수립과 재정능력, 1894~1910: 갑오개혁과 대안적 경로〉, 《경제사학》 57, 2014
김재호, 〈재정능력 함정으로부터의 탈출, 1800~2000〉, 《경제사학》 83, 2023
김재호, 〈조선후기 군사재정의 수량적 기초: 규모·구성·원천:《부역실총》의 분석을 중심으로〉, 《조선시대사학보》 66, 2013
김재호, 〈한국 재정의 장기적 추이와 특성, 1896~2015〉, 《경제사학》 67, 2018
김종학, 〈'개화'의 수용과 근대 정치변동(1876~1895)〉, 《한국문화》 90, 2020
김종학, 〈1876년 조일수호조규 체결과정의 재구성:《심행일기》와 몇 가지 미간문헌에 기초하여〉, 《한국정치학회보》 51-5, 2017
김종학, 〈이노우에 가쿠고로와 갑신정변: 미간사료《井上角五郎自記年譜》에 기초하여〉, 《한국동양정치사상사연구》 13-1, 2014
김종학, 〈조일수호조규 체결과정에서의 오경석의 막후활동: 개화당 기원의 재검

토〉,《한국정치외교사논총》38-1, 2016

김종학,〈조일수호조규는 포함외교의 산물이었는가?〉,《역사비평》114, 2016

김태웅,〈조선말·대한제국기 뮈텔 주교의 정국 인식과 대정치권 활동〉,《교회사연구》37, 2011

김태준,〈영일동맹 결성과 러일전쟁의 외교사적 분석〉,《교수논총》53, 2010

김태효,〈미-중 신냉전 시대 한국의 국가전략〉,《신아세아》107, 2021

김헌주,〈근대전환기(1895~1910) 개국·조선독립론 중심 '한국근대사' 서술의 구조〉,《한국학논집》82, 2021

김현,〈갑오개혁에서 군주권의 제도화를 둘러싼 각축: 일본공사와 개화파, 고종 간의 역학관계를 중심으로〉,《한국동양정치사상사연구》23-2, 2024

김현,〈개화파의 전제군주권 제한 시도(1894-1898): 고종의 정치지도력에 대한 불신과 고종과의 타협 시도를 중심으로〉,《한국정치학회보》53-5, 2019

김현,〈독립협회의 민주주의 사상의 급진화: 독립신문에 나타난 후견주의로부터 정치적 행동주의로의 전환을 중심으로〉,《동서연구》33-3, 2021

김현,《독립협회 국가개혁사상의 민주적 전회에 관한 연구: 군권의 제도화를 중심으로》, 연세대학교 박사학위논문, 2019

김현철,〈갑오개혁의 정치사적 의의와 현재적 시사점: 제2차 김홍집·박영효 내각의 성과와 한계 및 과제를 중심으로〉,《아시아 리뷰》4-2, 2015

김현철,〈개항기 청의 대조선 정책〉,《현대사광장》8, 2016

김현철,〈박영효의 '1888년 상소문'에 나타난 민권론의 연구〉,《한국정치학회보》33-4, 1999

김혜정,〈재정고문 메가타 다네타로의 한국재정 인식과 재정정리(1904~1907)〉,《석당논총》86, 2023

김흥수,〈임오군란시기 일본의 조선정책과 여론〉,《군사연구》136, 2013

나카무라 슈토,〈일본중심적 '동아연대론'의 탄생과 변형: 고노에 아쓰마로(1863-1904)와 고노에 후미마로(1891-1945)를 중심으로〉, 연세대학교 석사학위논문, 2012

민두기,〈19세기 후반 조선왕조의 대외위기의식: 제1차, 제2차 중영전쟁과 이양선 출몰에의 대응〉,《동방학지》52, 1986

박맹수, 〈동학농민전쟁기 일본군의 무기: 스나이더 소총과 무라타 소총을 중심으로〉,《한국근현대사연구》17, 2001

박선영, 〈김옥균 암살범 홍종우〉,《인문사회 21》14-1-3, 2023

박영준, 〈청일전쟁 이후 일본의 대외정책론, 1895~1904: 야마가타 아리토모의 전략론과 대항 담론들〉,《일본연구논총》27, 2008

박은숙, 〈김윤식과 원세개·이홍장·주복의 교류, 1881~1887: 장정체제 구축과 종속의 네트워크〉,《한국사학보》61, 2015

박찬승, 〈다보하시 기요시의 근대한일관계사연구에 대한 검토〉,《한국근현대사연구》67, 2013

박한민, 〈1878년 두모진 수세를 둘러싼 조일 양국의 인식과 대응〉,《한일관계사연구》39, 2011

박한민, 〈갑오개혁기 보빙대사 의화군과 유길준의 일본 파견과 활동〉,《한국근현대사연구》81, 2017

박한민, 〈개항 초기 조일 간 교역 양상과 구포 사건〉,《한일관계사연구》72, 2021

박희호, 〈대한제국의 전시국외중립선언시말〉,《국사관논총》60, 1994

방용식,《위정척사 지식인의 국제관계 인식과 대응 연구: 비전, 진단과 처방, 그리고 행동을 중심으로》, 한국학중앙연구원 박사학위논문, 2016

배항섭, 〈동학과 동학농민군의 대외인식〉,《한국사연구》201, 2023

배항섭, 〈제1차 동학농민전쟁 시기 농민군의 진격로와 활동양상〉,《동학연구》11, 2002

배혜정, 〈대한제국시기 고영근의 생애와 활동〉, 창원대학교 석사학위논문, 2023

백옥경, 〈대한제국기 번역관 현상건의 활동〉,《역사와 실학》57, 2015

서영희, 〈광무정권의 형성과 개혁정책 추진〉,《역사와현실》26, 1997

서영희, 〈대한제국의 빛과 그림자: 일제의 침략에 맞선 황제전제체제의 평가 문제〉,《한국사시민강좌》40, 2007

서영희, 〈러일전쟁기 대한제국 집권세력의 시국대응〉,《역사와현실》25, 1997

서희경, 〈대한민국 건국헌법의 역사적 기원(1898-1919): 만민공동회, 3.1운동, 대한민국임시정부헌법의 '민주공화' 정체 인식을 중심으로〉,《한국정치학회보》40-5, 2006

성강현, 〈군대 해산 과정에서의 서소문전투 연구〉, 《동학학보》 38, 2016

성강현, 〈동학농민군의 전주성 점령과 전주화약에 관한 고찰〉, 《동학학보》 51, 2019

송병기, 〈주일청국공사 하여장의 《주지조선외교의》에 대하여〉, 《동양학》 11, 1981

신기석, 〈청한종속관계: 임오군란을 전후한〉, 《아세아연구》 3, 1959

신문수, 〈동방의 타자: 이사벨라 버드 비숍의 《한국과 그 이웃나라들》〉, 《한국문화》 46, 2009

신용하, 〈개국론의 대두와 개화사상의 형성〉, 《동양학》 28, 1998

신진희, 〈일본군 병사의 눈으로 본 동학농민군 진압〉, 《동학학보》 69, 2024

안국승, 〈초대 독립협회장 안경수의 활동에 대한 연구〉, 《경기향토사학》 16, 2011

안외순, 〈동학농민혁명과 전쟁 사이, 집강소의 관민 협치〉, 《동학학보》 51, 2019

연갑수, 〈용암 김병시(1832~1898)의 삶과 현실인식〉, 《조선시대사학보》 44, 2008

오영섭, 〈동농 김가진의 개화사상과 개화활동〉, 《한국사상사학》 20, 2003

오진석, 〈광무개혁기 근대산업육성정책의 내용과 성격〉, 《역사학보》 193, 2007

오카모토 다카시 지음, 홍미화 옮김, 〈일본의 류큐 병합과 동아시아 질서의 전환: 청일수호조규를 중심으로〉, 《동북아역사논총》 32, 2011

왕현종, 〈민족적 관점에서의 한국 근대정치사 비판과 '고종'의 절대화: 《고종시대의 재조명》, 이태진 저 서평〉, 《역사문제연구》 6, 2001

우남숙, 〈퍼시벌 로웰과 한국: 《Chosön: The Land of the Morning Calm: Sketch of Korea》(1885)를 중심으로〉, 《한국정치외교사논총》 35-2, 2014

우미옥, 〈민영환의 러시아 사행과 현실인식의 변화〉, 중앙대학교 석사학위논문, 2016

유바다, 〈1883년 김옥균 차관교섭의 의미와 한계〉, 《한국근현대사연구》 54, 2010

유바다, 〈청일전쟁기 조-청 항일 연합전선의 구축과 동학농민군〉, 《동학학보》 51, 2019

유영렬 〈개화지식인 윤치호의 러시아 인식: 그의 문명국 지배하의 개혁론과 관련하여〉, 《한국민족운동사연구》 41, 2004

윤대원, 〈조작된 '조선총독보고 한국병합시말'〉, 《한국문화》 52, 2010

윤병희, 〈일본망명시절 유길준의 쿠데타음모사건〉, 《한국근현대사연구》 3, 1995

윤소영, 〈러일전쟁 전후 일본인의 조선여행기록물에 보이는 조선인식〉,《한국민족운동사연구》51, 2007

이규필,〈《논어회저》의 저자 竹添進一郎 고찰〉,《대동한문학》47, 2016

이남희, 〈미국유학 시기(1888~1893) 윤치호의 중국·일본 인식과 그 특성〉,《민족문화》62, 2022

이동욱, 〈이홍장-라디젠스키 천진 회담(1886)의 재고찰: 이홍장의 의도와 역할을 중심으로〉,《사총》101, 2020

이민원, 〈19세기말 러시아 군사교관단의 활동과 역할〉,《군사》44, 2001

이민원, 〈대한제국의 국새와 광무황제의 외교투쟁〉,《독립기념관》257, 2009

이민원, 〈조선특사의 러시아외교와 김득련: 니콜라이 2세 황제대관식 사행을 중심으로〉,《역사와 실학》33, 2007

이상일, 〈김윤식의 개화자강론과 영선사 사행〉,《한국문화연구》11, 2006

이상찬,〈《주한일본공사관기록》과《일본외교문서》의 을사조약 관련기록의 재검토〉,《규장각》30, 2007

이선오·장규식, 〈갑오개혁기 훈련대 연구〉,《중앙사론》58, 2023

이성환, 〈러일전쟁과 대한제국의 중립화 정책에 대한 비판적 검토〉,《국제정치연구》8-2, 2005

이승환, 〈19세기 말, 일본의 지정학적 상상력과 국방전략에 대한 고찰: 야마가타 아리토모의 구상을 중심으로〉,《인문사회21》13-3, 2022

이영훈, 〈대한제국기 황실재정의 기초와 성격〉,《경제사학》51, 2011

이윤상, 〈대한제국기 황제 주도의 재정운영〉,《역사와현실》26, 1997

이윤상, 〈대한제국시기 내장원경 이용익의 활동과 경제에 대한 인식〉,《역사문화연구》77, 2021

이윤상, 〈대한제국을 좌지우지한 외국인 고문들〉,《역사비평》43, 1998

이윤상, 〈일제에 의한 식민지재정의 형성과정: 1894~1910년의 세입구조와 징세기구를 중심으로〉,《한국사론》14, 1986

이태진, 〈1894년 6월 청군 조선 출병과정의 진상: 조선정부 자진요청설 비판〉,《한국문화》24, 1999

이태진, 〈1905년 '보호조약'에 대한 고종황제의 협상지시설 비판〉,《역사학보》

185, 2005

이태진, 〈고종황제의 독살과 일본정부 수뇌부〉,《역사학보》204, 2009

이항준, 〈대한제국기 내장원경 이용익의 활동: 철도건설과 차관도입을 중심으로〉, 《사림》75, 2021

이항준, 〈러일전쟁 직전 베조브라조프의 극동정책과 러일협상〉,《군사》128, 2023

이헌창, 〈1910년 조선 식민지화의 내적 원인〉,《조선시대사학보》55, 2010

장경호, 〈아관파천 전후(1896~1898) 정치권력 변화와 김홍륙 독차사건 재검토〉, 《한국근현대사연구》81, 2017

장석흥, 〈대한제국의 멸망 과정과 동북아시아 질서의 재편〉,《사학연구》88, 2007

장영숙, 〈고종의 정권운영과 민씨척족의 정치적 역할〉,《정신문화연구》112, 2008

장영숙, 〈러일개전의 길과 알렌의 외교적 변신〉,《한일관계사연구》74, 2021

장영숙, 〈메이지유신 이후 천황제와 대한국국제의 비교: 전제군주권적 측면에서〉, 《한국민족운동사연구》85, 2015

장영숙, 〈알렌, 이용익과의 갈등과 원한의 변곡점〉,《역사문화연구》78, 2021

전상숙, 〈근대적 전환기 일본의 '아시아연대론'에 대한 한국의 인지적 대응: 국권 인식을 중심으로〉,《동아연구》67, 2014

정성일, 〈조·일 간 무역 통계의 비교(1874년, 1880년)〉,《한일관계사연구》72, 2021

정용화, 〈안과 밖의 정치학: 19세기 후반 개화개혁론에서 국권·민권·군권의 관계〉,《한국정치학회보》34-2, 2000

정용화, 〈조선에서의 입헌민주주의 관념의 수용: 1880년대를 중심으로〉,《한국정치학회보》32-2, 1998

정종원, 〈김학진의 삶과 현실인식〉,《한국사학보》75, 2019

정종원, 〈러일전쟁 개전 전후 언론의 국제 정세 인식과 대응: 한국 중립론을 중심으로〉,《한국사상사학》69, 2021

정종원, 〈한국 언론의 제1차 영일동맹에 대한 상반된 인식과 대응〉,《동국사학》77, 2023

조명철, 〈근대일본의 전쟁과 팽창의 논리〉,《사총》67, 2008

조명철, 〈메이지기 일본의 대외전략과 '이익선' 논리〉,《아세아연구》193, 2023

조영준, 〈대한제국기 황실재정의 추세와 규모 재론〉,《경제사학》66, 2018

조재곤, 〈'세 치 혀'의 출세와 비참한 최후, 한말 러시아어 통역관 김홍륙〉,《내일을 여는역사》32, 2008

조재곤, 〈갑신정변과 김옥균의 꿈〉,《수원역사문화연구》4, 2014

조재곤, 〈고부농민항쟁에 대한 일본인의 인식〉,《동학농민혁명연구》2, 2024

조재곤, 〈대한제국의 개혁이념과 보부상〉,《한국독립운동사연구》20, 2003

조재곤, 〈한 일본인 종군기자가 본 1894년 청일전쟁과 조선: 니시무라 도키스케의 《갑오조선진》 분석〉,《군사》66, 2008

주진오, 〈사회사상사적 독립협회 연구의 확립과 문제점: 신용하,《독립협회 연구》를 중심으로〉,《한국사연구》149, 2010

최덕규, 〈《조선책략》과 고종정부의 북방정책: 러시아 레숍스키 함대의 극동원정(1880-1881)을 중심으로〉,《군사》108, 2018

최덕규, 〈동청철도와 러시아의 만주인식(1894-1904): 만주분할론과 만주병합론을 중심으로〉,《만주연구》36, 2023

최보영, 〈가토 마쓰오의 주한일본 영사·공사 활동과 한국 통치론〉,《한국민족운동사연구》100, 2019

최주희, 〈2000년대 이후 조선후기 재정사 연구의 흐름과 과제〉,《한국사연구》200, 2023

최혜주, 〈재조일본인 아오야기 쓰나타로의 '신일본(조선)' 건설론〉,《동북아역사논총》54, 2016

하지연, 〈한말·일제강점기 기쿠치 겐조의 문화적 식민활동과 한국관〉,《동북아역사논총》21, 2008, 9

한보람, 〈고종의 친정 선포와 정국의 동향〉,《한국학논집》88, 2022

한승훈, 〈영국의 거문도 점령 과정에 대한 재검토: 갑신정변 직후 영국의 간섭정책을 중심으로〉,《영국연구》36, 2016

한철호, 〈아관파천의 전주곡, 춘생문 사건의 진상과 그 영향〉,《내일을여는역사》19, 2005

허동현, 〈고종의 인아보국 정책과 궁정파 관료 이범진(1853~1911)의 보국활동〉,《한국민족운동사연구》69, 2011

허동현, 〈조사시찰단(1881)의 일본 경험에 보이는 근대의 특성〉,《한국사상사학》

19, 2002

현광호, 〈대한제국 초기 주한일본공사의 활동〉, 《이화사학연구》 33, 2006

현광호, 〈대한제국기 집권층의 동북아정세 인식〉, 《사학연구》 63, 2001

현광호, 〈대한제국의 중립정책과 중립파의 활동〉 《한국독립운동사연구》 14, 2000

현광호, 〈박제순, 일본맹주론을 맹신한 외교가〉, 《내일을여는역사》 19, 2005

현광호, 〈주한일본공사의 용암포사건 인식과 대한 교섭〉, 《백산학보》 78, 2007

홍원표, 〈독립협회의 국가건설사상: 서재필과 윤치호〉, 《국제정치논총》 43-4, 2003

황영삼, 〈러시아의 동아시아정책: 시베리아 철도부설과 관련하여〉, 《동양학》 31, 2001

加納格, 〈ロシア帝国と極東政策-ポーツマス講和から韓国併合まで〉, 《法政史学》 75, 2011

菅野正, 〈義和団運動後の福建と日本〉, 《奈良史学》 8, 1990

久保伸子, 《伊藤博文と明治日本の朝鮮政策》, 北九州市立大学 学位博士取得, 2018

宮原靖郁, 〈日本はなぜ日英同盟を持続させたのか-国際政治学の仮説を援用して〉, 《戦史研究年報》 17, 2014

大澤博明, 〈明治外交と朝鮮永世中立化構想の展開: 一八八二～八四年〉, 《熊本法学》 83, 1995

大澤博明, 〈征清用兵隔壁聴談と日清戦争研究〉, 《熊本法学》 122, 2011

渡辺利夫, 〈高橋是清の日露戦争―明治官僚の剛胆と運〉, 《環太平洋ビジネス情報》 30, 2008

山口一之, 〈義和団事変と日本の反応(二)―火中の栗を拾う〉, 《国際政治》 42, 1970

山辺健太郎, 〈日清天津条約について〉, 《アジア研究》 7, 1960

石和靜, 〈ロシアの韓国中立化政策: ウィッテの対満州政策との関連で〉, 《スラヴ研究》 46, 1999

松村正義,〈決断の時・知られざる外交官の舞台京仁・京釜鉄道の敷設権獲得に成功　加藤増雄駐韓国公使〉,《外交》5, 2011

阿部光蔵,〈満州問題をめぐる日露交渉-義和団事変より日露戦争直前における日・露・清関係〉,《国際政治》31, 1966

五十嵐憲一郎,〈帝国陸海軍の情報と情勢判断 - 北清事変から日露戦争へ〉,《防衛研究所紀要》5-2, 2003

前島省三,〈日清・日露戦争における対韓政策〉,《国際政治》19, 1962

池田憲隆,〈1883年長期軍備拡張計画の成立をめぐって〉,《人文社会科学論叢》2, 2017

澤田次郎,〈1880年代における日本陸軍の対清情報活動 ―福島安正を中心として〉,《拓殖大学論集-政治・経済・法律研究》22, 2020

黒沢文貴,〈日露戦争への道: 三国干渉から伊藤の外遊まで〉,《外交史料館報》28, 2014

기타 자료

國史編纂委員會 編,《續陰晴史》下, 국사편찬위원회, 1971

兪吉濬全書編纂委員會 編,《兪吉濬全書》4 一潮閣, 1971

동북아역사재단,《러시아 소장 근대한국문서》(온라인 자료 contents.nahf.or.kr/item/level.do?itemId=kifr)

동북아역사재단,《청계중일한관계사료》(온라인 자료, contents.nahf.or.kr/item/level.do?itemId=cj)

동북아역사재단,《한일조약자료집(1876~1910)-근대외교로 포장된 침략》(동북아역사재단, 2020)

동학농민혁명기념재단,《동학농민혁명 신국역총서》9, 동학농민혁명기념재단, 2017

동학농민혁명기념재단,《동학농민혁명 신국역총서》14, 동학농민혁명기념재단, 2022

마건충 등 5인 지음, 은몽하·우호 엮음, 김한규 옮김,《사조선록 역주》5, 소명출판,

2012

외교통상부,《한국 최초의 주러시아 상주공사 이범진의 생애와 항일독립운동》, 외교통상부, 2003

井上馨侯伝記編纂会 編,《世外井上公伝》3, 内外書籍, 1934
大山梓 編,《山縣有朋意見書》, 原書房, 1966
金正明,《日韓外交資料集成》1-8, 巖南堂書店, 1963~1966
古筠記念會 編,《金玉均傳》上, 鹿應出版社, 1944
近衛篤麿,《近衛篤麿日記》3, 鹿島研究所出版會, 1968
日本外務省,《小村外交史》, 原書房, 1966

Scott S. Burnett,《Korean-American Relations: Documents Pertaining to the Far Eastern Diplomacy of the United States : The Period of Diminishing Influence, 1896-1905》(University of Hawaii press, 1989)

국립고궁박물관, 서울대학교, 규장각한국학연구원,《100년 전의 기억, 대한제국》
국립고궁박물관,《고종 황제어새》, 2009.
국립고궁박물관,《대한제국, 잊혀진 100년 전의 황제국》, 2010.
문화재청,《경복궁 건청궁지-발굴조사보고서》 2013.
문화재청,《대한제국 1907 헤이그 특사》, 2007.
문화재청,《대한제국 황제의 궁궐》, 2020.
문화재청,《황제 고종》, 2022.
수원박물관,《갑신정변-새로운 세상을 꿈꾼 젊은 그들-수원박물관 갑신정변 130주년 기념 특별기획전》, 2014.

김종학, 〈근대 이행기 한반도 중립화론의 전개〉, 국립외교원 외교안보연구소 정책연구시리즈, 2021

김종학, 〈근대 일본외무당국의 대한인식과 그 함의〉, 국립외교원 외교안보연구소 주요국제문제분석, 2020

김종학, 〈한반도 공동보장 구상의 역사적 기원: 19세기 벨기에·불가리아의 사례와 유길준의 '중립론'〉, 국립외교원 외교안보연구소 정책연구시리즈, 2020

서영희, 〈대한제국의 개혁추진세력과 외교노선〉

왕현종, 〈조선 정부의 농민군 진압 지휘체계와 진압 과정〉, 《갑오군정실기를 통해 본 동학농민혁명의 재인식》(2016년 동학농민혁명 정기학술대회 자료집), 225쪽

이영훈, 〈조선왕조의 해체〉, 《조선망국, 교훈을 얻자》(자유경제원 조선망국 106주기 세미나), 2016

桂太郎, 《桂太郎自伝》 参(온라인 자료 www.ndl.go.jp/modern/img_t/044/044-002tx.html)